Speth
Hug
Boller
Hartmann
Härter

**Betriebs- und
Gesamtwirtschaft**
*für das einjährige Berufskolleg
zum Erwerb der Fachhochschulreife*

Speth
Hug
Boller
Hartmann
Härter

Betriebs- und Gesamtwirtschaft
für das einjährige Berufskolleg
zum Erwerb der Fachhochschulreife

Merkur
Verlag Rinteln

Wirtschaftswissenschaftliche Bücherei für Schule und Praxis

Begründet von Handelsschul-Direktor Dipl.-Hdl. Friedrich Hutkap †

Herausgeber:

Dr. Hermann Speth

Verfasser:

Dr. Hermann Speth, Dipl.-Hdl., Wangen im Allgäu

Hartmut Hug, Dipl.-Hdl., Argenbühl

Dr. Eberhard Boller, Dipl.-Hdl., Siegen

Gernot B. Hartmann, Dipl.-Hdl., Emmendingen

Friedrich Härter, Dipl.-Volkswirt, Sexau

* * * * *

2. Auflage 2011

© 2009 by MERKUR VERLAG RINTELN

Gesamtherstellung:
MERKUR VERLAG RINTELN Hutkap GmbH & Co. KG, 31735 Rinteln

E-Mail: info@merkur-verlag.de
              lehrer-service@merkur-verlag.de
Internet: www.merkur-verlag.de

ISBN 978-3-8120-**0572-2**

Vorwort

Dieses Lehrbuch umfasst die **Lerngebiete 1, 2 und 4** des Lehrplans für das **„Einjährige Berufskolleg zum Erwerb der Fachhochschulreife", Fach Wirtschaft** (kaufmännische Richtung) des Landes Baden-Württemberg.

Für Ihre Arbeit mit dem vorgelegten Lehrbuch möchten wir auf Folgendes hinweisen:

- Das Buch hat mehrere Zielsetzungen. Es soll den Lernenden
  - alle Informationen liefern, die zur Erarbeitung des Lernstoffs notwendig sind;
  - dabei helfen, die im Lehrplan enthaltenen Lerninhalte in Allein-, Partner- oder Teamarbeit zu erarbeiten, Entscheidungen zu treffen, diese zu begründen und über die Ergebnisse mündlich oder schriftlich zu berichten;
  - fächerübergreifende Zusammenhänge näher bringen.

- Durch die Verbindung von betriebswirtschaftlichen Inhalten mit denen des Rechnungswesens wird das Denken in Zusammenhängen geschult.

- Ein ausführliches Stichwortverzeichnis hilft Ihnen dabei, Begriffe und Erläuterungen schnell aufzufinden.

- Für die Lerngebiete 3, 5 und 6 steht ein weiteres, auf den Lehrplan abgestimmtes Lehrwerk zur Verfügung (ISBN 978-3-8120-0573-9).

Wir wünschen Ihnen einen guten Lehr- und Lernerfolg!

Die Verfasser

Inhaltsverzeichnis

Lehrplaneinheit 2: Mikroökonomie

Lehrplaneinheit 4: Rechtsformen der Unternehmung

1 Betriebliche Leistungsprozesse

1.1 Begriff Unternehmen und Leistungsprozesse von Unternehmen

In der Regel bezieht ein Unternehmen von vorgelagerten Unternehmen eine Reihe von **Vorleistungen** (Werkstoffe verschiedener Art, Maschinen, Werkzeuge, Strom, Wasser, Erfindungen, Entwürfe, Dienstleistungen usw.). Wir nennen diese Vorleistungen **betriebliche Mittel**.

Durch den **Einsatz der eigenen Leistung** verändert das Unternehmen die übernommenen betrieblichen Mittel so, dass sie für eine weitere Verwendung in der nachgelagerten Stufe geeignet sind. Das Ergebnis der eigenen Leistung sind **Sachgüter** (z. B. Lebensmittel, Kleidung, Fahrzeug) oder **Dienstleistungen** (z. B. Transporte, Beratung durch einen Rechtsanwalt), die anderen Unternehmen wiederum als „betriebliche Mittel" dienen oder aber unverändert dem menschlichen Bedarf (Konsum) zugeführt werden können. Die wirtschaftliche Leistung des Unternehmens – und damit auch seine Berechtigung – ergibt sich daraus, dass es übernommene betriebliche Mittel einem **neuen Zweck** zuführt.

> **Merke:**
>
> - Unter einem **Unternehmen**[1] verstehen wir eine planvoll organisierte Wirtschaftseinheit, in der Sachgüter und Dienstleistungen beschafft, erstellt und abgesetzt werden.
> - Die **Leistungsprozesse eines Unternehmens** bestehen darin, durch **eigene Anstrengungen** die **übernommenen betrieblichen Mittel** (Vorleistungen) für **weitere Zwecke** geeignet zu machen.

1.2 Leistungsprozess eines Industrieunternehmens

(1) Begriff Industrieunternehmen

> **Merke:**
>
> In einem **Industrieunternehmen** verbinden sich
> - **soziale Elemente (Menschen)** mit
> - **technischen Elementen (Anlagen),** um
> - auf **ingenieurwissenschaftlicher Grundlage**
> - **Sachgüter** mit dazugehörigen **Dienstleistungen**
>
> zu schaffen.
>
> Durch den Verkauf der Sachgüter soll ein **Erfolg** erzielt werden.

---

1 Die Begriffe Unternehmen und Betrieb werden hier aus Vereinfachungsgründen gleichbedeutend (synonym) verwendet.

(2) Modell eines industriellen Sachleistungsprozesses

Angenommen, eine Möbelfabrik stellt lediglich Labormöbel her.

Zu beschaffen sind (neben den bereits vorhandenen bebauten und unbebauten Grundstücken, Maschinen, Fördereinrichtungen und der Betriebs- und Geschäftsausstattung) u.a.:

Rohstoffe:[1] Holz, Spanplatten, Kunststofffurniere;

Hilfsstoffe:[2] Lacke, Farben, Schrauben, Muttern, Nägel;

Betriebsstoffe:[3] Schmiermittel, Reinigungsmittel;

Außerdem sind die erforderlichen Arbeitskräfte sowie die erforderlichen Geldmittel, die zum Teil aus Erlösen (dem Umsatz), zum Teil aus Krediten und Beteiligungen bestehen, bereitzustellen.

Die Fertigerzeugnisse werden anschließend geprüft und bis zur Auslieferung in das Fertigerzeugnislager genommen.

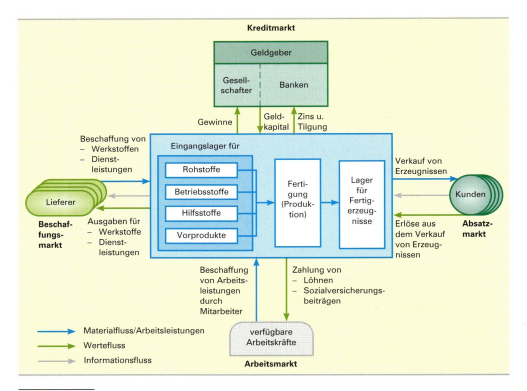

---

1 **Rohstoffe** werden nach der Bearbeitung oder Verarbeitung wesentliche Bestandteile der Fertigerzeugnisse, z.B. Eisen und Stahl im Maschinenbau; Wolle und Baumwolle in der Textilindustrie.

2 **Hilfsstoffe** sind Stoffe, die bei der Bearbeitung verbraucht werden, um das Erzeugnis herzustellen, die aber nicht als wesentliche Bestandteile der Fertigerzeugnisse zu betrachten sind, z.B. Farben in der Tapetenherstellung oder Lacke, Schrauben, Muttern, Nieten in der Automobilindustrie.

3 **Betriebsstoffe** dienen dazu, die Maschinen zu „betreiben", z.B. Schmierstoffe, Kühlmittel, Reinigungsmittel. Sie gehen nicht in das fertige Produkt ein.

(3) Informationsfluss, Materialfluss und Wertefluss

Informationsfluss	Der Industriebetrieb bietet seine Sachgüter und Dienstleistungen am Markt an. Er erhält Anfragen, gibt Angebote ab und erhält Aufträge. Damit entsteht ein Informationsfluss vom Kunden über den eigenen Betrieb bis zum Lieferanten. Der Auftrag des Kunden muss bearbeitet werden. Geht man von der Annahme aus, dass das Unternehmen nur aufgrund eines Kundenauftrages fertigt, dann müssen die Produktionsabläufe nach Eingang des Kundenauftrages geplant und gesteuert werden. Hierfür ist der Bezug von Material und/oder Dienstleistungen notwendig, welche beim Lieferer bestellt werden müssen.
Materialfluss	Die Lieferung der bestellten Werkstoffe löst einen Materialfluss vom Lieferer zum Kunden aus, denn die bezogenen Materialien werden verarbeitet, die entstandenen Teile und Baugruppen zu Enderzeugnissen montiert und für den Versand an den Kunden bereitgestellt. Der Materialfluss läuft dem beschriebenen Informationsfluss entgegen.
Wertefluss	Im Gegenzug für die Lieferung der Fertigerzeugnisse erhält das Unternehmen vom Kunden einen Wertezufluss, und zwar in Form von Einnahmen. Dieser Zufluss an Zahlungsmittel wird benötigt, um die Ausgaben für die Leistungserstellung (z. B. Löhne, Energie, Materialverbrauch, Zinsen) und die Anlagegüter zu finanzieren (Werteabfluss). Damit entsteht ein Wertefluss vom Kunden zum Lieferer.

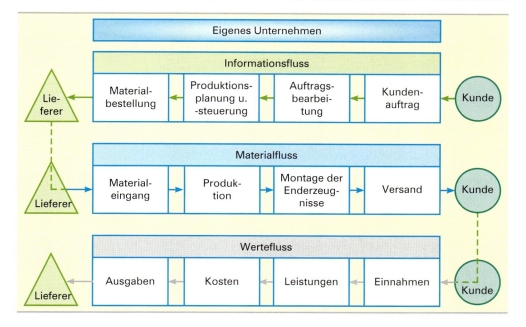

(4) Ziel des Informations-, Material- und Werteflusses

Mit der Organisation des Informations-, Material- und Werteflusses verbindet das Unternehmen insbesondere folgende Zielsetzungen:

15

Art des Flusses	Ziele z. B.
Informationsfluss	▪ Rechtzeitige Versorgung des eigenen Betriebs und der Geschäftspartner mit allen Informationen, die eine reibungslose und verlässliche Abwicklung des Geschäftsbetriebs sicherstellen. ▪ Unterstützung der Unternehmensleitung mit qualifizierten Informationen (z. B. verdichtet und grafisch aufbereitet) als Basis für künftige Entscheidungen.
Materialfluss	▪ minimale Durchlaufzeit, ▪ maximale Auslastung der Fertigungsanlagen, ▪ Einhaltung der Kundenwunschtermine, ▪ minimale Lagerhaltung, ▪ hohe Qualität.
Wertefluss	▪ Sicherung der Liquidität,[1] ▪ Erzielung eines Gewinns.

Zusammenfassung

- Sowohl innerhalb eines Unternehmens als auch zwischen dem Unternehmen und seinen Geschäftspartnern besteht ein stetiger **Informations-, Material-** und **Wertefluss.**

- Die vorherrschenden **Strömungsrichtungen**:
  - für den **Informationsfluss:**   vom Kunden zum Lieferer
  - für den **Materialfluss:**   vom Lieferer zum Kunden
  - für den **Wertefluss:**   vom Kunden zum Lieferer

- Mit der Art, wie diese Flüsse gestaltet werden, unterstützt das Unternehmen die **Erreichung bestimmter Unternehmensziele.**

Übungsaufgabe

1   Ordnen Sie folgende Ereignisse den drei Flüssen zu:

Nr.	Ereignis	Art des Flusses
1.	Kunde erhält von uns ein Angebot.	
2.	Kunde schickt uns einen Auftrag.	
3.	Wir richten eine Anfrage an einen Lieferer.	
4.	Lieferer schickt uns Rohmaterial zusammen mit Lieferschein.	
5.	Werkstoffe werden gegen Materialentnahmeschein dem Lager entnommen.	
6.	Auf unserem Bankkonto wird uns eine Lastschrift des Lieferers belastet.	

---

1 Unter der **Liquidität** eines Unternehmens versteht man seine Zahlungsfähigkeit, d.h. die Fähigkeit, jederzeit die Zahlungsverpflichtungen erfüllen zu können.

1.3 Betriebswirtschaftliche Prozesse und Wertschöpfungsketten

(1) Betriebswirtschaftliche Prozesse

Die Unternehmen sind bestrebt, alle anfallenden Aufgaben so aufeinander abzustimmen, dass sie eine **zusammenhängende Folge von Tätigkeiten** (einen **Prozess**) bilden.

> **Merke:**
>
> **Prozesse** sind eine **Abfolge von Aktivitäten** (z. B. bearbeiten, verarbeiten), durch die **Inputfaktoren** (z. B. Werkstoffe, Information, Dienstleistungen) zu **Outputfaktoren** (z. B. Erzeugnissen, Buchungssatz, Kreditvertrag) umgewandelt werden.

Die einzelnen Prozesseinheiten im Industriebetrieb sind selten isolierte Einheiten. In aller Regel wird der Output eines Prozesses zum Input eines anderen Prozesses. Es entsteht eine **Prozesskette** (z. B. die Lohnabrechnung wird der Input für die Zahlungs- und Buchungsvorgänge).

> **Merke:**
>
> Eine **Prozesskette** ist gegeben, wenn der **Output eines Prozesses** zum **Input** eines anderen Prozesses wird und diesen dadurch auslöst.

(2) Wertschöpfungskette

Bis im Industriebetrieb aus Werkstoffen Fertigerzeugnisse werden, durchlaufen sie mehrere Fertigungsstufen. Dabei steigert sich ihr Wert von Fertigungsstufe zu Fertigungsstufe. Der Fertigungsprozess führt somit zu einer **Wertschöpfung**.

Die Wertschöpfung entsteht dadurch, dass **bezogene Mittel [Inputleistungen]** (z. B. Werkstoffe, Dienstleistungen, Informationen) durch die **Leistungen des Unternehmens** (z. B. Erstellen einer Konstruktionszeichnung, schleifen, schweißen, Teile zusammenbauen) in andere Erzeugnisse, Bauteile, Dienstleistungen **[Outputleistungen]** mit einem höheren Wert umgewandelt werden. Einen solchen Vorgang bezeichnet man als **Wertschöpfungskette**.

> **Merke:**
>
> - Die **Wertschöpfung** zeigt die **Differenz** zwischen dem **Wert der erstellten Leistung** und den **eingesetzten Vorleistungen** auf.
> - Die **Wertschöpfungskette** ist jene Folge an Funktionen (Tätigkeiten), die zur Erbringung der Wertschöpfung durchlaufen werden.

Eine betriebliche Wertschöpfung ist nur sinnvoll, wenn sie dem **Kunden einen Nutzen** bringt.

Daraus folgt: Alle betrieblichen Maßnahmen, die den Wert des Produktes aus Sicht des Kunden erhöhen, gilt es zu steigern, und alle betrieblichen Aktivitäten, die keinen Wert aus Sicht des Kunden haben, aber Kosten verursachen, sind zu vermeiden. Nur wenn der Kundenwunsch erfüllt wird, erzielt der Betrieb einen Preis, der die Kosten übersteigt, einen Gewinn.

2 Speth u.a. - ISBN 978-3-8120-0572-2

1.4 Logistikprozesse

1.4.1 Begriff und Aufgaben der Logistik

> **Merke:**
>
> Unter **Logistik**[1] versteht man die **Planung, Steuerung, Durchführung** und **Kontrolle** von unternehmensinternen und unternehmensübergreifenden **Material-** und **Warenflüssen** sowie der dazugehörigen **Informationsflüsse.**

Zu den **Aufgaben** der Logistik zählen also zum einen **Informationsverarbeitungsprozesse** und zum anderen **physische Transport-, Umschlags- und Lagerprozesse.** Hauptaufgabe der Logistik ist es, den internen Materialfluss zwischen Beschaffung, Produktion und Absatz sowie den externen Materialfluss mit Lieferanten und Kunden abzustimmen **(strategische Aufgabe)** und durchzuführen **(operative Aufgabe).**

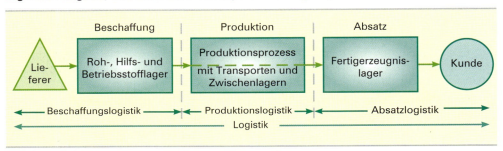

Von den **Informationsflüssen** sind für die Logistik nur jene von Bedeutung, die mit den Waren- und Materialflüssen in engem Zusammenhang stehen, also vorwiegend jene Informationen aus dem Bereich der Auftragsbearbeitung und des Bestellwesens.

1.4.2 Optimierung von Logistikprozessen

1.4.2.1 Supply Chain Management[2]

Eine prozessorientierte Betrachtungsweise, die sich auf die **Abläufe im eigenen Unternehmen** konzentriert, stellt den Materialfluss vom Lieferanten über die innerbetrieblichen Stationen bis zum Kunden in den Mittelpunkt **(interne logistische Kette).** Dieses Denken in „Materialflüssen" wird noch von der Denkweise aus der Zeit eines Verkäufermarktes geprägt: kaufen, be- oder verarbeiten und so gut wie möglich verkaufen.

Beendet man das prozessorientierte Denken an den Schnittstellen zu den externen Partnern – den Lieferern und den Kunden – dann herrschen an diesen Schnittstellen die Gesetze von Angebot und Nachfrage. Jeder Vertragspartner strebt isoliert nach der Erfüllung seiner eigenen Ziele. Eine solche Lösung ist für beide Partner nicht optimal. Die

---

1 **Logistik** (lat.): mathematisches System. Das Wort Logistik wurde seit dem 9. Jahrhundert im militärischen Bereich verwendet und bedeutete dort die Lehre von der Planung der Bereitstellung und vom Einsatz der für militärische Zwecke erforderlichen Mittel und Dienstleistungen zur Unterstützung der Streitkräfte.
2 Supply Chain: Versorgungskette.

gegenwärtigen Rahmenbedingungen – extreme Nachfrageschwankungen, kurze Produkt-
lebenszyklen, rasche Änderung der Kundenwünsche, Kostendruck – verlangen minimale
Lagervorräte, weil das Risiko für das im Lager gebundene Kapital zu groß ist. Aus diesem
Grunde wurde die Zusammenarbeit zwischen Kunden und Lieferanten weiterentwickelt in
eine Zusammenarbeit nach den **Prinzipien des Supply Chain Managements (SCM).** Man
spricht in diesem Zusammenhang auch von **externer logistischer Kette**.

Merke:

Supply Chain Management hat das Ziel,
- mit einer **geringeren Anzahl** von Lieferanten
- **langfristig strategisch zusammenzuarbeiten,** um dadurch eine
- **schnelle und reibungslose Auftragsabwicklung** bis zur Bezahlung
zu erreichen.

Die nachfolgende Grafik veranschaulicht diese Denkweise:

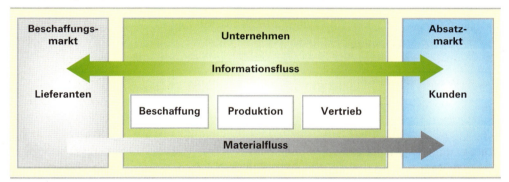

Diese Denkweise lässt sich fortsetzen, indem man die vor- und nachgelagerten Produktionsstufen vernetzt und koordiniert, angefangen vom Lieferanten des Lieferanten bis zum
Kunden des Kunden. Es geht nicht mehr um die isolierte Optimierung einer einzelnen
Partnerschaft Lieferant – Kunde, sondern um die Optimierung einer ganzen Kette. Die
nachfolgende Abbildung soll im Ausschnitt diese Verflechtung darstellen:

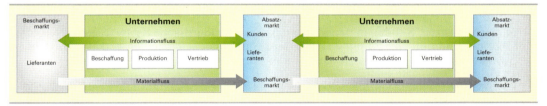

Supply Chain Management beschränkt sich inzwischen nicht mehr auf die Zusammenarbeit in der Beschaffung, sondern beinhaltet auch eine Kooperation auf dem Gebiet der
Produktforschung und -entwicklung wie auch der Produktion. Dies setzt eine offene und
vertrauensvolle Beziehung zwischen den Unternehmen voraus, da die Geschäftspartner
zwangsläufig gegenseitig Einblick in sensible Datenbestände gewinnen. Man spricht

daher auch von **C-Commerce,** wobei sich hinter „C" das Wort „collaborative"[1] verbirgt. Eine solche Zusammenarbeit ist möglich, wenn beide Partner ihre Beziehung als „Gewinner-Gewinner"-Situation erleben. Zu den vertrauensbildenden Maßnahmen gehört z.B., dass besondere Stärken von einem Unternehmen in der Verhandlungsposition nicht zulasten des anderen ausgenutzt werden.

1.4.2.2 Efficient Consumer Response

Seit etwa zwei Jahrzehnten sind die Konsumgütermärkte gesättigt. Sie werden beherrscht von Discountern und der Preis ist das vorherrschende Kaufkriterium *(„Ich bin doch nicht blöd", „Geiz ist geil").* Um in diesem Preiskampf, der alle Glieder der Versorgungskette zwischen Hersteller und Konsumenten betrifft, noch Gewinne zu erwirtschaften, müssen alle Rationalisierungsmöglichkeiten konsequent ausgeschöpft werden.

Efficient Consumer Response (ECR) ist ein Lösungsansatz hierzu. Dabei ist dieses Konzept nicht völlig neu. Durch die intelligente Verknüpfung bereits vorhandener Techniken soll der Kunde überzeugt werden und nicht durch weitere Niedrigpreispolitik.

Bleiben wir zunächst beim Begriff selbst: Efficient Consumer Response bedeutet in etwa wörtlich: effiziente[2] Reaktion auf die Bedürfnisse des Kunden. Daraus lassen sich die beiden Wirkungsrichtungen der ECR ablesen.

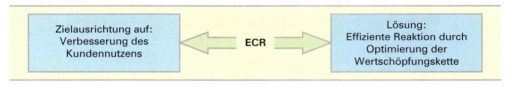

Aus der ursprünglichen Konkurrenzsituation zwischen Lieferer und Kunden wird zum beiderseitigen Vorteile eine **Kooperationssituation.**

Ansätze für eine intelligente **Optimierung der Wertschöpfungskette** sind z.B.:

- Vereinheitlichung von **Verpackungen und Verpackungsträgern.** (Ein Idealziel wäre z.B. dann erreicht, wenn sowohl die Verpackungseinheit für den Transport wie jene für die Lagerung und jene für den Verkauf identisch wären. Das personalkostenintensive Umpacken würde entfallen.);

- einheitliche **Software** (Programme und Datenformate) zwischen den Kooperationspartnern zur Vereinfachung des Datenaustausches (papierloser, elektronischer Austausch von Aufträgen, Auftragsbestätigungen und Rechnungen);

- Verwendung einheitlicher **Artikelnummern** (z.B. EAN: Europäische Artikelnummer);

- Ausweitung der Optimierungslösungen nicht nur zwischen zwei Partnern einer Wertschöpfungskette, sondern auf möglichst viele **Lieferer-Kunden-Beziehungen;**

- effiziente **Warenversorgung:** Die Verwendung von Scannerkassen erlaubt die Übermittlung der Abverkaufsdaten direkt an den Hersteller mit dem Vorteil, dass auf beiden Seiten die Sicherheitsbestände der Lagervorräte verringert und trotzdem peinliche Regallücken beim Händler vermieden werden.

---

1 To collaborate: zusammenarbeiten.

2 Effizient: besonders wirksam und wirtschaftlich, leistungsfähig.

Die Vor- und Nachteile der ECR lassen sich wie folgt einander gegenüberstellen:

Vorteile	Nachteile
■ Geringere Lagerbestände zur Sicherung der Versorgung sowohl beim Hersteller als auch beim Händler; ■ Geringere Kosten für Transport und Verpackung; ■ Durch automatische Datenerfassung (Scannerkassen) und ihrer elektronischen Weitergabe verringern sich die Eingriffe von Hand. Tippfehler und in der Folge Falschlieferungen werden vermieden; ■ Vielfältige Datenauswertungen (Renner[1] und Penner[2]) sind möglich; ■ Höhere Verfügbarkeit der Produkte, besseres Preis-Leistungs-Verhältnis fördert den Kundennutzen.	■ Hoher Abstimmungsaufwand unter den Kooperationspartnern, insbesondere dann, wenn nicht nur zweiseitige Lösungen sondern ein Kooperationsverbund angestrebt wird; ■ Hoher Investitionsbedarf; ■ Geschäftspartner gewinnen Einblick in sensible Daten (z.B. Umsätze).

Zusammenfassung

■ **Prozesse** sind eine **Abfolge von Aktivitäten** durch die **Inputfaktoren** in **Outputfaktoren** umgewandelt werden.

■ Eine **Prozesskette** ist gegeben, wenn der Output eines Prozesses zum Input eines anderen Prozesses wird.

■ Die **Wertschöpfung** zeigt die **Differenz** zwischen dem **Wert der erstellten Leistung** und den **eingesetzten Vorleistungen**.

■ **Logistik** ist die **Planung, Steuerung und Kontrolle** von unternehmensinternen und unternehmensübergreifenden **Material- und Warenflüssen** sowie der dazugehörigen **Informationsflüsse**.

■ **Supply Chain Management** vernetzt und koordiniert die Wertschöpfungsaktivitäten vor- und nachgelagerter Produktionsstufen. Es wird nicht mehr eine einzelne Partnerbeziehung optimiert, sondern eine ganze Beziehungskette.

■ **Efficient Consumer Response** ist
  ■ eine kooperative Partnerschaft zwischen Industrie- und Handelsunternehmen,
  ■ auf den Ebenen Logistik und Marketing,
  ■ zur Förderung des Kundennutzens.

---

1 Renner: gut verkäufliche Ware („Verkaufshits").
2 Penner: schlecht verkäufliche Ware („Ladenhüter").

2 1. Erläutern Sie den Begriff Wertschöpfung anhand eines Beispiels!

2. Grenzen Sie die Begriffe Wertschöpfungskette und logistische Kette voneinander ab!

3. Wovon hängt es ab, dass ein Industriebetrieb mit seiner Wertschöpfung einen Gewinn erzielt?

4. Klären Sie den Begriff Logistik!

5. Begründen Sie, weshalb der Logistik in den letzten Jahren eine erheblich gewachsene Bedeutung zugemessen wird!

6. Beschreiben Sie das Ziel des Supply Chain Managements!

7. 7.1 Beschreiben Sie kurz das Konzept der Efficient Consumer Response!

    7.2 Worin liegen die Vor- und Nachteile der Efficient Consumer Response?

2 Organisationsformen des Industriebetriebs

2.1 Begriff und Arten der Organisation

(1) Begriff Organisation

Merke:

Unter **Organisation** verstehen wir ein System von geplanten Regelungen und Arbeitsanweisungen, durch das der Betriebsaufbau und die betrieblichen Abläufe gestaltet werden.

Die Organisation als System von Regelungen und Anweisungen setzt Tätigkeiten voraus, die

- regelmäßig anfallen **(Wiederholbarkeit),**

- in gleicher oder wenigstens ähnlicher Weise bewältigt werden müssen **(Gleichartigkeit)** und

- auf mehrere Personen (Stellen), Abteilungen oder Abteilungsgruppen verteilt werden können **(Teilbarkeit).**

Beispiel:

Das Öffnen der Briefpost ist eine Tätigkeit, die sich ständig wiederholt. Es handelt sich außerdem um eine gleichbleibende Tätigkeit, die von einer Person bzw. von mehreren Personen in einer Abteilung (z. B. in der Poststelle) vorgenommen werden kann.

(2) Arten der Organisation

Im Rahmen der Organisation werden die anstehenden Aufgaben in einzelne Teilaufgaben zerlegt und an Mitarbeiter verteilt, es werden Anordnungsbefugnisse übertragen und Menschen und Sachen einander zugeordnet. Insbesondere sind zu regeln: die **Rangordnungsverhältnisse der Mitarbeiter** zueinander **(Aufbauorganisation)** und der **Ablauf der Arbeitsprozesse (Ablauforganisation)**.[1]

Art der Organisation	Erläuterungen	Beispiele
Aufbauorganisation	Sie legt die Aufgaben und Zuständigkeiten von Mitarbeitern fest. Sie befasst sich mit Institutionen, Stellen, Abteilungen.	Die Aufbauorganisation sagt u. a. darüber etwas aus, welcher Mitarbeiter für den Verkauf der Erzeugnisgruppe A zuständig ist.
Ablauforganisation	Sie legt die zeitliche und räumliche Ordnung der Arbeitsabläufe fest. Sie befasst sich mit Arbeits- und Bewegungsabläufen.	Die Ablauforganisation legt u. a. die zeitliche Reihenfolge der Arbeitsgänge bei der Herstellung einer Werkzeugmaschine fest.

2.2 Aufbauorganisation

2.2.1 Aufgabengliederung und Stellenbildung

(1) Begriff Aufbauorganisation

Merke:

Die **Aufbauorganisation** legt die **Aufgaben** und **Zuständigkeiten** von Mitarbeitern fest. Die Gestaltung erfolgt über die Bildung von **Stellen** und **Abteilungen**.

(2) Aufgabengliederung

Zu Beginn der organisatorischen Arbeit muss die bereits festgelegte Gesamtaufgabe des Betriebs zerlegt werden. Die Zerlegung der Gesamtaufgabe kann grundsätzlich nach zwei Gesichtspunkten erfolgen: nach den **Verrichtungen (Funktionen)** oder nach **Objekten**.

---

1 Auf die Ablauforganisation wird im Folgenden nicht eingegangen. Der Lehrplan sieht die Behandlung dieses Stoffgebiets nicht vor.

Einteilungs-gesichtspunkte	Erläuterungen	Beispiele
Verrichtungen (Funktionen[1])	Die Aufgliederung der **Gesamtaufgaben** erfolgt nach den betrieblichen Aufgaben. Die Gesamtaufgaben werden in **Hauptaufgaben** und in größeren Betrieben noch in **Teilaufgaben** gegliedert.	**Hauptaufgabe:** Materialwirtschaft **Teilaufgabe:** ■ Einkauf ■ Lager
Objekte	Die Aufgliederung der Gesamtaufgabe erfolgt nach Objekten, z.B. Warengruppen, Kundengruppen u.Ä.	Eine Möbelfabrik gliedert z.B. nach den Warengruppen ■ Wohnzimmermöbel ■ Küchenmöbel ■ Schlafzimmermöbel

(3) Stellenbildung

■ Begriff

Ziel der Aufgabengliederung war es, abgegrenzte Teilaufgaben zu definieren. Mehrere dieser Teilaufgaben (z.B. Werkstoffe und Dienstleistungen einkaufen, Belege buchen, Eingangsrechnungen prüfen) werden im folgenden Schritt, der Stellenbildung (Aufgabensynthese), zu größeren Aufgabeneinheiten zusammengefasst, die von einer Person bewältigt werden können. Die von einer Person durchzuführende Arbeit nennt man Stellenaufgabe. Die mit einer Stellenaufgabe betraute Person besetzt eine **Stelle,** ist Stelleninhaber. Die Stelle ist das **Grundelement der Aufbauorganisation**.

> **Merke:**
>
> Die Zusammenfassung von Teilaufgaben zu einem Arbeitsbereich für eine Person bezeichnet man als **Stellen**.

■ Stellenbeschreibung

> **Merke:**
>
> Die **Stellenbeschreibung** hat die Einordnung einer Stelle in den hierarchischen Aufbau eines Betriebs sowie die Aufgaben (Funktionen) einer Stelle deutlich zu machen.

Vorteile der Stellenbeschreibung sind z.B.

- ■ schnelle Einarbeitung neuer Stelleninhaber,
- ■ Verringerung von Streitigkeiten wegen unklarer Zuständigkeiten,
- ■ eindeutige Regelung der Über-, Neben- und Unterordnungen (Weisungsrechte),
- ■ Grundlage für die Personalentwicklungsplanung.

---

1 Ein Beispiel für eine funktionsorientierte Aufbauorganisation finden Sie auf S. 28.

Beispiel einer Stellenbeschreibung:

Stellenbeschreibung für die Terminkontrolle im Einkauf

1. **Bezeichnung der Stelle:** Terminsachbearbeiter.

2. **Zeichnungsvollmacht:** keine.

3. **Der Stelleninhaber ist unterstellt:** dem Facheinkäufer von Arbeitsplatz 2.

4. **Vertretung des Stelleninhabers:** Facheinkäufer des Arbeitsplatzes 2.

5. **Anforderungen an den Stelleninhaber:**
   - allgemeine Einkaufskenntnisse,
   - Zuverlässigkeit,
   - schnelles Erfassen von Zusammenhängen und
   - selbstständiges Arbeiten im Rahmen des ihm übertragenen Aufgabengebiets.

6. **Aufgaben und Zielsetzung der Stelle:**

Der Stelleninhaber ist für die Überwachung der vereinbarten Liefertermine aller Aufträge verantwortlich. Er hat dafür zu sorgen, dass von uns erteilte Bestellungen auch termingerecht erfüllt werden.

Er hat die erforderlichen Maßnahmen zu ergreifen, um einen Lieferverzug durch rechtzeitige Erinnerung und Mahnung beim Lieferanten zu vermeiden. Im Fall eines unabwendbaren Lieferverzugs ist die unverzügliche Information der betreffenden Facheinkäufer erforderlich. Zur Erfüllung dieser Aufgabe steht dem Stelleninhaber Folgendes zur Verfügung:
   - ein an Lieferterminen orientiertes EDV-System,
   - eine wöchentliche Terminüberwachungs-Liste,
   - ein selbstständig geführtes Wiedervorlage-System, das es ermöglicht, ein ganzes Kalenderjahr im Überblick zu behalten,
   - ein EDV-gesteuertes Mahnwesen mit den Mahnstufen I, II und III sowie
   - eine wöchentliche Terminbesprechung mit der Arbeitsvorbereitung.

Darüber hinaus steht dem Stelleninhaber ein PC mit Internetverbindung, das Telefax und ein Telefon zur Verfügung. Bei extrem wichtigen Terminen ist der Facheinkäufer zu verständigen, der sich in diesen Fällen direkt mit dem Lieferanten wegen einer geeigneten Lösung in Verbindung zu setzen hat.

7. **Tätigkeitsbeschreibung:**

7.1 Routinemäßige Kontrollen:
   - Jeder Auftrag ist mit einem Liefertermin versehen. Ist dieser vorgegebene Termin überschritten, erscheint der Auftrag in der Terminüberwachungs-Liste.
   - Ist die Lieferung eine Woche nach dem geforderten bzw. vereinbarten Liefertermin noch nicht erfolgt, wird eine Mahnung abgesandt. Diese Mahnung wird mit einem zusätzlichen Durchschlag versehen, wobei der Lieferant aufgefordert wird, diesen, mit den aktuellen Lieferdaten ausgefüllt, an uns zurückzusenden.
   - Gleichzeitig nimmt der Stelleninhaber diesen Auftrag auf „Termin", d. h., er legt ihn in sein Ablagesystem zur Wiedervorlage ab.
     Wichtig: Innerhalb einer Woche müssen sämtliche Aufträge mindestens einmal terminlich bearbeitet werden.

7.2 Gezielte Terminreklamationen:
   - Bearbeitung der Reklamationslisten der Fertigungssteuerung LABOR und METALL.

     Die in diesen Listen aufgeführten Aufträge sind per E-Mail, Telefax oder per Telefon zu reklamieren. Diese Aufträge werden ebenfalls zur Wiedervorlage einsortiert. Das signalisiert dem Stelleninhaber, dass diese Aufträge einer ganz besonders scharfen Überwachung und Kontrolle zu unterziehen sind. Das reklamierte Material wird bereits in der Fertigung benötigt oder muss innerhalb weniger Tage vorliegen, um einen kontinuierlichen Fertigungsablauf zu gewährleisten. Nach Erhalt der Reklamationsantworten ist die Reklamationsliste mit den entsprechenden Angaben an die jeweilige Fertigungssteuerung zurückzugeben.

– In gleicher Weise wird verfahren, wenn Terminanfragen direkt aus dem Meisterbereich bzw. den jeweiligen Betriebsleitungen und der Dispostelle kommen.

– Aufträge aus wichtigen und dringenden Kommissionen behält der Facheinkäufer bei sich. Dies bedeutet, dass alle Aufträge aus dieser Kommission zweimal wöchentlich zu überwachen sind.

– Einmal pro Woche erfolgt eine Terminüberwachung im Laborbereich durch die Auftragskontrolldatei (AUKODA). Aus dieser Auftragskontrolldatei ist einmal zu entnehmen, ob überhaupt Zukaufteile in dieser Kommission enthalten sind und welchen Versand- bzw. Auslieferungstermin die jeweilige Kommission hat. Aufträge dieser Kommission werden terminlich anhand der in der AUKODA festgelegten Produktionsendtermine überprüft. Der Terminsachbearbeiter entscheidet selbstständig, ob und in welcher Form diese Aufträge zu reklamieren sind. Wird eine Mahnung vorgenommen, ist dieser Auftrag zusätzlich zur „Wiedervorlage" zum entsprechenden Termin einzusortieren.

7.3 Täglich erhält der Stelleninhaber alle Rechnungen. Dadurch ist er laufend über die Eingänge unterrichtet und kann deshalb gegebenenfalls notwendige Terminreklamationen verhindern. Zu diesen Rechnungen sind die jeweiligen Aufträge herauszusuchen.

8. Zusammenarbeit mit anderen Abteilungen:

Vom Stelleninhaber wird eine gute und positive Zusammenarbeit mit den entsprechenden Sachbearbeitern folgender Abteilungen verlangt: Wareneingang, Fertigungssteuerung und Dispositionsstelle.

2.2.2 Abteilungsbildung

Ein formales Kriterium zur Aufgabenverteilung ist die **Rangbildung** der Stellen. Dies rührt aus der Tatsache her, dass es im Betrieb **Ausführungsaufgaben (ausführende Arbeiten)** und **Leitungsaufgaben (dispositive Arbeiten)** gibt. Aufgabe der **Instanz** ist es, die rangniedrigeren Stellen zu leiten. Die Instanz mit den dazugehörigen rangniedrigeren Stellen zusammen bilden eine Abteilung.

Merke:

Eine **Abteilung** besteht aus mindestens einer **Instanz** und mehreren zugeordneten rangniedrigeren Stellen.

Werden mehrere Instanzen stufenweise wiederum einer übergeordneten Instanz zugeordnet, so entsteht damit die Unternehmenshierarchie.

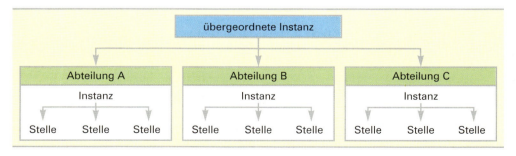

2.2.3 Organisationsplan (Organigramm)

Die Zuordnung von Stellen und Abteilungen wird in Stellen- und Abteilungsplänen dokumentiert. Damit sind die organisatorischen Einheiten in ihrer Aufgabenstellung, Rangordnung und Beziehung untereinander festgeschrieben.

Werden die einzelnen Stellen- und Abteilungspläne zu einem Gesamtplan zusammengefasst, so ergibt dies den Organisationsplan (ein Organigramm). Er bildet die organisatorische Aufbaustruktur des Betriebs vollständig ab.

> **Merke:**
>
> Der **Organisationsplan (das Organigramm)** fasst die einzelnen Stellen- und Abteilungspläne zusammen. Er zeigt die vollständige organisatorische Aufbaustruktur des Betriebs.

Beispielhaft wird hier der Organisationsplan einer Kaffeerösterei vorgestellt (siehe Darstellung S. 28).

Zusammenfassung

- Unter **Organisation** verstehen wir ein System von Regelungen und Arbeitsanweisungen, durch das der Betriebsaufbau und die betrieblichen Abläufe (Prozesse) gestaltet werden.

- Die **Aufbauorganisation** legt die Aufgaben und Zuständigkeiten von Mitarbeitern fest.

- Die Gesamtaufgabe eines Betriebs wird stufenweise bis auf die Ebene der Teilaufgaben aufgegliedert. Die Teilaufgaben sind anschließend zu **Aufgabenbereichen** zusammmenzufassen.

- Die Aufgabenbereiche können nach **Verrichtungen (Funktionen)** oder nach Objekten untergliedert werden.

- Nach dem **Umfang der Aufgabenbereiche** entstehen

Hauptfunktions-bereiche	Teilfunktionsbereiche (Abteilungen)	Stellen
z.B. Absatzwirtschaft	z.B. – Versandabteilung – Marketingabteilung	z.B. – Packer – Bürokaufmann – Schreibkraft

- Unter einer **Stelle** verstehen wir die Zusammenfassung von Teilaufgaben zu einem Arbeitsbereich für eine Person. Für eine Stelle wird in der Regel eine Stellenbeschreibung angefertigt.

- Die Stellen können nach dem **Objektprinzip** oder auch nach dem **Verrichtungsprinzip** eingerichtet werden.

- Eine **Abteilung** besteht aus mindestens einer **Instanz** und mehreren zugeordneten rangniedrigeren Stellen.

- Das Ergebnis der Aufgabensynthese ist die Festlegung von **Stellen- und Abteilungsgliederungsplänen**. Ihre Zusammenfassung ergibt den **Organisationsplan** des Betriebs.

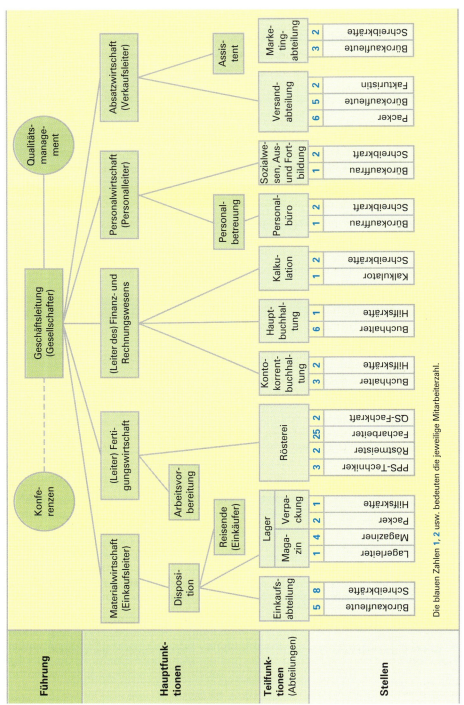

Organisationsplan einer Kaffeerösterei

Die blauen Zahlen 1, 2 usw. bedeuten die jeweilige Mitarbeiterzahl.

Führung		
Hauptfunktionen		
Teilfunktionen (Abteilungen)		
Stellen		

Geschäftsleitung (Gesellschafter)

Qualitätsmanagement

Konferenzen

Materialwirtschaft (Einkaufsleiter)

(Leiter) Fertigungswirtschaft

(Leiter des) Finanz- und Rechnungswesens

Personalwirtschaft (Personalleiter)

Absatzwirtschaft (Verkaufsleiter)

Disposition

Reisende (Einkäufer)

Arbeitsvorbereitung

Personalbetreuung

Assistent

Einkaufsabteilung
Bürokaufleute 5
Schreibkräfte 8

Lager
Magazin — Lagerleiter 1, Magaziner 4
Verpackung — Packer 2, Hilfskräfte 1

Rösterei
PPS-Techniker 3
Röstmeister 2
Röstmeister 2
Facharbeiter 25
QS-Fachkraft 2

Kontokorrentbuchhaltung
Buchhalter 3
Hilfskräfte 2

Hauptbuchhaltung
Buchhalter 6
Hilfskräfte 1

Kalkulation
Kalkulator 1
Schreibkräfte 2

Personalbüro
Bürokauffrau 1
Schreibkraft 2

Sozialwesen, Aus- und Fortbildung
Bürokauffrau 1
Schreibkraft 2

Versandabteilung
Packer 6
Bürokaufleute 5
Fakturistin 2

Marketingabteilung
Bürokaufleute 3
Schreibkräfte 2

3
1. Beschreiben Sie den Begriff Organisation mit eigenen Worten!

2. Worin sehen Sie die Hauptaufgabe der betrieblichen Organisation?

3. Beschreiben Sie den Begriff Aufbauorganisation mit eigenen Worten!

4. Beschreiben Sie die Kriterien, nach denen die betriebliche Gesamtaufgabe gegliedert werden kann!

5. Führen Sie eine einfache Aufgabengliederung (Aufgabenanalyse) an einem selbst gewählten Beispiel durch und nennen Sie hierbei wichtige Unteraufgaben und Teilaufgaben!

6. Erläutern Sie den Begriff Stellenbildung (Aufgabensynthese)!

7. Beschreiben Sie anhand eines Beispiels die Möglichkeiten der Stellenbildung!

8. Was muss durch eine Stellenbeschreibung geregelt werden?

9. Erklären Sie den Begriff Abteilungsbildung!

10. Grenzen Sie die Begriffe Stelle, Instanz und Abteilung voneinander ab! Fertigen Sie hierzu eine Skizze an!

11. Welche Hauptfunktionsbereiche hat ein Industriebetrieb?

12. Beschreiben Sie die Funktion eines Aufgabengliederungsplans!

2.3 Prozessorientierte Organisation

2.3.1 Nachteile einer funktionsorientierten Unternehmensorganisation

Eine Ausrichtung der Unternehmensorganisation an den betrieblichen Funktionen führt zu Nachteilen, denn die Anstrengungen der einen Abteilung, im Sinne des Gesamtunternehmens gewinnmaximierend zu handeln, führen unter Umständen zu Kollisionen[1] mit den Anstrengungen der anderen Abteilungen. Die nachfolgende Grafik zeigt einen derartigen **Konflikt zweier Funktionsbereiche** auf, die im Grunde dasselbe Ziel verfolgen, nämlich den Gewinn des Unternehmens zu maximieren.

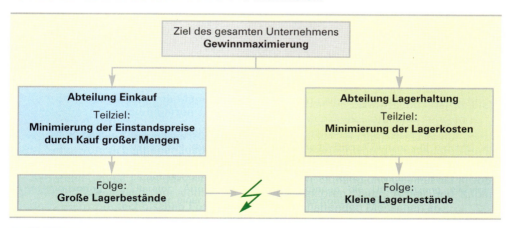

---

1 **Kollision:** Zusammenstoß, Widerstreit (nicht miteinander vereinbarer Interessen).

Die Abteilung Einkauf erstrebt die Zielerreichung für das gesamte Unternehmen durch Bemühungen um möglichst günstige Einkaufspreise. Dies erreicht sie, indem sie in großen Mengen einkauft, was zwangsläufig wiederum zu hohen Lagerbeständen führt. Genau dieses Ergebnis steht aber im Konflikt zum Teilziel der Lagerhaltung, welche ihre Kosten dadurch minimieren will, indem sie die Lagerbestände möglichst gering hält.

Das Dilemma[1] wird noch erweitert, wenn das Streben nach günstigen Einkaufspreisen nicht nur zu hohen Lagerbeständen und damit zu einem Konflikt zum Bereich der Lagerhaltung führt, sondern auch noch zur Beschaffung von Produkten minderer Qualität verleitet und damit einen Konflikt mit der Qualitätssicherung hervorruft.

Weitere mögliche Nachteile einer funktionsorientierten Organisationsstruktur sind:

- Gesteuert durch entsprechende Kennzahlen orientieren sich die Mitarbeiter weitestgehend an der **mengenmäßigen** Leistung. Orientierung an den Bedürfnissen der Kunden, Arbeitsqualität, Termintreue haben nachrangige Priorität.

- Die Arbeitszerlegung führt zu Tätigkeiten mit **geringem Arbeitsinhalt, Monotonie** und – besonders im Fertigungsbereich – zu **einseitiger Belastung** und **Taktbindung.** Höherrangige Bedürfnisse (z. B. nach Selbstständigkeit, autonomer Gestaltung der Abläufe, Selbstverwirklichung) können im Rahmen einer Funktionsorientierung weniger verwirklicht werden.

- In der Regel verlaufen die betrieblichen Prozesse „quer" zu den Funktionen. Dies führt zwangsläufig zu Transport- und Wartezeiten zwischen den einzelnen spezialisierten Funktionsbereichen, zu **Zeitverzögerungen** aufgrund nicht nahtloser Weiterbearbeitung, Rückfragen usw. Es bilden sich also zunächst **Informationsbestände** und zusätzlich zwischen den Produktionsabteilungen noch **Materialbestände,** weil Zwischenlager eine hohe Kapazitätsauslastung sicherstellen sollen. Durch die langen Durchlaufzeiten für die Beantwortung von Kundenanfragen, Auftragsbestätigungen, Auftragsabwicklung **leidet die Servicequalität** und die **Nähe zum Kunden.**

Die nebenstehende vereinfachte Abbildung verdeutlicht, wie der Prozess einer „Auftragsbearbeitung" die verschiedenen Funktionsbereiche berührt.

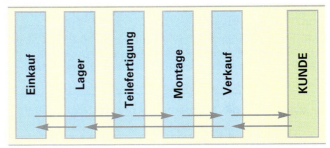

2.3.2 Optimierung der Arbeitsabläufe durch die Bildung von Geschäftsprozessen

(1) Merkmale von Geschäftsprozessen (Business Process)

Beim Konzept der Geschäftsprozesse ist das Unternehmen bestrebt, die anfallenden Aufgaben in **zusammenhängende Folgen von Tätigkeiten (Geschäftsprozesse)** einzubinden (z. B. Auftragsabwicklung, Personaleinstellung, Mahnwesen, Zahlungsabwicklung), um einen zuvor festgelegten Auftrag zu erfüllen.

---

1 Dilemma: Wahl zwischen zwei (unangenehmen) Dingen; Zwangslage.

Geschäftsprozesse werden nur für solche betrieblichen Abläufe beschrieben (modelliert), die sich in einer **gewissen Regelmäßigkeit wiederholen** (z. B. Bewerbungsverfahren für neue Mitarbeiter, Lagerbestandsbuchführung, Kundenservice, Bearbeiten und Buchen von Eingangsrechnungen). Für einmalig durchzuführende Projekte (z. B. Erstellen einer neuen Lagerhalle, Gründung eines Unternehmens) wird kein modellhafter Prozessablauf beschrieben.

Ein weiteres Kriterium von Geschäftsprozessen ist, dass durch den Einsatz von betrieblichen Leistungsfaktoren (z. B. Mitarbeiter, Funktionen der Software) der Outputfaktor einen höheren Wert aufweist als der Inputfaktor, d. h. eine **Wertschöpfung** (ein **Wertzuwachs**) entstanden ist. Die Wertschöpfung verursacht Kosten (z. B. Verbrauch von Material, Arbeitsstunden, Betriebsmittel). Die aufgewendeten Kosten sind jedoch nur dann sinnvoll eingesetzt, wenn der erstellte Wert dem **Kunden einen Nutzen** bringt, d. h. er

Merkmale von Geschäftsprozessen
▦ Zusammenhängende Folge von Tätigkeiten.
▦ Betrieblicher Ablauf wiederholt sich in gewisser Regelmäßigkeit.
▦ Geschäftsprozess bringt dem Kunden einen Nutzen.
▦ Wertzuwachs beim Output gegenüber dem Input.

bereit ist, hierfür einen Preis zu zahlen. Der **Kunde** ist somit der **entscheidende Bezugspunkt** für Geschäftsprozesse: Er **löst den Geschäftsprozess aus**, er bestimmt **Art und Umfang des Wertschöpfungsprozesses** und er **beendet** ihn, indem er seinen Kundenwunsch als erfüllt betrachtet.

Merke:

■ Geschäftsprozesse bestehen aus einer **zusammenhängenden, abgeschlossenen Folge von Tätigkeiten**, die zur **Erfüllung einer betrieblichen Aufgabe** notwendig sind und den **Kunden einen Nutzen liefern**. Sie haben ein Ziel (oder auch mehrere), das sich aus den Unternehmenszielen ableitet.

■ Geschäftsprozesse werden nur für sich **wiederholende betriebliche Abläufe** beschrieben (modelliert).

(2) Arten von Geschäftsprozessen

■ **Kernprozesse**

Merke:

■ **Kernprozesse** sind jene Geschäftsprozesse, die **direkt** zur **Wertschöpfung** beitragen. Sie erbringen zum einen die **Hauptleistung** des Unternehmens und liefern zum anderen den **Hauptnutzen für die Kunden**.

■ Kernprozesse machen die **Kernkompetenz (den Wettbewerbsvorteil) eines Unternehmens** aus und besitzen daher eine hohe strategische Bedeutung.

■ Wir unterscheiden **vier Kernprozesse**: den **Innovationsprozess** (Forschung und Produktentwicklung)[1], den **Beschaffungsprozess**, den **Leistungserstellungsprozess** und den **Absatzprozess**.

---

1 Auf den Innovationsprozess wird nicht eingegangen.

■ **Unterstützende Prozesse**

Die unterstützenden Prozesse kann man in **Serviceprozesse (Supportprozesse)**[1] und in
Managementprozesse aufgliedern.

■ Zu den **Serviceprozessen** gehören z.B. die Beschaffung von Mitarbeitern, deren Fort- und
Weiterbildung, die Personalbetreuung und die Beschaffung von Finanzmitteln.

■ Zu den **Managementprozessen** gehören z.B. die Formulierung der Unternehmenspolitik, die
strategische Planung, die Führung und Steuerung des Unternehmens.

2.3.3 Ablauf und Auswirkungen einer prozessorientierten Organisation

In einer prozessorientierten Organisation ist die angesprochene **Auftragsbearbeitung**
(siehe S. 30) idealtypisch z.B. dadurch gelöst, dass alle bisher isolierten Teilaufgaben
einem oder **mehreren Prozessverantwortlichen** übertragen werden. Eine Weitergabe der
Aufgabe mit den auf S. 30 beschriebenen negativen Wirkungen ist damit vermieden. Der
Prozess wird angestoßen durch den Eingang des Kundenauftrags, und er wird beendet
mit der Leistungsübergabe an den Kunden **(„Kunde-Kunde"-Prozesskette)**.

Schematisch gesehen ist der **Ablauf** der **Auftragsbearbeitung** damit wie folgt denkbar:

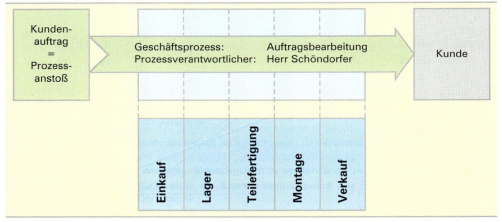

Eine konsequente Prozessorientierung des unternehmerischen Handelns hat Auswirkungen auf alle Bereiche des Unternehmens. Beispielhaft soll dies an drei Bereichen dargestellt werden:

---

1 Support (engl.): Stütze, Hilfe.

Bereiche	Maßnahmen	Erreichbare Ziele
Produkt-entwicklung	**Lieferant wird strategischer Partner** und Mitglied im Entwicklungsteam, er wird vom Teile- zum Systemlieferant.	▪ **Verkürzung** der **Entwicklungszeit** für neue Produkte.
Qualitäts-management	**Qualitätssicherungsvereinbarungen** mit den Lieferanten werden zum Bestandteil der Einkaufsbedingungen. Diese beziehen sich nicht nur auf die Qualität der Produkte, sondern auch auf die Qualität des Handelns.	▪ Wareneingangsprüfung entfällt. ▪ **Doppelarbeiten** zur Qualitätsprüfung werden vermieden. ▪ Die **Durchlaufzeiten** und damit die Kapitalbindungskosten werden reduziert.
Beschaffung	Die Konzeption des **Supply Chain Managements**[1] vernetzt die Wertschöpfungsaktivitäten vor- und nachgelagerter Stufen zu einer kosteneffektiven Versorgungskette von Informationen, Materialien und Produkten.	▪ **Verkürzung** der **Beschaffungszeit** ▪ **Optimierung** der **Abläufe** ▪ Geringere Beschaffungskosten ▪ Durch den Bezug kompletter Baugruppen (siehe Bereich Entwicklung) wird die **Anzahl verschiedener Teile** im Beschaffungsbereich **verringert** und dadurch die Komplexität der Beschaffungsabläufe vereinfacht.

Diese positiven Effekte, die sich aus den Optimierungsbemühungen für die Prozesse in den dargestellten Bereichen Entwicklung, Qualitätsmanagement und Beschaffung ergeben, lassen sich auch auf andere Prozesse, wie z.B. **Leistungserstellungsprozesse** oder **Absatzprozesse,** übertragen. Ihre Wirkung ist dort analog – sie verringern die Komplexität der Abläufe, verkürzen die Durchlaufzeiten, verringern die Kosten, verbessern die Produkt- und Handlungsqualität und führen damit zu einer größeren Zufriedenheit der Lieferer, der eigenen Mitarbeiter und – am wichtigsten – der Kunden.

Zusammenfassung

- **Geschäftsprozesse (Business Process)** sind durch folgende Merkmale charakterisiert:
  - Zusammenhängende, abgeschlossene Folgen von Tätigkeiten zur Erfüllung einer betrieblichen Aufgabe,
  - werden für sich wiederholende betriebliche Abläufe beschrieben,
  - sind in einen Organisationsplan eingebettet,
  - betreffen unternehmensinterne oder unternehmensübergreifende Vorgänge,
  - liefern einen Kundennutzen.
- Geschäftsprozesse können nach der Bedeutung der Geschäftsprozesse für den Betrieb in Kernprozesse und unterstützende Prozesse untergliedert werden.
  - **Kernprozesse** tragen direkt zur Wertschöpfung bei, erbringen die Hauptleistung des Unternehmens, liefern den Hauptnutzen für die Kunden. Wichtige Kernprozesse sind: der Innovationsprozess, der Absatzprozess, der Leistungsprozess und der Beschaffungsprozess.
  - Kernprozesse können untergliedert werden in **kundennahe** und **kundenferne Kernprozesse.**
  - **Unterstützende Prozesse** leisten einen Wertschöpfungsbeitrag für Kernprozesse. Zu unterscheiden sind **Serviceprozesse (Supportprozesse)** und **Managementprozesse.**

---

1 Vgl. hierzu die Ausführungen auf S. 18f.

3 Speth u.a. - ISBN 978-3-8120-0572-2

- Das Konzept der Geschäftsprozesse erfordert eine **prozessorientierte Organisation**.

- Eine **Organisation** nach **Geschäftsprozessen** ist **notwendig,** weil

  - funktionsorientierte Organisationsstrukturen bei der Verfolgung ihrer jeweiligen Ziele unvermeidlich in **Konflikte** zu anderen Funktionsbereichen geraten,

  - eine **mengenorientierte** Denkweise vorherrscht,

  - spezialisierten Informationssystemen zur Unterstützung herkömmlicher, funktionaler Strukturen die **Datenintegration fehlt,**

  - **betriebliche Prozesse „quer" zu den Funktionen verlaufen** und daher Zeitverzögerungen, Rückfragen usw. zur Folge haben.

Übungsaufgaben

4   1.   1.1 Beschreiben Sie die Kernaussage der Geschäftsprozess-Konzeption!

   1.2 Welche Zielsetzungen verfolgt die Geschäftsprozess-Konzeption?

2. Erläutern Sie an einem Beispiel die Merkmale von Geschäftsprozessen und stellen Sie dar, warum es für die Praxis wichtig ist, zwischen Kern-, Management- und Serviceprozessen zu unterscheiden!

3. Ausgangspunkt ist die Möbelfabrik Fritz Kerler GmbH. Sie produziert Küchenmöbel und Regale für den Wohnbereich. Es fallen folgende Geschäftsprozesse an:

   3.1 Die Fritz Kerler GmbH bestätigt einen Auftrag über 150 m^2 Spanplatten.

   3.2 Die Fritz Kerler GmbH stellt einen neuen Außendienstmitarbeiter ein.

   3.3 Die Geschäftsleitung entschließt sich für die Herstellung einer neuen Kollektion Küchenmöbel. Die Konstruktionsabteilung entwickelt entsprechende Modelle.

   3.4 Die Geschäftsleitung veranlasst die Überprüfung der Kundendatensätze.

   3.5 Die Finanzbuchhaltung erstellt den Jahresabschluss für die Fritz Kerler GmbH.

   3.6 Der Fertigungsleiter der Fritz Kerler GmbH erstellt einen Maschinenbelegungsplan für die anstehende Kalenderwoche.

   3.7 Die Geschäftsleitung der Fritz Kerler GmbH beschließt, in Zukunft auch Polstermöbel herzustellen und will damit in den kommenden zwei Jahren eine Umsatzsteigerung von 20 % erzielen.

   Aufgabe:

   Entscheiden Sie, ob es sich bei den Geschäftsprozessen jeweils um einen Kernprozess oder um einen unterstützenden Prozess handelt. Begründen Sie Ihre Entscheidung!

4. Entscheiden Sie, ob es sich bei den nachfolgenden Prozessen um Geschäftsprozesse handelt. Begründen Sie Ihre Entscheidung!

   4.1 Überprüfung eines Rohstoffeinkaufs,

   4.2 Gründung einer Filiale,

   4.3 Abwicklung der monatlichen Lohnbuchhaltung,

   4.4 Inventur im Fertigungslager,

   4.5 Schulung der Auszubildenden,

   4.6 Schadensfeststellung nach einer Überschwemmung des Fabrikgeländes,

   4.7 Einstellung eines Mitarbeiters als Softwareverwalter,

   4.8 Qualitätsprüfung.

5 1. Welche Nachteile sind mit einer funktionsorientierten Unternehmungsorganisation verbunden?

2. Vergleichen Sie die Durchführung der Auftragsbearbeitung innerhalb einer funktionsorientierten Struktur mit jener innerhalb einer prozessorientierten Struktur!

3. Welche Vorteile ergeben sich aus einer prozessorientierten Unternehmensstruktur?

4.

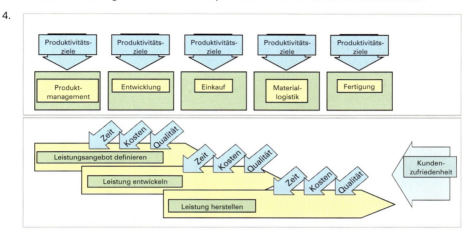

Quelle: Gaitanides, M.: Prozessmanagement, München 1994, S. 12

Aufgabe:

Erläutern Sie die Abbildung!

Hinweis: Produktivität ist die technische Ergiebigkeit eines Produktionsvorgangs.

$$\text{Produktivität} = \frac{\text{Ausbringungsmenge}}{\text{Einsatzmenge}}$$

3 Beschaffungsprozesse

3.1 Bedarfsplanung

3.1.1 Mengenplanung

Das Hauptproblem der Mengenplanung im Beschaffungsbereich liegt in der Festlegung der **kostengünstigsten (optimalen) Bestellmenge.** Dabei muss ein Ausgleich zwischen den **Bestellkosten** und den **Lagerhaltungskosten** gefunden werden.

■ **Bestellkosten**

Sie fallen bei jeder Bestellung an, gleichgültig wie groß die Menge bzw. wie hoch der Wert der bestellten Werkstoffe bzw. Waren ist. Aus Vereinfachungsgründen gehen wir im Folgenden davon aus, dass die Bestellkosten je Bestellung immer gleich hoch sind **(fixe Bestellkosten).**

Beispiele:

Kosten der Bearbeitung der Bedarfsmeldung, der Angebotseinholung, der Wareneingangsprüfung und der Rechnungsprüfung.

■ **Lagerhaltungskosten[1]**

Zu den Lagerhaltungskosten zählen z. B. die Personalkosten für die im Lager beschäftigten Personen, die im Wert der gelagerten Güter gebundenen Zinsen und die Kosten des Lagerrisikos.

Beispiel für die Ermittlung der optimalen Bestellmenge:

Die fixen Bestellkosten je Bestellung betragen 50,00 EUR. Der Einstandspreis je Stück beläuft sich auf 30,00 EUR und der Lagerhaltungskostensatz[2] auf 25 %. Der Jahresbedarf beträgt 3 600 Stück.

Außer Betracht bleibt, dass mit zunehmender Bestellgröße i. d. R. Mengenrabatte in Anspruch genommen werden können. Außerdem wird nicht berücksichtigt, dass bei größeren Bestellungen häufig Verpackungs- und Transportkosten eingespart werden können.

Aufgaben:

1. Ermitteln Sie rechnerisch die optimale Bestellmenge bei den vorgegebenen Bestellmengen und der vorgegebenen Anzahl der Bestellungen je Periode!

2. Stellen Sie die optimale Bestellmenge grafisch dar!

---

1 Die fixen (festen) Lagerhaltungskosten bleiben bei den folgenden Überlegungen außer Acht, weil sie unabhängig von der Größe des Lagerbestands anfallen. Hierzu gehören z.B. die Abschreibungskosten für die Lagerräume und Lagereinrichtungen.

2 Der Lagerhaltungskostensatz gibt an, wie groß die Lagerkosten sind gemessen am durchschnittlichen Lagerbestand, ausgedrückt in Prozent.

Zu 1.: Berechnung der optimalen Bestellmenge

Bestell- menge in Stück	Anzahl der Bestel- lungen	Bestellkosten in EUR	Durchschn. Lagerbestand in Stück	Durchschn. Lagerbestand in EUR	Lagerhaltungs- kosten in EUR	Gesamtkosten in EUR
50	72	3 600,00	25	750,00	187,50	3 787,50
100	36	1 800,00	50	1 500,00	375,00	2 175,00
150	24	1 200,00	75	2 250,00	562,50	1 762,50
200	18	900,00	100	3 000,00	750,00	1 650,00
250	14,4	720,00	125	3 750,00	937,50	1 657,50
300	12	600,00	150	4 500,00	1 125,00	1 725,00
350	10,29	514,29	175	5 250,00	1 312,50	1 826,79
400	9	450,00	200	6 000,00	1 500,00	1 950,00
450	8	400,00	225	6 750,00	1 687,50	2 087,50
500	7,2	360,00	250	7 500,00	1 875,00	2 235,00

Erläuterung:

Werden z. B. 50 Stück bestellt, muss der Bestellvorgang 72-mal wiederholt werden. Die Bestellkosten betragen dann 3 600,00 EUR und die Lagerhaltungskosten 187,50 EUR. Mit zunehmender Bestellmenge verringert sich die Anzahl der Bestellungen und damit sinken auch die Bestellkosten, während im Gegenzug die Lagerhaltungskosten steigen. Da der Betrieb beide Kostenarten berücksichtigen muss, ist das Optimum erreicht, wenn die Summe beider Kosten das Minimum erreicht hat. Dieses Minimum liegt bei den vorgegebenen Mengenintervallen bei 200 Stück. Eine exakte Berechnung (mithilfe der Andler-Formel)[1] ermittelt eine optimale Bestellmenge von 219 Stück bei Gesamtkosten von 1 643,17 EUR.

Zu 2.: Grafische Darstellung der optimalen Bestellmenge

Trägt man an der x-Achse die jeweilige Bestellmenge und an der y-Achse die Kosten ab, erhält man folgendes Bild:

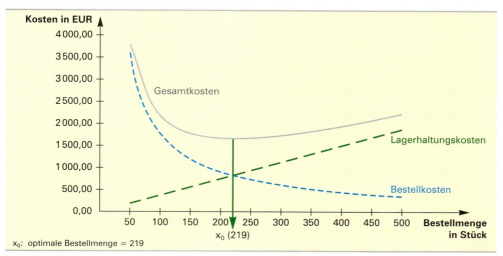

x_0: optimale Bestellmenge = 219

1   Siehe S. 41.

Werden bei steigender Bestellgröße Liefererrabatte gewährt und/oder Transport- und Verpackungskosten gespart, vergrößert sich die optimale Bestellmenge. An der grundsätzlichen Aussage des Modells ändert sich nichts.

Die Anwendung dieser Modellrechnung in der Praxis ist ungleich komplizierter, weil zahlreiche Bedingungen berücksichtigt werden müssen, die hier vernachlässigt wurden (z.B. unterschiedliche Zahlungs- und Lieferungsbedingungen bei verschiedenen Lieferern). Außerdem ist die Ermittlung der optimalen Bestellmenge teuer, zumal sich verändernde Daten (z.B. Veränderungen der durchschnittlichen täglichen Materialentnahme) zu Neuberechnungen führen müssen. Die Ermittlung der optimalen Bestellmenge wird sich daher nur bei solchen Gütern lohnen, die einen hohen wertmäßigen Jahresverbrauch haben (A-Güter). Voraussetzung zur Berechnung und Verwirklichung (Realisierung) der optimalen Bestellmenge ist außerdem, dass der Lieferer die „optimale" Menge auch tatsächlich liefern kann, was nicht immer der Fall sein muss. Außerdem muss die Lagergröße ausreichen, die optimale Bestellmenge aufzunehmen.

3.1.2 Zeitplanung

(1) Problemstellung

Aufgabe der Zeitplanung ist es, die Bestellzeitpunkte für die Werkstoffe unter Berücksichtigung der Wiederbeschaffungszeit so zu bestimmen, dass einerseits die Kundenwunschtermine nicht gefährdet sind, andererseits aber auch keine unnötigen Lagerzeiten in Kauf genommen werden müssen.

(2) Bestellpunkt- und Bestellrhythmusverfahren

■ **Grundlegendes**

Für beide Verfahren gilt, dass entweder mit einer festen Bestellmenge (i.d.R. mit der optimalen Bestellmenge) oder mit einer variablen Menge bis zu einem bestimmten Höchstbestand aufgefüllt wird. Durch die Kombination der beiden Bestellverfahren mit den beiden Möglichkeiten in der Wahl der Bestellmenge ergeben sich insgesamt vier Strategien, die sich in folgender Tabelle darstellen lassen.

	Bestellpunktverfahren	Bestellrhythmusverfahren
Auffüllen mit optimaler Bestellmenge	Bei Erreichen des Meldebestandes wird mit der konstanten optimalen Bestellmenge aufgefüllt.	In einem festen Zeitintervall wird immer mit der konstanten optimalen Bestellmenge aufgefüllt.
Auffüllen bis zum Höchstbestand	Bei Erreichen des Meldebestandes wird die Fehlmenge bis zum Höchstbestand aufgefüllt.	In einem festen Zeitintervall wird bis zum Höchstbestand aufgefüllt.

Exemplarisch sollen zwei der vier Möglichkeiten grafisch dargestellt werden.

■ **Strategie 1: Bestellpunktverfahren, bei welchem immer bis zu einem bestimmten Höchstbestand aufgefüllt wird**

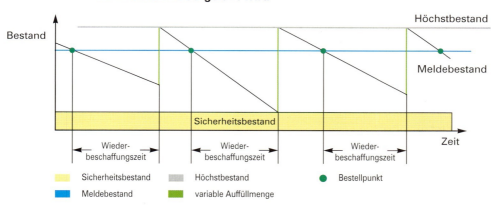

Erläuterungen:

	Sicherheitsbestand:	Er dient zur Abdeckung von Bestands-, Bedarfs- und Bestellunsicherheiten. Er steht nur für unvorhergesehene Ereignisse zur Verfügung und darf daher **nicht** zur laufenden Disposition verwendet werden.
	Meldebestand:	Erreicht der Lagerbestand diese Bestandshöhe, dann ist eine neue Bestellung auszulösen.
	Höchstbestand:	Er gibt an, welcher Warenbestand maximal eingelagert wird. Der Höchstbestand wird immer nach Eintreffen der bestellten Ware erreicht.
	Variable Auffüllmenge:	Es handelt sich um die Warenmenge, die bestellt werden muss, um das Lager bis zum Höchstbestand aufzufüllen.
	Bestellpunkt:	Zeitpunkt, zu welchem bestellt werden muss, um die Versorgung während der Wiederbeschaffungszeit sicherzustellen.
	Wiederbeschaffungszeit:	Zeitbedarf für eigene Überlegungszeit (z.B. Liefererauswahl), Durchführung der Bestellung, Laufzeit der Post, Lieferzeit, Zeit für Wareneingangskontrolle und Einlagerung.

■ **Strategie 2: Bestellrhythmusverfahren, bei welchem immer mit der optimalen Bestellmenge aufgefüllt wird.**

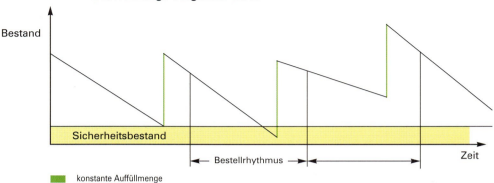

konstante Auffüllmenge

Stellt man die beiden Verfahren einander gegenüber, dann lassen sie sich durch folgende Merkmale kennzeichnen:

Bestellpunktverfahren	Bestellrhythmusverfahren
■ Es handelt sich um eine sehr sichere Strategie. Dadurch, dass mit jeder Entnahme geprüft wird, ob der Meldebestand erreicht ist, ist auch die Gefahr der Unterdeckung sehr gering.	■ Es wird nur in festen Zeitintervallen (Bestellrhythmus) nachbestellt.
■ Es ist geeignet für Güter, bei denen ein hoher Servicegrad verlangt wird.	■ Muss mit unregelmäßigem Bedarf gerechnet werden, dann besteht hier die große Gefahr der Unterdeckung.
■ Wird bis auf die Lagerobergrenze aufgefüllt, dann führt dies tendenziell zu hohen Beständen.	■ Das Verfahren ist daher nur sinnvoll, wenn die Lagerabgangsraten relativ konstant sind.
■ Der Kontrollaufwand ist relativ hoch.	■ Der Verwaltungsaufwand ist gering.
■ Durch ständige Bestandskontrolle ist das Verfahren auch geeignet für Güter mit unregelmäßigem Bedarf.	

Zusammenfassung

■ Die **Bedarfsplanung** legt die für einen bestimmten Termin und eine bestimmte Periode zur Fertigung benötigten Materialien fest.

■ Das **Hauptproblem der Bestellmengenplanung** ist die Festlegung der optimalen Bestellmenge, denn es besteht ein Spannungsverhältnis zwischen den hohen Lagerkosten bei großen Bestellmengen einerseits und hohen Bestellkosten bei niedrigen Bestellmengen (und damit hoher Bestellhäufigkeit) andererseits.

■ Die **optimale Bestellmenge** ist die Beschaffungsmenge, bei der die Gesamtkosten (Bestell- und Lagerhaltungskosten) am niedrigsten sind.

■ Die **Hauptaufgabe der Zeitplanung** ist es, den **Bestellzeitpunkt** optimal festzulegen, damit Fertigung und/oder Absatz reibungslos durchgeführt werden können.

6 Das Hauptproblem der Mengenplanung ist die Ermittlung der optimalen Bestellmenge.

Aufgaben:

1. Erläutern Sie, was unter der optimalen Bestellmenge zu verstehen ist!

2. Berechnen Sie mithilfe einer Tabelle (siehe S. 37) die optimale Bestellmenge aufgrund des Zahlenbeispiels von S. 36, wenn

   2.1 die Bestellkosten sich auf 100,00 EUR verdoppeln und die übrigen Bedingungen gleich bleiben!

   2.2 der Lagerhaltungskostensatz auf 45 % steigt und die übrigen Bedingungen gleich bleiben!

3. Zeichnen Sie die entsprechenden Kostenkurven zu den Aufgaben 2.1 und 2.2!

4. Fassen Sie Ihre Erkenntnisse aus den Aufgaben 2. und 3. in Form von Regeln zusammen!

5. Mithilfe der **Andler-Formel** lässt sich der exakte Wert für die optimale Bestellmenge bestimmen. Die Andler-Formel lautet:

$$Q_{opt} = \sqrt{\frac{200 \cdot F \cdot M}{P \cdot L}}$$

Q_{opt}: Optimale Bestellmenge
F: Fixe Bestellkosten
M: Jahresbedarf
P: Einstandspreis je Stück
L: Lagerhaltungskostensatz in Prozent

Überprüfen Sie die Richtigkeit Ihrer Ergebnisse!

7 1. Nennen Sie je drei Beispiele für Bestellkosten und Lagerhaltungskosten!

2. Geben Sie Argumente an, welche die exakte Ermittlung der optimalen Bestellmenge in der Praxis erschweren!

8 Eine Artikeldatei liefert folgende Zahlen:

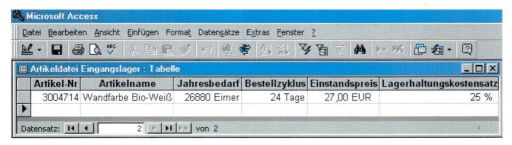

Artikel-Nr	Artikelname	Jahresbedarf	Bestellzyklus	Einstandspreis	Lagerhaltungskostensatz
3004714	Wandfarbe Bio-Weiß	26880 Eimer	24 Tage	27,00 EUR	25 %

Die Bestellkosten je Bestelleinheit belaufen sich auf 80,00 EUR. Die Geschäftsleitung möchte den Bestellzyklus auf 30 Tage erhöhen.

Aufgabe:

Prüfen Sie, ob diese Erhöhung zu einer Kostenersparnis führt!

9 Der Bedarf für das Fremdteil B 312 beträgt 30 Stück je Kalendertag, die Wiederbeschaffungszeit 8 Tage und der eiserne Bestand 80 Stück. Die optimale Bestellmenge beträgt 480 Stück. Am Abend des 4. März beträgt der Lagerbestand 440 Stück.

Aufgaben:

1. Planen Sie die Bestellzeitpunkte (Daten angeben) für den Monat März!

2. Zeichnen Sie die Bestandsentwicklung in ein Diagramm ein (vgl. S. 39)!

3.2 Materialbereitstellungsverfahren

Grundsätzlich gibt es zwei Möglichkeiten, das Problem der Bereitstellung von Werkstoffen und Handelswaren zu lösen, nämlich die **Bedarfsdeckung durch Vorratshaltung** und die **Bedarfsdeckung ohne Vorratshaltung.**

3.2.1 Bedarfsdeckung durch Vorratshaltung (Lagerhaltung)

3.2.1.1 Funktionen des Lagers

Die **Vorratshaltung** ist vor allem dann anzutreffen, wenn **Schwankungen des Beschaffungsmarkts** abgesichert werden müssen. Außerdem kann die Lagerung **geringwertiger Güter** mit relativ hohen Anschaffungsaufwendungen sinnvoll sein.

> **Merke:**
>
> Unter einem **Lager** versteht man einen Raum oder eine Fläche zum Aufbewahren von Sachgütern. Die Sachgüter werden mengen- und/oder wertmäßig erfasst.

Die Sachgüter werden im Wesentlichen aus vier Gründen gelagert:

Funktionen[1] des Lagers	Erläuterungen
Sicherungsfunktion	Die einzelnen Verbrauchsstellen eines Industriebetriebs müssen jederzeit über die notwendigen Werkstoffe verfügen, wenn die Produktion störungsfrei ablaufen soll. Aus diesem Grund wird in den Industriebetrieben meistens ein Sicherheitsbestand (eiserner Bestand) gehalten.
Zeitüberbrückungs-funktion/ Mengenausgleichs-funktion	■ Witterungseinflüsse (z.B. verspätete Ernten), Liefererausfälle, Transportschwierigkeiten, politische Entscheidungen (z.B. Ausfuhrstopps) können die Produktion zum Erliegen bringen. Ein Roh-, Hilfs- und Betriebsstofflager sichert die Funktionsfähigkeit des Betriebs. ■ Ein plötzlicher Nachfrageanstieg kann die Lieferbereitschaft beeinträchtigen. Das Lager an Fertigerzeugnissen gleicht die Marktschwankungen aus. Bei steigender Nachfrage werden die Lager abgebaut, bei sinkender Nachfrage aufgestockt.
Umformungs-funktion	Bei bestimmten Gütern hat die Lagerhaltung auch die Aufgabe, die Eigenschaften der Güter an die Anforderungen der Produktion und/oder des Absatzes anzupassen. Hierzu gehört z.B. das Austrocknen von Holz, das Aushärten von Autoreifen oder das Reifen alkoholischer Getränke (z.B. Bier, Wein).
Spekulations-funktion	Durch Großeinkäufe (z.B. durch das Ausnutzen von Mengenrabatten, Transportkostenvergünstigungen und Verbilligungen bei den Verpackungskosten) sowie durch Gelegenheitskäufe werden die Betriebe in die Lage versetzt, die Preise auch bei steigender Nachfrage stabil zu halten.

---

1 Funktionen: hier Aufgaben.

3.2.1.2 Arten des Lagers

(1) Lagerarten nach dem Lagerort (Lagerstandort)

Zentrale Lager sind solche, bei denen alle im Betrieb benötigten Güter in einem Gesamtlager untergebracht sind. Zentrale Lager haben den Vorteil, dass sie verhältnismäßig wenig Raumkosten verursachen. Eine Minimierung auch der Transportkosten setzt voraus, dass die Verbrauchsstätten entsprechend dem Produktionsfluss um das Lager angeordnet sind. Da die meisten Betriebe jedoch historisch gewachsen sind, liegen die Produktionsstätten (z. B. Werkstätten, Werkhallen) häufig hinter-, über- und/oder nebeneinander, sodass die Raumkostenersparnis eines zentralen Lagers durch die Transportkostenverteuerung aufgehoben oder übertroffen wird.

Dezentrale Lager sind erforderlich, wenn die Vorteile der geringen Raumkosten bei zentraler Lagerung durch erhöhte Transportkosten aufgezehrt werden. Jede Verbrauchsstätte enthält dann ein eigenständiges Lager für die Roh-, Hilfs-, Betriebsstoffe und Fertigteile, die sie benötigt (Nebenlager). Dies schließt nicht aus, dass dennoch ein zentrales Lager (Hauptlager) geführt wird, von dem aus die Nebenlager bei Bedarf beliefert werden. Der Vorteil ist, dass Transportkosten eingespart werden. Von Nachteil ist, dass die Raumkosten und die Verwaltungskosten steigen.

(2) Lagerarten nach dem Lagerbetreiber: Eigen- und Fremdlagerung

Reichen die eigenen Lagerräume nicht aus oder ist ein An- oder Umbau einer Lagereinrichtung zu kostspielig, wird bei geeigneten Gütern (meist Massengüter wie Kohle, Koks, Steine, Erde, Erze, Getreide, Mais, Baumwolle) die Lagerhaltung auf fremde Betriebe und deren Einrichtungen übertragen. Um entscheiden zu können, ob die **Eigen-** oder die **Fremdlagerung** kostengünstiger ist, bedarf es einer Kostenvergleichsrechnung.

Beispiel:

Angenommen, die fixen Lagerhaltungskosten[1] belaufen sich bei Eigenlagerung auf monatlich 300 000,00 EUR, die variablen Lagerhaltungskosten[2] auf 40,00 EUR je t Lagergut und Monat. Bei Fremdlagerung sind hingegen 100,00 EUR je t Lagergut pro Monat zu zahlen.

Aufgabe:

1. Ermitteln Sie die kritische Lagermenge in t, bei der die Kosten für die Eigen- und Fremdlagerung gleich hoch sind!
2. Stellen Sie den Zusammenhang grafisch dar!

Lösungen:

Zu 1.:   Kosten der Eigenlagerung = Kosten der Fremdlagerung

$$300\,000,00 + x \cdot 40,00 = x \cdot 100,00$$
$$300\,000,00 = x \cdot 60,00$$
$$x = 300\,000,00 : 60$$
$$x = \underline{\underline{5\,000\ t}}$$

---

1 **Zur Erinnerung: Fixe Lagerhaltungskosten** sind solche, die unabhängig von der eingelagerten Gütermenge in gleichbleibender Höhe von Periode zu Periode (z. B. von Monat zu Monat) anfallen. Hierzu zählen z. B. Raumkosten (Abschreibungen, Zinsen für das in die Lagerräume und Einrichtungen investierte Kapital, Personalkosten für das ständig im Lager angestellte Personal).

2 **Variable Lagerhaltungskosten** sind solche, die sich mit der eingelagerten Gütermenge in ihrer absoluten Höhe verändern. Zu den variablen Lagerhaltungskosten rechnen vor allem die Zinsen für das in den zu lagernden Gütern investierte Kapital, die Risikoprämie und die durch steigende Lagerbestände zunehmenden Verwaltungskosten.

Probe:

300 000,00 EUR + 5 000,00 t · 40,00 EUR = 5 000 t · 100,00 EUR
500 000,00 EUR = 500 000,00 EUR

Die kritische Lagermenge beträgt 5 000 t.
Wird weniger gelagert, ist die Fremdlagerung vorteilhafter, andernfalls die Eigenlagerung.

Zu 2.:

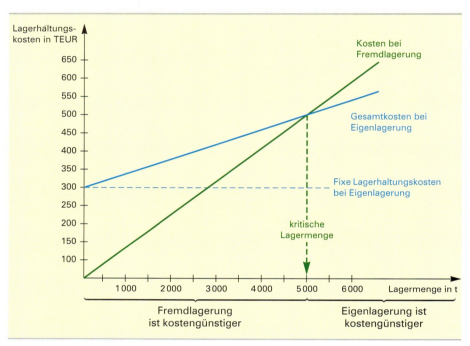

(3) Lagerarten nach dem Bearbeitungszustand der Erzeugnisse

■ **Roh-, Hilfs- und Betriebsstofflager (kurz Stofflager).** Diese Lager haben die Aufgabe, die Zeitspanne zwischen Beschaffung und Produktion (Verbrauch der Roh-, Hilfs- und Betriebsstoffe) zu überbrücken.

■ **Zwischenlager.** Sie nehmen unfertige, noch weiter zu bearbeitende Erzeugnisse auf. Zwischenlager sind häufig deshalb erforderlich, weil die Fertigungsstufen innerhalb des Produktionsprozesses – beson-

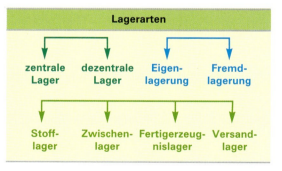

ders in Mehrproduktunternehmen – selten so genau aufeinander abgestimmt werden können, dass in jeder Produktionsstufe die erforderlichen Teile in der benötigten Menge zur Verfügung stehen. Außerdem würde ohne Zwischenlager bei der geringsten

44

Betriebsstörung in einer Vorstufe (z. B. aufgrund eines Maschinenschadens) der gesamte Produktionsprozess zum Stillstand kommen.

- **Fertigerzeugnislager.** In diesen Lagern werden die fertiggestellten Erzeugnisse gelagert, um sie für den Absatz bereitzuhalten.
- **Versandlager.** Hierbei handelt es sich um die kurzfristige Lagerung von Gütern, die versandfertig gemacht (z. B. seemäßig verpackt) werden. Versandlager sind Durchgangslager bereits bestellter Erzeugnisse.

3.2.1.3 Festlegung von Mindest- und Meldebeständen

(1) Mindestbestand

In den meisten Industrieunternehmen werden für produktionswichtige Rohstoffe, Fabrikationsmaterialien, Ersatzteile, Handelswaren usw. Mindestbestände festgelegt, die ohne Genehmigung des Leiters der Materialwirtschaft, oft sogar ohne Zustimmung der Unternehmensleitung, nicht unterschritten werden dürfen.

Merke:

Die **Mindestbestände,** auch **eiserne Bestände** genannt, sind so hoch zu bemessen, dass sie auch bei vorübergehenden Beschaffungsschwierigkeiten eine reibungslose Betriebsfortführung garantieren.

(2) Meldebestand

Merke:

Der **Meldebestand** ist jene Lagermenge, bei deren Erreichung beim „Bestellpunktverfahren" dem Einkauf Meldung (Bedarfsmeldung) zur Neuanschaffung (Auffüllung der Läger) zu machen ist. Der Meldebestand bestimmt somit den Zeitpunkt der Bestellung.

Der Meldebestand muss so hoch sein, dass das Auffüllen des Lagers vor Erreichung des Mindestbestands möglich ist. Der Meldebestand liegt um die Bedarfsmenge während der Wiederbeschaffungszeit über dem Mindestbestand.

Meldebestand = Tagesverbrauch · Wiederbeschaffungszeit + Mindestbestand

Beispiel:

100 Stück Verbrauch täglich, 6 Tage Wiederbeschaffungszeit insgesamt, 600 Stück Mindestbestand

Meldebestand: 100 · 6 + 600 = 1 200 Stück

3.2.1.4 Berechnung von Lagerkennzahlen

(1) Durchschnittlicher Lagerbestand

Der durchschnittliche Lagerbestand bildet die Grundlage für die Bestimmung der Lagerumschlagshäufigkeit und der durchschnittlichen Lagerdauer. Der durchschnittliche Lagerbestand kann z.B. als arithmetisches Mittel (Durchschnitt) aus dem **Jahresanfangsbestand** und dem **Jahresschlussbestand** berechnet werden.

Beispiel:

Der Jahresanfangsbestand in einem Lager beträgt 72000,00 EUR, der Schlussbestand
68000,00 EUR.

$$\text{Durchschnittlicher Lagerbestand} = \frac{72\,000 + 68\,000}{2} = 70\,000,00 \text{ EUR}$$

Außerdem gibt es z.B. folgende Berechnungsmöglichkeiten:

$$\frac{\text{Durchschnittlicher}}{\text{Lagerbestand}} = \frac{\text{Jahresanfangsbestand} + 12\,\text{Monatsendbestände}}{13}$$

Merke:

Der **durchschnittliche Lagerbestand** sagt aus, wie groß der durchschnittliche mengenmäßige oder wertmäßige Bestand eines Werkstoffes (oder einer Handelsware)
am Lager ist. In dieser Höhe ist ständig Kapital des Unternehmens gebunden.

(2) Lagerumschlagshäufigkeit

Sie gibt an, wie oft die Menge oder der Wert des durchschnittlichen Lagerbestands in
einer Zeitperiode, z.B. in einem Jahr, „abgegangen", d.h. Werkstoffe verbraucht bzw.
Handelswaren verkauft worden sind. Die Lagerumschlagshäufigkeit schwankt je nach
Branche, Warenart und Organisationsstandard der Lagerwirtschaft eines Unternehmens.

$$\frac{\text{Lagerumschlags-}}{\text{häufigkeit}^1} = \frac{\text{Lagerabgang (z.B. Verbrauch von Werkstoffen) zu Einstandspreisen}}{\text{durchschnittlicher Lagerbestand zu Einstandspreisen}}$$

Beispiel:

Beträgt der Lagerabgang zu Einstandspreisen z.B. 840000,00 EUR und der durchschnittliche
Lagerbestand 70000,00 EUR (siehe obiges Beispiel), so ergibt sich die Lagerumschlagshäufigkeit
wie folgt:

$$\text{Lagerumschlagshäufigkeit} = \frac{840\,000}{70\,000} = 12$$

Ergebnis: Die Zahl 12 besagt, dass der durchschnittliche Lagerbestand in der Rechnungsperiode zwölfmal umgeschlagen wurde.

---

1 Außerdem gibt es folgende Berechnungsmöglichkeiten:

$$\text{Lagerumschlagshäufigkeit} = \frac{\text{Verbrauch pro Jahr}}{\text{durchschnittlicher Lagerbestand}}$$

(3) Durchschnittliche Lagerdauer

Sie ist die Zeit (z.B. in Tagen ausgedrückt) zwischen dem Eingang der Werkstoffe (oder Handelswaren) im Lager und deren Abgabe an die Produktion (bzw. den Verkauf), und zwar im Durchschnitt gerechnet. Die Lagerdauer soll so kurz wie möglich sein, um z.B. die Lagerzinsen zu senken sowie Schwund, Diebstahl und technische und wirtschaftliche Überholung zu vermeiden.

$$\text{Durchschnittliche Lagerdauer in Tagen} = \frac{\text{z. B. 360 Tage}}{\text{Lagerumschlagshäufigkeit}}$$

Beispiel:

Bei einer im vorherigen Beispiel ermittelten Lagerumschlagshäufigkeit von 12 errechnet sich die durchschnittliche Lagerdauer wie folgt:

$$\text{Durchschnittliche Lagerdauer} = \frac{360 \text{ Tage}}{12} = 30 \text{ Tage}$$

Ergebnis: Das Lagergut liegt durchschnittlich 30 Tage im Lager.

Wichtig: Je höher die Lagerumschlagshäufigkeit, desto kürzer ist die durchschnittliche Lagerdauer und umgekehrt.

(4) Lagerzinsfuß

Der Lagerzinsfuß gibt an, wie viel Prozent Zinsen für das in den Lagervorräten investierte Kapital z.B. in die Verkaufspreise einkalkuliert werden müssen.

$$\text{Lagerzinsfuß}[1] = \frac{\text{Marktzinssatz} \cdot \text{durchschnittliche Lagerdauer}}{360 \text{ Tage}}$$

Je kürzer die durchschnittliche Lagerdauer ist, desto niedriger sind die auf den Werkstoffeinsatz (oder Handelswareneinsatz) entfallenden Zinskosten der Lagerhaltung, d.h. desto niedriger ist der Lagerzinsfuß.

---

1 Außerdem gibt es folgende Berechnungsmöglichkeit:

$$\text{Lagerzinsfuß} = \frac{\text{Marktzinssatz}}{\text{Umschlagshäufigkeit}}$$

Bei einer im vorherigen Beispiel ermittelten Lagerdauer von 30 Tagen und einem angenommenen Jahreszinsfuß von 9 % beträgt der Lagerzinsfuß:

$$\text{Lagerzinsfuß} = \frac{9 \cdot 30}{360} = \underline{\underline{0{,}75\,\%}}$$

(5) Sinkender Lagerhaltungskostenanteil mit steigender Lagerumschlagshäufigkeit

Mit zunehmender Lagerumschlagshäufigkeit (abnehmender durchschnittlicher Lagerdauer) verringert sich die durchschnittliche Lagerkostenbelastung des Materialeinsatzes (z. B. des Einsatzes von Roh-, Hilfs- und Betriebsstoffen) bzw. des Handelswareneinsatzes sowie die Kostenbelastung für das im Lager gebundene Kapital.

Der Lagerabgang beträgt konstant 600 000,00 EUR. Der Jahreszinsfuß beträgt 9 %.

Lagerabgang in EUR	600 000,00	600 000,00	600 000,00	600 000,00	600 000,00
Umschlagshäufigkeit	2	4	6	8	10
Durchschnittliche Lagerdauer	180	90	60	45	36
Durchschnittlicher Lagerbestand	300 000,00	150 000,00	100 000,00	75 000,00	60 000,00
Lagerzinsen/Umschlag	13 500,00	3 375,00	1 500,00	843,75	540,00
Lagerzinsen/Jahr	27 000,00	13 500,00	9 000,00	6 750,00	5 400,00

Da der Lagerabgang eine Größe ist, die vom Unternehmen nicht ohne Weiteres vergrößert werden kann, liegen die beeinflussbaren Kostenpotenziale darin, dasselbe Absatzziel mit höherer Umschlagshäufigkeit und damit kürzerer Lagerdauer zu erreichen.

Es ist nachvollziehbar, dass die damit verbundene Senkung des durchschnittlichen Lagerbestands auch einhergeht mit einer Senkung der übrigen Lagerkosten. Zwar verläuft die Senkung dieser Lagerkosten nicht direkt proportional zur Verringerung des Lagerbestands (z. B. bleiben die Raumkosten weitestgehend fix). Dennoch gewinnt das Unternehmen dadurch einen Kostenvorteil, der genutzt werden kann zur Verbesserung der Gewinnsituation oder zur Senkung der Preise und damit zur Verbesserung der eigenen Marktposition.

3.2.2 Bedarfsdeckung ohne Vorratshaltung

(1) Einzelbeschaffung im Bedarfsfall (Delivery on demand)

Merke:

Bei der **Einzelbeschaffung** erfolgt die Materialbeschaffung erst dann, wenn ein Auftrag vorliegt, der einen Bedarf auslöst.

Ein Warenhaus bestellt bei der Möbelfabrik Rohrer GmbH Gartenmöbel aus Robinienholz.

Die Möbelfabrik Rohrer GmbH bestellt das Holz erst nach Bestätigung des Auftrags.

Vorteile	■ Die Kapitalbindungs- und Lagerkosten werden gesenkt oder entfallen ganz, weil die Materialien nach der Wareneingangs- und Qualitätsprüfung nur sehr kurze Zeit im Lager bleiben oder sofort in die Fertigung gehen. ■ Verderb und Veralten der Materialien sind ausgeschlossen (geringere Lagerrisiken).
Nachteile	■ Mit dem Bezug kleiner Mengen ist mit höheren Preisen, höheren Verpackungskosten und höheren Transportkosten (Bezugskosten) zu rechnen. ■ Je nach Material kann es auch schwierig sein, die benötigten Mengen termingerecht und in der erforderlichen Qualität zu beschaffen.

(2) Lagerlose Sofortverwendung (Just-in-time-Verfahren; fertigungssynchrone Beschaffung)[1]

Merke:

Die **lagerlose Sofortverwendung** ist Bestandteil eines Logistiksystems, bei dem die Materialbereitstellung genau zu dem von der Fertigungsplanung vorher bestimmten Zeitpunkt erfolgt. Man spricht von **fertigungssynchroner Beschaffung** oder vom **Just-in-time-Verfahren.**

Das Prinzip der lagerlosen Sofortverwendung wird vor allem von Industriebetrieben angewendet, die ihren Bedarf an großvolumigen und hochwertigen Teilen genau vorausberechnen können (z. B. Automobilindustrie). Die Kapitalbindungs- und Lagerkosten werden auf die Zulieferbetriebe abgewälzt. Zur Reduzierung des Planungsrisikos für den Lieferanten wird mit ihm häufig ein **Kauf auf Abruf** vereinbart, d. h., die **Bezugsmenge** für den nächsten Planungszeitraum wird fest vereinbart, während der Bezugstermin kurzfristig festgelegt wird.

Vorteile	Alle **Lagerkosten und -risiken entfallen,** weil das benötigte Material sofort zum Ort der Weiterverarbeitung bzw. -verwendung gebracht wird.
Nachteile	■ Verwundbarkeit des Unternehmens gegenüber Störungen im Nachschub, z. B. durch Streiks, Zugverspätungen, Staus **(Terminrisiko).** ■ Umweltbelastung bei der Belieferung durch Lastkraftwagen, z. B. durch Versiegelung der Landschaft durch Straßenbau, Belastung der Luft durch Reifenabrieb und Abgase **(Umweltrisiko).** ■ Gefahr, dass es zu Produktionsstörungen bzw. zu Folgeschäden kommt, da schadhafte Teile nicht durch eine Lagerentnahme ausgewechselt werden können **(Qualitätsrisiko).** ■ Die Bestell- und Transportkosten steigen wegen häufiger Bestellungen an **(Kostenrisiko).**

---

1 Just in time: gerade rechtzeitig.

4 Speth u.a. - ISBN 978-3-8120-0572-2

■ Das Lager erfüllt vier **Aufgaben (Funktionen):** Sicherungs-, Zeitüberbrückungs-/Mengenausgleichs-, Umformungs- und Spekulationsfunktion.

■ Das Lager kann nach verschiedenen Gesichtspunkten unterteilt werden **(Lagerarten):**

Gliederungsgesichtspunkt	Lagerart
Nach dem Lagerort	■ Zentrale Lager ■ Dezentrale Lager
Nach dem Lagerbetreiber	■ Eigenlagerung ■ Fremdlagerung
Nach dem Bearbeitungs-zustand der Erzeugnisse	■ Stofflager ■ Zwischenlager ■ Fertigerzeugnislager ■ Versandlager

■ Für produktionswichtige Rohstoffe, Halbfabrikate, Ersatzteile und Handelswaren werden **Mindest-** und **Meldebestände** festgelegt.

■ Bei Erreichen des Meldebestands muss das Lager dem Einkauf eine **Bedarfsmeldung** zwecks Auffüllung des Lagers (Neuanschaffung) machen. Beim **Bestellpunktverfahren** bestimmt der Meldebestand die „Bestellzeitpunkte" der im Lager geführten Materialien.

■ Die wichtigsten **Lagerkennzahlen** sind der **durchschnittliche Lagerbestand,** die **Lagerumschlagshäufigkeit,** die **durchschnittliche Lagerdauer** und der **Lagerzinsfuß.**

■ Je **höher** die **Lagerumschlagshäufigkeit** ist, desto **niedriger** sind die **durchschnittliche Lagerdauer** und der **Lagerkostenanteil** (und umgekehrt).

■ Je **größer die zu lagernde Gütermenge** ist, desto mehr rentiert sich die **Eigenlagerung.** (Voraussetzung ist, dass die Lagermöglichkeiten wie Grundstücke, Gebäude usw. vorhanden sind.)

■ Je **geringer die zu lagernde Gütermenge** ist, desto mehr rentiert sich die **Fremdlagerung.**

■ Die Bedarfsdeckung ohne Vorratshaltung kann als **Einzelbeschaffung im Bedarfsfall** oder nach dem **Just-in-time-Verfahren** erfolgen.

10 1. Eine Erweiterung des Produktprogramms bedeutet häufig gleichzeitig eine Erweiterung des Lagerraums.

Aufgaben:

1.1 Welche zusätzlichen Kosten treten dabei auf? (Drei Beispiele!)

1.2 Für die Lagerkosten gilt stets: „Je kürzer die Lagerdauer, desto geringer die Kosten." Nennen Sie zwei Maßnahmen, durch die eine Verkürzung der durchschnittlichen Lagerdauer erreicht werden kann!

1.3 Berechnen Sie den durchschnittlichen Lagerbestand, die Lagerumschlagshäufigkeit, die durchschnittliche Lagerdauer, den Lagerzinssatz (landesüblicher Zinsfuß 9 %) nach den folgenden Angaben:

Anfangsbestand an Handelswaren am 1. Januar 20..	150 000,00 EUR
Zugänge an Handelswaren	700 000,00 EUR
Schlussbestand an Handelswaren am 31. Dezember 20..	250 000,00 EUR

1.4 Begründen Sie, wie sich eine Erhöhung der Lagerumschlagshäufigkeit auf die Lagerkosten und das Lagerrisiko auswirkt!

2. Der Jahresanfangsbestand eines Rohstoffs beträgt 590 000,00 EUR, der Jahresschlussbestand 670 000,00 EUR und der Verbrauch an Rohstoffen (Lagerabgang) zu Einstandspreisen 6 300 000,00 EUR.

Aufgaben:

2.1 Berechnen Sie
    2.1.1 den durchschnittlichen Lagerbestand,
    2.1.2 die Lagerumschlagshäufigkeit und
    2.1.3 die durchschnittliche Lagerdauer!

2.2 Machen Sie Vorschläge, wie die durchschnittliche Lagerdauer verkürzt werden kann!

3. Die Lagerzinsen sind von der Lagerdauer des eingelagerten Guts abhängig.

Aufgabe:

Beweisen Sie diese Aussage anhand folgender Zahlen, indem Sie die Lagerzinsen bei einer Lagerdauer von 14, 16, 18 und 20 Tagen berechnen! Zugrunde gelegter Zinsfuß 10 %; Wert des durchschnittlichen Lagerbestands 400 000,00 EUR.

11 Die Düsseldorfer Polstermöbelwerke AG haben in letzter Zeit dank neuer und besonders ansprechender Modelle Produktion und Absatz wesentlich steigern können. Immer wieder gab es aber empfindliche Engpässe, besonders bei der Versorgung der Polsterabteilung mit Bezugsleder. Die Einhaltung von Lieferfristen gegenüber Kunden bereitete deshalb oft Schwierigkeiten. Folglich sollen Lagerhaltung und Beschaffung neu überdacht werden. Die Bestandskarte für Bezugsleder weist aus: Mindestlagerbestand 1 000 m²; Meldebestand 4 000 m².

Aufgaben:

1. Zunächst soll geprüft werden, ob die bisher üblichen Mindestlagerbestände an Fertigungsmaterial ausreichen:

1.1 Nennen Sie vier Gründe, weshalb es notwendig ist, einen Mindestlagerbestand zu halten!

1.2 Unter welchen Voraussetzungen darf der Mindestlagerbestand angegriffen werden?

2. Der Lagerverwalter soll künftig Neubestellungen rechtzeitig bei der Einkaufsabteilung veranlassen.

2.1 Bei welchem Lagerbestand muss er die Einkaufsabteilung informieren?

2.2 Berechnen Sie die Wiederbeschaffungszeit bei einem durchschnittlichen Tagesbedarf von 100 m²!

2.3 Nennen Sie zwei Gründe, die dazu führen können, dass der Meldebestand erhöht werden muss!

3. Die Lagerbuchhaltung liefert für das Holzlager folgende Informationen:

Anfangsbestand am 1. Januar	120 000,00 EUR
12 Monatsschlussbestände insgesamt	1 180 000,00 EUR

Berechnen Sie den durchschnittlichen Lagerbestand!

4. Begründen Sie, wie sich eine Erhöhung der Lagerumschlagshäufigkeit auf die Lagerzinsen und das Lagerrisiko auswirkt!

12 1. Angenommen, die fixen Lagerhaltungskosten belaufen sich auf 200 000,00 EUR je Periode, die variablen Lagerhaltungskosten auf 1,00 EUR je Stück des Lagerguts.

    1.1 Lohnt sich die Fremdlagerung, wenn wir ständig 200 000 Stück auf Lager nehmen müssen und die Fremdlagerhaltungskosten 3,00 EUR je Stück betragen?

    1.2 Bei welcher Stückzahl liegt die kritische Lagergröße (Lagermenge)? Was sagt diese aus?

    1.3 Auf wie viel EUR dürften die variablen Kosten bei Eigenlagerung steigen, damit die Eigenlagerung für 200 000 Stück genauso groß ist wie die bei Fremdlagerung?

  2. Nennen Sie außer den Kostengesichtspunkten weitere Gründe, die für eine Fremdlagerung sprechen!

  3. Stellen Sie in einer Tabelle die Vor- und Nachteile der Vorratshaltung und des Just-in-time-Verfahrens einander gegenüber!

13 Eine Lageranalyse bei der Kleiner KG ergab folgende Situation:

Lagerabgang zu Einstandspreisen:	600 000,00 EUR
Der Lagerkostensatz beträgt	30 %

Hinweis:

Der Lagerkostensatz ist ein %-Satz, der angibt, wie hoch die Lagerkosten, gemessen am durchschittlichen Lagerbestand, sind.

Aufgabe:

Stellen Sie tabellarisch dar, wie sich die Lagerkosten ändern, wenn es dem Betrieb gelingt, die Umschlagshäufigkeit schrittweise zu steigern von 3, über 4, 6, 8 bis 10!

4 Leistungserstellungsprozesse

4.1 Fertigungsverfahren

4.1.1 Überblick

Will man die Struktur einer industriellen Fertigung beschreiben, dann stößt man sehr schnell an Grenzen aufgrund der hohen Komplexität der Zusammenhänge. Es hat sich daher bewährt, die Produktion jeweils isoliert unter **drei unterschiedlichen Fragestellungen** zu betrachten.

- In welchem Maße ist der Mensch durch seine Arbeitskraft in die Produktion eingebunden? Diese Fragestellung wird behandelt unter dem Fachbegriff **Fertigungstechnologie.**[1]

- Wie oft wiederholt sich die Herstellung eines gleichartigen Erzeugnisses? Diese Thematik findet sich unter der Überschrift **Fertigungstypen.**

- Wie sind die Betriebsmittel im Produktionsverfahren angeordnet? Dieser Aspekt behandelt die verschiedenen **Fertigungsorganisationen.**[1]

4.1.2 Fertigungstechnologie

Bezeichnung	Merkmale	Beispiele
Handarbeit mit Werkzeugen	Antrieb, Steuerung (Führen des Werkzeugs) und Kontrolle über das Werkzeug obliegen dem Menschen.	Handbohrer, Feile
Maschinenarbeit	Der Antrieb wird durch die Maschine erzeugt. Dadurch wird der Mensch in erheblichem Maße von kraftraubender Arbeit entlastet. Steuerung und Kontrolle obliegen dem Menschen.	Werkzeugmaschinen mit elektrischem Antrieb, wie z. B. elektrische Bohrmaschine, Drehbank
Vollautomatische Fertigung	Alle drei Arbeitskomponenten – Antrieb, Steuerung und Kontrolle – erfolgen durch die Maschine.	NC-gesteuerte Maschinen, Fertigungsroboter

---

1 Die Betrachtung der Fertigungstechnologie und der Fertigungsorganisation sind nicht Gegenstand des Lehrplans. Dennoch sollen diese beiden Bereiche im Sinne der Vollständigkeit in kompakter Form dargestellt werden.

4.1.3 Fertigungstypen

Die Fertigung wird hierbei betrachtet unter dem Aspekt, wie oft sich die Herstellung eines gleichartigen Produktes wiederholt. Dabei unterscheiden wir:

(1) Einzelfertigung

Merkmale	■ Für ein Erzeugnis wird nur eine Einheit hergestellt und geplant, die Losgröße beträgt also = 1.
	■ Es handelt sich in der Regel um reine Auftragsfertigung für einen Kunden, dessen individuelle Wünsche durch einen hohen Planungsaufwand berücksichtigt werden.
	■ Die Annahme des Kundenauftrages ist häufig mit der Lösung von Finanzierungsfragen verbunden.
	■ Zur Bewältigung der ständig wechselnden Anforderungen werden <ul><li>■ hoch qualifizierte Facharbeitskräfte (daher hohes Lohnniveau),</li><li>■ ein anpassungsfähiger Produktionsapparat mit Universalmaschinen</li><li>■ und ein flexibles Transportsystem</li></ul> benötigt.
	■ Als Fertigungsorganisation kommen die Werkbank-, die Werkstatt-, die Werkstätten- und die Baustellenfertigung infrage.
	■ Zur Verminderung des Planungsaufwandes einerseits und zur Schaffung ihrer Kernkompetenz gegenüber dem Absatzmarkt bewegen sich die Unternehmen im Rahmen einer Problemtreue, d. h., die hergestellten Produkte sind untereinander verwandt.
	Beispiele: <ul><li>■ Schiffe</li><li>■ Großbehälter</li><li>■ Sonderfahrzeuge</li></ul>
Vorteile	■ Innerhalb der Problemtreue besitzt das Unternehmen ein hohes Maß an Anpassungsfähigkeit gegenüber Kundenwünschen.
	■ Die Arbeitskräfte verfügen über einen hohen Vorbereitungsgrad, d. h., neu auftauchende Aufgabenstellungen lösen sie auf der Basis fundierter Erfahrungen, die sie im Bereich ihrer Kernkompetenz erworben haben.
	■ Die Kostenstruktur enthält tendenziell einen höheren Anteil an variablen Kosten.
Nachteile	■ Die Produktion ist kostenungünstig, da alle Planungs- und Umrüstkosten diesem Auftrag zuzurechnen sind.
	■ Es existiert ein hohes Lohnniveau durch den verstärkten Einsatz qualifizierter Arbeitskräfte.
	■ Aufgrund der individuellen und umfangreichen Auftragsplanung (Konstruktion, Kalkulation, Preisverhandlung, Materialbedarfsplanung, Fertigungsplanung und -steuerung) entstehen lange Durchlaufzeiten mit teilweise hohem Kostenrisiko (z. B. steigende Rohstoffpreise nach Vertragsabschluss).
	■ Eine gleichmäßige Kapazitätsauslastung kann bei konjunkturellem Nachfragerückgang unter Umständen nur unter schmerzhaften Preiszugeständnissen gesichert werden.

(2) Serienfertigung

Merkmale	▫ Von einer Erzeugnisart wird eine begrenzte Anzahl an Einheiten (Serie, Los) geplant und hergestellt.
	▫ Von Serie zu Serie müssen die Maschinen umgerüstet werden.
	▫ Unter den Serien bestehen starke Abweichungen.
	▫ Ein Problem besteht darin, die optimale Losgröße festzulegen.[1]
	▫ Die Spannweite schwankt zwischen Kleinserienfertigung, die in ihrer Problemstellung mit den Herausforderungen der Einzelfertigung verglichen werden kann, und der Großserienfertigung, die sich bereits an den Anforderungen der Massenfertigung orientiert.
	Beispiele:
	▪ Automobile
	▪ Möbel
	▪ Maschinen
Vorteile	▫ Hohe Losgrößen führen zu erheblichen Kostensenkungen.
	▫ Tendenziell ist auch der Einsatz von angelernten und ungelernten Arbeitskräften möglich.
	▫ Durch den Einsatz unterschiedlicher Baugruppen lässt sich auf der Ebene der Enderzeugnisse in beschränktem Maße eine Produktvielfalt anbieten (Beispiel: verschiedene Benzin- und Dieselmotoren für das gleiche Kfz-Modell).
Nachteile	▫ Kundenwünsche können nur beschränkt berücksichtigt werden.
	▫ Umrüstkosten und Anlaufkosten der neuen Serie belasten als Fixkostenblock die Kalkulation der Erzeugnisse.

(3) Massenfertigung

Merkmale	▫ Ein einheitliches Erzeugnis wird
	▫ für den anonymen Markt
	▫ über einen längeren Zeitraum
	hergestellt.
	▫ Keine Fertigung im Kundenauftrag.
	▫ Weitestgehende Arbeitszerlegung mit monotonen Arbeitsabläufen.
	▫ Weitestgehend automatisierte Fertigung zumeist im Mehrschichtbetrieb.
	Beispiele:
	▪ Flaschen
	▪ Zigarretten
	▪ Mineralwasser
Vorteile	▫ Vorteil der Kostensenkung aufgrund der hohen Stückzahlen wird voll ausgeschöpft, daher minimale Stückkosten.
	▫ Hohes Maß an Produktivität.[2]
	▫ Sorgfältige strategische Vorplanung, konstanter Produktionsablauf und hoher Automatisierungsgrad sichern gleich bleibende Produktqualität.

---

1 Die Problemstellung ist identisch mit jener im Rahmen der Beschaffung zur Bestimmung der optimalen Bestellmenge, siehe Seite 36 ff.
2 Vgl. hierzu S. 86 f.

Nachteile	▪ Produktpolitische Monokultur (enges Produktprogramm) führt zu absatzpoliti- schem Risiko (keine Berücksichtigung kurzfristiger Kundenwünsche). ▪ Starke Fixkostenbelastung aufgrund des hohen Automatisierungsgrades. ▪ Unter Umständen soziale Probleme durch hohe Arbeitszerlegung und einseitige Arbeitsbelastung (Monotonie).

(4) Sortenfertigung

Merkmale	▪ Sie ist eng verwandt mit der Serienfertigung. ▪ Unter den Sorten bestehen im Gegensatz zur Serienfertigung nur geringe Abweichungen, z.B. in Bezug auf Farbe, Muster, Größe, Mixtur der Zutaten. ▪ In der Regel werden die verschiedenen Sorten auf derselben Fertigungsappara- tur hergestellt, da es sich um Varianten eines Grunderzeugnisses handelt. ▪ Der Umrüstaufwand ist geringer als bei der Serienfertigung. **Beispiele:** ▪ Schokolade ▪ Textilien ▪ Schuhe
Vorteile	▪ Mit relativ geringem Aufwand kann dem Kunden eine größere Produktvielfalt angeboten werden.
Nachteile	▪ Da die unterschiedlichen Sorten in der Regel nur durch die Veränderung **einer** Produkteigenschaft entstehen, ist die individuelle Erfüllung des Kundenwun- sches doch weitestgehend beschränkt.

(5) Partien- und Chargenfertigung als Sonderformen der Sortenfertigung

Das gemeinsame Merkmal beider Fertigungstypen liegt darin, dass die unterschiedlichen Sorten nicht **gewollt** entstehen.

Partien- fertigung	Die unterschiedlichen Sorten entstehen daraus, dass die verwendeten Rohstoffe unterschiedliche Eigenschaften haben, weil sie aus verschiedenen Partien ent- stammen. **Beispiele:** ▪ Tee oder Kaffee aus unterschiedlichen Ländern, Lagen, Plantagen ▪ Baumwolle, Felle
Chargen- fertigung[1]	Die unterschiedlichen Sorten entstehen daraus, dass das Verfahren im Herstel- lungsprozess nicht vollständig beherrschbar ist und die Gleichheit der Sorte nur in- nerhalb einer Charge sichergestellt ist. **Beispiele:** ▪ Schmelzprozess in einem Hochofen ▪ Töpferei ▪ Käseherstellung

---

1 **Charge:** Ladung, Beschickung.

4.1.4 Fertigungsorganisation

Die Fertigung wird hierbei unter dem Aspekt betrachtet, wie die Betriebsmittel im Produktionsverfahren angeordnet sind.

Bezeichnung	Merkmale

Werkstatt-fertigung	■ Verrichtungszentralisation, d.h., gleichartige Maschinen werden in gesonderten Abteilungen zusammengefasst (z.B. Drehbänke in der Dreherei).
	 ■ Durch ein flexibles Transportsystem (z.B. Gabelstapler, Flurfördersysteme) werden die Werkstücke von einer Bearbeitungsstation zur nächsten befördert.
	 ■ Die Werkstattfertigung ist sehr anpassungsfähig gegenüber veränderten Kundenwünschen und damit einem geänderten Fertigungsablauf.
	 ■ Die räumliche Zusammenfassung gleichartiger Maschinen erleichtert die Ausweichmöglichkeit bei Störungen.
	 ■ Der Stand des Fertigungsfortschritts der einzelnen Fertigungsaufträge ist schwer durchschaubar.
	 ■ Durch die Zentralisierung gleichartiger Maschinen erhält man einen guten Überblick über deren Auslastung.
	 ■ Ein hoher Bestand an Zwischenlagern sichert die Kapazitätsauslastung.
	 ■ Damit verbunden sind hohe Kapitalbindungskosten.
	 ■ Qualifizierte Arbeitskräfte sind erforderlich.
	 ■ Hohes Lohnniveau.
	 ■ In der Arbeitsvorbereitung entsteht ein hoher Planungsaufwand zur:
	   ■ Losgrößenbestimmung ■ Terminplanung
	   ■ Reihenfolgeplanung ■ Maschinenbelegungsplanung
	 ■ Diese Fertigungsorganisation wird angewandt in der Einzel- und Kleinserienfertigung sowie in der Teilefertigung bei Großserien- und Massenfertigung.

Gruppen-fertigung (Inselfertigung)	■ Objektzentralisation, d.h., mehrere Personen arbeiten zusammen an einer Arbeitsaufgabe. Dieser Gruppe stehen alle Maschinen und Werkzeuge zur Verfügung, die zur Bewältigung der vollständigen Aufgabe erforderlich sind. ■ Innerhalb einer Gruppe ist ein regelmäßiger Arbeitsplatzwechsel möglich (Jobrotation). Dadurch ist diese Fertigungsorganisation ein Beitrag zur Humanisierung der Arbeit. ■ Teilautonomie ist dann gegeben, wenn der Gruppe noch zusätzliche Aufgaben (Materialdisposition, Einrichtung der Maschinen, Reparaturarbeiten, Kontrolltätigkeiten) übertragen werden.

Bezeichnung	Merkmale

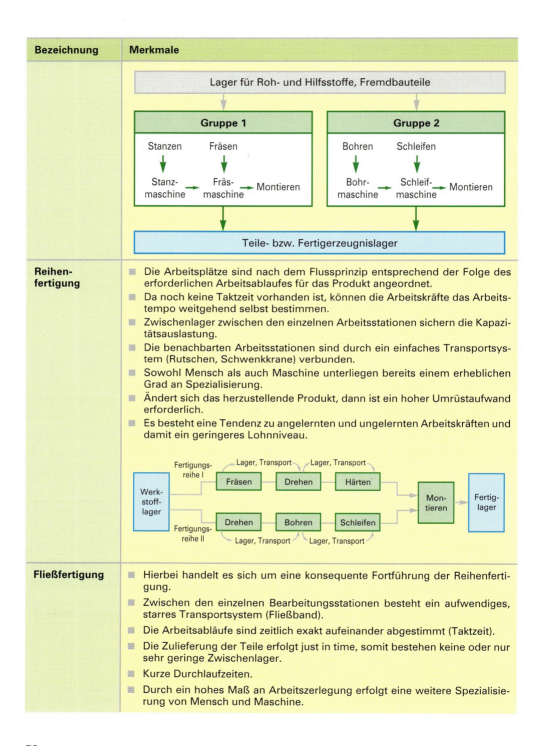

Reihenfertigung

- Die Arbeitsplätze sind nach dem Flussprinzip entsprechend der Folge des erforderlichen Arbeitsablaufes für das Produkt angeordnet.
- Da noch keine Taktzeit vorhanden ist, können die Arbeitskräfte das Arbeitstempo weitgehend selbst bestimmen.
- Zwischenlager zwischen den einzelnen Arbeitsstationen sichern die Kapazitätsauslastung.
- Die benachbarten Arbeitsstationen sind durch ein einfaches Transportsystem (Rutschen, Schwenkkrane) verbunden.
- Sowohl Mensch als auch Maschine unterliegen bereits einem erheblichen Grad an Spezialisierung.
- Ändert sich das herzustellende Produkt, dann ist ein hoher Umrüstaufwand erforderlich.
- Es besteht eine Tendenz zu angelernten und ungelernten Arbeitskräften und damit ein geringeres Lohnniveau.

Fließfertigung

- Hierbei handelt es sich um eine konsequente Fortführung der Reihenfertigung.
- Zwischen den einzelnen Bearbeitungsstationen besteht ein aufwendiges, starres Transportsystem (Fließband).
- Die Arbeitsabläufe sind zeitlich exakt aufeinander abgestimmt (Taktzeit).
- Die Zulieferung der Teile erfolgt just in time, somit bestehen keine oder nur sehr geringe Zwischenlager.
- Kurze Durchlaufzeiten.
- Durch ein hohes Maß an Arbeitszerlegung erfolgt eine weitere Spezialisierung von Mensch und Maschine.

Bezeichnung	Merkmale
	▪ Damit verbunden ist eine geringere Personalqualifikation.
	▪ Geringe Flexibilität bei Änderung des Produktionsprogramms.
	▪ Das Gesamtsystem wird störanfällig. Der Ausfall einer Bearbeitungseinheit führt zwangsläufig zum Stillstand der ganzen Fertigungslinie.
	▪ Um dies zu vermeiden, ist ein hoher Instandhaltungs- und Wartungsaufwand erforderlich.

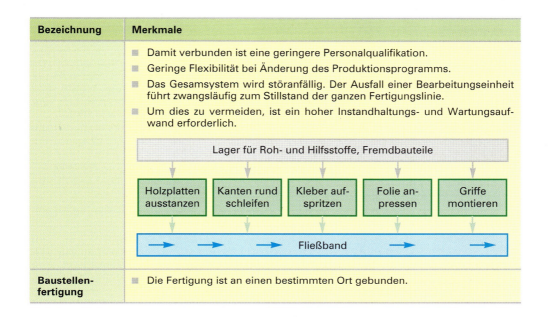

Baustellenfertigung	▪ Die Fertigung ist an einen bestimmten Ort gebunden.

Zusammenfassung

Nach der **Häufigkeit der Prozesswiederholung** unterscheidet man folgende **Fertigungstypen:**

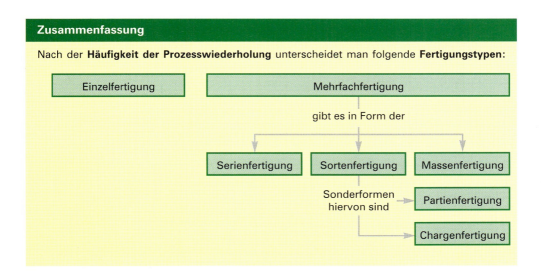

14 Der Industriepark Ludwigsburg GmbH (IPL GmbH) wurde vor 20 Jahren gegründet. Inzwischen siedeln auf einem Gebiet von 3,2 km^2 rund 60 Unternehmen mit etwa 15 000 Beschäftigten. Der Vorteil für die Unternehmen liegt darin, dass sie viele Dienste wie z. B. Notfalldienste (Werkfeuerwehr, ärztliche Versorgung), soziale Einrichtungen (Kindertagesstätten, Kantine), Logistik sowie Ver- und Entsorgungseinrichtungen vom Parkmanagement in Anspruch nehmen können. Büro- und Gewerbeflächen können mit wachsender Unternehmensgröße hinzugemietet werden.

Zu den dort angesiedelten Unternehmen gehört auch eine Reihe kleinerer und mittlerer Betriebe der Metallverarbeitung, des Werkzeug-, Maschinen- und Anlagenbaus. Alle gängigen Fertigungstypen und Fertigungsorganisationen sind dort vertreten.

Jährlich findet ein Tag der offenen Tür statt, zu welchem die Geschäftspartner, die Bevölkerung, aber auch die Absolventen der umliegenden Schulen, Fachhochschulen und Universitäten eingeladen werden.

Sie sind Assistent in der Geschäftsleitung für das Parkmanagement. Der nächste Tag der offenen Tür ist vorzubereiten.

Aufgaben:

1. Erstellen Sie für diesen Tag einen Flyer, der den Besuchern in kompakter und einprägsamer Form einen Überblick gibt über die im Industriepark vorhandenen Fertigungstypen!

2. Am Tag der offenen Tür sind Sie für den Infostand eingeteilt. Von den Besuchern werden an Sie u. a. folgende Fragen gestellt:

   2.1 „Gibt es einen erkennbaren Zusammenhang zwischen den verschiedenen Fertigungstypen und der Fertigungsorganisation?"

   2.2 „Wenn Massenfertigung am kostengünstigsten ist – warum werden dann nicht alle Erzeugnisse in Massenfertigung hergestellt? Damit könnte man sich doch gegen die asiatischen Billigprodukte wehren."

   2.3 „Welche Strategien gibt es für Unternehmen, die auf Einzel- und Kleinserienfertigung festgelegt sind, wenigstens begrenzt Kostenvorteile für sich zu nutzen?"

   Beantworten Sie den Besuchern die an Sie gerichteten Fragen!

4.2 Arbeitszeitmessung

4.2.1 Überblick über die Arbeitsstudien

Arbeitsstudien[1] untersuchen die Arbeitsabläufe und die Anforderungen der Arbeitsplätze in einem Unternehmen. Man unterscheidet in:

Art der Arbeitsstudie	Ziel
Arbeitsablauf-studien	Untersucht wird die Gestaltung einer Arbeitsgangfolge unter den Aspekten ▪ der Zeit, ▪ der logisch optimalen Reihenfolge der Teilarbeitsschritte, ▪ der räumlichen Anordnung (z. B. der Werkstücke und der Werkzeuge, Weite des Greifraums), ▪ des Menschen (z. B. Arbeitshaltung, günstige Hebelwirkung) und ▪ der Betriebsmittel (z. B. Entlastung der muskulären Beanspruchung). Sie sind die Grundlagen für die übrigen Arbeitsstudien und führen zur kontinuierlichen Rationalisierung der Fertigungsprozesse.

---

1 Arbeitsablauf- und Arbeitswertstudien sind nicht Gegenstand des Lehrplans.

Art der Arbeitsstudie	Ziel
Arbeitszeitstudien	Mithilfe der **Arbeitszeitstudien** ermittelt man die für einen Arbeitsvorgang erforderliche Normalzeit. Die Ergebnisse bilden die Grundlagen für ▪ eine leistungsgerechte Entlohnung, ▪ die Vorkalkulation der Erzeugnisse und ▪ die Terminierung der Fertigungsaufträge.
Arbeitswertstudien	Sie dienen der Ermittlung des Schwierigkeitsgrades an einem Arbeitsplatz aufgrund der dort verlangten Anforderungen. Das Ergebnis ist unabhängig von der Person und den Fähigkeiten der Arbeitskraft, die diese Stelle besetzt.

4.2.2 Normalzeit und Normalleistung

Normalzeit und Normalleistung gehören untrennbar zueinander. Es handelt sich nur um eine andere Betrachtungsweise desselben Aspektes.

Beispiel:

Die Normalleistung pro Stunde beträgt 10 Stück, dies entspricht einer Normalzeit von sechs Minuten pro Stück.

Merke:

Die **Normalleistung** ist dasjenige Pensum, das ein

■ geeigneter Mitarbeiter

■ nach Einarbeitung

■ auf Dauer

■ ohne gesundheitliche Beeinträchtigung

leisten kann.

Zur Ermittlung der Normalzeit gibt es mehrere Verfahren. Wir beschränken uns auf die Ermittlung der Normalzeit mithilfe einer REFA[1]-Zeitaufnahme.

4.2.3 Ermittlung der Normalzeit mithilfe einer REFA-Zeitaufnahme

(1) Ablauf der Zeitaufnahme

Dieses Verfahren findet Anwendung, wenn es sich um einen **neuen Arbeitsvorgang** handelt, für den es **keine standardmäßigen Zeittabellen** gibt und dessen **Zeitbedarf** auch nicht mithilfe von mathematischen Verfahren (Prozesszeitermittlung) berechnet werden kann.

---

1 REFA: frühere Bezeichnung für Reichausschuss für Arbeitszeitermittlung.

Die **Zeitaufnahme** läuft in mehreren Schritten ab.

1. Die zu messende **Arbeitsaufgabe wird sorgfältig beschrieben.** Hierzu gehören eine zeichnerische Darstellung des Werkstücks, die Beschreibung des Arbeitsverfahrens und der Arbeitsmethode, der verwendete Werkstoff mit Materialart, Maße und Gewichte, die Namen der Mitarbeiter, mit denen die Zeitaufnahme durchgeführt wird, die verwendeten Betriebsmittel und die vorherrschenden Umgebungseinflüsse.

2. Die Arbeitsaufgabe wird in **Ablaufschritte,** deren Ende jeweils durch einen **markanten (beobachtbaren) Messpunkt** charakterisiert ist, zerlegt und stichwortartig beschrieben.

3. Die **Zeitmessung** wird über mehrere Wiederholungszyklen durchgeführt. Dabei wird die **Fortschrittszeit für die Messpunkte** notiert und fortlaufend der beobachtete **Leistungsgrad des Mitarbeiters** beurteilt (nicht geschätzt!).

4. Die ermittelten Daten werden zur **Berechnung der Vorgabezeit** verwendet.

5. Durch eine Sensitivitätsanalyse[1] wird die **Seriosität[2] der Zeitaufnahme** überprüft. Liegen die gemessenen Zeitwerte relativ dicht beieinander, dann sind für eine verlässliche Zeitaufnahme weniger Wiederholungszyklen erforderlich als wenn die Zeitwerte einer stärkeren Streuung unterliegen.

(2) Berechnung der Auftragszeit

■ Struktur der Auftragszeit

Die Auftragszeit (Vorgabezeit für die Durchführung eines vollständigen Auftrags) wird unterteilt in mehrere Zeitkomponenten.

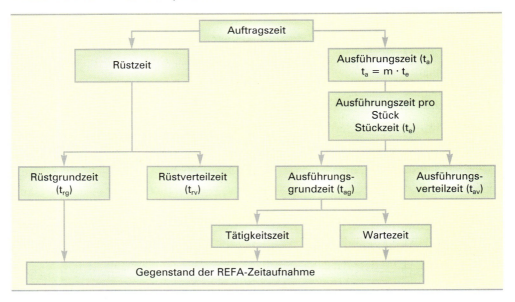

---

1 Sensitivität: Feinfühligkeit.
2 Seriös: glaubwürdig, vertrauenswürdig.

Erläuterungen:

- Die **Auftragszeit** wird zunächst unterteilt in eine **Rüstzeit** und in eine **Ausführungszeit**. Der Unterschied liegt in der **Art der Tätigkeit**. Die Rüstzeit fällt in der Regel pro Auftrag einmal an, hat vorbereitenden Charakter und dient z.B. zum Lesen der Zeichnung, zum Herrichten der Maschine, Einspannen des Werkzeugs usw.

- Die **Ausführungszeit** ist die **Bearbeitungszeit am Werkstück** (t_e für ein einzelnes Stück). Sie wiederholt sich mit der Anzahl der herzustellenden Teile (t_a für den gesamten Auftrag).

- Sowohl die Rüstzeit als auch die Ausführungszeit werden weiter zerlegt in **Grundzeit** und **Verteilzeit**. Der Unterschied liegt in der **Messbarkeit** im Rahmen der Zeitaufnahme.

- Die **Grundzeit** ist der beobachtbare und damit **messbare Teil** und bestimmt den Zeitbedarf für die **planmäßige Ausführung** des Ablaufs.

- Die **Verteilzeit** kommt **zusätzlich** vor, ist **unvermeidbar** und kann persönlich (kurzfristige Unterbrechung oder Ablenkung) oder sachlich (Beseitigung eines Hindernisses o.Ä.) bedingt sein. Sie tritt während des Ablaufs mit unterschiedlicher Dauer und Häufigkeit auf. Ihr Zeitanteil kann z.B durch Multimomentaufnahmen ermittelt werden. In der Regel wird ein Erfahrungswert als %-Satz den Grundzeiten zugeschlagen.

- Die **Wartezeit** ist eine **ablaufbedingte Unterbrechung** innerhalb der Ausführungsgrundzeit. In der Regel beobachtet der Mensch den Ablauf, ohne sich muskelmäßig zu betätigen.

- **Tätigkeitszeit** ist die Arbeitszeit des Mitarbeiters im Rahmen der Ausführungsgrundzeit.

■ **Beispiele für die Berechnung der Auftragszeit**

Nachdem mit der REFA-Zeitaufnahme die Ausgangswerte für Rüst- und Ausführungsgrundzeit ermittelt wurden, kann die Vorgabezeit für einen Auftrag beliebiger Größe ermittelt werden (siehe Beispiel 1 und 2).

Beispiel 1:				

Für den Arbeitsgang „Kanten entgraten" wurden aufgrund der REFA-Zeitaufnahme folgende Daten ermittelt:

Rüstgrundzeit	20	Minuten
Ausführungsgrundzeit	5	Minuten

Zur Berechnung der Auftragszeit sind weiterhin zu berücksichtigen:

Rüstverteilzeit	12	%
Ausführungsverteilzeit	15	%
Hergestellte Menge	10	Stück

Berechnung der Auftragszeit:

Rüstgrundzeit	20	Minuten		
+ Rüstverteilzeit 12%	2,4	Minuten		
= Rüstzeit			22,4	Minuten
Ausführungsgrundzeit	5,0	Minuten		
+ Ausführungsverteilzeit 15%	0,75	Minuten		
= Stückzeit	5,75	Minuten		
Ausführungszeit (Stückzeit · Menge)			57,5	Minuten
= **Auftragszeit**			**79,9**	**Minuten**

Daten der Zeitaufnahme:

Tätigkeitszeit	3,75	Minuten
Wartezeit	1,25	Minuten
Rüstgrundzeit	20	Minuten

Daten der Vorgabekalkulation:

Ausführungsverteilzeit	10	%
Rüstverteilzeit	10	%
Herzustellende Menge	10	Stück

Berechnung der Auftragszeit:

Rüstgrundzeit	20	Minuten		
+ Rüstverteilzeit 10 %	2	Minuten		
= Rüstzeit			22,0	Minuten
Tätigkeitszeit	3,75	Minuten		
+ Wartezeit	1,25	Minuten		
Ausführungsgrundzeit	5,0	Minuten		
+ Ausführungsverteilzeit 10 %	0,5	Minuten		
= Stückzeit	5,5	Minuten		
Ausführungszeit (Stückzeit · Menge)			55,0	Minuten
= Auftragszeit			**77,0**	**Minuten**

Zusammenfassung

■ **Arbeitszeitstudien nach REFA** beruhen auf **Messungen** der **Arbeitszeit.** Dabei wird die Fort-schrittszeit eines sich wiederholenden Arbeitsgangs fortlaufend notiert und für jeden Zeit-abschnitt der Leistungsgrad beurteilt. Hieraus lässt sich die Normalzeit **(Auftragszeit, Vorga-bezeit)** berechnen. Je höher der Leistungsgrad im Rahmen der Ist-Aufnahme beurteilt wurde, desto länger ist die Normalzeit.

■ Die **Auftragszeit (Vorgabezeit)** wird in **Rüstzeit** und **Ausführungszeit** eingeteilt.

■ Sowohl **Rüstzeit** als auch **Ausführungszeit** werden in **Grundzeit** und **Verteilzeit** zerlegt.

■ Gegenstand der **Zeitaufnahme** ist nur der beobachtbare und damit der messbare Teil der Arbeit **(Grundzeit)**. Die **Verteilzeiten** fallen zwangsläufig an, sind persönlich oder sachlich bedingt, sind aber in ihrem Auftreten nicht vorhersehbar. Sie werden daher als prozentualer Zuschlag den Grundzeiten zugerechnet.

15 1. Begründen Sie die Notwendigkeit von Arbeitsstudien aus der Sicht der Arbeitnehmer!

2. Begründen Sie die Notwendigkeit von Arbeitsstudien aus der Sicht des Betriebs!

3. Worin sehen Sie die Aufgaben der Arbeitszeitstudien?

4. Warum geht das REFA-System von der Normal- und nicht von der Maximalleistung des Arbeitenden aus?

16 1. Die Normalzeit für den Arbeitsgang „Tischbeine absägen auf Länge" beträgt je Stück 4 Minuten. Der Mitarbeiter Herr Bernhard Merkle stellt im Laufe von 12 Arbeitsstunden 225 Stück her.

Aufgaben:

1.1 Wie groß ist die Normalleistung für diese 12 Arbeitsstunden?

1.2 Welchen Leistungsgrad hat Bernhard Merkle erreicht?

2. Ermitteln Sie die Auftragszeit (bei Akkordentlohnung „Vorgabezeit" genannt), wenn folgende Daten gegeben sind: Auftragsgröße 20 Werkstücke; Rüstgrundzeit 15 Minuten je Auftrag; Rüstverteilzeit 10 %; Ausführungsgrundzeit je Werkstück 12 Minuten; Ausführungsverteilzeit 5 %!

4.3 Auftragsterminierung

4.3.1 Aufgabe der Auftragsterminierung (Produktionsterminierung)

Merke:

Die **Aufgabe der Produktionsterminierung** besteht darin,

- einen gegebenen Bestand an Produktionsaufträgen,
- dessen Mengen und gewünschte Endtermine bekannt sind,
- auf die vorhandenen Fertigungseinrichtungen

einzuplanen.

Dabei besteht folgendes Planungsporblem: Je weiter der Planungshorizont in die Zukunft reicht, desto unsicherer werden die Aussagen über

- die verfügbaren Produktionskapazitäten und deren
- Inanspruchnahme durch die Fertigungsaufträge.

Daher hat es sich bewährt, die Terminplanung in mehreren Stufen (Grob-, Mittel- und Feinplanung) mit jeweils zunehmendem Genauigkeitsgrad zu durchlaufen, d.h., mit jedem neuen Planungszyklus werden die Terminfestlegungen immer konkreter.

5 Speth u.a. - ISBN 978-3-8120-0572-2

4.3.2 Auftragsterminierung am Beispiel der mittelfristigen Terminplanung

4.3.2.1 Arbeitsplan

(1) Begriff Arbeitsplan

Grundlage für die Terminplanung ist, dass für jeden einzelnen Fertigungsauftrag ein Arbeitsplan vorliegt.

Merke:

- Der **Arbeitsplan** enthält alle Daten, die für die Herstellung eines Erzeugnisses, einer Baugruppe oder eines Einzelteils benötigt werden.
- Bezieht sich der Arbeitsplan auf die Herstellung von **einem Erzeugnis,** so spricht man von einem **Basisarbeitsplan.**
- Liegt ein Fertigungsauftrag vor, werden die dort angegebenen Ausführungszeiten mit den Auftragsmengen multipliziert. Auf diese Weise entsteht der **Auftragsarbeitsplan.**

(2) Aufbau eines Arbeitsplans

Beispiel:

Die Weber Metallbau GmbH stellt u. a. Arbeitstische her. Die nachfolgende Konstruktionszeichnung zeigt die Gesamtzeichnung des Arbeitstisches T160.

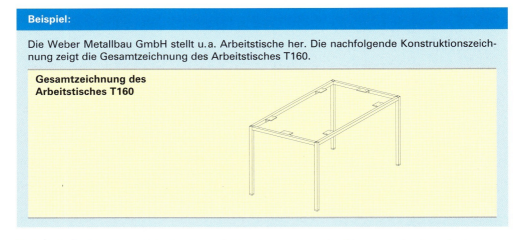

Gesamtzeichnung des Arbeitstisches T160

Beispielhaft für einen Arbeitsplan wird im Folgenden der Basisarbeitsplan für das zum Arbeitstisch T160 gehörende Untergestell vorgestellt. Er hat folgenden Aufbau:

					Basisarbeitsplan				
Arbeitsplan-Nr.		210101				**Arbeitsplanvariante:**		1/25	
Bezeichnung		Untergestell				**Gültig ab:**		140	
						Stückzahlbereich:		1 – 100	

AVO	A-Platz	Text	LA	LG	Rüst-zeit	Stück-zeit	Belegungs-zeit	Übergangs-zeit
10	Schweißerei	Schweißen	EA	7	10	6	16	960
20	Oberflächen-behandlung	Sand-strahlen	EA	7	5	5	10	960
30	Oberflächen-behandlung	Pulver-beschichten	EA	7	15	2	17	960

Erklärung für die einzelnen Inhalte:

Arbeitsplan-Nr.	Es macht Sinn, die Teilenummer für das konstruierte Teil auch als Nummer des zugehörigen Arbeitsplans und der zugehörigen Stückliste zu verwenden. Die Nummer 210101 identifiziert also sowohl das Untergestell als auch die daran geknüpfte Stückliste und den Arbeitsplan.
Arbeitsplanvariante	Der oben abgebildete Basisarbeitsplan hat Gültigkeit für einen Stückzahlbereich zwischen 1 und 100, also für kleinere Serien. Werden mittlere oder größere Serien aufgelegt, ist damit u. U. eine andere Fertigungsorganisation verbunden, z. B. durch Verwendung von Maschinen mit einem höheren Automatisierungsgrad. In diesem Fall kommt eine andere Variante des Arbeitsplans zum Zug.
Gültig ab	Gibt den Fabrikkalendertag an, ab welchem der Arbeitsplan Gültigkeit hat.
Stückzahlbereich	Siehe unter Arbeitsplanvariante.
AVO	Nr. des **A**rbeits**vo**rgangs. Die einzelnen Schritte des Arbeitsablaufs werden nummeriert, in diesem Fall durch 10er-Schritte, damit nachträglich noch weitere Arbeitsgänge dazwischen geschoben werden können.
A-Platz	Der **A**rbeits**platz** innerhalb des Betriebs, an welchem dieser Arbeitsgang durchgeführt wird.
LA	**L**ohn**a**rt, die an diesem Arbeitsplatz bezahlt wird, hier Einzelakkord. Andere Formen sind z. B. Gruppenakkord oder Zeitlohn.
LG	**L**ohn**g**ruppe, nach welcher der betreffende Arbeitsgang vergütet wird.
Rüstzeit	Zeitbedarf zur Vorbereitung des Arbeitsgangs. Sie ist unabhängig von der Losgröße und fällt in der Regel einmal an.
Stückzeit	Zeitbedarf für die Herstellung des Werkstücks. Beim Basisarbeitsplan ist es die fiktive Zeit zur Herstellung **eines** Stücks. Beim Auftragsarbeitsplan wird die Stückzeit mit der Anzahl der herzustellenden Erzeugnisse multipliziert.
Belegungszeit	Summe aus Rüstzeit und Stückzeit.
Übergangszeit	Das ist die durchschnittliche Zeit, die zwischen zwei aufeinanderfolgenden Arbeitsgängen vergeht. Sie ist die Summe aus folgenden Zeiten: – Liegen **nach** der Bearbeitung, – Transportzeit **zwischen** den Bearbeitungsstationen und – Zeit für das Liegen **vor** der nächsten Bearbeitung.

4.3.2.2 Durchführung der mittelfristigen Terminplanung

Bei der mittelfristigen Terminplanung werden den einzelnen Komponenten des Erzeugnisses bestimmte Durchlaufzeiten zugeordnet. Diese Zeiten beruhen auf Durchschnittswerten und sind tagegenau festgelegt. Im Falle von selbst zu produzierenden Teilen **(Eigenteilen)** bezeichnen sie die **Fertigungszeit,** bei zu beziehenden Teilen **(Fremdteilen)** die **Wiederbeschaffungszeit.**

Für unser Beispiel Arbeitstisch (siehe S. 66f.) liegen folgende Fertigungs- bzw. Wiederbeschaffungszeiten (Tage) vor:

Teile-Nr.	Bezeichnung	Fertigungs- bzw. Wiederbeschaffungszeit (Tage)
220 110	Arbeitstisch	3
210 101	Untergestell	5
200 102	Kunststoffplatte	15
202 103	Stöpsel	9
210 104	Seitenkomponente	5
210 105	Fußrohr	7
210 106	Querrohr	6
210 107	Längsträger	8
210 108	Längsrohr	5
200 109	Lasche	10
200 110	Vierkantstahlrohr	12
202 111	Schrauben	10
210 112	Querträger	8

Um die Terminplanung durchführen zu können, wird für jede Position der Erzeugnisstruktur (des Arbeitstisches T160) eine Datenzeile zur Verwaltung der Termine hinzugefügt.

In diesen Kästchen steht der Betriebskalendertag für den **Beginn (**Betriebskalendertag 297), die **Dauer** der **Fertigungs-** bzw. der **Wiederbeschaffungszeit** (3 Tage) und das **Ende** (Betriebskalendertag 300) dieser Tätigkeit. Hierbei handelt es sich um eine retrograde (rückwärts gerichtete) Terminbestimmung.

Beispiel:

Arbeitstisch		
220 100		200
297	3	300

Ausgehend vom Kundenwunschtermin für das Endprodukt wird Position für Position die Struktur vollständig durchgerechnet. Der Beginn für die Bearbeitung der übergeordneten Komponente entspricht jeweils dem spätest zulässigen Ende für die unmittelbar untergeordneten Komponenten.

Im Folgenden gehen wir davon aus, dass ein Kundenauftrag zu „T160" über 200 Arbeitstische vorliegt, der zum Betriebskalendertag 300 fertiggestellt sein muss. Für diesen Fall ist von folgender Terminplanung auszugehen:

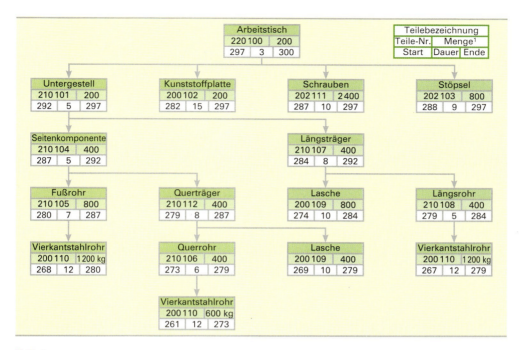

	Arbeitstisch				Teilebezeichnung	
	220100	200			Teile-Nr.	Menge[1]
	297	3	300		Start	Dauer	Ende

Untergestell
210101 | 200
292 | 5 | 297

Kunststoffplatte
200102 | 200
282 | 15 | 297

Schrauben
202111 | 2400
287 | 10 | 297

Stöpsel
202103 | 800
288 | 9 | 297

Seitenkomponente
210104 | 400
287 | 5 | 292

Längsträger
210107 | 400
284 | 8 | 292

Fußrohr
210105 | 800
280 | 7 | 287

Querträger
210112 | 400
279 | 8 | 287

Lasche
200109 | 800
274 | 10 | 284

Längsrohr
210108 | 400
279 | 5 | 284

Vierkantstahlrohr
200110 | 1200 kg
268 | 12 | 280

Querrohr
210106 | 400
273 | 6 | 279

Lasche
200109 | 400
269 | 10 | 279

Vierkantstahlrohr
200110 | 1200 kg
267 | 12 | 279

Vierkantstahlrohr
200110 | 600 kg
261 | 12 | 273

Erläuterung:

Bei den über die Rückwärtsrechnung gewonnenen Terminen handelt es sich um **spätest zulässige Termine**. Dies hat sowohl positive als auch negative Konsequenzen:

■ Nach Fertigstellung einer Komponente ist keine Zwischenlagerung erforderlich. An die Fertigstellung der Komponente schließt sich unmittelbar deren weitere Verarbeitung an. Diese Terminierung unterstützt somit wirkungsvoll das Bestreben nach minimalen Beständen und geringen Kapitalbindungskosten.

■ Verzögerungen im Fertigungsablauf haben zwangsläufig Auswirkungen auf die nachgeordneten Fertigungsstufen. Da keine Zeitpuffer vorhanden sind, wirken sich diese letztlich auch auf den Endtermin aus. Eine solche Terminierung und Verzicht auf Puffer setzen also voraus, dass ein hohes Niveau an Fertigungsqualität sichergestellt ist.

4.3.3 Maschinenbelegungsplanung und Kapazitätsabgleich

Die Maschinenbelegungsplanung vollzieht sich in mehreren Teilschritten.

Teilschritt	Inhalt
Schritt 1	Ermittlung der Kapazitätsbedarfe je Fertigungsauftrag an den einzelnen Arbeitsstationen innerhalb eines Planungshorizonts.
Schritt 2	Addition der Kapazitätsbedarfe je Station über alle Fertigungsaufträge. Damit gewinnt man ein Belastungsprofil für die einzelnen Kapazitätsträger.
Schritt 3	Vergleich der Kapazitätsbedarfe mit dem Kapazitätsangebot je Station und Berechnung der Über- bzw. Unterdeckung.
Schritt 4	Durchführung des Kapazitätsabgleichs.

1 Bei den Mengenangaben handelt es sich um den Bruttobedarf, d.h., vorhandene Lagervorräte werden nicht berücksichtigt.

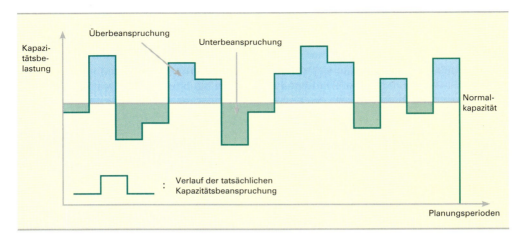

Langfristig ist es möglich, die Kapazitätsgrenze durch Erweiterungsinvestitionen dauerhaft zu erhöhen. Mittelfristige Anpassungen der Kapazität an Über- oder Unterbeanspruchung sind z. B. möglich durch

- Überstunden,
- zusätzliche Schichten oder durch
- Kurzarbeit.

Ziel ist es, den Kapazitätsbedarf dem tatsächlichen Kapazitätsangebot so anzupassen, dass die Kapazitätsgrenze nicht überschritten wird.

Hierfür bieten sich kurzfristig insbesondere folgende Möglichkeiten an:

Kurzfristige Auswärtsvergabe	Dies bedeutet, dass einzelne Arbeitsgänge an Fremdbetriebe vergeben werden. Die Belastung wird also aus dem Kapazitätsgebirge entfernt.
Zeitliche Verlagerung	Dies hat zur Folge, dass Arbeitsgänge zur späteren Bearbeitung auf derselben Maschine zeitlich nach hinten verlegt werden.
Technische Verlagerung	In diesem Fall wird der Arbeitsgang auf eine Maschine vergleichbaren Typs mit gerade freien Kapazitäten verlagert.

4.3.4 Netzplantechnik als Verfahren zur Terminierung

4.3.4.1 Einführung

Das in Kapitel 4.3.2 formulierte **Verfahren der Terminplanung** ist besonders geeignet für die Terminierung von Fertigungsaufträgen im Rahmen der Werkstattfertigung, wenn eine Vielzahl von Varianten in Serienfertigung hergestellt werden sollen.

Dieses Verfahren ist allerdings ungeeignet, wenn es sich um die **Herstellung einer sehr komplexen Leistung** handelt, die in ihrer Art jeweils einmalig ist. In der Regel ist eine solche Leistungserstellung eingebettet in eine **Projektorganisation**. Zur Terminierung eines solchen Verfahrens hat sich die **Netzplantechnik** bewährt.

Beispiele:
■ Bau eines Einkaufszentrums
■ Bau eines Fußballstadions
■ Einführung eines neuen Produkts
■ Erschließung eines neuen Markts
■ Großreparaturen

4.3.4.2 Ablauf des Verfahrens

1. Für alle Teiltätigkeiten eines Projekts wird der **Zeitbedarf** ermittelt.

2. Anschließend wird deren **Verflechtung** festgestellt, indem zu jeder Tätigkeit der/die unmittelbaren Vorgänger und Nachfolger bezeichnet werden.

3. Im Rahmen einer „Vorwärtsstrategie" werden entlang der Vorgänger-Nachfolger-Kette die **frühestmöglichen Start- und Endtermine** der einzelnen Tätigkeiten des Projekts ermittelt. Als Ergebnis gewinnt man so den frühestmöglichen Endtermin des gesamten Projekts.

4. Dieser Termin wiederum wird als **spätestzulässiger Endtermin** des gesamten Projekts festgelegt.

5. Im Rahmen einer anschließenden „Rückwärtsstrategie" werden die **spätestzulässigen Start- und Endtermine** für die einzelnen Tätigkeiten berechnet.

6. Aus der Gegenüberstellung der frühstmöglichen und der spätestzulässigen Termine ermitteln sich die **Pufferzeiten**. Wir unterscheiden Gesamtpuffer und freier Puffer.

■ **Gesamtpuffer**	Das ist diejenige Zeit, um welche ein Vorgang noch verschoben werden kann, ohne dass das Gesamtprojekt unter der Verschiebung leidet. Tätigkeiten, bei denen der früheste und der späteste Termin übereinstimmen, die also über keinerlei Gesamtpuffer verfügen, liegen auf dem sogenannten **„kritischen Pfad"**. Jegliche Verzögerung einer dieser Tätigkeiten führt sofort zu einer Verzögerung des Gesamtprojekts. Daher gilt diesen Tätigkeiten eine besonders hohe Aufmerksamkeit.
■ **Freier Puffer**	Das ist diejenige Zeit, um welche ein Vorgang verschoben werden kann, ohne dass der unmittelbare Nachfolger davon beeinflusst wird.

4.3.4.3   Darstellungsmöglichkeiten

Für die Darstellung eines Netzplans unterscheiden wir drei Möglichkeiten.

(1) Vorgangsliste

Die Vorgangsliste ist eine Darstellung in fortlaufender Tabellenform. Sie eignet sich zur Vorwärts- und Rückwärtsrechnung und zur Berechnung des Gesamtpuffers. Sie ist allerdings weniger geeignet, um die Netzwerkstruktur des Gesamtprojekts sichtbar zu machen oder den Projektfortschritt zu verfolgen.

(2) Netzplan

Der Netzplan ist eine grafische Darstellung des Gesamtprojekts. Die einzelnen Tätigkeiten werden jeweils durch einen Vorgangsknoten abgebildet. Pfeile zwischen den Vorgangsknoten legen deren Abhängigkeit (Vorgänger – Nachfolger) zueinander fest.

Grundsätzlicher Aufbau eines Vorgangsknotens:

FAZ   FEZ

Vorgangs- nummer	Dauer	Gesamt- puffer
Vorgangsbeschreibung		

SAZ   SEZ

FAZ: Frühester Anfangszeitpunkt
FEZ: Frühester Endzeitpunkt
SAZ: Spätester Anfangszeitpunkt
SEZ: Spätester Endzeitpunkt

(3) Balkendiagramm (Gantt-Diagramm)

Während der Netzplan vor allem die logischen Abhängigkeiten der Knoten untereinander zeigt, erlaubt das Balkendiagramm die Zuordnung der Tätigkeiten zu einer Zeitachse. Diese Art der Darstellung unterstützt in besonderem Maße die Terminverfolgung.

Beispiel:

Die Weber Metallbau GmbH erweitert ihr Leistungsangebot. Daher ist der Bau einer Lagerhalle notwendig. Nach eingehender Vorplanung mit dem Architekturbüro „Bau und Projekte Hansen GmbH" ergab sich folgender Netzplan:

Vor- gang	Strukturanalyse				Zeitanalyse				
	Beschreibung	Vor- gänger	Nach- folger	Dauer in Tagen	FAZ	FEZ	SAZ	SEZ	Gesamt- puffer
A	Entwurf, Planung	–	B, F,G	20					
B	Erdaushub, Fundament	A	C	3					
C	Ausgießen Fundament	B	D	2					
D	Verschalung Sockel	C	E	5					
E	Betonierung Sockel	D	I	3					
F	Lieferung Betonteile	A	H	4					
G	Aushub Leitungen	A	H	2					
H	Leitungsverlegung	F, G	I	5					
I	Montage Lagerhalle	E, H	J	7					
J	Installationsarbeiten	I	–	4					

Lösungen:

Zu 1.: Vorgangstabelle mit Vor- und Rückwärtsrechnung und Gesamtpuffer

Vor-gang	Strukturanalyse				Zeitanalyse					
	Beschreibung	Vor-gänger	Nach-folger	Dauer in Tagen	FAZ	FEZ	SAZ	SEZ	Gesamt-puffer
A	Entwurf, Planung	–	B, F,G	20	0	20	0	20	0
B	Erdaushub, Fundament	A	C	3	20	23	20	23	0
C	Ausgießen Fundament	B	D	2	23	25	23	25	0
D	Verschalung Sockel	C	E	5	25	30	25	30	0
E	Betonierung Sockel	D	I	3	30	33	30	33	0
F	Lieferung Betonteile	A	H	4	20	24	24	28	4
G	Aushub Leitungen	A	H	2	20	22	26	28	6
H	Leitungsverlegung	F, G	I	5	24	29	28	33	4
I	Montage Lagerhalle	E, H	J	7	33	40	33	40	0
J	Installationsarbeiten	I	–	4	40	44	40	44	0

① ② ③

Erläuterungen:

Für die Vorwärtsrechnung gelten folgende Regeln:

- FAZ des Gesamtprojekts = 0.
- FEZ eines Knotens = FAZ des Knotens + Dauer.
- FAZ eines Nachfolgers = FEZ des Vorgängers.
- Hat ein Knoten mehrere direkte Vorgänger, dann hat er als FAZ den **höchsten** Wert aller FEZ der unmittelbaren Vorgänger.

Für die Rückwärtsrechnung gelten folgende Regeln:

- FEZ des Gesamtprojektes wird übernommen als SEZ des Gesamtprojektes.
- SAZ eines Knotens = SEZ des Knotens – Dauer.
- SEZ des Vorgängers = SAZ des Nachfolgers.
- Hat ein Knoten mehrere direkte Nachfolger, so hat er als SEZ den **kleinsten** Wert aller SAZ der unmittelbaren Nachfolger.

Gesamtpuffer:

- Er gibt an, um wie viele Zeiteinheiten eine Tätigkeit verschoben werden kann, ohne dass der Endtermin des Gesamtprojektes verschoben wird.
- Er wird berechnet als Differenz zwischen
  - dem frühesten Anfangs- und dem spätesten Anfangstermin oder
  - dem frühesten End- und dem spätesten Endtermin.
- Der **kritische Pfad** ist der **zeitlich längste Pfad** durch den Netzplan. Seine Vorgänge haben alle einen Gesamtpuffer von 0.

Vom Gesamtpuffer ist der **freie Puffer** zu unterscheiden. Letzterer gibt an, um wie lange ein Vorgang verschoben werden kann, ohne dass der unmittelbare Nachfolger beeinträchtigt wird. Er berechnet sich wie folgt:

> Freier Puffer = FAZ des Nachfolgers – FEZ des Vorgängers

Der freie Puffer lässt sich nicht in der Vorgangstabelle, sondern nur im Netzplan darstellen.

Zu 2.: Netzplan mit kritischem Pfad, Gesamtpuffer und freiem Puffer

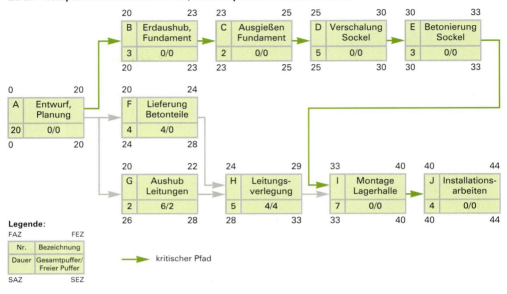

Zu 3.: Gantt-Diagramm

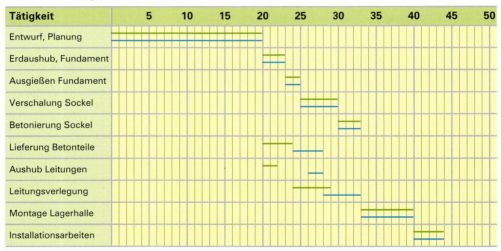

grüne Linie: Vorwärtsterminierung   blaue Linie: Rückwärtsterminierung

4.3.4.4 Vorteile der Netzplantechnik

■ Die Netzplantechnik gibt eine **anschauliche Darstellung** des Projektablaufs.

■ Sie zwingt zum **Durchdenken des Projekts** und erlaubt das Erkennen von **logischen Abhängigkeiten.**

■ **Engpässe** (kritischer Pfad) und **Zeitreserven** (Gesamtpuffer und freier Puffer) werden aufgedeckt.

■ Die Auswirkung von Terminänderungen wird insbesondere beim **Gantt-Diagramm** sichtbar.

■ Exakte Terminplanung unterstützt das **Streben nach Kostenersparnis.**

Zusammenfassung

■ Der **Basisarbeitsplan** ist die auftragsneutrale Version des Arbeitsplans. Seine Daten beziehen sich auf die fiktive Herstellung einer Einheit eines Erzeugnisses. Er gibt darüber Auskunft
  ■ in welcher Reihenfolge,
  ■ an welchem Ort,
  ■ welche Tätigkeit,
  ■ bei welcher Vergütung (Lohngruppe) und
  ■ in welcher Zeit
  durchgeführt wird.

■ Aufgabe der **Produktionsterminplanung** ist es, für den vorhandenen Bestand an Aufträgen die **Start-** und **Endtermine** an den vorhandenen Fertigungseinrichtungen zu planen.

■ Man unterscheidet:
  ■ **Grobplanung:** Grobe Termine auf der Ebene der Enderzeugnisse.
  ■ **Mittelfristige Terminplanung:** Tagegenaue Planung auch für die nachgeordneten Komponenten.
  ■ **Feinplanung (Kapazitätsterminierung):** Präzise Terminierung je Arbeitsgang an den einzelnen Arbeitsstationen.

■ Im Rahmen der **retrograden Terminbestimmung** werden – ausgehend vom Kundenwunschtermin – die spätest zulässigen Termine ermittelt.

■ Die **Maschinenbelegungsplanung** führt die für die Auftragsabwicklung erforderliche Belegung der maschinellen Anlagen mit den dazugehörigen Mitarbeitern durch.

■ Die tatsächliche Inanspruchnahme an den einzelnen Stationen führt häufig zu einer Unter- oder Überbelastung der Fertigungskapazitäten. Im Rahmen des **Kapazitätsabgleichs** müssen die Spitzen der Überbelastung abgebaut werden, z.B. durch **kurzfristige Auswärtsvergabe, zeitliche Verlagerung, technische Verlagerung** oder durch **Kombinationen** der genannten Maßnahmen.

■ Die **Netzplantechnik** ist ein Instrument zur Planung und Steuerung von Projekten.

■ Die **Vorgangsliste,** der **Netzplan** und das **Balkendiagramm** (Gantt-Diagramm) sind Darstellungsmöglichkeiten.

■ Die **Vorteile der Netzplantechnik:**
  ■ Der Projektablauf wird **anschaulich dargestellt.**
  ■ Durch den Zwang, das Projekt zu durchdenken, werden **logische Abhängigkeiten erkannt.**
  ■ **Engpässe** (kritischer Pfad) und **Zeitreserven** (Puffer) werden aufgedeckt.
  ■ Die **Folgen von Terminänderungen** werden sichtbar.
  ■ Die exakte Terminplanung **erspart Kosten.**

17 In der Weber Metallbau GmbH plant die Arbeitsvorbereitung einen Fertigungsauftrag über 300 Stück der Baugruppe Teil „203 722 Achse komplett". Gegeben ist der folgende, vereinfachte Basisarbeitsplan:

Basisarbeitsplan				Teil 203 722 Achse komplett			
Arbeits- plan-Nr.	203 722			Arbeitsplanvariante Gültig ab Stückzahlbereich		3/14 01.01.20.. 200-500	
Bezeichnung	Achse komplett						
AVO	Arbeitsplatz	Text	Lohnart	Lohn- gruppe	Rüstzeit (min.)	Ausführungs- zeit (min.)	
10	Metall- kreissäge	Rundstahl auf Länge absägen	EA	8	25	1,5	
20	Schleif- maschine	Kanten entgraten	EA	7	10	0,5	
30	Montage	Rollen montieren	EA	8	15	2,0	

Aufgabe:

Berechnen Sie die Auftragszeit!

18 1. Berechnen Sie den nachfolgenden Netzplan zum Bau einer Werkshalle!

Nr.	Vorgang	Dauer in Tagen	Vor- gänger	Nach- folger	Frühester		Spätester		Gesamt- puffer
					AZ	EZ	AZ	EZ	
1.	Einholung von Angeboten, Angebotsvergleich, Be- schluss	25	–	2					
2.	Auftragsvergabe	6	1	4, 7, 9					
3.	Baustelleneinrichtung	1	–	5					
4.	Lieferung der Baustoffe	3	2	6					
5.	Erd- und Kanalarbeiten	9	3	6					
6.	Fundamentierung	2	4, 5	8					
7.	Lieferung Eisenkonstruktion	9	2	8					
8.	Aufstellen Eisenkonstruktion	2	6, 7	10					
9.	Lieferung Außenwände und Dach	3	2	10					
10.	Montage Außenwände und Dach	3	8, 9	11					
11.	Richtfest mit Spanferkel	1	10	12					
12.	Installation	4	11	13					
13.	Festliche Einweihung	1	12	–					

2. Zeichnen Sie den Netzplan!

3. Erstellen Sie hierzu das Balkendiagramm (Gantt-Diagramm)!

4.4 Entlohnungssysteme

4.4.1 Überblick

Nach der Berechnung der Bruttolöhne werden folgende **Lohnformen (Entlohnungs-systeme, Entlohnungsformen)** unterschieden:

Leistungslohn i. w. S.				
Zeitlohn (Tag-, Wochen-, Dekaden-lohn, Monatslohn, Monatsgehalt, Jahresgehalt)	Leistungslohn i. e. S. (Lohnanreizsysteme)			
	Akkordlohn (Stücklohn)			Prämien-lohn
	Geld-akkord	Zeit-akkord	Sonstige Formen d. Akkordlohns	

4.4.2 Zeitlohn

(1) Begriff Zeitlohn

Beim Zeitlohn wird die Lohnhöhe nach der tatsächlich im Betrieb zugebrachten Zeit berechnet:

Bruttolohn = Anzahl der Zeiteinheiten · Lohnsatz je Zeiteinheit

Der Zeitlohn ist anwendbar bei Arbeiten, die Aufmerksamkeit, Sorgfalt und geistige Tätigkeit verlangen, bzw. bei Arbeiten, bei denen eine Lohnfestsetzung nach Leistungseinheiten unmöglich ist (z. B. Bürotätigkeit, Lagerarbeiten, Aufsicht). Auch dort, wo das Arbeitstempo durch ein Fließband vorgegeben ist, wird Zeitlohn gezahlt. Allerdings wird bei Fließbandarbeit mitunter auch Gruppenakkord bezahlt.[1]

(2) Vor- und Nachteile des Zeitlohns

Vorteile	Nachteile
▪ Einfache Berechnung des Bruttoverdienstes ▪ Fördert die Qualität der Arbeit, da kein über-hastetes Arbeitstempo entsteht. ▪ Die Gesundheit der Mitarbeiter wird nicht geschädigt. ▪ Mitarbeiter hat ein festes Einkommen.	▪ Der Betrieb trägt das finanzielle Risiko der Leistungsbereitschaft. ▪ Es sind Mengen- und Qualitätskontrollen erforderlich. ▪ Mitarbeiter hat keinen finanziellen Anreiz zur Leistungssteigerung, da ihm eine Mehrleistung nicht entlohnt wird. ▪ Bei Minderleistungen steigen die Lohnkosten pro Stück.

---

1 Vgl. hierzu S. 80.

4.4.3 Akkordlohn

4.4.3.1 Voraussetzungen für die Entlohnung nach Akkordlohn

Der Unterschied zum Zeitlohn besteht darin, dass dort keine unmittelbare Zurechnung zur tatsächlich erbrachten Arbeitsleistung erfolgt, während beim Akkordlohn für eine bestimmte Arbeitsleistung, z. B. ein Stück, ein bestimmter Geldbetrag gezahlt wird.

Die **Voraussetzungen** der auf die Leistungseinheit bezogenen Entlohnung sind:

- Der **Arbeitsumfang** muss genau festlegbar sein (z. B. Zahnräder fräsen).
- Die **Arbeitszeit bei Normalleistung** muss exakt ermittelt werden können (z. B. durch Arbeitszeitstudien).
- Die **Arbeitsgeschwindigkeit** muss ganz oder zumindest teilweise vom Arbeitenden beeinflusst werden können (z. B. Fliesen legen). Folglich sind vollautomatisierte Fertigungsabläufe nicht akkordfähig.
- Die **Arbeitsgänge** müssen sich wiederholen, d. h., die zu fertigende Stückzahl darf nicht zu klein sein.

4.4.3.2 Einzelakkord

(1) Wichtige Begriffe

Beim Einzelakkord geht es darum, die Arbeitsleistung eines **einzelnen Mitarbeiters** zu entlohnen.

Die Höhe des Akkordlohns wird zunächst durch den **Akkordrichtsatz** bestimmt. Der Akkordrichtsatz besteht aus zwei Komponenten[1]:

- dem **Grundlohn (Mindestlohn),** der meist dem Stundenlohn entspricht, den Zeitarbeiter für die gleiche oder ähnliche Arbeitsverrichtung beziehen.
- dem **Akkordzuschlag,** der in der Regel 15 % bis 20 % des Grundlohns beträgt. Er ist eine Vergütung für die Bereitschaft, unter Akkordbedingungen zu arbeiten, und ist in der Regel tariflich festgelegt.

$$\text{Akkordrichtsatz} = \text{Grundlohn} + \text{Akkordzuschlag}$$

(2) Geldakkord (Stückgeldakkord)

Beim Geldakkord wird ein fester Geldsatz pro Einheit (z. B. Stück) vergütet. Den Geldsatz bezeichnet man als **Stückgeld** oder **Stückakkordsatz.**

$$\text{Stückgeld (Stückakkordsatz)} = \frac{\text{Akkordrichtsatz}}{\text{Normalleistung/Std.}}$$

Der **Bruttolohn** errechnet sich beim Geldakkord wie folgt:

$$\text{Bruttolohn} = \text{Stückgeld (Stückakkordsatz)} \cdot \text{Stückzahl (Istleistung)}$$

---

1 Komponente: Bestandteil.

Der Grundlohn eines Drehers beträgt 16,00 EUR je Stunde. Es wird ein Akkordzuschlag von 20 % gezahlt. Die Vorgabezeit wurde auf 24 Minuten festgelegt.

Aufgaben:

1. Wie viel Euro verdient ein Dreher an einem Arbeitstag, wenn er 25 Stück je Arbeitstag fertigt?

2. Berechnen Sie den effektiven Stundenlohn des Drehers, wenn der Arbeitstag 8 Stunden beträgt?

Lösungen:

Zu 1.:

Akkordrichtsatz:

Grundlohn je Stunde	16,00 EUR
+ Akkordzuschlag (20 %)	3,20 EUR
	19,20 EUR

Normalleistung je Stunde: $\dfrac{60 \text{ Min.}}{24 \text{ Min.}} = 2,5 \text{ Stück/Std.}$

Stückgeld: $\dfrac{19,20 \text{ EUR}}{2,5 \text{ Stück}} = 7,68 \text{ EUR/Stück}$

Bruttolohn je Arbeitstag: 7,68 EUR/Stück · 25 Stück = 192,00 EUR

Zu 2.:

Effektiver Stundenlohn: 192,00 EUR : 8 Stunden = 24,00 EUR/Std.

(3) Zeitakkord (Stückzeitakkord)

Beim Zeitakkord wird den Beschäftigten für jedes gefertigte Stück eine im Voraus festgelegte Zeiteinheit, die **Vorgabezeit (Zeitakkordsatz, Zeitsatz),** vorgegeben und mit dem Preis pro Minute **(Minutenfaktor)** vergütet.

$$\text{Bruttolohn} = \text{Stückzahl} \cdot \text{Vorgabezeit} \cdot \text{Minutenfaktor}$$

$$\text{Vorgabezeit} = \frac{60 \text{ Minuten}}{\text{Normalleistung/Std.}}$$

$$\text{Minutenfaktor} = \frac{\text{Akkordrichtsatz/Std.}}{60}$$

Es werden die im vorangegangenen Beispiel angegebenen Zahlen zugrunde gelegt.

Lösung:

Minutenfaktor: $\dfrac{19,20 \text{ EUR}}{60 \text{ Min.}} = 0,32 \text{ EUR}$

Bruttolohn je Arbeitstag: 25 Stück · 24 Min. · 0,32 EUR = 192,00 EUR

(4) Vor- und Nachteile des Akkordlohns

Vorteile	Nachteile
■ Lohnstückkosten sind konstant. ■ Mitarbeiter hat finanziellen Anreiz zur Mehrleistung. ■ Eine Mehrleistung wird dem Mitarbeiter entlohnt und verbessert die Auslastung der Maschinen.	■ Intensive Vorarbeiten sind notwendig, z.B. Ermittlung der Vorgabezeiten, laufende Zeit- und Mengenerfassung. ■ Gefahr der Überbeanspruchung von Betriebsmitteln und Arbeitskräften. ■ Risiko der Qualitätsminderung. ■ Mitarbeiter hat schwankendes Einkommen. ■ Aufwendige Lohnberechnung. ■ Der Arbeitnehmer trägt das finanzielle Risiko der Leistungsbereitschaft.

4.4.3.3 Gruppenakkord

Beim **Gruppenakkord** besteht eine Lohnvereinbarung mit einem Team (einer Arbeitsgruppe). Der gemeinsam verdiente Akkordlohn wird unter den Mitgliedern der Gruppe aufgeteilt.

Für die **Aufteilung** des Mehrverdienstes bei Teamarbeit können folgende Gesichtspunkte maßgebend sein:

- gleichmäßige Verteilung,
- Verteilung nach Lohngruppen,
- Verteilung nach Alterseinstufung oder
- Verteilung mithilfe eines Leistungsfaktors, der vom Akkordführer festgelegt wird.

4.4.4 Prämienlohn

Bei der Prämienentlohnung wird zu einem vereinbarten Grundlohn noch eine Zulage, die **Prämie,** gewährt. Dabei ist zu unterscheiden, ob die Prämie für **qualitative** (gütemäßige) **Arbeitsleistungen** und/oder **quantitative** (mengenmäßige) **Arbeitsleistungen** gezahlt wird.

(1) Prämienlohn für qualitative Arbeitsleistungen (Arbeitsgüte)

Je nach Art der Qualität der Leistungen werden folgende Prämienarten unterschieden:

Güteprämien	Sie werden z.B. gewährt bei Verringerung des Ausschusses.
Stoffausbeuteprämien	Sie werden für eine hohe Ausbeute wertvoller Roh-, Hilfs- und Betriebsstoffe sowie Halbfabrikate gewährt.
Nutzungsprämien	Sie werden für eine gute Maschinenausnutzung gezahlt.

Ersparnisprämien	Sie sollen einen Anreiz zur Einsparung von Hilfs-, Betriebs- und Rohstoffen sowie Energien geben.[1]
Terminprämien	Sie werden bei eiligen Aufträgen gezahlt, falls die Termine eingehalten oder unterschritten werden.

(2) Prämienlohn für quantitative Arbeitsleistungen (Arbeitsmenge)

Das mengenbezogene Prämienlohnverfahren wird anhand des **Prämienlohnsystems nach Halsey** erläutert.

Lösungen:

Ist-leistung (Stück)	Arbeits-zeit (in Std.)	Ersparte Zeit (in Std.)	Grund-lohn (EUR)	Prämie 50 % des Stunden-lohns (EUR)	Tag-lohn (EUR)	Lohn-stück-kosten (EUR)	Stunden-lohn (EUR)
10	10	–	200,00	–	200,00	20,00	20,00
12	10	2	200,00	20,00	220,00	18,33	22,00
14	10	4	200,00	40,00	240,00	17,14	24,00
16	10	6	200,00	60,00	260,00	16,25	26,00
18	10	8	200,00	80,00	280,00	15,56	28,00
20	10	10	200,00	100,00	300,00	15,00	30,00

Für den Mitarbeiter ist von Nachteil, dass – im Gegensatz zum Akkordlohn – sein Einkommen nicht im gleichen Verhältnis wie seine Leistung steigt. Andererseits ist die Gefahr der Überanstrengung und der Gesundheitsgefährdung geringer, weil der Anreiz zur Mehrleistung geringer ist.

---

1 Die **Ersparnisprämien** müssen sorgfältig geplant sein. Wird z.B. eine Prämie für die Senkung des Schmiermittelverbrauchs gewährt, besteht die Gefahr, dass die Maschinen unzureichend geschmiert werden. Die Kosten des Maschinenverschleißes steigen dadurch schneller als die Ersparnis beim Schmiermittelverbrauch. Richtig hingegen ist, die sorgsame Behandlung der Maschine zu prämieren.

6 Speth u.a. - ISBN 978-3-8120-0572-2

4.4.5 Mitarbeiterbeteiligung

(1) Ziele und Motive einer Erfolgsbeteiligung der Mitarbeiter

Unternehmen haben die Möglichkeit, ihre Mitarbeiter am erwirtschafteten Erfolg zu beteiligen. Mit der Gewährung einer Erfolgsbeteiligung verfolgt der Arbeitgeber verschiedene Ziele. So möchte er z. B.

> tariflicher Arbeitslohn
> \+ freiwillige betriebliche Sozialleistungen
> \+ Erfolgsanteil
> ──────────────────────────────────────
> = Gesamtvergütung

- die **Leistung der Mitarbeiter belohnen,**
- die **Motivation der Mitarbeiter steigern,**
- eine **Qualitätsverbesserung erzielen,**
- eine **Produktivitätssteigerung** erreichen,
- die **Fluktuation**[1] **senken,**
- die **Identifikation der Mitarbeiter mit dem Unternehmen stärken,**
- das **Image des Unternehmens steigern.**

(2) Formen der Erfolgsbeteiligung

Als Grundlage für eine betriebliche Erfolgsbeteiligung der Mitarbeiter kann die erbrachte Leistung, der erwirtschaftete Ertrag oder der erzielte Gewinn herangezogen werden.

■ Leistungsbeteiligung

Berechnungsgrundlage für eine Leistungsbeteiligung der Mitarbeiter können die Produktionsmenge, die Produktivität oder eine Kostenersparnis sein. Die Höhe der Leistungsbeteiligung richtet sich in der Regel an einem Schlüssel (einer Messzahl) aus, der zu Beginn des Jahres festgelegt worden ist.

Wird z. B. die Kostenentwicklung als Grundlage der Erfolgsbeteiligung herangezogen, so werden die errechneten Sollkosten mit den entstandenen Istkosten verglichen. Liegen die Istkosten unter den Sollkosten, so erhalten die Mitarbeiter Teile der Ersparnis ausgezahlt.

■ Ertragsbeteiligung

Grundlage der Erfolgsbeteiligung der Mitarbeiter ist hier der erwirtschaftete Ertrag. Wichtigstes Beispiel in diesem Zusammenhang ist die Beteiligung der Mitarbeiter (mit einem zuvor festgelegten Prozentsatz) am Umsatz (Umsatzbeteiligung).

■ Gewinnbeteiligung

Die Gewinnbeteiligung der Arbeitnehmer kann als Barauszahlung oder als Kapitalbeteiligung erfolgen:

- Bei der **Barauszahlung** erhält der Mitarbeiter einen Anteil am Gewinn des Unternehmens ausbezahlt.

---

1 Fluktuation: Schwankung, Wechsel.

■ Im Fall der **Kapitalbeteiligung** erhält der Mitarbeiter eine Eigenkapitalbeteiligung[1] (z. B. in Form von Belegschaftsaktien) am Unternehmen. Die Mitarbeiter werden zu Miteigentümer am eigenen Unternehmen gemacht. Man spricht dann auch von **Investivlohn.** Gegenüber der Barauszahlung hat die Kapitalbeteiligung den Vorteil, dass einerseits die Mitarbeiter Vermögen bilden können und andererseits ein wichtiger Beitrag zur Finanzierung des Unternehmens geleistet wird. Mit der Eigenkapitalbeteiligung z. B. über Belegschaftsaktien nehmen die Mitarbeiter wie jeder Anteilseigner am künftigen Gewinn bzw. Verlust des Unternehmens teil. Die Folgen: Die Kündigungen nehmen ab, die Arbeitnehmer engagieren sich stärker, die Vermögensbildung in Arbeitnehmerhand wird gefördert.

Zusammenfassung

■ Zeitlohn

Anwendung	■ bei Arbeiten, die Aufmerksamkeit und Sorgfalt verlangen (Einstellarbeiten, Restaurierungen), ■ bei Tätigkeiten, bei denen die Arbeitsgeschwindigkeit von einer Maschine bestimmt wird und vom Menschen nicht beeinflusst werden kann (Fließband mit festem Zeittakt), ■ bei Tätigkeiten, die sich einer Leistungsmessung entziehen und überwiegend geistiger Art sind (Forschung und Entwicklung, betriebliche Schulung), ■ bei überwachenden und kontrollierenden Tätigkeiten (Portier), ■ Arbeiten, bei denen eine Leistungssteigerung mit erheblichen Risiken verbunden wäre (Fernfahrer).
Vorteile	■ Einfache Berechnung des Bruttoverdienstes, ■ gute Arbeitsqualität, ■ kein Zeitdruck, ■ Arbeitskraft hat festes Einkommen, ■ keine geistige und körperliche Überforderung.
Nachteile	■ Unternehmer trägt Risiko der Leistungsbereitschaft des Arbeitnehmers, ■ kein finanzieller Leistungsanreiz, ■ Leistungskontrollen sind notwendig.

■ Akkordlohn

Voraussetzungen	■ Arbeitsumfang ist begrenzt, ■ Leistung ist messbar und Normalleistung ist festgelegt, ■ Arbeitskraft kann Arbeitsgeschwindigkeit beeinflussen, ■ Arbeitsgang wiederholt sich.
Vorteile	■ Finanzieller Anreiz zur Mehrleistung, ■ Mehrleistung wird entlohnt, ■ leichtere Kalkulation, da konstante Lohnstückkosten, ■ Mehrleistung verbessert die Auslastung der Maschinen.
Nachteile	■ Risiko der geistigen und körperlichen Überanstrengung, ■ höheres Risiko durch Arbeitsunfälle, ■ schwankendes Einkommen des Mitarbeiters, ■ schwierigere Lohnberechnung, ■ u. U. Minderung der Qualität der Leistung.

---

1 Die Kapitalbeteiligung kann auch eine Fremdkapitalbeteiligung sein (z.B. Ausgabe von Schuldscheinen an die Mitarbeiter, d.h., die Mitarbeiter werden Kreditgeber).

- Beim **Einzelakkord** erfolgt die Berechnung des Akkordlohns getrennt für jeden Mitarbeiter.

- Beim **Gruppenakkord** wird der Akkordlohn für eine ganze Gruppe ermittelt. Das Problem hierbei besteht in einer gerechten Verteilung des Gesamtlohns auf die Gruppenmitglieder.

- **Akkordrichtsatz** = Grundlohn + Akkordzuschlag.

- Der **Akkordzuschlag** ist eine Vergütung für die Bereitschaft, unter Akkordbedingungen zu arbeiten.

- Beim **Geldakkord (Stückgeldakkord)** ist die Basis der Lohnberechnung die Vergütung je Mengeneinheit.

  Bruttolohn = Stückgeld · Stückzahl (Istleistung)

- Zur Ermittlung des **Zeitakkords (Stückzeitakkords)** benötigt man folgende Werte:

  - Vergütung je Minute bei Normalleistung (Sollleistung)

    $$\text{Minutenfaktor} = \frac{\text{Akkordrichtsatz}}{60}$$

  - Vorgabezeit je Stück

    $$\text{Vorgabezeit} = \frac{60\ \text{Minuten}}{\text{Normalleistung}}$$

  Mithilfe des Minutenfaktors und der Vorgabezeit lässt sich der Bruttolohn wie folgt ermitteln:

  Bruttolohn = Stückzahl · Vorgabezeit · Minutenfaktor

- Beim **Prämienlohn** wird zum vereinbarten Grundlohn noch eine **Prämie** für quantitative und/oder für qualitative Arbeitsleistungen bezahlt, z.B. für Arbeitsqualität, Verringerung des Verschnitts, Maschinennutzung oder Termineinhaltung.

- Bei der **Mitarbeiterbeteiligung** beteiligen die Unternehmen ihre Mitarbeiter am Erfolg. Man unterscheidet eine **Leistungs-, Ertrags-** oder **Gewinnbeteiligung**.

Übungsaufgaben

19 Die Schwarz Elektro GmbH stellt elektrische Mess- und Regelgeräte her. Hauptumsatzträger ist die Schwarz-Zeitschaltuhr, mit der die Ein- und Ausschaltzeiten von Elektrogeräten vorprogrammiert werden kann. Dieses Gerät wird in mehreren Ausführungen in größeren Stückzahlen hergestellt. Die einzelnen Bauteile werden bezogen bzw. vollautomatisch hergestellt. Die Zeitschaltuhren werden aus rund 25 Bauteilen von jeweils einem Montagearbeiter komplett zusammengesetzt.

Die Geschäftsleitung steht zurzeit vor folgenden Problemen:

- Der Absatz hat in den letzten Monaten mengenmäßig stark zugenommen. Die Lieferfristen für die Zeitschaltuhren haben sich verlängert.

- In dieser Zeit häufen sich auch die Reklamationen von Kunden. Die Zeitschaltuhren sind des Öfteren unzuverlässig.

- Ausländische Konkurrenten drücken den Preis von Zeitschaltuhren. Die Geschäftsleitung hält es für wichtig, die Lohnkosten in der Fertigung zu begrenzen.

Bisher wurden Montagearbeiter im Stundenlohn bezahlt. Es wird die Entlohnung im Akkordsystem angeregt.

Aufgaben:

1. Beschreiben Sie Vor- und Nachteile der beiden genannten Lohnformen für die Arbeitnehmer und für den Arbeitgeber!

2. Entscheiden Sie begründet unter besonderer Berücksichtigung der vorgenannten Probleme (Reklamationen, Lieferfristen, Lohnkosten), welche Lohnform für die Schwarz Elektro GmbH am besten geeignet ist!

3. Im Zusammenhang mit notwendigen Rationalisierungsmaßnahmen werden bei der Schwarz Elektro GmbH Arbeitszeitstudien nach dem REFA-System durchgeführt.

   Eine Zeitaufnahme erbrachte folgende Normalzeiten:
   – Zeit für Herrichten des Arbeitsplatzes: 15 Minuten
   – reine Arbeitszeit für das Montieren von 50 Stück: 100 Minuten
   – Zeit für das Säubern des Arbeitsplatzes: 5 Minuten
   – für Unterbrechungen persönlicher und sachlicher Art wird ein Zuschlag von 10% berechnet

   3.1 Berechnen Sie
       – die Rüstzeit,
       – die Stückzeit und
       – die Auftragszeit für einen Auftrag über 100 Stück!

   3.2 Für eine im Akkord zu entlohnende Arbeit wird bei der Schwarz Elektro GmbH eine Vorgabezeit von 12 Minuten pro Stück festgesetzt. Der Akkordrichtsatz des Arbeiters beträgt 18,00 EUR. Der Arbeiter fertigt 1 000 Stück.
       3.2.1 Wie viel Euro beträgt der Bruttolohn des Arbeiters?
       3.2.2 Wie hoch war der Leistungsgrad des Mitarbeiters und sein effektiver Stundenlohn, wenn er zur Durchführung des Auftrags 160 Stunden benötigte?

4. Die Geschäftsleitung der Schwarz Elektro GmbH beschließt, die Montage der Zeitschaltuhren in Teamarbeit (Gruppenarbeit) montieren zu lassen. Mehrleistung soll in Form eines Prämienlohns vergütet werden.

   4.1 Erklären Sie, was unter Prämienlohn zu verstehen ist!

   4.2 Erläutern Sie die Probleme, die bei der Bruttolohnberechnung der Mitarbeiter des Teams entstehen können!

20 In der Maschinenfabrik Raimann GmbH wird Herr Moosbrucker am 1. Oktober 20.. als neuer Mitarbeiter an einem Montagearbeitsplatz für Getriebemotoren eingestellt.

Aufgaben:

1. Geben Sie drei Gründe an, warum für diese Tätigkeit Akkordlohn infrage kommen kann!

2. Nennen Sie zwei mögliche Vor- und Nachteile des Akkordlohns für den Arbeitnehmer!

3. Welche Berechnungsarten für den Akkordlohn sind möglich?

4. Der Grundlohn von Herrn Moosbrucker beträgt 16,20 EUR, der Akkordzuschlag 20%. An einem 8-stündigen Arbeitstag montiert er 28 Getriebemotoren. Die Vorgabezeit hierfür beträgt 20 Minuten.

   Berechnen Sie sowohl seine Bruttovergütung für den Tag als auch seinen effektiven Stundenlohn

   4.1 nach dem Stückgeldakkord,

   4.2 nach dem Stückzeitakkord!

5. Wie wird sichergestellt, dass der Verdienst des Arbeitnehmers nicht zu gering wird, wenn er die Zeitvorgaben unverschuldet überschreitet?

6. Welche Lohnformen eignen sich für die Fließbandfertigung?

21 1. Begründen Sie, warum die Mitarbeiter am Erfolg des Unternehmens beteiligt werden sollten!

2. Erläutern Sie, welche Ziele die Unternehmen mit der Erfolgsbeteiligung für die Mitarbeiter verfolgen!

3. Nennen Sie drei Vorteile, die mit der „Vermögensbildung in Arbeitnehmerhand" über die Gewinnbeteiligung in Form der Eigenkapitalbeteiligung verbunden sind!

4.5 Betriebliche Kennzahlen der Leistungserstellung

4.5.1 Produktivität als Ausdruck des ökonomischen Prinzips

Das **ökonomische Prinzip** als Richtschnur menschlichen Handelns gib es in seiner Ausprägung als

Maximalprinzip: Mit **gegebenem Input** einen **maximalen Output** erreichen.

und als

Minimalprinzip: Einen **gegebenen Output** mit **minimalem Input** erreichen.

Betrachtet man bei dieser Beziehung zwischen Input und Output nur Mengengrößen, dann spricht man von Produktivität.

Merke:

Die **Produktivität** ist die technische Ergiebigkeit eines Produktionsvorgangs. Sie stellt das Verhältnis von Ausbringungsmenge zu den Einsatzmengen der Produktionsfaktoren dar.

$$\text{Produktivität} = \frac{\text{Ausbringungsmenge}}{\text{Einsatzmenge}} \qquad \frac{\text{Output}}{\text{Input}}$$

Innerhalb eines Betriebes werden unterschiedliche Faktoren (z.B. Material, Betriebsfläche, Arbeitszeit) eingesetzt. Diese können nicht addiert werden. Daher beschränkt man sich im Nenner des Bruches auf die Betrachtung nur eines einzigen Einsatzfaktors und ermittelt auf diese Weise **Teilproduktivitäten**.

Im Nachfolgenden beschränken wir uns auf die Betrachtung der Arbeits- und der Materialproduktivität.

■ **Arbeitsproduktivität**

Bei der Arbeitsproduktivität wird die Ausbringungsmenge auf eine Arbeitsstunde bezogen.

$$\text{Arbeitsproduktivität} = \frac{\text{Ausbringungsmenge (Stück)}}{\text{geleistete Arbeitszeit (Std.)}}$$

■ Materialproduktivität

Bei der Materialproduktivität wird die Ausbringungsmenge auf eine Einheit des eingesetzten Materials bezogen.

$$\text{Materialproduktivität} = \frac{\text{Ausbringungsmenge (Stück)}}{\text{Materialeinsatzmenge (Stück)}}$$

■ Beurteilung der Produktivität als Kennzahl

■ Steigt die Kennzahl der Produkivität, dann wird der betreffende Einsatzfaktor effektiver genutzt, z.B., indem mit der gleichen Menge eingesetzten Materials mehr Güter hergestellt wurden **(Maximalprinzip)** oder dieselbe Menge an Gütern mit weniger Materialeinsatz erreicht wurde **(Minimalprinzip)**. Sinkt die Produktivität, dann kehren sich die Aussagen um.

■ Für sich **allein betrachtet** hat eine Produktivitätskennzahl **wenig Aussagekraft**. Diese gewinnt sie erst dadurch, dass man die gewonnene Kennzahl mit einer Soll-Vorgabe (Benchmark), mit Werten anderer Perioden, anderer Betriebe oder einer ganzen Branche vergleicht.

■ Produktivitätssteigerungen lassen sich nur dann einem einzigen Faktor zurechnen, wenn alle anderen konstant bleiben. In Wirklichkeit ändern sich die Produktivitäten **mehrerer Faktoren gleichzeitig,** sodass der Beitrag des einzelnen nicht ohne Weiteres ermittelt werden kann.

■ Da sowohl
  ■ die unterschiedlichen Faktoren innerhalb eines Betriebes
  ■ als auch die Ausbringungsmengen
nicht addiert werden können, behilft man sich dadurch, dass man die Ausbringungsmengen und die eingesetzten Faktoren mit ihren Preisen bewertet. Aussagen zur Produktivitätsänderung sind allerdings nur dann sinnvoll, wenn die **angesetzten Preise konstant** bleiben.

■ Das Ziel des Unternehmens besteht darin, das Handeln nach dem ökonomischen Prinzip stets zu vervollkommnen, mit anderen Worten, die **Produktivität der einzelnen Faktoren kontinuierlich zu steigern.**

4.5.2 Wirtschaftlichkeit

Merke:

Wirtschaftlichkeit ist das Verhältnis erbrachter Leistung zu den für diese Leistung aufgewendeten Mitteln, also deren Kosten je Periode (z.B. je Geschäftsjahr).

$$\text{Wirtschaftlichkeit} = \frac{\text{Leistung}}{\text{Kosten}}$$

Der **Unterschied zwischen Wirtschaftlichkeit und Produktivität** besteht darin, dass die **Produktivität** ein **Mengenverhältnis** ausdrückt, während die **Wirtschaftlichkeit** ein **Wertverhältnis** darstellt. Praktisch heißt das, dass die Wirtschaftlichkeit – bewertet zu tatsächlichen Preisen – bei gleichbleibender Produktivität steigen oder fallen kann, wenn beispielsweise die Absatzpreise bei gleichbleibenden Kosten steigen bzw. fallen.

- Die **Produktivität** gibt ein rein **mengenmäßiges Verhältnis** wieder und sagt nur etwas über die technische Ergiebigkeit der Produktion aus. Ob dadurch auch ein finanzieller Erfolg erzielt wird, lässt sich aus der Produktivität nicht ersehen. Allerdings wird eine unproduktive Produktion zu Verlusten führen und kann damit langfristig die Betriebsaufgabe zur Folge haben.

- Die **Wirtschaftlichkeit** setzt die Leistung zu den Kosten ins Verhältnis und zeigt damit auf, ob die erstellte Leistung zu einem Betriebsgewinn geführt hat. Es handelt sich um ein **Wertverhältnis**.

- Auf Dauer besteht zwischen diesen beiden Größen folgender enge Zusammenhang: Durch den technischen Fortschritt wird das mengenmäßige Ergebnis der Produktion steigen (hohe Produktivität). Die Steigerung der Produktionsmenge führt in der Regel zu einer Senkung der Kosten je Stück (Massenproduktionsgesetz) und damit zu einer höheren Wirtschaftlichkeit.

Übungsaufgaben

22 1. 1.1 Erklären Sie die Begriffe Produktivität und Wirtschaftlichkeit!

   1.2 Welche ökonomische Kennzahl wird wie folgt ermittelt?

$$\frac{\text{mengenmäßige Ausbringung}}{\text{mengenmäßiger Einsatz}}$$

   1.3 Überlegen Sie Maßnahmen zur Steigerung der Arbeitsproduktivität im personellen Bereich!

2. Glaser Müller stellte zusammen mit seinen drei Gesellen im Monat Mai in 720 Arbeitsstunden 100 Fenster gleicher Größe und Qualität her, die auch verkauft wurden. Der Verkaufspreis je Stück betrug 150,00 EUR. Die Gesamtkosten der Glaserei beliefen sich im Mai auf 11 500,00 EUR. Das Eigenkapital betrug 280 000,00 EUR.

Aufgaben:

   2.1 Berechnen Sie die Arbeitsproduktivität!

   2.2 Berechnen Sie die Wirtschaftlichkeit!

3. Die Paul Lanz OHG hat über die Anschaffung einer Maschine zu entscheiden. Zur Wahl stehen zwei Möglichkeiten.

	Maschine I	Maschine II
Herstellbare Stückzahl pro Jahr	200 000	600 000
Laufzeit der Maschine pro Jahr in Stunden	2 000 Std. (Einschichtbetrieb)	4 000 Std. (Mehrschichtbetrieb)
Erzielbarer Erlös je Stück in EUR	10,00 EUR	6,00 EUR
Anschaffungskosten der Maschine	100 000,00 EUR	200 000,00 EUR
Nutzungsdauer in Jahren	5	5

Aufgaben:

3.1 Ermitteln Sie die Arbeitsproduktivitäten der beiden Maschinen!

3.2 Ermitteln Sie die Wirtschaftlichkeit der beiden Maschinen!
(Berücksichtigen Sie dabei nur die lineare Abschreibung in Abhängigkeit von der Nutzungsdauer als Kosten.)

3.3 Interpretieren Sie das Ergebnis!

4. Weisen Sie mithilfe eines eigenen Beispiels nach, dass Folgendes möglich ist: Das Unternehmen A arbeitet zwar produktiver als sein Konkurrent B, dennoch ist es unwirtschaftlicher.

23 Ein Unternehmer will wissen, wie sich die Produktivität im Laufe einer Woche verändert. Drei Zeitarbeitskräfte arbeiten auf Stundenbasis von Montag bis Freitag. Die aufgezeichnete Statistik notierte folgende Daten:

Wochentag	Ausbringungs-menge in Stück	Geleistete Arbeitszeit der drei Mitarbeiter in Stunden	Materialeinsatz-menge in kg
Montag	390	24	120
Dienstag	335	20	84
Mittwoch	310	18	75
Donnerstag	350	24	85
Freitag	325	24	82

Aufgaben:

1. Berechnen Sie die beiden Teilproduktivitäten!

2. Nennen Sie mögliche Gründe für die Entwicklung der ermittelten Kennzahlen!

3. Der Wert des eingesetzten Materials beträgt 6,00 EUR je kg. Für die Mitarbeiter fallen je Arbeitsstunde 35,00 EUR Lohnkosten (einschließlich der Lohnnebenkosten) an. Das Enderzeugnis kann zu einem Stückpreis von 18,00 EUR verkauft werden.
Berechnen Sie die Wirtschaftlichkeit!

4. Im Folgejahr erhöhte sich die Wirtschaftlichkeit um 15 % bei unveränderten Produktivitäten.
Überlegen Sie Gründe für diese Änderung!

4.6 Rationalisierung

4.6.1 Begriff, Anlässe und Ziele der Rationalisierung

(1) Begriff Rationalisierung

Merke:

Unter **Rationalisierung** versteht man Maßnahmen zur Verbesserung der Arbeitsabläufe (Prozesse) mit dem Ziel, die Produktivität und die Wirtschaftlichkeit zu steigern.

(2) Anlässe der Rationalisierung

Als ein rohstoffarmes, exportabhängiges Land kann Deutschland global nur dann konkurrieren, wenn seine Produkte technisch, qualitativ, gestalterisch und preislich mit der internationalen Konkurrenz vergleichbar sind. Aus diesem Anspruch leiten sich die kontinuierlichen Anlässe zur Rationalisierung ab. Diese sind z. B.:

- Erhaltung der internationalen (globalen) Wettbewerbsfähigkeit,
- Sicherung einer ständig besseren Produktqualität,
- Zwang der Kostensenkung aufgrund des starken Preiswettbewerbs,
- Übertragung von Routinearbeiten auf (preisgünstigere) Maschinen,
- Entlastung des Menschen von gefährlichen, monotonen und einseitig belastenden Arbeiten,
- Ersatz veralteter Produktionstechniken und Einrichtung neuer Techniken.

(3) Ziele der Rationalisierung

Ziele der Rationalisierung	Erläuterungen
in technischer Hinsicht	▪ Erhöhung der Produktivität ▪ Verbesserung der Produktqualität
in kaufmännischer Hinsicht	Erhöhung der Wirtschaftlichkeit und der Rentabilität durch Senkung der Kosten und/oder Steigerung der Leistung.
in organisatorischer Hinsicht	Verbesserung der Betriebsabläufe (Prozesse).
in ökologischer Hinsicht	Verringerung der Umweltbelastung.
in soziologischer Hinsicht	Verbesserung der Arbeitsbedingungen für den Menschen.

4.6.2 Einzelmaßnahmen der Rationalisierung

4.6.2.1 Überblick

Ansatzpunkt für Einzelmaßnahmen der Rationalisierung sind zum einen das **Erzeugnis selbst,** indem der Grad der Standardisierung möglichst weit voran getrieben wird. Andererseits bietet auch die **menschliche Arbeit** einen Ansatzpunkt[1], z. B. durch Arbeitsteilung, Arbeitszerlegung oder Gruppenarbeit.

4.6.2.2 Standardisierung

(1) Begriff Standardisierung

Aufgrund der stärkeren Position des Konsumenten auf dem Markt (Käufermarkt[2]) ist der Hersteller in der Regel gezwungen, auf die Vorteile der Massenproduktion auf der Ebene der Endprodukte zu verzichten. Um sich wenigstens einen Teil der produktionswirtschaftlichen Vorteile großer Stückzahlen zu sichern, beschränkt er sich darauf, zumindest auf der Ebene der Einzelteile und Baugruppen die Vorteile der (partiellen) Massenproduktion zu nutzen.

> **Merke:**
>
> Unter **Standardisierung** versteht man alle Maßnahmen, die der Vereinheitlichung von Einzelteilen, Baugruppen oder Enderzeugnissen dienen.

(2) Ausbaustufen der Standardisierung

Bezeichnung	Strategie	Beispiele
Teilefamilien-fertigung	**Ähnliche Teile,** das sind jene, die in Bezug auf eine Eigenschaft (Maß, Form oder Fertigungstechnik) gleich sind, **werden zusammengefasst** und als ein Los durch die Fertigung geschleust.	■ Gemeinsames Brennen von Töpferware in einem Ofen ■ Absägen von Vierkantstahlrohr zur Herstellung des Tisches auf unterschiedliche Längen
Wiederholteile-verwendung	Bereits früher konstruierte, **nicht genormte Teile** werden in möglichst **vielen anderen Baugruppen** verwendet.	■ Griffe, Drehschalter, Druckknöpfe im Automobilbau
Normung	**Vereinheitlichung von Einzelteilen** in Bezug auf Abmessungen oder Materialeigenschaften.	■ Stecker, Schrauben, Papierformate
Baukasten-systematik	**Vereinheitlichung von Baugruppen,** die sich zu unterschiedlichen Erzeugnissen kombinieren lassen. Voraussetzung hierfür ist die Normierung der Passstellen.	■ Pkw-Typ mit unterschiedlicher Motorausstattung ■ Küchen
Typung	**Vereinheitlichung des vollständigen Erzeugnisses.**	■ Elektrogeräte ■ Kraftfahrzeuge
Spezialisierung	**Beschränkung des Produktionsprogramms** auf ein oder nur wenige Erzeugnisse.	■ Herstellung von Getränkeflaschen

Zunahme der produktionswirtschaftlichen Vor- und der absatzwirtschaftlichen Nachteile

---

1 Arbeitsbezogene Einzelmaßnahmen der Rationalisierung sind nicht Gegenstand des Lehrplans.

2 Vgl. hierzu S. 97.

(3) Vor- und Nachteile der zunehmenden Standardisierung

Die nachfolgenden Aussagen zu den Vor- und Nachteilen verstärken sich mit zunehmendem Grad der Standardisierung.

Vorteile	Nachteile
▪ Der Konstruktionsaufwand wird vermindert. ▪ Rüstkosten werden eingespart. ▪ Tendenz zum Einsatz von Spezialmaschinen und einheitlichen Werkzeugen. ▪ Weniger Bedarf an Fachkräften und daher günstigeres Lohnniveau. ▪ Weniger Teilevielfalt, weniger Lagerbestände und damit geringere Kapitalbindung. ▪ Vereinfachung der Bestellabwicklung. ▪ Günstigere Einkaufsbedingungen können erzielt werden, da größere Stückzahlen bei geringerer Teilevielfalt benötigt werden. ▪ Die Fertigungsplanung und -steuerung wird vereinfacht.	▪ Parallel zu den produktionswirtschaftlichen Vorteilen steigen auch die sozialen Nachteile, da sich die Anzahl gleichartiger Arbeitsabläufe erhöht. Damit steigt auch die einseitige Beanspruchung auf geistiger und körperlicher Ebene. ▪ Der Erholungsbedarf steigt, ebenso auch die Fehlzeiten und die Fluktuationsrate. ▪ Die Selbsteinschätzung der Arbeitskraft in Bezug auf seine eigenen Fähigkeiten weicht ab von den Anforderungen des Arbeitsplatzes. Bedürfnisse der Selbstachtung und der Anerkennung werden verletzt. ▪ Gebundenheit an einen eng begrenzten Arbeitsplatz. ▪ Individuelle Kundenwünsche können nicht gedeckt werden, daher schwächere Position auf dem Absatzmarkt.

4.6.3   Ganzheitliche Rationalisierungskonzepte

4.6.3.1   Lean Production[1]

(1) Begriff Lean Production

> **Merke:**
>
> **Lean Production** bedeutet, dass alle Unternehmensbereiche in einer optimal abgestimmten Prozesskette zusammenwirken. Gemeint ist demnach **nicht** die Verschlankung allein der Produktion als einzelnes Glied dieser Kette, vielmehr die Verschlankung des gesamten Unternehmens. „Production" darf also nicht im engen Sinne von Fertigung verstanden werden.

(2) Grundstrategien eines „schlanken" Unternehmens

Strategie nach innen	▪ Ausgeprägte und konsequente Kostenorienterierung bei der Produktentwicklung, bei der Herstellung und dem Vertrieb, ▪ enge Kooperation zwischen den betrieblichen Funktionsbereichen, ▪ organisatorische Integration der externen Partner (Zulieferer, Händler) in das gesamte Unternehmen,

---

1 Die nachfolgendenAusführungen beruhen auf „Lean Production, Idee – Konzept – Erfahrungen in Deutschland", IfaA, Köln 1992.

	■ Teamarbeit,
	■ ausgeprägte Kommunikations- und Informationsmöglichkeiten,
	■ Delegation der Verantwortung und der Entscheidungsbefugnisse auf niedigere Hierarchiestufen.
Strategie nach außen	■ Eine schnelle, flexible und differenzierte Anpassung an individuelle Kundenwünsche,
	■ hohe Produktvielfalt und Ausschöpfung von Marktnischen,
	■ häufige Produktinnovation,
	■ hohe Produktqualität,
	■ konkurrenzfähige Preise,
	■ kurze Lieferfristen,
	■ Konzentration auf Kernkompetenzen.

(3) Organisationsmerkmale eines „schlanken" Unternehmens (am Beispiel der „schlanken" Fertigung)

Organisations-merkmale	Erläuterungen
Minimierung der Sicherheitsnetze	Die herkömmlichen Sicherheitsnetze wie umfangreiche Lagerbestände, große Abstellflächen und zeitliche Puffer werden auf ein Minimum reduziert.
Just-in-time-Produktion	Durch Just-in-time-Produktion werden nur die notwendigen Teile zum richtigen Zeitpunkt in der notwendigen Menge her- bzw. bereitgestellt.
Laufende Quali-tätskontrolle mit sofortiger Fehler-beseitigung	Da trotz Just-in-time-Produktion auf die üblichen „Sicherheitspuffer" weitestgehend verzichtet wird, muss durch ein wirkungsvolles Fehlerkontrollsystem ein kontinuierlicher Materialfluss sichergestellt werden, da Produktionsstörungen weiterreichende Folgen hätten als bei traditioneller Massenfertigung. Um den reibungslosen Fertigungsablauf zu gewährleisten, ist daher eine frühzeitige Fehlererkennung und sofortige Fehlerbeseitigung notwendig.
	Jeder einzelne Mitarbeiter trägt die Verantwortung für die Qualität und ist mit der Qualitätskontrolle bzw. der Fehlerbeseitigung beauftragt. Qualität ist somit Bestandteil des Konzeptes und wird nicht erst nach Fertigstellung des Erzeugnisses in zeit- und kostenaufwendiger Nacharbeit erreicht. Qualität wird bei „Lean Production" sichergestellt durch
	■ automatisierte Fehlerkontrolle,
	■ sofortigen Produktionsstillstand bei Auftreten eines Fehlers,
	■ Fehlerinformationssystem (Ort und Art der Störung, notwendige Hilfeleistung),
	■ sofortige Beseitigung des Fehlers und Analyse der Fehlerursache,
	■ schnelle und nachhaltige Beseitigung der Fehlerursache,
	■ vorbeugende Wartung der Produktionsanlagen.
Flexible Mitarbeiter	Kennzeichnend für die „schlanke" Fertigung ist der multifunktionale Mitarbeiter mit erweiterten Einsatzmöglichkeiten. Zudem erfordert die Arbeit in der Gruppe soziale Kompetenzen, wie Kommunikations- und Präsentationsfähigkeiten, Konfliktlösungs- und Problemlösungsstrategien. Ein wesentliches Motivationspotenzial entsteht aus der Übertragung von Verantwortung und der Möglichkeit bzw. der Pflicht des Mitarbeiters, den Produktionsablauf und die Arbeitsumgebung aktiv mitzugestalten.

Organisations-merkmale	Erläuterungen
Erhöhte Verantwortung für Arbeitsgruppe	Einer Arbeitsgruppe wird ein Höchstmaß an Verantwortung (kleinere Reparaturarbeiten, Wartung, Umrüstung, Materialdisposition, Reinigung, Qualitätskontrolle) übertragen. Die Gruppe bestimmt relativ autonom die Verteilung der Aufgaben, die Gestaltung der Abläufe, die Regelung der Pausen. Zumeist wird die Arbeitsaufgabe im Job-Rotation-System durchgeführt.
Kontinuierlicher Verbesserungsprozess (Kaizen)	Siehe nachfolgendes Kapitel 4.6.3.2.

4.6.3.2 Kaizen

Merke:

Kaizen bedeutet **ständige, kontinuierliche Verbesserung** in allen Bereichen, also nicht nur die Verbesserung der Produkte, sondern auch aller Abläufe und Prozesse beginnend von der Entwicklung über die Herstellung bis zum Vertrieb der Produkte.

Während die westliche Denkweise eher geprägt ist durch ein Denken in größeren Entwicklungs- und Veränderungsprozessen, zielt Kaizen ab auf einen stetigen und ununterbrochenen Verbesserungsprozess nach dem Motto „nur so gut wie nötig, nicht so gut wie möglich!". Der Kern dieses erfolgreichen Konzeptes liegt in der Motivation aller Mitarbeiter, die im Gegenzug durch die Sicherheit belohnt werden, dass ständige Rationalisierungen nicht ihren eigenen Arbeitsplatz im Unternehmen gefährden. Kaizen ist Teil der Unternehmenskultur.

Zusammenfassung

- Unter **Rationalisierung** versteht man alle Maßnahmen zur **Verbesserung der betrieblichen Prozesse**. Sie haben das Ziel, die Produktivität und die Wirtschaftlichkeit zu steigern.
- **Ziele:**
  - **technisch:** Erhöhung der Produktivität und Verbesserung der Produktqualität
  - **kaufmännisch:** Erhöhung der Wirtschaftlichkeit und Senkung der Kosten
  - **organisatorisch:** Verbesserung der betrieblichen Abläufe
  - **ökologisch:** Verringerung der Umweltbelastung
  - **soziologisch:** Verbesserung der Arbeitsbedingungen für die Menschen
- Die **Standardisierung** gehört zu den Einzelmaßnahmen der Rationalisierung und hat das Ziel, die **Anzahl gleichartiger Arbeitsabläufe zu erhöhen**.
- **Verfeinerungsstufen** der Standardisierung:

■ **Teilefamilienfertigung**	Erfassung ähnlicher Teile. Das sind solche, die in Bezug auf eine Eigenschaft gleich sind.
■ **Wiederholteileverwendung**	Verwendung bereits früher konstruierter, nicht genormter Teile in anderen Baugruppen.
■ **Normung**	Vereinheitlichung von Einzelteilen.
■ **Baukastensystematik**	Vereinheitlichung von Baugruppen.
■ **Typung**	Vereinheitlichung von Enderzeugnissen.
■ **Spezialisierung**	Beschränkung des Produktionsprogramms auf ein oder wenige Erzeugnisse.

Vorteile	Nachteile
■ Geringer Konstruktionsaufwand, ■ weniger Rüstkosten, ■ Spezialmaschinen und einheitliche Werkzeuge, ■ günstigeres Lohnniveau, da weniger Fachkräfte, ■ weniger Teilevielfalt, ■ weniger Lagerbestände, ■ geringere Kapitalbindung, ■ vereinfachte Bestellabwicklung, ■ günstigere Einkaufsbedingungen durch größere Stückzahlen, ■ vereinfachte Fertigungsplanung und -steuerung.	■ Einseitige geistige und körperliche Beanspruchung der Mitarbeiter, ■ Erholungsbedarf, Fehlzeiten und Fluktuationsrate steigen, ■ Bedürfnisse der Selbstachtung und der Anerkennung werden verletzt, ■ Gebundenheit an einen eng begrenzten Arbeitsplatz, ■ absatzwirtschaftliche Nachteile, da geringere Teilevielfalt.

■ **Lean Production** bedeutet das Zusammenwirken **aller** Unternehmensbereiche in einer optimal abgestimmten Prozesskette.

■ **Organisationsmerkmale** am Beispiel der schlanken Fertigung:

  ■ Minimierung der herkömmlichen Sicherheitsnetze (Bestände, Fächen, zeitliche Puffer);

  ■ Just-in-time-Produktion;

  ■ wirkungsvolles Fehlerkontrollsystem;

  ■ jeder Mitarbeiter trägt Qualitätsverantwortung;

  ■ multifunktionale Mitarbeiter;

  ■ Delegation von Verantwortung auf niederigere Hierarchiestufen;

  ■ kontinuierlicher Verbesserungsprozess.

■ **Kaizen** bedeutet, die ständige, kontinuierliche Verbesserung in allen Bereichen.

Übungsaufgabe

24 Die Chlorer AG produziert und verkauft monatlich 4000 Elektromotoren des Typs EM 205. Deren Produktion verursacht 1 Mio. EUR an fixen Kosten, die variablen Kosten belaufen sich auf 120,00 EUR je Stück. Der Stückerlös beträgt 540,00 EUR.

Die Unternehmensberatung Cominit GmbH meint, dass das bisherige Produktionsverfahren veraltet sei und durch ein moderneres ersetzt werden müsse. Die Kostenschätzung ergab, dass damit die fixen Kosten um 15 % steigen, die variablen Kosten im Gegenzug um 50 % gesenkt werden könnten.

Aufgaben:

1. Welches der Ihnen bekannten Ziele der Rationalisierung könnten mit der neuen Anlage verwirklicht werden?

2. Belegen Sie diese Aussage mit einem rechnerischen Nachweis!

3. Welche weiteren Rationalisierungsziele könnten durch die neue Anlage vermutlich ebenfalls angestrebt werden?

4. Die Unternehmensberatung gibt zu bedenken, dass die Einschränkung des Motorensegments auf eine bestimmte Menge an unterschiedlichen Typen mit absatzwirtschaftlichen Nachteilen verbunden sei und ein unternehmerisches Risiko für die Chlorer AG bedeute. Welche Überlegungen habe die Unternehmensberatung zu dieser Aussage veranlasst?

5. Die Unternehmensberatung schlägt vor, die Möglichkeiten zur Baukastensystematik näher zu prüfen.

   5.1 Wodurch unterscheiden sich Baukastensystematik und Typung?

   5.2 Welche Vorteile gewänne die Chlorer AG durch eine partielle Massenfertigung auf der Ebene der Baukastensystematik?

   5.3 Welche Voraussetzung muss zwingend gegeben sein, damit unterschiedliche Komponenten im Baukastensystem kombiniert werden können?

6. Im Rahmen eines Beratungsgespräches hält Herr Wiedenmann, der Geschäftsführer der Cominit GmbH, den Vorständen der Chlorer AG eine flammende Rede und betont, dass Rationalisierungsmaßnahmen nicht in Einzelaktionen stecken bleiben dürfen, sondern dass sich die gesamte Unternehmenskultur an der Idee der Lean Production orientieren müsse, *„... Lean Production fordert den ganzen Menschen, sein Wissen, sein Können und seine Identifizierung mit dem Unternehmen. Er soll nicht nur arbeiten, sondern mitdenken ..."*

   6.1 Was versteht man unter Lean Production?

   6.2 Welche Merkmale kennzeichnen diesen Ansatz zur Rationalisierung?

   6.3 Welche Verbindung besteht zwischen Lean Production und Kaizen?

5 Absatzprozesse[1]

5.1 Begriffe Markt und Marketing sowie Aufgaben des Marketings

(1) Begriff Markt

> **Merke:**
>
> Ökonomisch betrachtet versteht man unter **Markt** den Ort, an dem Angebot und Nachfrage aufeinandertreffen.

Durch die zunehmende Sättigung der Bedürfnisse, den technischen Fortschritt und die Liberalisierung der Märkte kommt es zu einem Überhang des Leistungsangebots. Die Märkte entwickeln sich vom **Verkäufermarkt** zum **Käufermarkt**.

> **Merke:**
>
> ■ Der **Verkäufermarkt** ist ein Markt, in dem die Nachfrage nach Gütern größer ist als das Güterangebot. Es besteht ein **Nachfrageüberhang**. Die **Marktmacht** hat der **Verkäufer**.
>
> ■ Der **Käufermarkt** ist ein Markt, in dem das Angebot an Gütern größer ist als die Nachfrage nach Gütern. Es besteht ein **Angebotsüberhang**. Die **Marktmacht** hat der **Käufer**.

Der Wandel vom Verkäufer- zum Käufermarkt führt dazu, dass weniger die Produktion und ihre Gestaltung, sondern der Absatz der erzeugten Produkte zur Hauptaufgabe der Unternehmen wird. Diese Veränderungen bleiben nicht ohne nachhaltige Auswirkungen auf die Durchführung des Absatzes. Während zu Zeiten des Verkäufermarktes vorrangig die Verteilung der Erzeugnisse das Problem war, kommt es nun darauf an, den Absatzmarkt systematisch zu erschließen. Dies erfordert für das Erreichen der Unternehmensziele zunehmend die Ausrichtung aller Unternehmensfunktionen auf die tatsächlichen und die zu erwartenden Bedürfnisse der Abnehmer. Für diese Führungskonzeption wird das aus dem Amerikanischen übernommene Wort **Marketing**[2] verwendet.

(2) Begriff Marketing

> **Merke:**
>
> **Marketing** ist eine Konzeption, bei der alle Aktivitäten eines Unternehmens konsequent auf die gegenwärtigen und künftigen Erfordernisse der Märkte und der weiteren Umwelt ausgerichtet werden.

---

1 Die Ausführungen dieses Kapitels lehnen sich an die folgende Literatur an:
  Nieschlag, R./Dichtl, E./Hörschgen, H.: Marketing, 19. Aufl., Berlin 2002.
  Meffert, H.: Marketing, Grundlagen marktorientierter Unternehmensführung, 9. Aufl., Wiesbaden 2005.
  Weis, H. Ch.: Marketing, 9. Aufl., Ludwigshafen (Rhein) 1995.
2 Marketing (engl.): Markt machen, d.h. einen Markt für seine eigenen Produkte schaffen bzw. ausschöpfen.

7 Speth u.a. - ISBN 978-3-8120-0572-2

Marketing ist als ein **marktorientiertes Vorgehen** zu verstehen, mit dessen Hilfe die Beziehungen zwischen dem **Unternehmen,** dessen **marktlichem Umfeld** (neben den Kunden sind dies vor allem die Konkurrenten) und dem **weiteren Umfeld** (z. B. der ökonomischen Situation, den politisch-rechtlichen Gegebenheiten, der gesellschaftspolitischen Lage, dem technologischen Fortschritt, den Umweltvorschriften) erfasst, analysiert und systematisch in Entscheidungen umgesetzt werden.

(3) Aufgaben des Marketings

Die konkrete Bewältigung der Marketingaufgaben ist als ein Prozess zu verstehen, der sich in folgende (idealtypische) Phasen untergliedern lässt:

Phasen des Marketingprozesses	Erläuterungen
Marktforschung (Situationsanalyse)	In dieser Phase gilt es, die gegenwärtige und zukünftige Situation des Unternehmens, des Marktes und des Umfeldes planmäßig und systematisch zu erforschen.
Planung der Marketingstrategie	Im Allgemeinen werden vier Marketing-Instrumentenbündel unterschieden, die es je nach Marktgegebenheiten zu kombinieren gilt **(Marketing-Mix):** ■ **Produktpolitik** ■ **Kontrahierungspolitik (Entgeltpolitik)** ■ **Kommunikationspolitik** ■ **Distributionspolitik** Der Einsatz einer bestimmten Marketingstrategie (Marketingmaßnahme) hängt insbesondere von zwei Faktoren ab: ■ von dem „Lebensalter" der Produkte **(Konzept des Produkt-Lebenszyklus)** und ■ vom Marktanteil des Produkts und den damit verbundenen Wachstumsaussichten **(Marktwachstums-Marktanteil-Portfolio).**
Entwicklung eines Marketingkonzepts (Marketing-Mix)	Im Rahmen des Marketingkonzepts wird die Art und Weise festgelegt, wie das Unternehmen das absatzpolitische Instrumentarium einsetzt. Die jeweilige Kombination der Marketinginstrumente bezeichnet man als **Marketing-Mix.**
Marketing-Controlling[1]	Diese Phase liefert der Unternehmensleitung Informationen über den Grad der Zielverwirklichung. Darüber hinaus gibt das Marketing-Controlling Auskunft über weiteren Planungs- und Handlungsbedarf.

Zusammenfassung

■ **Marketing** ist eine Konzeption, bei der alle Aktivitäten eines Unternehmens konsequent auf die gegenwärtigen und künftigen Erfordernisse der Märkte und der weiteren Umwelt ausgerichtet werden.

---

1 Der Lehrplan sieht die Behandlung des Marketing-Controllings nicht vor.

- **Marketingaufgaben** sind als ein Prozess zu verstehen, der idealtypisch in folgenden Phasen abläuft: (1) **Marktforschung,** (2) **Planung der Marketingstrategien** (Produktpolitik, Kontrahierungspolitik, Kommunikationspolitik, Distributionspolitik), (3) **Entwicklung eines Marketingkonzepts (Marketing-Mix)** und (4) **Marketing-Controlling.**

Übungsaufgabe

25 1. Welche Gründe waren für das Entstehen des Marketings maßgebend?

   2. Charakterisieren Sie den Begriff Marketing mit eigenen Worten!

5.2 Marktforschung

(1) Begriff Marktforschung

Merke:

- **Marktforschung** ist die systematische Erforschung, Beschaffung und Aufbereitung von Marktinformationen.
- Marktforschung geschieht durch **Marktanalyse** und **Marktbeobachtung.**

■ Marktanalyse

Merke:

Die **Marktanalyse** untersucht die Marktgegebenheiten zu einem **bestimmten Zeitpunkt.**

Eine Marktanalyse wird z. B. vorgenommen, wenn **neue Produkte** oder **weiterentwickelte Produkte** auf den Markt gebracht werden sollen.

Untersuchungsgegenstände sind z. B.:

- Anzahl der Personen, Unternehmen und Verwaltungen, die als Käufer infrage kommen;
- Einkommens- und Vermögensverhältnisse der mutmaßlichen Käufer;
- persönliche Meinung der (möglichen) Käufer zum angebotenen Produkt;
- Beschaffung von Daten über die Konkurrenzunternehmen, die den zu untersuchenden Markt bereits beliefern (z. B. deren Preise, Lieferungs- und Zahlungsbedingungen, Qualitäten der angebotenen Erzeugnisse, Werbung).

■ Marktbeobachtung

Merke:

Die **Marktbeobachtung** hat die Aufgabe, Veränderungen auf den Märkten **laufend** zu erfassen und auszuwerten. Die Marktbeobachtung befasst sich daher einmal mit den vorhandenen bzw. neu zu gewinnenden Kunden, zum anderen aber vor allem mit dem Verhalten der Konkurrenz.

Die **Fragestellungen** lauten z. B.:

- Wie entwickelt sich die Zahl der Nachfrager, wie die mengen- und wertmäßige Nachfrage nach einem bestimmten Produkt?
- Wie entwickeln sich die Einkommen, wie die Vermögensverhältnisse der Abnehmer?
- Wie verändert sich die Einstellung der Käufer zum angebotenen Produkt?
- Wie reagieren die Konkurrenzunternehmen auf absatzpolitische Maßnahmen (z.B. Preis- änderungen, Werbemaßnahmen)?

Ziel ist die Ermittlung von Tendenzen, Veränderungen sowie Trends innerhalb eines bestimmten Zeitraums.

(2) Gebiete der Marktforschung

Die wichtigsten Gebiete der Marktforschung sind in der nachfolgenden Tabelle zusammengefasst.

Bedarfs- und Ziel- gruppenforschung	Sie sammelt Informationen über tatsächliche und mögliche Nachfrager. Ziel ist es, die Absatzchancen für die Erzeugnisse, Handelswaren oder Dienstleistungen herauszufinden.
Konkurrenz- forschung	Sie sammelt Informationen über die wichtigsten Konkurrenten sowie zur Branchenentwicklung. Wichtig sind z.B. Informationen über die Konkurrenzprodukte; die Größe des Marktanteils; die Angebotspalette, Kapitalstärke, Absatzorganisation der Konkurrenzanbieter; Marketingverhalten der Konkurrenten.
Volkswirtschaftliche Entwicklung	Erfasst werden vor allem die Konjunkturentwicklung, wirtschafts- und umweltpolitische Maßnahmen der Regierung, Saisonschwankungen, Entwicklung des Arbeitsmarktes u. A.
Absatzforschung	Sie dient der Überprüfung absatzpolitischer Maßnahmen. Überprüft werden z.B. Auswirkungen von Produktveränderungen, von Änderungen der Preise, der Kundenrabatte oder der Lieferbedingungen, die Effektivität von Werbemaßnahmen, der Erfolg der eingesetzten Absatzorgane wie Reisende, Handelsvertreter, Filialen oder der Absatzwege etwa über den Groß- und Einzelhandel.

(3) Methoden der Marktforschung

Merke:

Die **Marktforschung** kann als **Primärforschung (Feldforschung)** oder als **Sekundärforschung (Schreibtischforschung)** betrieben werden.

■ **Primärforschung (Feldforschung)**

Angenommen, ein Schokoladenhersteller möchte wissen, welche Verpackungsfarbe die Kunden auf dem deutschen Markt mehr anspricht: Rot, Blau oder Grün. Man sollte nun glauben, dass der Schokoladenhersteller jeden einzelnen Verbraucher darüber befragen müsste, welche Farbe er bevorzuge bzw. nach welcher Farbe er beim Kauf gegriffen hätte. Praktisch ist diese Methode jedoch deswegen unmöglich, weil sie zu zeitraubend und zu kostspielig ist. Deswegen kann in solchen Fällen immer nur ein Teil der zu untersuchenden Personen bzw. Personengruppen befragt werden, also nicht die Gesamtmasse, sondern nur eine Teilmasse.

Mit der Befragung einer Teilmasse können sehr genaue Informationen über das Verhalten der Gesamtmasse gewonnen werden, denn die Befragung einiger tausend – manchmal sogar erheblich weniger – Personen reicht aus, um zu einigermaßen zuverlässigen Ergebnissen zu kommen. Bedingung ist, dass die Teilmasse die gleichen Wesensmerkmale in Bezug auf ihre Zusammensetzung (Struktur) wie die Gesamtmasse aufweist (z. B. Einkommen, Alter, Beruf, Geschlecht, Religionszugehörigkeit, politische Einstellung). Wird die Teilmasse nach diesem Kriterium (Maßstab) ausgewählt, sprechen die Marktforscher von einer **repräsentativen Teilmasse**.

Die Befragung kann in zweifacher Form erfolgen:

Fragebögen	Bei der Befragung mithilfe von Fragebögen können die Fragebögen zugesandt werden (schriftliche Befragung), durch einen Beauftragten des Marktforschungsinstituts bei einem Hausbesuch (mündliche Befragung) oder im Verlauf eines Telefongesprächs ausgefüllt werden (telefonische Befragung).
Interview	Die ausgewählten Personen werden durch einen Interviewer (Befrager) besucht. Der Interviewer hat dann die Aufgabe, in einem freien Gespräch die Meinung des Interviewten (Befragten) herauszufinden. Dabei ist klar, dass die statistische Auswertung freier Interviews erheblich schwieriger ist als die von standardisierten Fragebögen.

Merke:

Primärforschung (Feldforschung) liegt vor, wenn unmittelbar am Markt Informationen gezielt zu einer bestimmten Fragestellung gewonnen und anschließend ausgewertet werden.

■ **Sekundärforschung (Schreibtischforschung)**

Für die Schreibtischforschung stehen dem Marktforscher die unterschiedlichsten Zahlenmaterialien zur Verfügung. Auswertbar sind z. B. Vertreterberichte, die Finanzbuchhaltung einschließlich Kundenbuchhaltung, Absatz- und Umsatzstatistiken, veröffentlichte Statistiken des Statistischen Bundesamtes, der Bundesregierung (z. B. des Finanzministeriums), der Konjunkturforschungsinstitute, der Wirtschaftsverbände und der Meinungsforschungsinstitute. Sehr intensiv wird in diesem Zusammenhang das Internet genutzt (z. B. Analyse der Internetauftritte von Konkurrenten, Kunden und Lieferanten sowie die Nutzung der Suchmaschinen für Recherchen[1] aller Art).

Merke:

Von **Sekundärforschung (Schreibtischforschung)** spricht man, wenn aus bereits vorhandenen Zahlenmaterialien (Daten) Erkenntnisse für die Marktanalyse, Marktbeobachtung und Marktprognose gewonnen werden.

---

1 Recherche (lat., frz.): Nachforschung, Ermittlung.

(4) Träger der Marktforschung

Die Träger der Marktforschung sind die Großbetriebe mit ihren wissenschaftlichen Stäben, wissenschaftliche Institute und vor allem Marktforschungsinstitute.

Marktforschungsinstitute sind gewerbliche Einrichtungen und Unternehmen, die sich im Auftrag von Industrie und Handel der Meinungsforschung und der Marktforschung widmen.

Zusammenfassung

- Die **Marktforschung** bedient sich wissenschaftlicher Methoden, um die Gegebenheiten und die Entwicklungen auf den Absatzmärkten zu erforschen. Dies geschieht durch **Marktanalyse** und **Marktbeobachtung**.

- Eine wichtige **Aufgabe der Marktforschung** ist die **Kunden- und Konkurrenzstruktur** zu ermitteln.

- Die Marktforschung kann auf zweierlei Weisen betrieben werden.

  - **Primärforschung** liegt vor, wenn unmittelbar am Markt Informationen gewonnen und anschließend ausgewertet werden.

  - Von **Sekundärforschung** spricht man, wenn aus bereits vorhandenen Daten Erkenntnisse für die Marktanalyse, Marktbeobachtung und Marktprognose gewonnen werden.

Übungsaufgaben

26 Textauszug:

„Kundenorientierung" ist das neue Zauberwort im Kampf um Märkte und Absatz

Der Chef der Berliner Software AG ist auf seine Mitarbeiter nicht gut zu sprechen. „Zufriedene Aktionäre setzen zufriedene Kunden voraus", sagt er. Aber die Service-Qualität sei ein Schwachpunkt seines Unternehmens, bemängelte er gestern im Frankfurter Presse-Club. Schon auf der CeBit hatte er wissen lassen, die Mitarbeiter der Berliner Software AG müssten jetzt beharrlich und notfalls mit Härte darauf hinwirken, dass konsequente Kundenorientierung gelebte Praxis wird.

„Kundenorientierung" ist aber nicht nur bei der Berliner Software AG die Losung. Es ist für viele Unternehmen das neue Zauberwort im schärfer werdenden Konkurrenzkampf um Märkte und Kunden. Porsche hat eine Aktion „Liebe deinen Kunden" gestartet, selbst der Infodienst für Landwirtschaft verteilt eine Broschüre „Kommunikation mit Urlaubsgästen auf Bauernhöfen". In den Wirtschaftsmagazinen häufen sich Seminarangebote. Der Kontakt zum Kunden wird nicht mehr der Willkür von Charakter oder Laune der Mitarbeiter überlassen …

Weil so (wenig freundliche) Appelle wie die des Chefs der Berliner Software AG den Mitarbeitern keine Service-Mentalität vermitteln, lernen sie in Seminaren, freundlich und verbindlich zu sein …

Wie viele Mitarbeiter die Berliner Software AG jährlich schult, bleibt Betriebsgeheimnis vor der Konkurrenz. Die Berliner Software AG macht sozusagen im Kleinen durch, was die allgemeine wirtschaftliche Entwicklung ist: Den Wandel zur Dienstleistungsgesellschaft …

Folgende Grundmotive hat die Verkaufspsychologie beim Kunden festgestellt: Geltungsbedürfnis und Gewinnstreben, Sicherheitsbedürfnis und Selbsterhaltung, Bequemlichkeit, Wissensdrang und Kontakt.

Aufgaben:

1. Welcher Zusammenhang besteht zwischen „zufriedenen Kunden" einerseits und „zufriedenen Aktionären" andererseits?

2. Erklären Sie mit eigenen Worten, was Sie unter Kundenorientierung verstehen!

27 1. Aus welchen Gründen sollten, bevor Primärerhebungen durchgeführt werden, Sekundärerhebungen vorgenommen werden?

2. Der französische Käsehersteller Dubois S.A. möchte die neue Käsesorte „Tête de Chèvre" auf den deutschen Markt bringen. Um die Absatzchancen zu untersuchen, wird intensive Marktforschung betrieben.

Aufgaben:

2.1 Erläutern Sie, warum die Marktforschung die Grundlage für Entscheidungen im Marketing liefert!

2.2 Nennen und erläutern Sie kurz zwei Methoden der Marktforschung!

2.3 Nennen Sie vier Merkmale der neuen Käsesorte, die den Verkaufserfolg fördern könnten!

2.4. Warum muss der Käsehersteller vor allem Primärforschung betreiben?

2.5 Begründen Sie, warum die Dubois S.A. zunächst vor allem Marktanalyse (und nicht Marktbeobachtung) betreiben muss!

5.3 Produktpolitik[1]

5.3.1 Planungsgrundlagen der Produktpolitik: Produkt-Lebenszyklus und Marktwachstum-Marktanteil-Portfolio

Aufgabe der Produktpolitik ist es, durch die Gestaltung des Produktprogramms die Marktposition des Unternehmens zu verbessern. Konkret bedeutet dies, dass man zu entscheiden hat,

- **welche Produkte** man besonders fördern will,
- auf **welchen Märkten** man agieren möchte und
- in welchem **Umfang** man **Marketinginstrumente** einsetzen will.

Die Lösung dieser Fragestellungen hängt insbesondere von zwei Faktoren ab:

- vom „Lebensalter" der Produkte **(Konzept des Produkt-Lebenszyklus)** und
- vom Marktanteil des Produkts sowie den damit verbundenen Wachstumsaussichten **(Marktwachstum-Marktanteil-Portfolio).**

---

1 Produktionsbetriebe beziehen häufig auch **Handelswaren** als Ergänzung zu ihrem Produktprogramm. Alle Überlegungen und Maßnahmen, die den Ein- und Verkauf von Handelswaren betreffen, bezeichnet man als **Sortimentspolitik.**

5.3.1.1 Produkt-Lebenszyklus

(1) Grundlegendes zum Produkt-Lebenszyklus

> **Merke:**
>
> Das **Modell des Lebenszyklus von Produkten** möchte den „Lebensweg" eines Produktes, gemessen an Umsatz und Gewinnhöhe, zwischen der Markteinführung des Produktes und dem Ausscheiden aus dem Markt darstellen.

Die Theorie unterteilt die Lebensdauer eines Produkts in verschiedene charakteristische Phasen und ermöglicht somit Hinweise dafür, wie sich der Absatz der einzelnen Produkte voraussichtlich entwickeln wird, falls **keine besonderen Marketinganstrengungen** erfolgen. Kann man ermitteln, in welcher Phase sich ein Produkt gerade befindet, lassen sich die marketingpolitischen Instrumente gezielter planen und einsetzen. Es stellen sich daher zwei Fragen:

- Was versteht man unter einem Produkt-Lebenszyklus?
- Welche Marketingstrategien sind für die einzelnen Stufen des Produkt-Lebenszyklus geeignet?

(2) Phasen des Produkt-Lebenszyklus

Der **Lebenszyklus eines Produkts** lässt sich in **vier unterscheidbare Phasen** gliedern.

■ Einführungsphase

Die Einführungsphase beginnt mit dem Eintritt des Produktes in den Markt. In dieser Phase dauert es einige Zeit bis die Kunden ihr bisheriges Konsumverhalten geändert haben und das Produkt am Markt eingeführt ist. In diesem Stadium werden zunächst Verluste oder nur geringe Gewinne erwirtschaftet, da das Absatzvolumen niedrig und die Aufwendungen für die Markteroberung hoch sind. Handelt es sich um ein wirklich neues Produkt, gibt es zunächst noch keine Wettbewerber.

Um dem Produkt den Durchbruch auf dem Markt zu ermöglichen, ist die Werbung das wirksamste Instrument. Daneben gilt es, das Distributionsnetz auszubauen. Allgemeine Aussagen zur Preispolitik sind schwierig. In der Regel wird so verfahren, dass Massenkonsumartikel für eine befristete Einführungszeit zu einem niedrigen Preis angeboten werden und bei höherwertigen Gebrauchsgütern eine „Abschöpfungsstrategie" betrieben wird, bei der man später dann die Preise langsam senkt. Das neue Produkt wird meist nur in der Grundausführung hergestellt.

> **Merke:**
>
> **Marketingziel** ist es, das Produkt bekannt zu machen und Erstkäufe herbeizuführen.

■ Wachstumsphase

Die Wachstumsphase tritt ein, wenn die Absatzmenge rasch ansteigt. Die Mehrheit der infrage kommenden Kunden beginnt zu kaufen. Die Chance auf hohe Gewinne lockt neue Konkurrenten auf den Markt. Die Preise bleiben aufgrund der regen Nachfrage stabil oder fallen nur geringfügig. Da sich die Kosten der Absatzförderung auf ein größeres Absatzvolumen verteilen und zudem die Fertigungskosten aufgrund der größeren Produktionszahlen sinken, steigen die Gewinne in dieser Phase.

Die Werbung wird in dieser Phase noch nicht nennenswert herabgesetzt. Die Preise werden erhöht, sofern bei Markteintritt eine Niedrigpreispolitik betrieben wurde bzw. abgesenkt, wenn zunächst eine Hochpreispolitik vorgenommen wurde. In der Produktpolitik wird in der Regel so verfahren, dass die Produktqualität verbessert, neue Ausstattungsmerkmale entwickelt und das Design aktualisiert wird.

Merke:

Marketingziel ist es, einen größtmöglichen Marktanteil zu erreichen.

■ Reife- und Sättigungsphase

Die Reife- und Sättigungsphase lässt sich in drei Abschnitte untergliedern. Im ersten Abschnitt verlangsamt sich das Absatzwachstum, im zweiten Abschnitt kommt es zur Marktsättigung, sodass der Umsatz in etwa konstant bleibt. Im dritten Reifeabschnitt wird der Prozess des Absatzrückgangs eingeleitet. Die Kunden fangen an, sich anderen Produkten zuzuwenden. Dies führt in der Branche zu Überkapazitäten und löst einen verschärften Wettbewerb aus. Die Gewinne gehen zurück. Die schwächeren Wettbewerber scheiden aus dem Markt aus.

Die Wettbewerber versuchen in der Reife- und Sättigungsphase insbesondere durch Produktmodifikationen[1] wie Qualitätsverbesserungen (z.B. bessere Haltbarkeit, Zuverlässigkeit, Geschmack, Geschwindigkeit), Verbesserung der Produktausstattung (z.B. Schiebedach, heizbare Sitze, Klimaanlage) und/oder Differenzierung des Produktprogramms (z.B. Schokolade mit unterschiedlichem Geschmack, Formen, Verpackungen) neue Nachfrager zu gewinnen. Daneben werden preispolitische Maßnahmen (z.B. Sonderverkauf, hohe Rabatte, Hausmarken zu verbilligten Preisen) und servicepolitische Maßnahmen (z.B. Einrichtung von Beratungszentren, kürzere Lieferzeiten, großzügigere Lieferungs- und Zahlungsbedingungen) ergriffen. Außerdem werden spezielle Werbemaßnahmen eingesetzt, um bestehende Präferenzen[2] zu erhalten bzw. neue aufzubauen.

Merke:

Marketingziel ist es, einen größtmöglichen Gewinn zu erzielen, indem die Umsatzkurve „gestreckt" wird, bei gleichzeitiger Sicherung des Marktanteils. Da die hohen Kosten der Markteinführung und des Wachstums weitestgehend entfallen, verspricht diese Phase eine hohe Rentabilität.

---

1 Modifikation: Abwandlung, Veränderung. Vgl. hierzu auch die Ausführungen auf S. 112.
2 Präferenz: Bevorzugung (z.B. bestimmte Produkte und/oder Verkäufer).

■ **Rückgangsphase (Degenerationsphase)**

In der Rückgangsphase sinkt die Absatzmenge stark ab und Gewinne lassen sich nur noch in geringerem Umfang bzw. gar nicht mehr erwirtschaften. Die Anzahl der Wettbewerber sinkt. Die übrig gebliebenen Anbieter verringern systematisch ihr Produktprogramm, die Werbung wird zunehmend eingeschränkt, die Distributionsorganisation wird ausgedünnt und die Preise werden oft angehoben. Auch starke Preissenkungen können sinnvoll sein.

Als Ursachen für einen Rückgang der Absatzzahlen können der technische Fortschritt, ein veränderter Verbrauchergeschmack oder Änderungen in der Einkommensverteilung, die ihrerseits zu Verschiebungen der Bedarfsstrukturen führt, angesehen werden.

> **Merke:**
>
> **Marketingziel** ist es, die Kosten zu senken und gleichzeitig den möglichen Gewinn noch „mitzunehmen".

(3) Gesamtdarstellung

Den Beginn und das Ende der einzelnen Abschnitte festzulegen ist Ermessenssache. Je nach Produkttyp ist die Dauer der einzelnen Phasen und der Verlauf der Umsatz- und Gewinnkurven unterschiedlich. Der abgebildete S-förmige und „eingipflige" Kurvenverlauf ist daher als ein Spezialfall unter verschiedenen möglichen Verläufen anzusehen. In der Praxis kommt es zu einer Vielzahl davon abweichender Kurvenverläufe (z.B. kann der Verlauf auch steil bzw. flach ansteigend oder steil bzw. flach abfallend sein). Außerdem kann der Kurvenverlauf auch „mehrgipflig" sein.

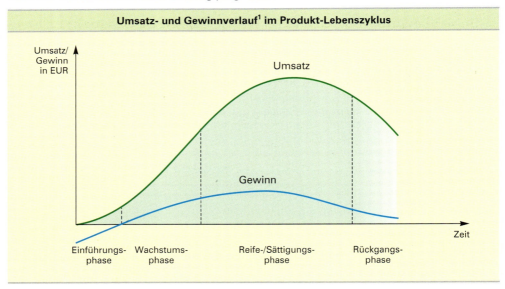

Umsatz- und Gewinnverlauf[1] im Produkt-Lebenszyklus

---

1 Der **reale** Gewinn errechnet sich als Differenz zwischen dem Umsatz zu konstanten Preisen und den Kosten zu konstanten Preisen.

5.3.1.2 Portfolio-Analyse

(1) Grundbegriffe

Merke:

- Die **Portfolio-Methode**[1] ist ein **Analyse-Instrument,** mit dem die gegenwärtige Marktsituation einer strategischen Geschäftseinheit sowie deren Entwicklungsmöglichkeiten untersucht und visualisiert[2] werden.

- Mithilfe der Portfolio-Methode lassen sich **Strategien** entwickeln, mit deren Hilfe das Management eines Unternehmens entscheidet, welche **strategischen Geschäftseinheiten (SGE)** gefördert, welche erhalten und welche abgebaut werden.

- Eine **strategische Geschäftseinheit (SGE)** umfasst eine genau abgrenzbare Gruppe von Produkten, für die es einen eigenen Markt und spezifische Konkurrenten gibt.

(2) Marktwachstum-Marktanteil-Portfolio[3]

Die **Vier-Felder-Portfolio-Matrix,**[4] die dem Marktwachstum-Marktanteil-Portfolio zugrunde liegt, gliedert die **strategischen Geschäftseinheiten** nach den Kriterien **Marktanteil** und **Marktwachstum** in eine Matrix ein.

- Die **horizontale Achse** zeigt den (relativen) **Marktanteil der strategischen Geschäftseinheit** auf, d. h. den eigenen Marktanteil im Verhältnis zu dem größten Konkurrenten. Der Marktanteil dient als Maßstab für die Stärke des Unternehmens im Markt.

- Die **vertikale Achse** zeigt den **Grad der Wachstumsphase** der Produkte an.

---

1 Portfolio (lat.): Mappe, hier: Produktionsprogramm.

2 Visuell: das Sehen betreffend.

3 Dieser Portfolio-Ansatz wurde von dem amerikanischen Beratungsunternehmen „Boston-Consulting-Group" entwickelt.

4 Matrix (lat.): Stamm. Hier im mathematischen Sinn: rechteckige Anordnung von Zahlen in Zeilen (horizontal) und Spalten (vertikal).

Questionmarks (Fragezeichen)	Hierunter versteht man **Nachwuchsprodukte,** die neu auf dem Markt sind. Diese Produkte befinden sich in der **Einführungs- bzw. frühen Wachstumsphase** des Produkt-Lebenszyklus. Der relative Marktanteil ist (noch) **gering.** Man verspricht sich bei ihnen gute Wachstumschancen. Sie sollen daher besonders **stark** (jedoch selektiv) **gefördert** werden **(Offensivstrategie),** was bedeutet, dass die Questionmarks einen hohen Finanzmittelbedarf haben. Der Begriff „Fragezeichen" ist äußerst treffend, denn die Unternehmensleitung muss sich nach einer gewissen Zeit fragen, ob sie weiterhin viel Geld in diese strategischen Geschäftseinheiten stecken oder den fraglichen Markt verlassen soll.
Stars (Sterne)	Das sind Produkte, die sich noch in der **Wachstumsphase** befinden. Aus dem anfänglichen „Fragezeichen", das Erfolg hat, wird ein „Star". Ein „Star" ist der Marktführer in einem Wachstumsmarkt. Er erfordert umfangreiche Finanzmittel, um mit dem Marktwachstum Schritt halten zu können. Im Allgemeinen bringen „Stars" schon **Gewinne.** Die generelle **Strategie** heißt, den **Marktanteil** leicht zu **erhöhen** bzw. zu halten **(Investitionsstrategie).**
Cashcows (Kühe, die bares Geld bringen)	Diese Produkte befinden sich in der **Reifephase.** Da der Markt kaum wächst, kommt es darauf an, durch gezielte Erhaltungsinvestitionen die erreichte Marktposition zu halten. Dadurch lassen sich Finanzmittel erwirtschaften. Cashcows stellen deshalb die Finanzquelle eines Unternehmens dar. Man lässt sie so lange „laufen", wie sie noch Gewinn bringen **(Abschöpfungsstrategie).**
Poor Dogs (arme Hunde)	Sie weisen nur noch einen **geringen Marktanteil** und eine geringe Wachstumsrate auf. Es bestehen keine Wachstumschancen mehr. Die Produkte befinden sich in der späten **Reife- bzw. Degenerationsphase.** Die Produktion der Poor Dogs sollte **eingestellt** werden **(Desinvestitionsstrategie).**

Zusammenfassung

- Merkmale, Marketingziele und Marketingstrategien in den Phasen des Produkt-Lebenszyklus sind in der nachfolgenden Übersicht zusammengestellt.[1]

	Phasen des Produkt-Lebenszyklus			
	Einführungs- phase	Wachstums- phase	Reife- und Sättigungsphase	Rückgangs- phase
Merkmale				
Absatzvolumen	gering	schnell ansteigend	Spitzenabsatz	rückläufig
Kosten	hohe Kosten pro Kunde	durchschnittliche Kosten pro Kunde	niedrige Kosten pro Kunde	niedrige Kosten pro Kunde
Gewinne	negativ	steigend	hoch	fallend
Konkurrenten	nur einige	Zahl der Konkurrenten nimmt zu	gleichbleibend, Tendenz nach unten setzt ein	Zahl der Konkurrenten nimmt ab

---

1 Die Tabelle ist angelehnt an Kotler, P., Bliemel, F.: Marketing-Management, 8. Aufl., Stuttgart 1995, S. 586.

Marketing-ziele	Produkt bekannt machen, Erstkäufe herbeiführen	größtmöglicher Marktanteil	größtmöglicher Gewinn bei gleichzeitiger Sicherung des Marktanteils	Kostensenkung und „Gewinn-mitnahme"
Marketing-investitionen	sehr hoch	hoch (degressiv ansteigend)	mittel (sinkend)	gering
Kernbotschaft der Werbung	neu, innovativ	Bestätigung des Verhaltens	verlässlich, bewährt	Schnäppchen

■ Die **Portfolio-Analyse** ergänzt das **Konzept des Produkt-Lebenszyklus**. Die nachfolgende Matrix zeigt den Zusammenhang zwischen den beiden Konzeptionen sowie die inhaltliche Aussage des **Marktwachstum-Marktanteil-Portfolios** auf.

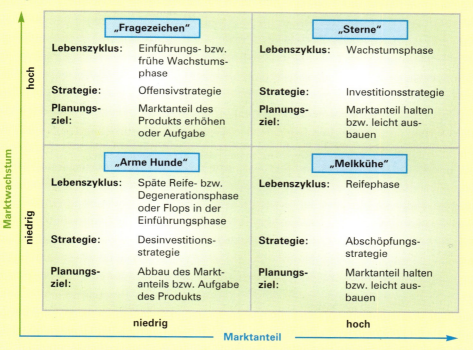

28

1. Welche Zielsetzung verfolgt das Konzept des Produkt-Lebenszyklus?

2. Worin unterscheidet sich das Marktwachstum- und Marktanteil-Portfolio von der Theorie der Lebenszyklen der Produkte?

3. Wie kann der Lebenszyklus eines Produkts verlängert werden? Beantworten Sie diese Frage, indem Sie ein Beispiel bilden!

4. Die Hamburger Lebensmittel AG hat einen neuen Vollmilch-Schoko-Riegel auf den Markt gebracht. Der Schoko-Riegel hat die Einführungsphase glänzend überstanden und befindet sich jetzt am Beginn der Wachstumsphase.

Aufgabe:

Formulieren Sie mindestens drei Marketingstrategien, die in der Wachstumsphase von Bedeutung sind!

29   1. Beschreiben Sie die Grundidee der Portfolio-Methode!

2. Skizzieren Sie die Grundaussage der vier strategischen Geschäftseinheiten des Marktwachstum-Marktanteil-Portfolios!

3. Beschreiben Sie die generelle Strategie, die in den einzelnen Matrix-Feldern jeweils angemessen ist!

4. Die acht Kreise in dem vorgegebenen Marktwachstum-Marktanteil-Portfolio symbolisieren die acht Geschäftseinheiten der Chemie Chemnitz AG.

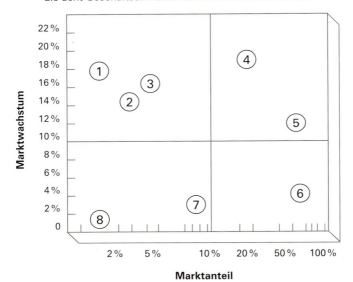

Hinweis:

– Die **vertikale Achse** zeigt das jährliche Marktwachstum der einzelnen Märkte.

– Die **horizontale Achse** zeigt den Marktanteil im Verhältnis zu dem des größten Marktführers.

(Nachweis: Kotler/Bliemel: Marketing-Management, S. 99)

Aufgabe:

Bewerten Sie die langfristigen Erfolgsaussichten der Chemie Chemnitz AG!

5. Übertragen Sie das Portfolio von Aufgabe 4 (ohne Kreise) in Ihr Hausheft. Tragen Sie anschließend die folgenden Daten der Limonadenwerke Leberer GmbH in das Portfolio ein:

Nr.	Produkt	Marktanteil	Marktwachstum
1	Zitronengetränk	40 %	16 %
2	Orangengetränk	5 %	14 %
3	Multivitaminsaft	2 %	12 %
4	Grapefruitsaft	8 %	5 %
5	Apfelsaft	20 %	6 %

Aufgaben:

5.1 Beurteilen Sie das Produktprogramm der Limonadenwerke Leberer GmbH!

5.2 Formulieren Sie Empfehlungen für die zukünftig anzuwendenden Marketingstrategien!

5.3.2 Entscheidungen zum Produktprogramm

Bei der Erstellung eines Produktprogramms sind insbesondere folgende zentrale Fragestellungen zu lösen:

- Mit welchen neuen Produkten kann die Position des Unternehmens am Markt gefestigt werden **(Produktinnovation)?**
- Mit welchen Anpassungen kann die Produktlebenszykluskurve verlängert werden **(Produktmodifikation, Produktvariation)?**
- Welches Erzeugnis soll aus dem Produktprogramm entfernt werden **(Produkteliminierung)?**

(1) Produktinnovation

> **Merke:**
>
> Unter **Produktinnovation** versteht man die Änderung des Produktprogramms durch Aufnahme neuer Produkte.

Die Motivation hierzu liegt darin, dass einerseits dem technischen Fortschritt Rechnung getragen werden muss, andererseits muss auf veränderte Kundenwünsche reagiert werden, weil sich sonst Nachfrageverschiebungen zugunsten der Mitbewerber ergeben. Die Produktinnovation begegnet uns in Form der **Produktdiversifikation** und der **Produktdifferenzierung.**

- **Produktdiversifikation**[1]

> **Merke:**
>
> Unter **Produktdiversifikation** versteht man die Erweiterung des Produktprogramms durch Aufnahme weiterer Produkte.

Um die Wirkung der produktpolitischen Maßnahmen zu veranschaulichen, wird angenommen, dass ein Hersteller die beiden Erzeugnisgruppen A und B produziert mit den jeweiligen Varianten A_1 und A_2 bzw. B_1, B_2 und B_3.

Grafisch lässt sich damit die Produktdiversifikation gegenüber der Ausgangssituation wie folgt darstellen:

Das Erzeugnisangebot erhält eine Ausweitung in der Breite, hier die Erzeugnisgruppe C mit den Varianten C_1 und C_2. Die Angebotspalette wird gezielt ausgedehnt durch neue Produkte auf neuen Märkten. Damit erhält das Unternehmen ein weiteres „Standbein" auf dem Markt. Diese Handlungsstrategie beruht auf der Erkenntnis, dass eine Risikostreuung

---

1 **Diversifikation:** Veränderung, Vielfalt.

notwendig ist und dadurch erreicht wird, dass der Umsatz aus mehreren voneinander unabhängigen Quellen geschöpft wird. Die Produktdiversifikation ist das wirksamste und nachhaltigste Mittel zur Wachstumssicherung der Unternehmung.

■ **Produktdifferenzierung**

> **Merke:**
>
> Bei der **Produktdifferenzierung** wird das **Grundprodukt** technisch, im Erscheinungsbild oder im Statuswert (Image) **verändert**. Es wird eine Mehrzahl von Produkten mit variierenden Merkmalen auf den Markt gebracht, um eine **zusätzliche** Nachfrage zu schaffen, wobei die Hauptcharakteristika der Produkte **gleichartig** bleiben.

Die Produktdifferenzierung lässt sich grafisch im Vergleich zur Ausgangssituation wie folgt darstellen:

Die Motivation für die Produktdifferenzierung liegt darin, dass bisher noch nicht erreichte Käuferschichten durch die verschiedenen Produktvarianten eines bereits auf dem Markt vorhandenen Produkts angesprochen werden können, welches in der Regel auf derselben Fertigungsapparatur hergestellt werden kann. Es handelt sich um eine Ausweitung des Erzeugnisangebots in die Tiefe, da das bisherige Erzeugnis nicht ersetzt, sondern durch weitere ergänzt wird. Das Basisprodukt wird in seinem wesentlichen Zweck nicht verändert.

Wenn die Möglichkeiten der sachlichen Differenzierung begrenzt sind, erfolgt häufig eine Differenzierung des Produkts über Dienstleistungen, um sich von den Erzeugnissen der Konkurrenz abzuheben und Präferenzen zu schaffen, z.B. über besondere Leistungen des Kundendienstes, über Finanzdienstleistungen, kürzere Lieferzeiten.

Arten der Produktdifferenzierung	
Vertikale Produktdifferenzierung	Das Produkt unterscheidet sich **qualitätsmäßig** von den anderen Varianten. Auf diese Weise schöpfen z.B. Automobilhersteller durch Differenzierung in unterschiedliche Ausstattungsvarianten die Kaufkraft zahlungskräftiger Käufer ab. Insbesondere diese Art der Produktdifferenzierung lässt sich vorteilhaft mit der Preisdifferenzierung verknüpfen, wenn die Mehrkosten für das qualitativ bessere und prestigeträchtigere Erzeugnis (Premium-Version) mit deutlichen Mehrerlösen verbunden werden können.
Horizontale Produktdifferenzierung	Hier erfolgt die Differenzierung **innerhalb eines Qualitätsniveaus** durch unterschiedliche Farben, Formen, Materialien (z.B. Eis, Schokolade, Stoffe).

(2) Produktmodifikation (Produktvariation)

> **Merke:**
>
> Bei der **Produktmodifikation (Produktvariation)** wird das Produkt verändert (modifiziert), um es in den Augen der Verbraucher weiterhin attraktiv erscheinen zu lassen.

Grafisch lässt sich die Produktmodifikation gegenüber der Ausgangssituation folgendermaßen darstellen:

 Das Produkt B_3 hat neue Eigenschaften.

Die Motivation für die Produktmodifikation ergibt sich durch die Änderung des Nachfrageverhaltens in einem Marktsegment. Geänderte rechtliche Rahmenbedingungen, technischer Fortschritt, verbesserte Produkte der Konkurrenz, Änderung des Geschmacks, neue Formensprache machen eine Anpassung der Produkte notwendig („Facelifting", „Relaunch"). Ziel ist es, die Lebensdauer (den „Lebenszyklus") für ein Erzeugnis möglichst zu verlängern. Die mühsam aufgebauten positiven Einstellungen der Käufer zu einem Produkt lassen sich mit relativ geringem Aufwand auch auf das Nachfolgemodell übertragen.

(3) Produkteliminierung

> **Merke:**
>
> Unter **Produkteliminierung** versteht man die Herausnahme von Erzeugnissen und/oder Dienstleistungen aus dem Produktprogramm.

Grafisch ergibt sich bei der Eliminierung einer Variante folgende Situation:

A_1 A_2 B_1 B_2 $\cancel{B_3}$

Der Eliminierung unterliegen insbesondere Produkte in der Endphase des „Lebenszyklus" oder jene, die sich nach der Markteinführung als Flops erwiesen haben. Die gezielte Aufgabe eines Erzeugnisses, insbesondere die Bestimmung des richtigen Zeitpunktes, ist eine produktpolitische Entscheidung, die in ihrer Schwierigkeit im Vergleich zu den anderen Maßnahmen leicht unterschätzt wird. Ohne bewusste Eliminierung auf der Basis einer systematischen Programmüberwachung würde die Angebotspalette eines Unternehmens immer größer werden mit verheerenden Folgen für die Kostenstruktur. Wenige „Stammabnehmer" für ein bestehendes Produkt, der Glaube, durch ein umfangreiches Programm „Kompetenz" beweisen zu müssen, sind emotionale Gründe für eine Verschiebung der Eliminierung. Verspätete Korrekturen sind schwieriger, teurer (Bevorratung von Ersatzteilen), bedeuten Imageverluste und belasten die Zukunftsperspektiven des Unternehmens.

Zusammenfassung

- Die Änderung des Produktprogramms durch Aufnahme neuer Produkte bezeichnet man als **Produktinnovation**.
- Bei der Erstellung des Produktprogramms sind insbesondere folgende zentrale Fragestellungen zu lösen.
  - Mit welchen weiteren Produkten **(Produktdiversifikation)** bzw. mit welchen Produktveränderungen **(Produktdifferenzierung)** kann die Position des Unternehmens am Markt gefestigt werden?

8 Speth u.a. - ISBN 978-3-8120-0572-2

- Mit welchen Anpassungen kann die Produktlebenskurve verlängert werden **(Produktmodifikation, -variation)?**
- Welches Erzeugnis soll aus dem Produktprogramm entfernt werden **(Produkteliminierung)?**

Übungsaufgaben

30 1. Erläutern Sie die folgenden Maßnahmen der Produktpolitik: Produktdifferenzierung, Produktinnovation, Produkteliminierung!

2. Ein Unternehmen produziert Futter für Haustiere. In der letzten Rechnungsperiode wurde das Vogelfutter „Schrill" eliminiert.

Aufgabe:

Nennen Sie Gründe, die zu dieser Maßnahme geführt haben könnten!

3. Ein Unternehmer erzeugt als einziges Produkt ein Vitamingetränk, das in Portionsfläschchen zu drei Stück pro Packung über Fitnesscenter vertrieben wird.

3.1 Erläutern Sie, warum Unternehmen durch eine umweltverträgliche Produktpolitik einen Wettbewerbsvorteil erlangen können!

3.2 Nennen Sie drei Beispiele für eine umweltverträgliche Produktpolitik! Geben Sie auch an, welchen Zweck die genannten Maßnahmen verfolgen!

31 Die Angebotspalette der Flügge GmbH setzt sich aus eigenen Erzeugnissen (Dübel) und Handelswaren (Bohrmaschinen) zusammen. In einer Abteilungsleiterkonferenz wird über eine Verbesserung des Produktprogramms gesprochen. Unter anderem fallen folgende Fachbegriffe: Produktpflege, Produktfortschreibung, Produkterweiterung.

Aufgaben:

1. Erklären Sie diese Begriffe und bilden Sie je ein eigenes Beispiel!

2. Die Leiterin der Vertriebsabteilung, Frau Lanz, möchte das Angebotsprogramm erweitern. Sie schlägt vor, nicht nur Plastikdübel herzustellen, sondern auch Gips- und Metalldübel. Die Kapazität des Unternehmens müsse allerdings erweitert werden.

2.1 Wie kann man diese Erweiterung der Angebotspalette bezeichnen?

2.2 Welchen Zweck bzw. welche Zwecke verfolgt Frau Lanz mit ihrem Vorschlag?

3. In der oben genannten Konferenz sagt Frau Lanz, dass das Angebotsprogramm keine feststehende Größe sein dürfe. Es müsse vielmehr immer wieder infrage gestellt und verändert werden.

Warum muss sich die Unternehmensleitung ständig überlegen, ob das Angebotsprogramm bereinigt und durch die Aufnahme neuer Produkte ergänzt werden soll?

4. Der Leiter des Fertigungsbereichs, Herr Moll, meint, dass die Aufgabe eines Erzeugnisses leichter sei als die Aufnahme neuer Erzeugnisse in das Produktprogramm.

Begründen Sie diese Aussage!

5.4 Kontrahierungspolitik (Entgeltpolitik)

Merke:

- Unter **Kontrahierungspolitik** werden im Folgenden alle marketingpolitischen Instrumente zusammengefasst, die der Preispolitik und der Gestaltung der Lieferbedingungen zugerechnet werden.

- Im Rahmen der Kontrahierungspolitik werden die monetären (in Geld ausgedrückten) Vereinbarungen getroffen, die für den Kaufvertrag gelten sollen.

5.4.1 Begriffe Preispolitik und Preisstrategien

Ein zentrales Problem der Preispolitik besteht in der Frage, welche Kriterien (z.B. Kosten, Wettbewerber, Verhalten der Kunden) ein Verkäufer bei der Bestimmung des Angebotspreises berücksichtigen soll. Diese Frage stellt sich einem Investitionsgüterhersteller, der z.B. eine Mobilfunkanlage im Wert von 300 Mio. EUR verkauft, ebenso wie einem kleinen Einzelhändler, der den Preis für eine Zahnbürste festlegen muss und sich für 1,20 EUR entscheidet.

Merke:

Preispolitik ist das Bestimmen der Absatzpreise.

Zur Preispolitik gehören auch die **Gestaltung der Preisnachlässe** (Rabatte, Boni und Skonti) und die **Einräumung von Kundenzielen** (Zahlungsbedingungen). Die Erhöhung der Preisnachlässe kommt einer Senkung der Absatzpreise gleich und umgekehrt. Die Verlängerung der Kundenziele (Kundenkredit) entspricht einer Preissenkung. Besonders im internationalen Handel spielt die Kreditgewährung als absatzpolitisches Mittel oft eine größere Rolle als die Höhe der Angebotspreise.

Preisstrategien gehören zu den langfristigen Unternehmensentscheidungen. Sie orientieren sich nicht an einem bestimmten Anhaltspunkt, sondern verfolgen eine generelle Preiszielsetzung, z.B. grundsätzlich mit einem hohen bzw. niedrigen Preis auf den Markt zu gehen.

Merke:

Unter **Preisstrategien** versteht man ein planvolles Vorgehen zur Durchsetzung eines bestimmten Preisniveaus auf dem Markt.

5.4.2 Preisstrategien

(1) Hochpreisstrategie

Bei der **Hochpreisstrategie** versucht der Anbieter langfristig einen hohen Preis für seine Produkte zu erzielen, indem er die Produkte mit einer „Prämie" ausstattet, z.B. gleichbleibend hoher Qualitätsstandard, hohes Image, Distribution in Exklusivläden bzw.

Beratungszentren, langfristige Garantiezeiten für Ersatzteile, Reparaturservice innerhalb 24 Stunden u. Ä. Diese Art der Hochpreisstrategie bezeichnet man als **Prämienpreisstrategie.** Voraussetzung für diese Preisstrategie ist, dass das Produkt eine Alleinstellung hat und die Preiselastizität der Nachfrage zumindest sehr gering ist.

Eine Sonderart der Hochpreisstrategie stellt die **Skimming-Strategie**[1] dar. Diese Preisstrategie setzt, insbesondere bei Innovationsgütern, den Einführungspreis hoch an, um die Forschungs- und Entwicklungskosten schnell abzudecken. Das Unternehmen senkt den Preis aber jedesmal, wenn der Absatz zurückgeht, um jeweils die nächste Schicht preisbewusster Kunden für sich zu gewinnen. Ziel dieser Preisstrategie ist das Abschöpfen des Marktes.

Die Skimming-Strategie ist unter folgenden Bedingungen sinnvoll:

- Es besteht eine ausreichend große Kundenzahl, die bereit ist, das Produkt zu einem hohen Preis zu erwerben.
- Die kleine Absatzmenge bringt trotz hoher Stückkosten eine höhere Gewinnspanne.
- Der hohe Einführungspreis lockt keine weiteren Konkurrenten auf den Markt.
- Der hohe Preis unterstützt den Anspruch, dass die Ausstattungselemente des Produktes eine Alleinstellung einnehmen.

(2) Niedrigpreisstrategie

Bei der **Niedrigpreisstrategie** strebt der Anbieter an, dass der geforderte Preis dauerhaft unter dem Preis vergleichbarer Produkte liegt. Ziele einer Niedrigpreisstrategie können sein: Verdrängung von Wettbewerbern, Verhinderung des Markteintritts neuer Anbieter, Auslastung der Kapazität, Aufbau eines Niedrigpreisimages. Die Niedrigpreisstrategie wird vor allem zur Verkaufsförderung (Promotion) von Massenwaren, die keinen hohen Serviceanspruch haben, herangezogen. Diese Art von Preisstrategie bezeichnet man als **Promotionspreispolitik.**[2]

Die **Penetrationspreispolitik,**[4] als eine Sonderart der Niedrigpreisstrategie, versucht mit kurzfristig niedrigen Preisen für neue Produkte schnell einen hohen Marktanteil zu erreichen. Nach der Markteinführung werden die Preise dann angehoben.

Die Festsetzung eines niedrigen Preises ist zweckmäßig,

- wenn die Preissensibilität[5] des Marktes hoch ist,
- niedrige Preise ein Marktwachstum stimulieren und
- ein niedriger Preis den Markteintritt von Konkurrenten verhindert.

---

1 To skim: abschöpfen, absahnen.
2 Promotion: Förderung.
3 Werden Medikamente, deren Schutzrechte abgelaufen sind, in der gleichen Zusammensetzung wie das Original hergestellt, so spricht man von Generikapräparaten.
4 Penetration (lat.): Durchdringung, Durchsetzung.
5 Sensibilität: Empfindlichkeit; sensibel: empfindsam, feinfühlig.

5.4.3 Preispolitik

Für die Preisfindung haben sich insbesondere drei Entscheidungskriterien als nützlich erwiesen:

- die **kostenorientierte Preisfindung,**
- die **abnehmerorientierte (nachfrageorientierte) Preisfindung** und
- die **wettbewerbsorientierte (konkurrenzorientierte) Preisfindung.**

5.4.3.1 Kostenorientierte Preispolitik

Sollen im Unternehmen **alle anfallenden** Kosten auf die Erzeugnisse (Kostenträger) verteilt werden, so spricht man von einer **Vollkostenrechnung.** Werden hingegen zunächst nur solche Kosten berücksichtigt, die in einem direkten Verursachungszusammenhang mit den Kostenträgern stehen **(variable Kosten),** handelt es sich um eine **Teilkostenrechnung.**[1]

Das nachfolgende Beispiel stellt eine Kalkulation auf Vollkostenbasis dar.

Beispiel: Kostenorientierte Preispolitik in Form der Vollkostenrechnung

Bei der Maschinenfabrik Nieder GmbH geht eine Anfrage nach einer Spezialmaschine (Sonderanfertigung) ein. Es soll ein verbindliches Preisangebot gemacht werden.

Der Auftrag für die Maschine erfordert 50 000,00 EUR Fertigungsmaterial und 60 000,00 EUR Fertigungslöhne. Die Gemeinkostenzuschlagsätze betragen:

Materialgemeinkostenzuschlag 5 %, Fertigungsgemeinkostenzuschlag 150 %, Verwaltungsgemeinkostenzuschlag 7 %, Vertriebsgemeinkostenzuschlag 8 %, Gewinnzuschlag 7,5 %, Kundenskonto 2 %, Kundenrabatt 10 %.

Aufgabe:

Berechnen Sie den Listenverkaufspreis!

Lösung:

	100 % 5 %		Materialeinzelkosten + Materialgemeinkosten	50 000,00 EUR 2 500,00 EUR
100 % 150 %	105 %		= **Materialkosten** Fertigungslöhne + Fertigungsgemeinkosten	52 500,00 EUR 60 000,00 EUR 90 000,00 EUR
250 %			= **Fertigungskosten**	150 000,00 EUR
	100 % 15 %		**Herstellkosten** + Verwaltungs- und Vertriebsgemeinkosten	202 500,00 EUR 30 375,00 EUR
100 % 7,5 %	115 %		= **Selbstkosten** + Gewinn	232 875,00 EUR 17 465,63 EUR
107,5 %	98 % 2 %		= **Barverkaufspreis** + Kundenskonto	250 340,63 EUR 5 108,99 EUR
90 % 10 %	100 %		= **Zielverkaufspreis** + Kundenrabatt	255 449,62 EUR 28 383,29 EUR
100 %			= **Listenverkaufspreis**	283 832,91 EUR

---

1 Auf die Teilkostenrechnung wird hier nicht eingegangen. Sie wird im Band „Steuerung und Kontrolle" dargestellt.

5.4.3.2 Abnehmerorientierte (nachfrageorientierte) Preispolitik

(1) Überblick

Um eine abnehmerorientierte Preispolitik betreiben zu können, bedarf es zuverlässiger Informationen über die Wechselwirkung zwischen der Höhe des Preises und der zu erwartenden Nachfrage. Mithilfe einer **Preis-Absatz-Funktion** wird die Veränderung der Nachfragemenge nach einem Gut bei variierenden Preisen erfasst.

In den nachfolgenden Beispielen werden die Daten der Preis-Mengenentwicklung jeweils vorgegeben. Es werden zwei abnehmerorientierte preispolitische Maßnahmen (Entscheidungen) vorgestellt:

- die Festlegung der **preispolitischen Obergrenze** und
- die **Preisdifferenzierung.**

(2) Festlegung der preispolitischen Obergrenze

Bei Preisänderungen ist im Normalfall mit folgenden Nachfragerreaktionen zu rechnen: Bei Preiserhöhungen springen die Kunden ab, bei Preissenkungen werden neue Kunden gewonnen (preisreagible Nachfrage).

> **Beispiel:**
>
> Ein Unternehmen bietet nur ein Produkt an. Aufgrund exakter Marktforschung kennt es die Reaktionen seiner Kunden auf Preisänderungen. Es stellt fest, dass es sich einer normalen Nachfrage gegenübersieht, d.h., bei Preiserhöhungen nimmt die mengenmäßige Nachfrage ab, bei Preissenkungen nimmt sie zu.
>
> Die fixen Kosten belaufen sich auf 10000,00 EUR je Periode, die variablen Kosten auf 6,00 EUR je Stück. Der Verkaufserlös beträgt 10,00 EUR je Stück. Die Preis-Mengenentwicklung (Nachfragefunktion) ist der nachfolgenden Tabelle (Spalte 1 und 2) zu entnehmen.
>
> **Aufgabe:**
> Ermitteln Sie die preispolitische Obergrenze!

Lösung:

Erlös/St. in EUR	Absetzbare Menge	Umsatz in EUR	Kosten fK: 10000,00 EUR vK: 6,00 EUR/St.	Gewinn/ Verlust in EUR
13,00	2000	26000,00	22000,00	4000,00
12,50	2500	31250,00	25000,00	6250,00
12,00	3000	36000,00	28000,00	8000,00
11,50	3500	40250,00	31000,00	9250,00
11,00	4000	44000,00	34000,00	10000,00
10,50	4500	47250,00	37000,00	10250,00
10,00	5000	50000,00	40000,00	10000,00
9,50	5500	52250,00	43000,00	9250,00
9,00	6000	54000,00	46000,00	8000,00
8,50	6500	55250,00	49000,00	6250,00

Ergebnis:

Den maximalen Gewinn in Höhe von 10 250,00 EUR erzielt das Unternehmen bei einem Preis von 10,50 EUR pro Stück.

Die nebenstehende Grafik veranschaulicht die Situation des anbietenden Unternehmens. Dabei kennzeichnet das grün ausgedruckte Rechteck das Umsatzvolumen, das von dem Unternehmen bei Anwendung der preispolitischen Obergrenze erreicht wird. Hierbei geht dem Unternehmen jedoch ein erheblicher Umsatz verloren. Es ist aus der Grafik ersichtlich, dass es eine ganze Reihe von Konsumenten gibt, die bereit wären, einen höheren Preis als

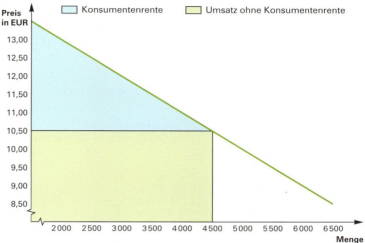

die einheitlich verlangten 10,50 EUR zu bezahlen. So wären z. B. zu einem Preis von 12,00 EUR 3000 Stück abzusetzen gewesen. Die Differenz zwischen dem höheren Preis, den einige Konsumenten bereit wären zu zahlen, und dem verlangten Preis bezeichnet man als **Konsumentenrente**. Diese Kunden haben keine Veranlassung, diesen höheren Preis zu bezahlen, solange sie zu dem günstigeren Preis einkaufen können. Die Konsumentenrente geht dem anbietenden Unternehmen verloren.

(3) Preisdifferenzierung

■ **Begriff Preisdifferenzierung und die Auswirkungen von Preisdifferenzierungen**

> **Merke:**
>
> Die **Preisdifferenzierung** hat das Ziel, die Konsumentenrente abzuschöpfen, indem das anbietende Unternehmen Teilmärkte bildet, auf welchen unterschiedliche Preise verlangt werden.

Die Bildung der **Teilmärkte (Marktsegmente)** setzt voraus, dass es gelingt, jene Kunden, die bereit sind, den höheren Preis zu bezahlen, am Übergang zum günstigeren Marktsegment zu hindern. Die Abgrenzung der Teilmärkte wird in erheblichem Maße dadurch erleichtert, dass sich die Konsumenten nicht konsequent rational verhalten, sondern sich relativ freiwillig in teurere Marktsegmente einordnen (z. B. bei Preisdifferenzierung in Verbindung mit Produktdifferenzierung).

Beispiel 1:

Angenommen, es gelingt, aus dem Gesamtmarkt (vgl. S. 118) zwei Teilmärkte zu bilden, auf welchen ein Preis von 12,00 EUR (Teilmarkt I) und ein Preis von 10,50 EUR (Teilmarkt II) verlangt werden kann.

Aufgaben:
1. Ermitteln Sie, ob durch die Bildung von zwei Teilmärkten eine Gewinnsteigerung eintritt!
2. Stellen Sie den Sachverhalt grafisch dar!

Lösungen:

Zu 1.:

	Erlöse ohne Preisdifferenzierung in EUR	Erlöse mit 2 Teilmärkten und differenzierten Preisen in EUR	
Umsatzerlös	47 250,00	TM I (3 000 · 12,00) TM II (1 500 · 10,50)	36 000,00 15 750,00 51 750,00
Kosten	37 000,00		37 000,00
Gewinn	10 250,00		14 750,00
Gewinnsteigerung			4 500,00

Zu 2.:

Erläuterung:

Zumindest ein Teil der Konsumentenrente kann nunmehr abgeschöpft werden. Ein Vergleich der alten mit der neuen Situation lässt sich durch nebenstehende Grafik veranschaulichen.

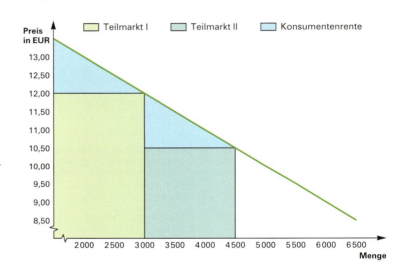

Beispiel 2:

Die zweifache Preisdifferenzierung (siehe S. 119) wird noch durch ein Billigsegment erweitert. In diesem Segment wird ein Erlös von 9,00 EUR erzielt. Lt. Nachfragefunktion werden damit zusätzlich 1 500 Erzeugnisse an Kunden verkauft, die nicht bereit waren, 10,50 EUR zu bezahlen.

Aufgabe:

Ermitteln Sie die Gewinnsteigerung!

	Erlöse ohne Preisdifferenzierung in EUR	Erlöse mit 2 Teilmärkten in EUR		Erlöse mit 3 Teilmärkten in EUR	
Umsatzerlös	47 250,00	TM I TM II	36 000,00 15 750,00 51 750,00	TM I TM II TM III	36 000,00 15 750,00 13 500,00 65 250,00
Kosten	37 000,00		37 000,00		46 000,00
Gewinn	10 250,00		14 750,00		19 250,00
Gewinnsteigerung			4 500,00		9 000,00

■ **Arten der Preisdifferenzierung**

Begriffe	Beispiele
Preisdifferenzierung in Verbindung mit Produktdifferenzierung	Relativ geringfügige Produktunterschiede mit erheblich unterschiedlichem Prestigewert, z. B. Ausstattung, Lackierung, PS-Zahl eines Pkw
Preisdifferenzierung nach Abnehmergruppen oder nach Verwendungszweck	Strom für private Haushalte – Strom für gewerbliche Verbraucher; normale Fahrkarten – Schülerfahrkarten; Alkohol – Spiritus; Dieselkraftstoff – Heizöl
Räumliche Preisdifferenzierung	Pkw-Preise im Ausland günstiger als im Inland Benzin an Autobahntankstellen
Zeitliche Preisdifferenzierung	Tarifstruktur der Deutschen Telekom AG Tag-/Nachtstrom
Zeitlich gestaffelte Preisdifferenzierung	Ein erfolgreiches Buch wird zunächst als Leinenband, dann in Halbleinen und anschließend als Taschenbuch verkauft
Preisdifferenzierung durch Bildung von Herstellerpräferenzen	Schaffung eines Markennamens, Bildung von Erst- und Zweitmarken, Herstellermarke, Händlermarke
Preisdifferenzierung nach Abnahmemenge	Großabnehmer erhalten Sonderpreise im Vergleich zu Kleinabnehmern, insbesondere im Energiesektor (Aluminiumherstellung)

5.4.3.3 Wettbewerbsorientierte (konkurrenzorientierte) Preispolitik

Merke:

Unter **konkurrenzorientierter Preispolitik** versteht man das Ausrichten des eigenen Preises an den Preisstellungen der Konkurrenten, wobei vor allem der Leitpreis (Preis des Preisführers, Branchenpreis) sowie die oberen und unteren Preisgrenzen der Wettbewerber von Bedeutung sind.

Grundsätzlich eröffnen sich einem Unternehmen, das seine Preispolitik an den Konkurrenten ausrichtet, drei Verhaltenswege:

■ **Anpassung an den Leitpreis,**
■ **Unterbietung des Leitpreises** und
■ **Überbietung des Leitpreises.**

(1) Orientierung am Leitpreis

Sich auf einen Preiswettbewerb einzulassen, stellt keine sinnvolle Maßnahme dar, wenn die Wettbewerber stark und willens sind, ihre Preispositionen auf Biegen und Brechen zu verteidigen. In solchen Fällen ist es sinnvoll, sich den Preisvorgaben des Preisführers[1]

---

1 Als **Preisführer** bezeichnet man einen Anbieter, dem sich bei Preisänderungen die übrigen Anbieter anschließen. Preisführer treten insbesondere in oligopolistischen Marktstellungen wie bei Öl, Stahl, Papier oder Kunstdünger auf.

bzw. dem Branchenpreis[1] unterzuordnen und sich durch andere Leistungsmerkmale (z. B. andere Qualitätsabstufungen, Sondermodelle, besondere Vertriebswege) von der Konkurrenz abzuheben. Wird der Branchenpreis bzw. der Preis des Preisführers für die eigene Preisfindung herangezogen, dann ändert das Unternehmen immer dann seine Preise, wenn der Preisführer dies tut bzw. der Branchenpreis sich ändert. Eine Preisänderung erfolgt dagegen nicht, wenn sich lediglich seine eigene Nachfrage- oder Kostensituation ändert.

Die Preisbildung nach Leitpreisen ist relativ beliebt. Wenn ein Unternehmen seine eigenen Kosten nur schwer ermitteln kann oder wenn Wettbewerbsreaktionen Ungewissheit auslösen, dann sieht es die Ausrichtung des eigenen Preises an den Konkurrenzpreisen als zweckmäßige Lösung an.

(2) Unter- und Überbietung des Leitpreises

Unterbietung des Leitpreises	■ Die Unterbietung des Leitpreises ist für ein Unternehmen nur bis zur **kurzfristigen (absoluten) Preisuntergrenze** des Produkts sinnvoll. Sie liegt dort, wo die Summe der dem Produkt direkt zurechenbaren Kosten **(variable Kosten)** noch gedeckt ist. Kurzfristig kann das Unternehmen nämlich die fixen Kosten außer Acht lassen, denn diese fallen an, ob ein Verkauf getätigt wird oder nicht.
	■ Langfristig hingegen kann ein Unternehmen nicht mit Verlusten produzieren, es muss zumindest (gesamt-)kostendeckend arbeiten. Die **langfristige Preisuntergrenze** wird daher durch die Selbstkosten je Produkteinheit bestimmt.
Überbietung des Leitpreises	■ Die Überbietung des Leitpreises ist prinzipiell nur möglich, wenn das Produkt hinsichtlich seiner Innovation oder seiner Alleinstellung aufgrund seiner Ausstattungselemente im Markt eine Sonderstellung einnimmt.
	■ Gleiches gilt, wenn sich das Unternehmen wegen seines Images oder seiner Trendstellung von den anderen Unternehmen abhebt. Da es sich hier um Einzelfälle handelt, wird hierauf nicht weiter eingegangen.

Zusammenfassung

■ Unter **Preisstrategien** versteht man ein planvolles Vorgehen zur Durchsetzung eines bestimmten Preisniveaus auf dem Markt.

■ Als grundsätzliche Preisstrategien können gewählt werden:

■ **Hochpreisstrategie (Prämienstrategie).** Sie versucht langfristig einen hohen Preis für die Produkte zu erzielen, indem die Produkte mit einer „Prämie" ausgestattet werden. Eine besondere Art der Hochpreisstrategie ist die **Skimming-Strategie.**

■ **Niedrigpreisstrategie (Promotionspreispolitik).** Hier versucht der Unternehmer, dass der Preis für sein Produkt dauerhaft unter dem Preis vergleichbarer Produkte liegt. Eine besondere Art der Niedrigpreisstrategie ist die **Penetrationspreispolitik.**

■ Unter der **Preispolitik** versteht man das Herab- oder Heraufsetzen der Absatzpreise mit der Absicht, den Absatz und/oder Gewinn zu beeinflussen.

■ Die **Preispolitik** kann **kostenorientiert, abnehmerorientiert** oder **wettbewerbsorientiert** ausgerichtet sein.

---

1 Von einem **Branchenpreis** spricht man dann, wenn mehrere Unternehmen den Preis mit ihrer Marktmacht bestimmen. Diese Preisfindung herrscht vor allem auf oligopolistischen und polypolistischen Märkten mit homogenen Gütern vor.

- Die **kostenorientierte Preispolitik** richtet sich an den betrieblichen Daten aus, d.h., die angefallenen Kosten bestimmen den Verkaufspreis. Es sind insbesondere zwei Berechnungsmethoden zu unterscheiden: die **Vollkostenrechnung** und die **Teilkostenrechnung**.

- Die **abnehmerorientierte Preispolitik** bestimmt den Preis mithilfe der Preis-Absatz-Funktion eines Produkts, d.h., es wird die Veränderung der Nachfragemenge nach dem Produkt bei variierenden Preisen erfasst. Abnehmerorientierte preispolitische Maßnahmen (Entscheidungen) sind z.B.: (1) die Festlegung der preispolitischen Obergrenze und (2) die Preisdifferenzierung.

- Die **wettbewerbsorientierte Preispolitik** richtet die Preisgestaltung an den Preisstellungen der Konkurrenten aus, wobei vor allem der **Leitpreis** sowie die **oberen** und **unteren Preisgrenzen** der Wettbewerber von Bedeutung sind.

Übungsaufgaben

32
1. Ein Unternehmen steht vor der Entscheidung, eine Zahncreme unter neuer Marke einzuführen.

   Aufgaben:

   1.1 Nach welchen Kriterien könnte der Einführungspreis bestimmt werden?

   1.2 Für welchen Weg der Preisbestimmung würden Sie sich einsetzen? Begründen Sie Ihre Meinung!

2. Die Unternehmen können nicht in jedem Fall eine eigenständige Preispolitik betreiben.

   Aufgabe:

   Nennen Sie preispolitische Zielsetzungen, die ein Unternehmen mit seiner Preispolitik verfolgen kann!

3. Erläutern Sie, was unter einer räumlichen, zeitlichen und einer Preisdifferenzierung in Verbindung mit einer Produktdifferenzierung zu verstehen ist!

   Aufgabe:

   Bilden Sie jeweils ein Beispiel!

33 Die Kalle OHG stellt Spielzeugautos her. Sie produziert und verkauft jährlich 12000 Spielzeugautos. Die Autos werden zu einem Einheitspreis angeboten, der wie folgt kalkuliert wird:

Materialeinzelkosten 10,06 EUR, Fertigungseinzelkosten 7,00 EUR, Materialgemeinkosten 5%, Fertigungsgemeinkosten 180%, Verwaltungs- und Vertriebsgemeinkosten 20%. Der Gewinnzuschlag beträgt 5%.

Aufgaben:

1. Welche Art Preispolitik betreibt die Kalle OHG?

2. Berechnen Sie den Barverkaufspreis je Spielzeugauto!

3. Herr Kalle möchte den Verkaufspreis (Barverkaufspreis) auf 41,80 EUR anheben. Die Abteilung „Marktforschung" warnt: Der (mengenmäßige) jährliche Absatz wird von bisher 12000 Stück auf 11000 Stück zurückgehen. (Die fixen Kosten betragen 175000,00 EUR monatlich, die variablen Kosten 20,00 EUR je Stück.)

   3.1 Nennen Sie Beispiele für fixe und variable Kosten!

   3.2 Wie entscheidet Herr Kalle, wenn er vorrangig das Ziel vor Augen hat, einen möglichst großen Marktanteil zu erobern?

   3.3 Wie entscheidet Herr Kalle, wenn er nach dem kurzfristigen Gewinnmaximierungsprinzip handelt? (Belegen Sie Ihre Antwort mit Zahlen!)

3.4 Fiele die Entscheidung zu 3.3. anders aus, wenn aufgrund der Preiserhöhung der Absatz
    3.4.1 um 2 000 Stück,
    3.4.2 um 3 000 Stück zurückgeht?

3.5 Besteht im Fall 3.3 zwischen den Zielen „Gewinnmaximierung" und „Vergrößerung des Marktanteils" Zielkonflikt oder Zielharmonie? Begründen Sie (auch mit Zahlen) Ihre Aussage!

4. Welche Art Preispolitik betreibt die Kalle OHG, wenn sie ihre Entscheidungen von den Reaktionen ihrer Abnehmer abhängig macht?

34 Ein Hersteller von Skibindungen beabsichtigt, eine neuartige elektronische Skibindung auf den Markt zu bringen.

Aufgaben:

1. 1.1 In der Einführungsphase plant das Unternehmen, eine Abschöpfungsstrategie anzuwenden. Was versteht man unter diesem Begriff?

    1.2 Welche Gründe könnten das Unternehmen zur Wahl dieser preispolitischen Strategie veranlasst haben?

2. Wodurch unterscheidet sich die Skimming-Strategie von der Prämienpreisstrategie?

3. Wäre es Ihrer Meinung nach im vorliegenden Fall sinnvoll, dem Unternehmen zu raten, eine Penetrationspreispolitik zu betreiben? Begründen Sie Ihre Meinung!

4. Nennen Sie die Ziele, die mit einer Niedrigpreisstrategie verbunden sind!

5. Bei der Preisfestsetzung kann es für das Unternehmen vorübergehend sinnvoll sein, die Preise unter die allgemein angekündigte und geforderte Preisfestsetzung abzusenken.

    Begründen Sie die Richtigkeit dieser Aussage anhand von zwei selbst gewählten Beispielen!

5.5 Distributionspolitik

5.5.1 Begriff und Aufgabe der Distributionspolitik

> **Merke:**
>
> ■ **Distribution** heißt Verteilung der Produkte. Die Distributionspolitik befasst sich mit der Frage, auf welchem Weg das Produkt an den Käufer herangetragen werden kann.
>
> ■ **Aufgabe der Distributionspolitik** ist es, die **Absatzorgane** festzulegen, die **Absatzorganisation**[1] aufzubauen und die **Durchführung des Gütertransports (Absatzlogistik)**[1] zu planen und abzuwickeln.

5.5.2 Absatzorgane

> **Merke:**
>
> Die Festlegung der **Absatzorgane** zeigt, welche Personen/Institutionen den Vertrieb der Leistungen vornehmen.

---

1 Aufgrund des Lehrplans wird auf die Absatzorganisation und die Absatzlogistik nicht eingegangen.

5.5.2.1 Direkter (werkseigener) Absatz[1]

Beim direkten Absatz wenden sich die Industriebetriebe beim Absatz ihrer Erzeugnisse **unmittelbar** an die Verbraucher, Gebraucher oder Weiterverarbeiter. Es werden somit **keine Zwischenhändler** eingeschaltet.

(1) Zentraler und dezentraler Absatz

Der direkte Absatz erfolgt durch die Geschäftsleitung oder durch Mitarbeiter und kann zentral oder dezentral aufgebaut sein.

Zentraler Absatz	Ein zentraler Absatz liegt vor, wenn ein Unternehmen nur **eine Verkaufsein-richtung** besitzt.
	Beim zentralen Absatz sind die Vertriebskosten verhältnismäßig niedrig. Die fehlende Kundennähe bewirkt jedoch häufig, dass nicht alle Absatz-chancen wahrgenommen werden können.
Dezentraler Absatz	Ein dezentraler Absatz ist gegeben, wenn ein Unternehmen **mehrere Ver-kaufsniederlassungen** an Orten mit hohem Bedarf unterhält.
	Der **Vorteil** ist, dass die Verkaufschancen voll ausgenutzt werden können und Transportwege verkürzt werden; andererseits entstehen hohe (vor allem fixe) Vertriebskosten.

(2) Handlungsreisender

Bei Mitarbeitern, die im Außendienst tätig sind, handelt es sich in der Regel um Handlungsreisende.

> **Merke:**
>
> **Handlungsreisende**[2] sind **kaufmännische Angestellte,** die damit betraut sind, außerhalb des Betriebs Geschäfte **im Namen** und **für Rechnung des Arbeitgebers** zu vermitteln oder abzuschließen (vgl. § 55 I HGB).

Reisende sind weisungsgebundene Angestellte des Arbeitgebers. Sie schließen also **in fremdem Namen** und für **fremde Rechnung** Geschäfte (z. B. Kaufverträge) ab. Ist nichts anderes vereinbart, sind die Reisenden nur ermächtigt zum **Abschluss von Kaufverträgen** und zur **Entgegennahme von Mängelrügen**. In diesem Fall spricht man von **„Abschluss-reisenden"**.

Zur **Einziehung des Kaufpreises** (zum sog. „Inkasso") sind Handlungsreisende nur befugt, wenn hierzu vom Arbeitgeber ausdrückliche Vollmacht erteilt wurde **(„Inkassoreisende")** [§ 55 III HGB].

---

1 Aufgrund des Lehrplans wird der Electronic Commerce (E-Commerce) nicht dargestellt.
2 Das HGB spricht vom Handlungsgehilfen.

■ **Beispiel: Geschäftsablauf bei einem Handlungsreisenden mit Abschluss- und Inkassovollmacht**

Beispielhaft für den Geschäftsablauf beim Einsatz eines Handlungsreisenden wird nachfolgend der Geschäftsablauf bei einem Handlungsreisenden mit Abschluss- und Inkassovollmacht dargestellt:

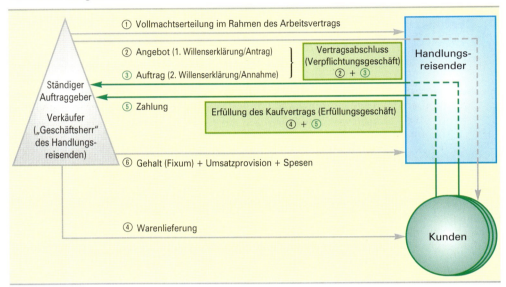

■ **Rechte und Pflichten des Handlungsreisenden**

Auf die Handlungsreisenden treffen somit alle Merkmale der kaufmännischen Angestellten zu. Wie alle Angestellten erhalten die Reisenden in aller Regel ein **festes Gehalt (Fixum)**.[1] Darüber hinaus steht den Handlungsreisenden als zusätzlicher Leistungsanreiz eine **Umsatzprovision** zu. Daneben werden ihnen die **Spesen** (Auslagen) erstattet.

Handlungsreisende (kurz „Reisende" genannt) haben folgende **Aufgaben**:

- Erhaltung des bisherigen Kundenstamms,
- Werbung neuer Kunden (Erweiterung des Kundenstamms),
- Information der Kunden (z.B. über Neuentwicklungen, neue Produkte, Preisentwicklung),
- Information des Geschäftsherrn (Arbeitgebers) über die Marktlage (z.B. Berichte über Kundenwünsche),
- Entgegennahme von Mängelrügen.

■ **Bedeutung**

Der **Vorteil** der Handlungsreisenden als eigene „Absatzorgane" ist vor allem darin zu sehen, dass bei guter Geschäftslage die Provisionskosten je Verkaufseinheit (z.B. Stück, kg, Dutzend) verhältnismäßig niedrig sind. Als weisungsgebundene Angestellte stehen die Handlungsreisenden außerdem dem Betrieb ständig zur Verfügung. Von **Nachteil** ist, dass bei zurückgehendem Absatz der Arbeitgeber hohe fixe Kosten zu tragen hat, da die Gehälter nicht ohne Weiteres gekürzt werden können.

---

1 Das Fixum (das feste Gehalt); Mz: die Fixa.

5.5.2.2 Indirekter (ausgegliederter) Absatz

Zur Durchführung des Absatzes kann sich ein Unternehmen **fremder Organe** bedienen, die man als **Absatzmittler** bezeichnet. Dazu gehört insbesondere der **Handelsvertreter**[1]. Im Gegensatz zum Handlungsreisenden ist der Handelsvertreter ein **selbstständiger Kaufmann**.

(1) Begriff Handelsvertreter

> **Merke:**
>
> ■ **Handelsvertreter** sind **selbstständige Gewerbetreibende,** die ständig damit betraut sind, **im Namen** und **für Rechnung eines anderen Unternehmers** Geschäfte zu vermitteln oder abzuschließen (vgl. § 84 I, S. 1 HGB).
> ■ Der Handelsvertreter wird aufgrund eines **Vertretungsvertrags (Agenturvertrag)** tätig. Der Vertretungsvertrag ist auf **Dauer** ausgerichtet.

Je nachdem, ob eine Vermittlungs- oder Abschlussvertretung vereinbart ist, unterscheidet man **Abschlussvertreter** und **Vermittlungsvertreter.** Zahlungen dürfen die Vertreter nur dann entgegennehmen, wenn sie die **Inkassovollmacht (Einzugsvollmacht)** besitzen. Für den Einzug von Forderungen erhalten die Vertreter i. d. R. eine **Inkassoprovision.** Verpflichten sich die Vertreter dazu, für die Verbindlichkeiten ihrer Kunden einzustehen, erhalten sie hierfür eine **Delkredereprovision**[2] [§ 86 b HGB].

(2) Beispiel: Geschäftsablauf bei einem Abschlussvertreter ohne Inkassovollmacht

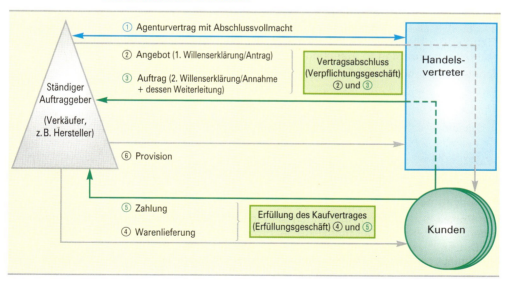

---

1 Aufgrund des Lehrplans beschränken wir uns auf die Behandlung des Handelsvertreters.
2 Delkredere (lat., it.): (wörtl.) vom guten Glauben; hier: Haftung für die Bezahlung einer Forderung.

(3) Rechte und Pflichten

Rechte der Handelsvertreter	Pflichten der Handelsvertreter
■ Recht auf Bereitstellung von Unterlagen [§ 86 a HGB]. ■ Recht auf Provision [§§ 86 b ff. HGB]. ■ Ausgleichsanspruch nach Beendigung des Vertragsverhältnisses [§ 89 b HGB]. ■ Anspruch auf Ersatz von Aufwendungen [§ 87 d HGB]. ■ Gesetzliches Zurückbehaltungsrecht [§ 88 a HGB].	■ Sorgfaltspflicht [§§ 86 III, 347 HGB]. ■ Bemühungspflicht [§ 86 I HGB]. ■ Benachrichtigungspflicht über Geschäftsvermittlungen bzw. -abschlüsse [§ 86 II HGB]. ■ Interessenwahrungspflicht [§ 86 I HGB]. ■ Schweigepflicht über Geschäfts- und Betriebsgeheimnisse [§ 90 HGB]. ■ Einhaltung der Wettbewerbsabrede [§ 90 a HGB].

(4) Bedeutung

Der **Vorteil** des **Einsatzes von Handelsvertretern** ist, dass sie – im Gegensatz zu den Handlungsreisenden – in der Regel in ihren Absatzgebieten ansässig sind. Sie haben somit einen engen Kontakt zur Kundschaft. Von Vorteil ist ferner, dass bei möglichen Absatzrückgängen die Vermittlungskosten (Provisionen) je Verkaufseinheit konstant bleiben, weil die Handelsvertreter in aller Regel lediglich Provisionen, aber keine Fixa erhalten. Von **Nachteil** kann für den Auftraggeber sein, dass bei starken Umsatzerhöhungen die Provisionskosten höher sind als beim Einsatz von Handlungsreisenden.

(5) Kostenvergleich von Handlungsreisendem und Handelsvertreter

Beispiel:

Ein Unternehmen steht vor der Wahl, entweder Handlungsreisende oder Handelsvertreter einzusetzen. Die Handlungsreisenden erhalten ein Fixum von insgesamt 12 000,00 EUR im Monat und 4 % Provision, die Handelsvertreter lediglich 8 % Umsatzprovision. Es stellt sich die Frage, von welchem Umsatz an sich der Einsatz von Reisenden lohnt.

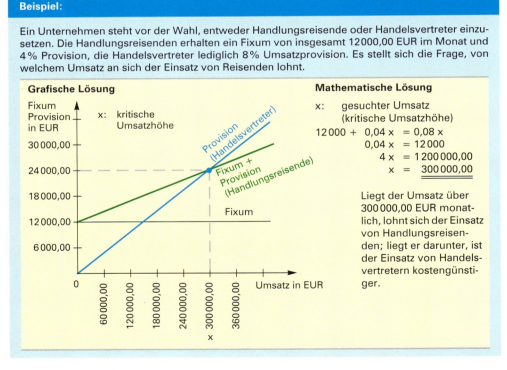

Grafische Lösung

Mathematische Lösung

x: gesuchter Umsatz (kritische Umsatzhöhe)

$$12\,000 + 0{,}04\,x = 0{,}08\,x$$
$$0{,}04\,x = 12\,000$$
$$4\,x = 1\,200\,000{,}00$$
$$x = \underline{300\,000{,}00}$$

Liegt der Umsatz über 300 000,00 EUR monatlich, lohnt sich der Einsatz von Handlungsreisenden; liegt er darunter, ist der Einsatz von Handelsvertretern kostengünstiger.

Die Entscheidung, ob Handelsvertreter oder Handlungsreisende eingesetzt werden sollen, hängt – neben anderen Faktoren – auch davon ab, wie hoch der erwartete bzw. geplante Umsatz ist.

Zusammenfassung

- Beim **direkten (werkseigenen) Absatz** beliefert der Hersteller unmittelbar die Verbraucher, Gebraucher oder Weiterverarbeiter.
  - Der **Absatz** erfolgt durch die Geschäftsleitung und die Mitarbeiter (z.B. Handlungsreisende).
  - Der Absatz kann **zentral** oder **dezentral** aufgebaut sein.
- Beim **indirekten (ausgegliederten) Absatz** werden zwischen Hersteller und Verbraucher/Gebraucher/Weiterverarbeiter selbstständige Absatzmittler eingeschaltet. In diesem Fall erfolgt der Absatz der Leistungen insbesondere über **Handelsvertreter**.
- Wichtige Merkmale des Handlungsreisenden und des Handelsvertreters zeigt die nachfolgende tabellarische Übersicht.

Merkmale	Handlungsreisende	Handelsvertreter
1. Begriff	Fest angestellte Mitarbeiter eines Unternehmens; streng weisungsgebunden; vermitteln oder schließen Geschäfte in fremdem Namen und für fremde Rechnung ab.	Selbstständige Gewerbetreibende, die ständig damit betraut sind, für ihre Auftraggeber Geschäfte zu vermitteln oder in fremdem Namen und für fremde Rechnung abzuschließen.
2. Rechtsstellung	Keine Kaufleute, keine Firma, keine Handelsbücher.	Kaufleute, sofern die Art ihres Geschäftsbetriebs oder ihr Geschäftsumfang eine kaufmännische Einrichtung erfordert. Ist dies der Fall, müssen sie sich ins Handelsregister eintragen lassen.
3. Arten	▪ Vermittlungsreisende ▪ Abschlussreisende	▪ Vermittlungsvertreter ▪ Abschlussvertreter
4. Art des Vertrags	Arbeitsvertrag (Dienstvertrag)	Vertretungsvertrag (Agenturvertrag)
5. Rechte	Alle Rechte der kaufmännischen Angestellten	▪ Recht auf Vergütung ▪ Ausgleichsanspruch ▪ Recht auf Bereitstellung von Unterlagen ▪ Ersatz von Aufwendungen ▪ gesetzliches Zurückbehaltungsrecht

6. Pflichten	▪ alle Pflichten der kfm. Angestellten
	▪ Mängelrügen entgegennehmen
	▪ Reisebericht erstellen
	▪ bei Inkassovollmacht
	  – einkassieren
	  – abrechnen
		▪ Sorgfalts- und Haftpflicht
		▪ Bemühungspflicht
		▪ Benachrichtigungspflicht
		▪ Interessenwahrungspflicht
		▪ Schweigepflicht
		▪ Einhaltung der Wettbewerbsabrede

7. Vergütung	▪ Gehalt (Fixum) ▪ Umsatzprovision ▪ Spesenersatz	▪ Umsatzprovision ▪ Inkassoprovision ▪ Delkredereprovision

9 Speth u.a. - ISBN 978-3-8120-0572-2

35 Die Geschäftsleitung der Kolb & Co. KG steht vor der Entscheidung, entweder Handelsvertreter oder Handlungsreisende einzusetzen. Für die Handlungsreisenden muss sie monatlich insgesamt 20 000,00 EUR Fixum zahlen. Die Handlungsreisenden erhalten 4 % Umsatzprovision, die Handelsvertreter 9 %. Der erwartete Monatsumsatz beträgt durchschnittlich 500 000,00 EUR.

Aufgaben:

1. Weisen Sie rechnerisch nach, ob der Einsatz von Handlungsreisenden oder von Handelsvertretern kostengünstiger ist!

2. Ermitteln Sie zeichnerisch den kritischen Umsatz!

3. Nennen Sie Gründe, die – unabhängig von Kostenüberlegungen –

   3.1 für die Einstellung von Handlungsreisenden,

   3.2 für den Einsatz von Handelsvertretern sprechen!

4. Herr Schnell ist als Handlungsreisender bei der Kolb & Co. KG beschäftigt. Über das Gesetz hinausgehende Vollmachten wurden Schnell nicht erteilt. Der Kunde Knetz reklamiert bei Schnell frist- und formgerecht eine Lieferung. Schnell sagt einen Preisnachlass von 20 % zu. Beim Kunden Knurr kassierte er eine Rechnung der Kolb & Co. KG in Höhe von 850,00 EUR.

   4.1 Begründen Sie, ob Schnell berechtigt war, die Mängelrüge entgegenzunehmen und einen Preisnachlass zu gewähren!

   4.2 Begründen Sie weiterhin, ob Schnell die 850,00 EUR einkassieren durfte!

36 Die Pralinen-Auer KG in Kurstadt setzt Handelsvertreter ein. Unter anderen ist Frau Helga Braun Handelsvertreterin der Pralinen-Auer KG. Sie schließt ohne Wissen ihres Auftraggebers einen weiteren Agenturvertrag mit der Schoko-Kern OHG ab.

Aufgaben:

1. Erläutern Sie, was unter einem Agenturvertrag zu verstehen ist!

2. Begründen Sie, ob Frau Braun einen Agenturvertrag mit der Schoko-Kern OHG abschließen durfte!

3. Frau Brauns Geschäfte gehen so gut, dass sie zwei Untervertreterinnen und einen Untervertreter „einstellte", denen sie Umsatzprovision und Delkredereprovision bezahlt.

   3.1 Was versteht man unter Delkredereprovision?

   3.2 Begründen Sie, ob der Einsatz von Untervertreterinnen und -vertretern durch Frau Braun rechtlich zulässig ist!

4. Herr Knigge ist Bezirksvertreter im Raum Thüringen. Anfangs hat er sehr viel gearbeitet und für seinen Auftraggeber einen großen Kundenstamm aufgebaut. Nun ist er nicht mehr so fleißig, aber die von ihm einst geworbenen Kunden bestellen immer noch direkt bei der Pralinen-Auer KG.

   4.1 Die Geschäftsleitung der Pralinen-Auer KG verweigert die Provisionszahlung. Ist sie im Recht?

   4.2 Die Geschäftsleitung der Pralinen-Auer KG kündigt den mit Herrn Knigge abgeschlossenen Agenturvertrag. Welche Ansprüche hat Herr Knigge?

37 Die Lux-GmbH rechnet aufgrund der erstellten Marktprognose mit einer beträchtlichen Umsatzsteigerung. Aus diesem Grund soll der bisherige Absatzweg, Verkauf der Geschirrspülmaschinen durch Handelsvertreter, überdacht werden. Es soll untersucht werden, ob der Einsatz von Handlungsreisenden sinnvoll ist.

– Kosten für Handelsvertreter:	9 % Umsatzprovision.
– Kosten für Handlungsreisende:	monatliche fixe Kosten (Fixum und Spesen) 3 500,00 EUR und 3 % Umsatzprovision.

Aufgaben:

1. Berechnen Sie den kritischen Umsatz!

2. Wie viel Euro betragen die Kosten der beiden Absatzmittler bei einem geschätzten Jahresumsatz von 1,0 Mio. EUR? Begründen Sie Ihre Entscheidung rechnerisch!

3. Erläutern Sie vier Gesichtspunkte, die außer den Kosten bei der Entscheidung für den günstigsten Absatzmittler zu berücksichtigen sind!

4. Schlagen Sie der Geschäftsleitung den nach Ihrer Meinung für den Verkauf der neuen Geschirrspülmaschinen geeignetsten Absatzmittler vor. Berücksichtigen Sie dabei Ihre Lösungen zu den Aufgaben 2 und 3!

5.6 Kommunikationspolitik

Merke:

- Unter **Kommunikationspolitik**[1] werden im Folgenden alle marketingpolitischen Maßnahmen zusammengefasst, die das Unternehmen und seine Produkte in der Öffentlichkeit darstellen und bekannt machen.
- Die **Kommunikationspolitik** setzt sich aus
  - der **Werbung,**
  - der **Verkaufsförderung,**
  - der **Öffentlichkeitsarbeit** und
  - neueren Formen der Kommunikationspolitik (**Sponsoring, Produkt-Placement, Direktmarketing** und **Eventmarketing**)

  zusammen, wobei die Grenzen mitunter fließend sind.

5.6.1 Werbung

5.6.1.1 Begriff Werbung und die Grundsätze der Werbung

(1) Begriff Werbung

Merke:

Unter **Werbung** versteht man alle Maßnahmen mit dem Ziel, bestimmte Botschaften für Auge, Ohr, Geschmacks- oder Tastsinn an Personen heranzutragen, um auf ein Erzeugnis und/oder eine Dienstleistung aufmerksam zu machen und Kaufwünsche zu erzeugen.

(2) Grundsätze der Werbung

Klarheit und Wahrheit	Die Werbung muss für den Kunden klar und leicht verständlich sein. Sie sollte sachlich unterrichten, die Vorzüge eines Artikels eindeutig herausstellen, keine Unwahrheiten enthalten und nicht täuschen. Falsche Informationen (Versprechungen) führen zu Enttäuschungen und langfristig zu Absatzverlusten. Eine irreführende Werbung ist verboten [§ 5 UWG].
Wirksamkeit	Die Werbung muss die Motive der Umworbenen ansprechen, Kaufwünsche verstärken und letztlich zum Kauf führen. Eine wichtige Voraussetzung für eine wirksame Werbung ist eine genaue Bestimmung der Zielgruppe.
Einheitlichkeit, Stetigkeit, Einprägsamkeit	Die Werbung sollte stets einen gleichartigen Stil aufweisen (bestimmte Farben, Symbole, Figuren, Slogans), um beim Kunden einen Wiedererkennungseffekt zu erzielen. Durch die regelmäßige Wiederholung der Werbebotschaft wird deren Einprägsamkeit erhöht.

---

1 Unter Kommunikation versteht man die Übermittlung von Informationen von einem Sender zu einem Empfänger.

Wirtschaftlichkeit	Die Aufwendungen der Werbung finden ihre Grenzen in ihrer Wirtschaftlichkeit. Die Werbung ist dann unwirtschaftlich, wenn der auf die Werbung zurückzuführende zusätzliche Ertrag niedriger ist als der Aufwand.
Soziale Verantwortung	Die Werbung darf keine Aussagen oder Darstellungen enthalten, die gegen die guten Sitten verstoßen oder ästhetische, moralische oder religiöse Empfindungen verletzen.

5.6.1.2 Werbeplanung

(1) Überblick

Die Werbeplanung umfasst insbesondere folgende Fragen:

- Welche **Art der Werbung** soll durchgeführt werden?
- Welche **Werbemittel** und **Werbeträger** sind einzusetzen?
- Welche Beträge können für die Werbung eingesetzt werden **(Werbeetat)?**
- Welcher **Streukreis** und welches **Streugebiet** sind auszuwählen?
- Welcher **Streuweg** wird gewählt?
- Welche **Streuzeit** wird festgesetzt?

(2) Arten der Werbung

■ **Arten der Werbung nach der Anzahl der Umworbenen**

Direkt- werbung	Es werden einzelne Personen, Unternehmen, Behörden usw. unmittelbar (z.B. durch Handelsvertreter und Handlungsreisende) oder durch Werbebriefe angesprochen.
Massen- werbung	Es soll ein mehr oder weniger großer Kreis von Umworbenen erreicht werden. Die **gezielte Massenwerbung** möchte eine bestimmte Gruppe durch die Werbung ansprechen (z.B. eine Berufs- oder Altersgruppe, die Nichtraucher, die Autofahrer).
	Die **gestreute Massenwerbung** wird mithilfe von Massenmedien (Rundfunk, Fernsehen, Zeitungen) betrieben.

■ **Arten der Werbung nach der Anzahl der Werbenden**

Alleinwerbung (Einzelwerbung)	Sie geht von einem einzelnen Unternehmen aus. Sie kann von einer eigenen Werbeabteilung, einem Werbeunternehmen oder von einem Marketingberater durchgeführt werden.
Verbundwerbung (Sammelwerbung)	Sie liegt vor, wenn mehrere Unternehmen (z.B. Hersteller, Handelsunternehmen) gemeinsam eine Werbeaktion durchführen (z.B. gemeinsame Messestände, gemeinsame Plakate). Die Namen der beteiligten Unternehmen werden bekannt gemacht.
Gemeinschafts- werbung	Hier tritt ein ganzer Wirtschaftszweig (z.B. die deutsche Milchwirtschaft) als Werber auf. Die Namen der beteiligten Unternehmen bleiben unbekannt.

(3) Werbemittel und Werbeträger

■ **Werbemittel**

Merke:

Werbemittel sind Kommunikationsmittel (z.B. Wort, Bild, Ton, Symbol), mit denen eine Werbebotschaft dargestellt wird (z.B. Anzeige, Rundfunkspot, Plakate usw.).

Je nachdem, **welche Sinne angesprochen** werden sollen, gliedert man die Werbemittel in:

optische Werbemittel	Sie wirken auf das Sehen des Umworbenen (z.B. Plakate, Anzeigen, Schaufensterdekorationen, E-Mails und Short Message Service [SMS]).
akustische Werbemittel	Sie sprechen das Gehör an (z.B. Verkaufsgespräch, Werbevorführungen, Werbespots im Radio).
geschmackliche Werbemittel	Hier soll der Kunde durch eine Kostprobe von der Güte der Ware überzeugt werden. Die Kostproben sprechen den Geschmackssinn an.
geruchliche Werbemittel	Sie wirken auf den Geruchssinn der Kunden (z.B. Parfümproben).

Werden die verschiedenen Werbemittel kombiniert (z.B. Lebensmittelproben können gesehen und gekostet werden, Stoffproben können gesehen und gefühlt werden), so spricht man von **gemischten Werbemitteln.** Sie sind besonders werbewirksam, weil sie verschiedene Sinne des Menschen ansprechen.

■ **Werbeträger**

Merke:

Der **Werbeträger** ist das Medium, durch das ein Werbemittel an den Umworbenen herangetragen werden kann.

Wichtige Werbeträger (Streumedien) sind:

Werbeträger

Printmedien	Hörfunk	Plakatanschlagstellen	Internet	Werbegeschenke
– Zeitungen, Zeitschriften	Fernsehen		CD-Werbung	
– Werbebrief, Kundenzeitschrift	Kino	Nah- und Fernverkehrsmittel		
– Prospekte, Kataloge		Bandenwerbung		

(4) Werbeetat

Da die Werbung in manchen Wirtschaftszweigen erhebliche Mittel verschlingt – der Prozentsatz der Werbekosten am Umsatz liegt in der deutschen Wirtschaft zwischen 1 % und 20 % –, ist ein genauer Haushaltsplan (Etat, Budget) für die Werbung aufzustellen. Die Höhe des Werbeetats kann sich nach der jeweiligen Finanzlage des Unternehmens, nach dem Werbeaufwand der Konkurrenz oder nach dem erwarteten Werbeerfolg richten.

Richtet sich der Werbeetat nach der jeweiligen Finanzlage des Unternehmens, die wiederum eng mit dem Umsatz zusammenhängt, spricht man von **zyklischer**[1] **Werbung**. Das bedeutet, dass bei steigenden Umsätzen mehr, bei fallenden Umsätzen weniger geworben wird. Diese zyklische Werbung ist jedoch im Allgemeinen wenig sinnvoll, weil gerade dann geworben wird, wenn der Umsatz ohnedies steigt, die Werbung jedoch unterlassen wird, wenn der Umsatz fällt.

Aus diesem Grund wird die **antizyklische Werbung** empfohlen. Sinkt der Umsatz, werden die Werbeanstrengungen verstärkt, steigt der Umsatz, werden sie verringert. Die antizyklische Werbung erfüllt den Zweck, einen gleichbleibenden Absatz und Gewinn zu sichern.

(5) Streukreis und Streugebiet

Merke:

- Der **Streukreis** beschreibt den Personenkreis, der umworben werden soll. Der Personenkreis wird häufig noch nach **Zielgruppen** (z. B. Berufs-, Alters-, Kaufkraftgruppen, Geschlecht) untergliedert.

- Das **Streugebiet** (Werbeverbreitungsgebiet) ist das Gebiet, in welchem die Werbemaßnahmen durchgeführt werden sollen.

Streugebiete sind deswegen festzulegen, weil Art und Umfang des Bedarfs in den einzelnen Gebieten (beispielsweise sei auf die andersartigen Bedürfnisse von Stadt- und Landgemeinden hingewiesen) unterschiedlich sein können.

(6) Streuweg

Merke:

Unter **Streuweg** versteht man die Auswahl der geeigneten Werbeträger und die Werbemittel.

Die **Auswahl der Werbemittel und Werbeträger** wird durch **vier Faktoren** bestimmt:

Reichweite	Die Reichweite erfasst die Anzahl der Unternehmen bzw. Verbraucher einer Zielgruppe, die mit dem ausgewählten Werbeträger innerhalb eines bestimmten Zeitraums mindestens einmal Kontakt haben.
Frequenz[2]	Die Frequenz beschreibt die Anzahl der Werbekontakte, die Unternehmen bzw. Verbraucher innerhalb eines bestimmten Zeitraums erfahren haben.

---

1 Zyklus: regelmäßig wiederkehrende Erscheinung.
2 Frequenz: Besucherzahl, Verkehr.

Akzeptanz[1]	Reichweite und Frequenz sind lediglich mengenmäßige (quantitative) Größen, die nichts darüber aussagen, welchen Stellenwert der Kunde dem Werbeträger beimisst. Die Faktoren Reichweite und Frequenz müssen daher ergänzt werden durch Qualitätsmerkmale. Das wichtigste Qualitätsmerkmal von Werbemitteln und Werbeträgern ist deren Akzeptanz durch den Verbraucher. Die Akzeptanz ist in besonderer Weise dafür ausschlaggebend, ob und wie lange der betreffende Werbeträger in den Empfängerhaushalten beachtet wird.
	Beispiel:
	Ärgern sich die Kunden des Unternehmens über die ständig steigende Anzahl der Hausprospekte und die damit verbundene Papierflut, so bedeutet dies, dass der Werbeträger nicht akzeptiert wird. In aller Regel wird dann auch die Werbebotschaft nicht positiv wahrgenommen.
Wirtschaftlichkeit	Der Einsatz von Werbemitteln und Werbeträgern sollte möglichst kostengünstig erreicht werden. Eine Orientierungshilfe ist hier die Berechnung und der anschließende Vergleich des **Tausender-Preises**. Er gibt an, wie hoch der Preis pro 1 000 Kontakte zur festgelegten Zielgruppe ist.
	Beispiel:
	Die Anzeige in einer Fachzeitschrift kostet 2 400,00 EUR. Die Auflagenhöhe der Zeitung beträgt 200 000 Stück. Die Zeitschrift wird im Durchschnitt von 3 Personen gelesen.

Der Preis pro 1 000 Kontakte wird wie folgt berechnet:

$$\text{Tausender-Preis} = \frac{2\,400 \cdot 1\,000}{200\,000 \cdot 3} = 4{,}00 \text{ EUR}$$

Allgemein:

$$\text{Tausender-Preis} = \frac{\text{Preis für Werbeträger} \cdot 1\,000}{\text{Zahl der erreichten Personen}}$$

(7) Streuzeit

Merke:

Das Festlegen der **Streuzeit** besagt, dass in einem Werbeplan Beginn und Dauer der Werbung sowie der zeitliche Einsatz der Werbemittel und Werbeträger bestimmt werden.

Mit der Auswahl der Zielgruppe, des Streugebiets sowie der Werbemittel und Werbeträger sind bereits wichtige Probleme des Werbeplans gelöst. Nunmehr geht es um die Fragen, zu welchem Zeitpunkt, für welchen Zeitraum und wie oft geworben werden soll.

Grundsätzlich hat ein Unternehmen drei Möglichkeiten für die zeitliche Planung von Werbeaktionen:

- einmalig bzw. zeitlich begrenzt und intensiv zu werben,
- regelmäßig zu werben (pro Tag, pro Woche, pro Monat),
- in unregelmäßigen Abständen kurz, aber intensiv zu werben.

---

1 **Akzeptanz**: Bereitschaft, etwas an- bzw. hinzunehmen.

Vergleicht man die Wirkung von kurzzeitigen Werbeaktionen mit Werbeaktionen, die über einen längerfristigen Zeitraum angelegt sind, so gilt: Je länger und je häufiger geworben wird, desto schneller treten wirtschaftliche Werbewirkungen ein.

Die **Vergessenskurve** aus der Lernforschung zeigt, dass binnen weniger Stunden 50 % der empfangenen Informationen bereits wieder vergessen sind.

5.6.1.3 Werbeerfolgskontrolle

(1) Begriff Werbeerfolgskontrolle

Merke:

Die **Werbeerfolgskontrolle** überprüft,

- in welchem Umfang die gesetzten Werbeziele durch die eingesetzten Werbemittel und Werbeträger erreicht wurden und
- ob sich die Werbemaßnahmen gelohnt haben.

Gegenstand der Werbeerfolgskontrolle kann der **wirtschaftliche Werbeerfolg** oder der **nicht wirtschaftliche Werbeerfolg** sein.

Die wirtschaftliche Werbeerfolgskontrolle möchte den mithilfe der Werbung erzielten Gewinn feststellen. Die nicht wirtschaftliche Werbeerfolgskontrolle fragt danach, wie die Werbung bei den Umworbenen „angekommen" ist.

(2) Wirtschaftliche Werbeerfolgskontrolle

Die Feststellung des Werbegewinns ist in der Praxis sehr schwierig. Die Gründe liegen darin, dass es einerseits nicht immer möglich ist, die Werbeaufwendungen für eine Periode genau abzugrenzen, und dass andererseits Umsatzsteigerungen nicht unbedingt auf die Werbung zurückzuführen sind.

Neuerdings zeigt allerdings die moderne **Marktforschung** Mittel und Wege auf, mit deren Hilfe eine brauchbare Werbeerfolgskontrolle durchgeführt werden kann. Dazu muss man wissen, dass die Befragung einiger 1 000, manchmal sogar weniger Personen ausreicht, um zu zuverlässigen Ergebnissen zu kommen (siehe S. 100 f.).

Mithilfe der Marktforschung soll die Wirkung einer Plakataktion („Trinkt mehr Milch!") festgestellt werden. Es werden eine Versuchsgruppe und eine Kontrollgruppe gebildet. Die Versuchsgruppe wird von der Werbung berührt, die Kontrollgruppe erhält von der Werbung keine Kenntnis.

Nach Abschluss der Werbekampagne ergeben sich folgende Zahlen:

Zeitpunkt	Milchverbrauch pro Kopf	
	Versuchsgruppe	Kontrollgruppe
Vor Beginn der Werbekampagne	0,32 Liter	0,32 Liter
Nach Beendigung der Werbekampagne	0,40 Liter	0,35 Liter
Verbrauchsänderung	0,08 Liter	0,03 Liter

Die Versuchsgruppe hat ihren Verbrauch um 0,08 Liter je Person erhöht. Daraus kann nicht der Schluss gezogen werden, dass die gesamte Veränderung auf die Werbung zurückzuführen ist. Das Ergebnis der Kontrollgruppe zeigt, dass der Pro-Kopf-Verbrauch auch ohne Werbung um 0,03 Liter gestiegen wäre. Die durch die Werbung hervorgerufene Verbrauchsänderung beträgt also lediglich 0,05 Liter.

Betrug nun bei dem werbenden Unternehmen der **zusätzliche** Milchabsatz im untersuchten Zeitraum 160 000 Liter, so sind davon nur 100 000 Liter auf die Absatzwerbung zurückzuführen. Wenn die Kosten der Werbeaktion 2 100,00 EUR und der Reingewinn je Liter 0,05 EUR betragen, lässt sich der wirtschaftliche Werbeerfolg, also der Werbegewinn, folgendermaßen errechnen:

Auf die Werbekampagne zurückzuführender Ertrag (100 000 · 0,05 EUR)	5 000,00 EUR
− Werbeaufwand	2 100,00 EUR
Werbegewinn	2 900,00 EUR

Der Werbegewinn erhöht sich, wenn der Milchverbrauch in Zukunft auf dem einmal erreichten Niveau verharrt.

(3) Nicht wirtschaftliche Werbeerfolgskontrolle

Während die wirtschaftliche Werbeerfolgskontrolle im eigenen Unternehmen in Geld, Stückzahlen oder Prozentsätzen (z.B. Umsatz, Absatz, Marktanteil) gemessen werden kann, lässt sich der nicht wirtschaftliche Werbeerfolg nur am Umworbenen selbst messen, z.B. in der Änderung seiner Haltung gegenüber dem Produkt oder dem Hersteller. Um diese verborgenen Daten zu gewinnen, werden spezielle Verfahren eingesetzt, wie z.B. Wortassoziationstests oder Satzergänzungstests. Auf indirekte Art und Weise erhält man dadurch Informationen über folgende Personengruppen:

Werbegemeinte (Adressaten)	Es handelt sich dabei um die Umworbenen, die durch die Werbung angesprochen werden sollen. Ihre Zahl ist die **Adressatenzahl**.
Werbeberührte	Darunter versteht man die Umworbenen, bei denen eine Sinneswirkung erzielt wird. Ihre Zahl ist die **Perzeptionszahl** (lat. perceptio: Wahrnehmung).
Werbe-beeindruckte	Damit sind diejenigen Umworbenen gemeint, die nicht nur von der Werbung „berührt" worden sind, sondern bei denen die Werbung eine Aufmerksamkeitswirkung erzielt hat. Die Zahl der Werbebeeindruckten ist die **Aperzeptionszahl** (lat. aperceptio: Verarbeitung von Eindrücken).
Werbeerfüller	Hier handelt es sich um die Umworbenen, die den Werbezweck erfüllen, die z.B. das Produkt kaufen, für das geworben worden ist. Ihre Zahl ist die **Akquisitionszahl** (lat.: die Hinzugeworbenen).

Ein Industrieunternehmen möchte seinen Kunden (Händlern) ein neues Produkt vorführen. Dabei soll ein Werbefilm gezeigt werden. Darüber hinaus werden Prospekte ausgelegt. Die Einladung ergeht an 80 Händler.

Von den eingeladenen Händlern (also den Werbegemeinten) erscheinen 60 Personen (Werbeberührte). Daraus lässt sich eine Kennzahl (Streuzahl) ermitteln, nämlich der **Berührungserfolg**.

Er errechnet sich wie folgt:

$$\text{Berührungserfolg} = \frac{\text{Zahl der Werbeberührten}}{\text{Zahl der Werbegemeinten}}$$

In unserem Beispiel ergibt sich:

$$\text{Berührungserfolg} = \frac{60}{80} = \underline{\underline{0,75}}$$

Das bedeutet, dass $3/4$ der Werbegemeinten von der Werbung berührt worden sind.

Haben von den 60 erschienenen Personen 48 einen Prospekt mitgenommen, zeigt das, dass diese Personen zumindest von der Werbung beeindruckt worden sind. Der **Beeindruckungserfolg** kann daher folgendermaßen berechnet werden:

$$\text{Beeindruckungserfolg} = \frac{\text{Zahl der Werbebeeindruckten}}{\text{Zahl der Werbegemeinten}}$$

In diesem Beispiel beträgt der Beeindruckungserfolg $\frac{48}{80} = \underline{\underline{0,60}}$

Die Zahl bedeutet, dass 60 % der Werbegemeinten von der Werbung beeindruckt waren.

Angenommen, 20 der erschienenen Personen haben das neue Erzeugnis nach der Veranstaltung gekauft. Der **Erfüllungserfolg** (Akquisitionserfolg) kann dann wie folgt ermittelt werden:

$$\text{Erfüllungserfolg} = \frac{\text{Zahl der Werbeerfüller}}{\text{Zahl der Werbegemeinten}}$$

In diesem Fall lautet das Ergebnis:

$$\text{Erfüllungserfolg} = \frac{20}{80} = \underline{\underline{0,25}}$$

Die Kennzahl sagt aus, dass $1/4$ der Werbegemeinten den Werbezweck erfüllt haben.

Allgemein lässt sich also sagen, dass der (nicht wirtschaftliche) Werbeerfolg umso größer ist, je höher die ermittelte Kennzahl ist.

5.6.2 Verkaufsförderung

(1) Begriff

Einig ist man sich darin, dass Werbung dazu dient, den Käufer näher an das Produkt heranzubringen, während Verkaufsförderung das Ziel hat, durch Maßnahmen am Ort des Verkaufes **(Point of Sale)** den Umsatz anzukurbeln. Im Gegensatz zur Werbung sind derartige Aktionen eher kurzfristig, haben den Charakter einer Aktion und verfolgen nicht nur umsatzbezogene Ziele, sondern dienen auch der Profilierung des Unternehmens. Unter dem Oberbegriff der Verkaufsförderung findet sich eine Reihe von Aktionsmöglichkeiten, die das Handelsunternehmen alleine oder in Zusammenarbeit mit Herstellern durchführen kann, wie z. B. Salespromotion, Merchandising oder Events.

(2) Salespromotion[1]

Sie beinhaltet in der Regel eine enge Zusammenarbeit zwischen Händler und Hersteller – zu beiderseitigem Vorteil. Während der Hersteller durch die persönliche Ansprache der Zielgruppe (in der Regel Stammkunden des Händlers) wenig Streuverlust erleidet, profitiert der Händler vom Image einer großen Herstellermarke. Der Spielraum möglicher Salespromotion-Aktionen ist dabei sehr vielfältig. In der Regel lassen sich jedoch umsatz-, produkt- und imagebezogene Zielvorstellungen harmonisch miteinander verbinden.

Beispiele:

Eine Parfümerie lädt zu einer Typ- und Hautberatung ein und hat als Berater einen Visagisten eines Kosmetikherstellers im Haus.

In einem Haushaltswarengeschäft demonstriert ein bekannter Koch im Rahmen einer Kochvorführung die Verwendung von Küchengerätschaften eines bestimmten Herstellers.

Zugleich werden Bücher dieses Kochs verkauft und zudem führt das Haushaltswarengeschäft eine Umtauschaktion „Alt gegen Neu" für Kochtöpfe dieses Herstellers durch. Jeder Kochtopf – gleich welcher Marke – wird beim Kauf eines neuen Kochtopfs dieses einen Herstellers mit 8,00 EUR vergütet.

(3) Merchandising

Der englische Begriff „merchandise" bedeutet Warenvertrieb, Verkauf, Vertriebsstrategie. Häufig wird der Begriff inzwischen mit dem gleichgesetzt, was man international als „Licensing" bezeichnet. Dies ist ein Marketingkonzept, bei welchem rund um ein Hauptprodukt Ableger desselben (Storys, Figuren, CDs, Trikots, Schlüsselanhänger, Fahnen usw.) vertrieben werden. Vorreiter dieses Konzeptes war der Walt Disney-Konzern. Heute handelt es sich bei dem Hauptprodukt in der Regel um einen Kinofilm. Dies ist der klassische Bereich des Merchandising. Inzwischen sind auch andere Bereiche wie der Sport (Formel 1, Bundesliga), Autohersteller oder auch der Kulturbereich (Musicals) angesichts der Kürzung öffentlicher Mittel davon betroffen.

Der Kerngedanke besteht darin, durch Merchandising zusätzlich Produkte zu vermarkten, indem von beliebten bzw. bekannten Charakteren oder Produkten deren besondere Qualitätsvorstellung und Image auf die Ablegerprodukte übertragen werden. Ein positives Image wird also von einem Medium auf ein anderes übertragen.

Indem auf die Nebenprodukte die Imagevorstellungen des Hauptproduktes übertra-

Beispiele:

So trägt der Fan eines Bundesligaclubs einen Schal „seines" Vereins, der Besucher des Musicals ein T-Shirt, das es nur dort zu kaufen gibt und das Kind schläft in der Bettwäsche mit Motiven von Harry Potter. Und auch die Lebensmittelindustrie verwendet Packungsaufdrucke oder beigefügte Plastikfiguren, um ihre Produkte attraktiver zu machen.

gen werden, kann dessen Hersteller von der Popularität des Hauptproduktes profitieren. Die äußert sich in einer rascheren Akzeptanz, einem größeren Umsatz und ermöglicht damit preispolitische Spielräume nach oben.

---

1 Salespromotion (engl.): Verkaufsförderung; to promote: fördern, befördern, vorantreiben.

5.6.3 Public Relations (Öffentlichkeitsarbeit)

(1) Begriff

Während die Absatzwerbung eine Werbung für das Erzeugnis darstellt, werben die Public Relations für den guten Ruf, das Ansehen eines Unternehmens oder einer Unternehmensgruppe in der Öffentlichkeit (Verbraucher, Lieferer, Kunden, Gläubiger, Aktionäre, Massenmedien, Behörden usw.). Mithilfe der Öffentlichkeitsarbeit soll z.B. gezeigt werden, dass ein Unternehmen z.B. besonders fortschrittlich, sozial oder ein guter Steuerzahler ist oder dass es die Belange des Umweltschutzes in besonderem Maße berücksichtigt.

Wie sich das Erscheinungsbild (das Image) eines Unternehmens in der Öffentlichkeit und bei der Belegschaft darstellt, hängt auch von dem vom Management geschaffenen **Unternehmensleitbild** ab. Hierunter versteht man die Einmaligkeit („Persönlichkeit") eines Unternehmens, die dieses in seiner Umwelt (z.B. bei seinen Kunden, Lieferern, Kapitalgebern, bei den Bürgern, den politischen Parteien usw.) und bei seinen Mitarbeitern unverwechselbar macht. Aus dem Unternehmensleitbild leitet sich die Corporate Identity ab.[1]

(2) Mittel

Mittel der Public-Relations-Politik sind u.a. die Abhaltung von Pressekonferenzen, Tage der offenen Tür, Einrichtung von Sportstätten und Erholungsheimen, Spenden, Zeitungsanzeigen („Unsere Branche weist die Zukunft") oder Rundfunk- und Fernsehspots („Es gibt viel zu tun, packen wir's an!"). Eine gute Öffentlichkeitsarbeit bereitet den Boden für andere absatzpolitische Maßnahmen vor. So „kommt" z.B. die Werbung besser „an". Mögliche Preiserhöhungen werden akzeptiert, wenn die Gründe hierfür bekannt sind.

5.6.4 Neuere Formen der Kommunikationspolitik

(1) Sponsoring

Sponsoring basiert auf dem Prinzip des gegenseitigen Leistungsaustauschs. So stellt ein Unternehmen Fördermittel nur dann zur Verfügung, wenn es hierfür eine Gegenleistung vom Gesponserten (z.B. die Duldung von Werbemaßnahmen) erhält.

Merke:

Beim **Sponsoring** stellt der Sponsor dem Gesponserten Geld oder Sachmittel zur Verfügung. Dafür erhält er Gegenleistungen, die zur Erreichung der Marketingziele beitragen sollen.

Die wichtigsten **Sponsoringarten** sind:

Sportsponsoring	Der Sport bietet ein positiv besetztes Erlebnisumfeld mit Eigenschaften wie dynamisch, sympathisch und modern. Dieses Imageprofil möchte der Sponsor auf sein Unternehmen übertragen.
Kultur- und Kunstsponsoring	Es umfasst die Förderung von Bildender Kunst, Theater, Musik, Film und Literatur. Arten der Förderung können die Unterstützung einzelner Künstler, einer Ausstellung oder eines Konzerts sein.

---

1 **Corporate Identity** ist das Erscheinungsbild eines Unternehmens in der Öffentlichkeit und bei seinem Personal. Je höher der Grad der Corporate Identity ist, desto mehr können sich die Belegschaftsmitglieder mit dem Unternehmen identifizieren.

Sozialsponsoring	Hier wird vor allem die gesellschaftliche Verantwortung eines Unternehmens in den Vordergrund gestellt. Ein Unternehmen kann z. B. direkte Zahlungen an Sozialorganisationen oder Ausbildungsstätten leisten, eine eigene Stiftung gründen oder eine Kampagne zur Unterstützung eines sozialen Projekts starten.
Ökosponsoring	Es konzentriert sich vor allem auf die Unterstützung von Umweltschutzorganisationen, die Ausschreibung von Umweltpreisen oder das Starten von Natur- und Artenschutzaktionen.

(2) Product-Placement

Merke:

Beim **Product-Placement** werden Produkte werbewirksam in die Handlung eines Kino- oder Fernsehfilms, eines Videos oder eines Rundfunkprogramms integriert, wobei das Marketing verschleiert wird, der Auftraggeber dafür aber bezahlen muss.

Das platzierte Produkt wird dabei als notwendige Requisite[1] in die Handlung z. B. eines Spielfilms eingebunden. Das Produkt wird im Gebrauch oder beim Verzehr von bekannten Schauspielern gezeigt, wobei die Marke für den Zuschauer deutlich erkennbar ist. Als Beispiel ist hier die Platzierung des BMW Z3 im James Bond Film „Golden Eye" zu nennen.

Ziel des Product-Placements ist es, über das positive Image des ausgewählten Programms und der darin auftretenden Schauspieler einen Imagetransfer auf das Werbeobjekt zu erreichen. Der Bekanntheitsgrad von bereits eingeführten Marken soll dabei erhöht und neu eingeführte Produkte sollen vorgestellt werden.

Im besten Fall soll das Product-Placement z. B. durch Auslösen eines neuen Modetrends direkt den Absatz eines Produktes fördern.

(3) Direktmarketing

Merke:

Direktmarketing umfasst alle Maßnahmen, die ein Unternehmen einsetzt, um mit dem Empfänger einen Kontakt herzustellen.

Wird mit dem Kunden direkt Kontakt aufgenommen, so spricht man von **Direktwerbung**. Zu den Formen der Direktwerbung zählen **Direct Mailing** (z. B. Zusendung einer Nachricht per Post, per Fax oder per E-Mail), das **Telefonmarketing** (z. B. der Kunde wird von einem Callcenter angerufen) oder die Zusendung einer **Kundenzeitschrift**.

Klassische Werbung:
Unternehmung
einseitiger Informationsfluss
Umworbener

Direktmarketing:
Unternehmung
Dialog
Umworbener

---

1 Requisit: Zubehör für eine Bühnenaufführung oder Filmszene.

Wird der Kunde beispielsweise über Anzeigen in Zeitschriften mit Rückantwortcoupons[1] oder durch die Angabe einer Telefonnummer oder E-Mail-Adresse in einem Werbespot zur Kontaktaufnahme mit dem Unternehmen aufgefordert, so spricht man von einer **Direct-Response-Werbung.**

In beiden Fällen ist es das **Ziel des Unternehmens,** mit den Kunden in einen Dialog einzutreten, um eine **individuelle Beziehung** herzustellen.

(4) Eventmarketing

Die Eventkommunikation modelliert Veranstaltungen (Events) zur erlebnisorientierten Darstellung des Unternehmens und seiner Produkte. Eine zielgruppenspezifische Mixtur aus Show-, Musik-, Mode- und/oder Sportaktionen, dekoriert mit populären Persönlichkeiten als Publikumsmagnet, entfaltet eine aufnahmewillige Kommunikationsbasis. Das Ereignis soll aus dem üblichen Rahmen herausstechen. Die Reizüberflutung und Informationsüberlastung der Zielgruppe durch klassische Werbeformen wird spielerisch umgangen und in eine Image fördernde Meinungsbildung gelenkt.

Wenn es darum geht, gefühlsbetonte und nachhaltige Eindrücke zu erzielen, ist das Marketing-Event mit seiner Konzeption aus Information, Emotion, Aktion und Motivation das Erfolgsmodell erlebnisorientierter Begegnungskommunikation. Eine mediale Berichterstattung, häufig in Anzeigeblättern, erhöht die Wirkung solcher Veranstaltungen.

Merke:

Eventmarketing ist eine erlebnisorientierte Darstellung des Unternehmens und seiner Produkte in einer Mixtur aus Showaktionen, die den Erwartungshorizont der Zielgruppe treffen.

Zusammenfassung

- Die **Werbung** hat zum Ziel, bisherige und mögliche (potenzielle) Abnehmer auf die eigene Betriebsleistung (Waren, Erzeugnisse, Dienstleistungen) aufmerksam zu machen und Kaufwünsche zu erhalten bzw. zu erzeugen.

- Die **Public Relations** werben für den guten Ruf (das „Image") eines Unternehmens.

- Unter **Salespromotion** versteht man verkaufsfördernde Maßnahmen, bei denen in der Regel Händler und Hersteller zusammenarbeiten. Zielgruppe können daher der Handel sein (Verkäuferschulung, Beratung, Schaufensterdekoration, Displaymaterial) oder auch der Endkunde (Beratung, Produktproben, Preisausschreiben).

- **Merchandising** bedeutet, dass ein Nebenprodukt (Figur, CD, Bettwäsche, Schlüsselanhänger, Bekleidung usw.) rund um ein Hauptprodukt (Sportler, Roman- oder Filmfigur) vertrieben wird.

- Werden die Kommunikationsinstrumente kombiniert eingesetzt, liegt ein **Kommunikationsmix** vor.

- Zu den modernen Kommunikationsmitteln gehören z.B. das **Sponsoring,** das **Product-Placement,** das **Direktmarketing** und das **Eventmarketing.**

---

1 Coupon: abtrennbarer Zettel.

38 Die Lorenz OHG in Weinheim stellt Haushaltsgeräte her. Weil der Absatz an Geschirrspülmaschinen stagniert, soll die Produktpalette erweitert werden.

Aufgaben:

1. Um eine Entscheidung treffen zu können, soll Marktforschung betrieben werden. Informationen können mithilfe der Primärforschung oder mithilfe der Sekundärforschung beschafft werden.

   1.1 Erläutern Sie die Begriffe Primärforschung und Sekundärforschung!

   1.2 Begründen Sie, welche der beiden oben genannten Methoden der Marktforschung kostengünstiger ist!

2. Die Geschäftsleitung der Lorenz OHG beschließt, einen neuen, energiesparenden „Ökospüler" auf den Markt zu bringen.

   2.1 Schlagen Sie der Geschäftsleitung begründet drei Werbemittel bzw. -medien vor, die geeignet sind, das neue Produkt erfolgreich auf den Markt zu bringen!

   2.2 Die Werbung sollte bestimmten Grundsätzen genügen. Nennen Sie drei wichtige Werbegrundsätze!

   2.3 In der Diskussion über die durchzuführenden Werbemaßnahmen fallen auch die Begriffe Streukreis und Streugebiet. Was ist hierunter zu verstehen?

   2.4 Nach Meinung der Geschäftsleitung soll vor allem Massenwerbung und Alleinwerbung betrieben werden. Nennen Sie noch weitere Arten der Werbung a) nach der Zahl der Umworbenen und b) nach der Anzahl der Werbenden!

   2.5 Begründen Sie, warum die Lorenz OHG die unter 2.4 genannten Werbearten bevorzugt!

3. Die Lorenz OHG möchte den Erfolg ihrer geplanten Werbung kontrollieren. Machen Sie einen Vorschlag, wie eine Werbeerfolgskontrolle durchgeführt werden könnte!

4. Die Geschäftsleitung der Lorenz OHG prüft, ob auch Maßnahmen der Verkaufsförderung ergriffen werden sollen.

   4.1 Erläutern Sie, welche Maßnahmen zur Verkaufsförderung gehören!

   4.2 Schlagen Sie der Geschäftsleitung der Lorenz OHG Maßnahmen aus dem Bereich Salespromotion vor, um den Absatz des „Ökospülers" zu fördern!

5. Zur Absatzförderung trägt auch die Öffentlichkeitsarbeit – also Maßnahmen der Public Relations – bei.

   Begründen Sie diese Aussage!

6. Die Kommunikationspolitik kann dazu beitragen, das umweltbewusste Marktsegment zu vergrößern.

   6.1 Erklären Sie, was unter Marktsegment zu verstehen ist!

   6.2 Begründen Sie, warum die Kommunikationspolitik das umweltbewusste Marktsegment vergrößern kann!

   6.3 Erklären Sie, welche Bedeutung die Vergrößerung des umweltbewussten Marktsegments für das Unternehmen haben kann!

7. Ein Autohändler plant eine Werbeaktion zur Vorstellung des „Autos des Jahres".

   7.1 Stellen Sie ein Veranstaltungsprogramm auf für ein Marketing-Event in der Ausstellungshalle und auf dem Freigelände des Automobilhändlers!

   7.2 Beschreiben Sie wie Ihr Veranstaltungsprogramm die Aspekte Information, Emotion, Aktion und Motivation an die Zielgruppe vermitteln will!

5.7 Entwicklung eines Marketingkonzepts (Marketing-Mix)

(1) Begriff

Merke:

Unter einem **Marketingkonzept** versteht man die individuelle Art und Weise, wie ein Unternehmen das Marketinginstrumentarium einsetzt. Die jeweilige Kombination der Marketinginstrumente bezeichnet man als Marketing-Mix.

(2) Produktidee, -planung und -einführung

Beispiel:

Die Seifenfabrik Gabriele Schwarz e. Kfr. hat bereits von mehreren Großhändlern – die ihrerseits die Erfahrungen der Einzelhändler wiedergaben – gehört, dass die Seife „Omega" deswegen nicht den gewünschten Erfolg gehabt hätte, weil sie a) zu teuer, b) ohne spezifischen Duft und c) in einer wenig ansprechenden Verpackung angeboten würde.

Die Marketingleitung der Seifenfabrik Gabriele Schwarz e. Kfr. plant daher, eine „neue" Seife gleichen Namens zu entwickeln, zu testen und – bei entsprechendem Erfolg – baldmöglichst auf den Markt zu bringen. Dies sollte nicht allzu schwer sein, denn „in der Schublade" befinden sich genügend Vorschläge zur Gestaltung von Seifen (Produktideen), die von der eigenen Entwicklungsabteilung erarbeitet wurden.

Im Rahmen der Produktentwicklung wird zunächst eine Auswahl aus den verschiedenen Produktvorschlägen (Produktideen) getroffen (Ideenselektion). Man entscheidet sich für den Vorschlag D, d. h. für eine Seife, die vor allem Männer ansprechen soll. Die Wirtschaftlichkeitsanalyse ergibt, dass der zu erwartende Umsatzzuwachs höher als der Kostenzuwachs sein wird, wenn statt der „alten" Seife das „neue" Erzeugnis auf den Markt kommt.

Marktuntersuchungen haben ergeben, dass Kosmetikprodukte für Männer häufig von Frauen gekauft und danach verschenkt werden. Die Werbebotschaft und die Produktgestaltung muss sich also an beide Käufergruppen wenden. Im Rahmen der Produktgestaltung sollen daher sowohl die Verpackung als auch die Seife selbst eine eckige, kantige Form erhalten. Die Farbgebung soll kräftig, die Duftnote männlichherb sein. Bei der Werbung will man sich besonders an die weiblichen Kundinnen als die

Von der Produktidee zum Markt

10 Speth u.a. - ISBN 978-3-8120-0572-2

Träger der Kaufentscheidung wenden mit der Aussage: *„Kaufen Sie ihm Omega – bevor es eine andere tut!"*

Dabei soll die Verpackung jedoch nicht zu teuer (zu luxuriös) aussehen. Vielmehr soll der Eindruck erweckt werden, dass es sich um eine täglich zu verwendende Seife handelt.

Nach Abschluss der Produktentwicklung geht die Seife – zunächst in einer kleinen Serie (Stückzahl) – in Produktion. Da man kein Risiko eingehen will, möchte man das Produkt auf zweifache Weise testen. Zunächst soll untersucht werden, ob das Produkt tatsächlich den gesetzlichen Normen (z.B. Duftnote, Farbe) entspricht **(Produkttest)**. Zum anderen soll in Erfahrung gebracht werden, wie die neue Omega-Seife bei den Kunden „ankommt". Zu diesem Zweck beliefert die Seifenfabrik Gabriele Schwarz e.Kfr. einen Großhändler, der seinerseits einige wenige Einzelhandelsgeschäfte an bestimmten Orten beliefert **(Testmärkte).**

Da die Omega-Seife den gesetzten Normen entspricht und auf den Testmärkten ein Umsatzplus von 30 % gegenüber dem Umsatz der „alten" Seife zu verzeichnen ist (das Ergebnis der **Erfolgskontrolle** also positiv ist), entschließt sich die Geschäftsleitung, die neue Seife allgemein einzuführen.

(3) Marketing-Mix

Die Seifenfabrik Gabriele Schwarz e.Kfr. unterscheidet sich nicht nur durch das von ihr hergestellte Produkt von ihren Konkurrenzunternehmen, sondern auch durch den ergänzenden individuellen Einsatz weiterer Marketinginstrumente wie z.B. Preispolitik, Distributionspolitik und Kommunikationspolitik.

Beispiel:

Marketing-Mix zweier Seifenfabriken (Ausschnitt)

Marketinginstrumente	Marketing-Mix der Seifenfabrik Schwarz e.Kfr.	Marketing-Mix der Seifenfabrik Weiß GmbH
Produktpolitik (einschließlich Gestaltung der Verpackung)	Form: kantig; Farbe: kräftig; Duft: herb; Verpackung: Karton.	Form: weich, gerundet; Farbe: pastell; Duft: zart; Verpackung: Plastikdose.
Preispolitik	Durchschnittspreis	Preis überdurchschnittlich
Distributionspolitik	Einschaltung des Großhandels	Direktbelieferung des Einzelhandels
Kommunikationspolitik	Großhandel stellt Display-Material zur Verfügung; nur Zeitschriftenwerbung; Hinweise auf die männliche Note der Seife.	Rundfunk-, Fernseh- und Zeitschriftenwerbung; Hinweise auf Eignung der Seife für die Schönheitspflege.

(4) Marktwachstum-Marktanteil-Portfolio und Marketing-Mix

Überträgt man die zunächst allgemein gehaltenen Handlungsstrategien der Portfolio-Analyse (siehe S. 107f.) auf den einzusetzenden Produkt-, Distributions-, Entgelt- und Kommunikationsmix, so ergeben sich nunmehr deutlich konkretere Handlungsstrategien, und es können folgende Aussagen getroffen werden:

Strategie-Elemente	Portfolio-Kategorien			
	Fragezeichen	Sterne	Melkkühe	Arme Hunde
Produktpolitik	Produkt-spezialisierung	Produktions-programm ausbauen, diversifizieren	Unterschiedliche Marken und Modelle anbieten	Programmbegrenzung (keine neuen Produkte, Aufgeben ganzer Linien)
Distributions-politik	Distributions-netz aufbauen	Distributions-netz ausbauen, z. B. Tankstellen	Distributions-netz weiter verstärken	Distributions-netz selektiv abbauen
Kontrahierungs-politik	Tendenzielle Niedrigpreise	Anstreben von Preisführerschaft	Preisstabilisierung	Tendenziell fallende Preise
Kommunikations-politik	Stark forcieren, auf allen Ebenen Einführungs-werbung mit dem Ziel, „Neukunden" zu gewinnen	Aktiver Einsatz von – Werbemitteln, – Zweitmarken	Werbung, die auf Bestätigung des Verhaltens abzielt, Verbesserung des Kundendienstes	Zurückgehender Einsatz des kommunikationspolitischen Instrumentariums

---

Übungsaufgabe

39 Das Beispiel auf S. 145f. zeigt auf vereinfachende Weise das Marketingkonzept eines Industriebetriebs.

Aufgaben:

1. Erläutern Sie, was unter einem Marketingkonzept zu verstehen ist!

2. Erklären Sie, warum eine eigenständige Produktgestaltung dazu beitragen kann, den preispolitischen Spielraum eines Unternehmens zu vergrößern!

1 Handlungen unterschiedlicher Wirtschaftssektoren analysieren

1.1 Bedürfnisse, Bedarf, Nachfrage

Der Mensch hat zahlreiche Bedürfnisse. Wenn er Durst hat, hat er das Bedürfnis zu trinken. Hat er Hunger, will er essen. Friert er, wird in ihm der Wunsch nach warmer Kleidung und/ oder nach einer Behausung wach. Ist es dem Menschen langweilig, hat er den Wunsch, sich zu unterhalten oder sich unterhalten zu lassen. Er möchte z. B. ein Buch lesen, eine CD hören, ins Kino gehen oder ein Konzert besuchen.

> **Merke:**
>
> Unter **Bedürfnissen** versteht man **Mangelempfindungen der Menschen,** die diese zu beheben bestrebt sind. Die Bedürfnisse sind die **Antriebe (Motive)** für das **wirtschaftliche Handeln** der Menschen.

Ob jeder Mensch alle seine Bedürfnisse befriedigen kann, hängt in der Regel von seinem Vermögen und/oder von seinem Einkommen (Gehalt, Lohn, Rente, Pension, Arbeitslosengeld usw.), also der **Kaufkraft** ab.

> **Merke:**
>
> Die mit Kaufkraft versehenen Bedürfnisse bezeichnet man als **Bedarf.**

> **Beispiel:**
>
> Der 17-jährige Philipp, der sein monatliches Taschengeld schon aufgebraucht hat, würde sich gerne mit seinen Freunden den neuesten Film im Kino ansehen. Leider bleibt dieser Wunsch zunächst ein Bedürfnis. Erst wenn er zu Beginn des neuen Monats von seinen Eltern seine 50,00 EUR Taschengeld erhält, könnte er sich den Film im Kino anschauen. Das Bedürfnis wird nunmehr zum konkreten Bedarf.

Sind die finanziellen Mittel vorhanden und entschließt sich der Einzelne zum Kauf, so wird der Bedarf zur Nachfrage.

> **Merke:**
>
> Die **Nachfrage** ist der **Teil des Bedarfs** an Gütern und Dienstleistungen, der **tatsächlich** am Markt **nachgefragt** wird.

Der Schüler Carsten Clever verspürt in der ersten Pause großen Hunger auf eine Pizzaschnecke, ein Eis und Schokolade.

An der Preistafel des Schulkiosks informiert er sich über das aktuelle Angebot.

Bei Durchsicht seiner Geldbörse stellt er allerdings fest, dass er nur über 1,80 EUR Bargeld verfügt, sodass er nicht alle seine Bedürfnisse

Preisliste			
Kakao	0,60 EUR	Pizzaschnecke	2,50 EUR
Kaffee	0,75 EUR	Kleiner Salat	2,75 EUR
Limonade	0,90 EUR	Müsliriegel	0,60 EUR
Orangensaft	1,10 EUR	Schokoriegel	0,50 EUR
belegte Brötchen	0,75 EUR	Eiskugel	0,80 EUR
Nussecke	1,25 EUR		

mit den ihm zur Verfügung stehenden finanziellen Mitteln befriedigen kann. Zwar könnte er sich theoretisch zwei Schokoriegel und eine Eiskugel kaufen, aufgrund der nach seinem Empfinden zu hohen Preisforderung für eine Eiskugel entscheidet er sich jedoch für drei Schokoriegel, sodass ihm 0,30 EUR verbleiben. Der Bedarf, also die mit Kaufkraft ausgestatteten Bedürfnisse, wurde nicht in vollem Umfang als Nachfrage am Markt (Schulkiosk) wirksam.

1.2 Güter

Der Gebrauch oder Verbrauch aller Sachen und Dienstleistungen, die der Bedürfnisbefriedigung dienen, erhöht das Wohlbefinden des Menschen. Man sagt, dass die Bedürfnisbefriedigung „Nutzen" stiftet.

Merke:

Die Mittel, die dem Menschen Nutzen stiften, heißen **Güter**.

Es gibt **Güter,** die stellt die Natur im **Überfluss** und in **nutzbarer Form** zur Verfügung (freie Güter). Die meisten Güter sind jedoch nur **begrenzt verfügbar,** da sie zuerst hergestellt werden müssen, damit **Kosten verursachen** und deshalb einen **Preis haben** (wirtschaftliche Güter).

Freie Güter	Dies sind solche Güter, die in unbeschränktem Maße und in nutzbarer Form zur Verfügung stehen (z. B. Luft, Sonnenstrahlen, Meerwasser). Sie können von jedem Menschen nach Belieben in Anspruch genommen werden. Sie sind nicht Gegenstand des Wirtschaftens.
Wirtschaftliche Güter	Die meisten Güter, die der Mensch benötigt, stellt die Natur nur beschränkt zur Verfügung, d. h., sie sind knapp. Mit knappen Gütern muss gewirtschaftet werden. Sie verursachen Kosten, werden am Markt angeboten und erzielen einen Preis. Die menschliche Bedürfnisbefriedigung richtet sich vor allem auf die knappen Güter.

1.3 Ökonomisches Prinzip

Den unbegrenzten Bedürfnissen des Menschen stehen nur begrenzte Mittel (knappe Güter) gegenüber. Aus der Knappheit der Gütervorräte folgt, dass der Mensch bestrebt sein muss, mit den vorhandenen Gütern vernünftig (z.B. sparsam) umzugehen, um die bestmögliche Bedürfnisbefriedigung zu erzielen. Der Mensch ist gezwungen zu wirtschaften.

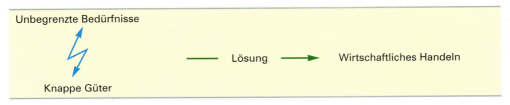

Merke:

- Unter **Wirtschaften** versteht man ein planvolles menschliches Handeln, um eine optimale Bedürfnisbefriedigung zu erreichen.

- Sind die Bedürfnisse größer als die Gütermenge, die zu ihrer Befriedigung bereitsteht, liegt **Knappheit** vor.

Bei vernünftigem (rationalem) Verhalten erfolgt das Bewirtschaften der knappen Güter nach dem so genannten **ökonomischen Prinzip.** Zur Umsetzung des wirtschaftlichen Handelns sind zwei Handlungsmöglichkeiten denkbar:

■ Maximalprinzip

Das **Maximalprinzip** besagt: Mit den **gegebenen Mitteln** ist der **größtmögliche (maximale) Erfolg (Nutzen)** anzustreben.

Beispiel:

Das Lebensmittelhaus Hans Wetzel e.Kfm. setzt sich zum Ziel, mit der vorhandenen Anzahl an Mitarbeitern den größtmöglichen Gewinn zu erzielen.

■ Minimalprinzip

Das **Minimalprinzip** besagt: Einen **geplanten Erfolg** (Nutzen) mit dem **geringsten (minimalen) Einsatz an Mitteln** zu erreichen.

Beispiel:

Eine Fast-Food-Kette möchte die Umsatzerlöse des vergangenen Jahres beibehalten. Zugleich soll allerdings die Mitarbeiterzahl drastisch reduziert werden.

Unsinnig, d.h. logisch nicht umsetzbar, wäre die Formulierung des ökonomischen Prinzips dergestalt, dass mit geringstmöglichen Mitteln ein größtmöglicher Erfolg angestrebt werden soll. So ist es beispielsweise undenkbar, ohne jeglichen Lernaufwand alle Prüfungsaufgaben richtig zu beantworten.

Ein **Betrieb** richtet sich dann nach dem ökonomischen Prinzip, wenn er mit den geplanten Kosten je Zeitabschnitt einen größtmöglichen Gewinn zu erzielen trachtet **(Gewinnmaximierung).** Der Betrieb handelt auch dann nach dem ökonomischen Prinzip, wenn er einen geplanten Gewinn mit dem geringstmöglichen Mitteleinsatz erreichen möchte **(Kostenminimierung).**

Beispiel:

Ein Handwerksmeister, der nicht darauf achtet, dass sparsam mit Material und sorgfältig mit Maschinen und Werkzeug umgegangen wird, verstößt gegen das ökonomische Prinzip, in diesem Fall gegen das Sparprinzip (Minimalprinzip).

Zusammenfassung

■ Unter **Bedürfnissen** versteht man **Mangelempfindungen** der Menschen, die diese zu beheben bestrebt sind. Die Bedürfnisse sind die **Antriebe** (Motive) für das wirtschaftliche Handeln der Menschen.

■ Die mit **Kaufkraft** versehenen Bedürfnisse bezeichnet man als **Bedarf.**

■ Unter **Nachfrage** versteht man den Teil des Bedarfs, der **tatsächlich** am Markt nachgefragt wird.

■ Die Mittel, die dem Menschen **Nutzen** stiften, heißen **Güter.**

■ Unter **Wirtschaften** versteht man ein planvolles menschliches Handeln, um eine **optimale** Bedürfnisbefriedigung zu erreichen. Bei derartigem Verhalten erfolgt das Bewirtschaften der knappen Güter nach dem **ökonomischen Prinzip.**

Übungsaufgaben

40 1. Bilden Sie zu der folgenden Aussage vier Beispiele und begründen Sie Ihre Ansicht!

„Die Feststellung, dass die Bedürfnisse den ganzen wirtschaftlichen Prozess in Gang setzen, ist eine Vereinfachung und wird der heutigen Wirklichkeit nicht voll gerecht. Es ist nicht immer so, dass zuerst Bedürfnisse vorhanden sind und als solche empfunden und dann durch Kaufentschluss und Kaufkraft zur wirksamen Nachfrage werden, dass dann Güter und Mittel produziert werden, um dem Bedürfnis zu entsprechen. Immer häufiger geht die Produktion einfach neue Wege und schafft Güter, für die zunächst keine Nachfrage vorhanden sein kann, weil niemand diese Güter kennt: Die Nachfrage muss vielmehr erst geweckt werden ..."

(Aus: Störig, Wirtschaft im Entscheidungsbereich, 6. Aufl., Frankfurt/München 1971, S. 27).

2. Welchem Zweck dient die Bereitstellung der Güter durch die Volkswirtschaft?

3. 3.1 Worin unterscheiden sich die freien Güter von den wirtschaftlichen Gütern?

   3.2 Bilden Sie hierzu jeweils zwei Beispiele!

4. Begründen Sie, warum die Luft und das Wasser zunehmend zu wirtschaftlichen Gütern werden!

41   1. Nennen Sie zwei eigene Beispiele für das Handeln nach dem ökonomischen Prinzip

      1.1 im privaten Haushalt und

      1.2 im wirtschaftlichen Betrieb!

2. Begründen Sie, warum Minimalprinzip und Maximalprinzip zwei Ausprägungen des wirtschaftlichen Prinzips darstellen!

3. Beurteilen Sie diese Formulierung des ökonomischen Prinzips:

      „Mit möglichst geringem Aufwand an Mitteln soll der größtmögliche Erfolg erzielt werden."!

4. Zwischen dem ökonomischen Prinzip und den Prinzipien der Humanisierung der Arbeit und der Schonung der Natur besteht ein inneres Spannungsverhältnis.

    Aufgaben:

      4.1 Formulieren Sie ein Beispiel, wo es zwischen diesen Prinzipien zu Spannungen kommen kann!

      4.2 Diskutieren Sie die Frage, ob zwischen den drei Prinzipien eine Abstufung nach der Dringlichkeit möglich ist!

1.4 Volkswirtschaftliche Produktionsfaktoren

1.4.1 Begriff Produktionsfaktoren

Das Produzieren im volkswirtschaftlichen Sinn, also das Beschaffen, Erzeugen und Verteilen von Gütern, geht auf die Vereinigung der beiden Grundelemente **Natur**[1] und menschliche **Arbeit** zurück. Diese beiden Grundelemente werden daher auch als **ursprüngliche (originäre) Produktionsfaktoren**[2] bezeichnet.

> **Merke:**
>
> **Produktionsfaktoren** sind alle Hilfsmittel (Ressourcen), die bei der Produktion mitwirken.

Neben den **originären Produktionsfaktoren Natur** und **Arbeit** setzt der Mensch als weitere Hilfsmittel noch die Produktionsfaktoren **Kapital** und **Bildung** ein, um den Erfolg seiner Arbeit zu erhöhen.

1.4.2 Produktionsfaktor Natur

> **Merke:**
>
> ■ Der **Produktionsfaktor Natur** umfasst die **Erdoberfläche** und **alle von der Natur bereitgestellten Ressourcen** (z. B. Bodenschätze, Wind, Sonne, Klima, Wasser, Pflanzen, Tiere).
>
> ■ Der Produktionsfaktor Natur dient dem Menschen als **Anbaufaktor,** als **Abbaufaktor** und als **Standortfaktor.**

---

1 Da der Boden bei der Produktion eine ganz wesentliche Rolle spielt, wird in der Volkswirtschaftslehre statt vom Produktionsfaktor „Natur" vom Produktionsfaktor „Boden" gesprochen.

2 Faktor: Mitbewirker, mitbestimmender Grund.

Anbaufaktor	Die Natur liefert uns den **Boden,** die **Luft,** das **Wasser** und die **Sonnenenergie.** Vor allem der Boden dient der Produktion auf vielfache Weise. In der landwirtschaftlichen Produktion ist er Anbaufaktor, indem mit seiner Hilfe Nahrungsmittel (z. B. Getreide) oder Rohstoffe (z. B. Baumwolle) hervorgebracht werden. Der Boden liefert der Forstwirtschaft den wichtigen Rohstoff Holz (z. B. zur Herstellung von Möbeln, Baumaterialien oder Papier).
Abbaufaktor	Zugleich ist der Boden ein Abbaufaktor, indem er uns Rohstoffe wie z. B. Kohle, Erze, Erdgas oder Erdöl liefert. Die Bodenschätze sind jedoch nicht unerschöpflich und es lässt sich absehen, dass diese bald ausgebeutet sein werden. Damit wird sich die Menschheit einem neuen Knappheitsproblem gegenübersehen, dem nicht mit primär wirtschaftlichen, sondern nur mit technischen Mitteln begegnet werden kann (z. B. Entwicklung neuer Technologien zur Erschließung weiterer Energiequellen).
Standortfaktor	Ferner gibt uns der Boden die Flächen, die wir für die Erstellung von Fabrikanlagen, Handelsgeschäften oder land- und forstwirtschaftlichen Betrieben benötigen. Der Boden dient als Standortfaktor.

Für die Produktion wirtschaftlicher Güter sind die übrigen Kräfte der Natur nicht weniger wichtig. Bedeutsamer Produktionsfaktor für die Landwirtschaft ist z. B. das Klima. Die Kräfte der Flüsse dienen der Elektrizitätsgewinnung, die Gewässer der Fischwirtschaft. Mit Hilfe der Sonnen- und/oder der Windenergie hofft man, in Zukunft ausreichend „saubere" Energie gewinnen zu können.

1.4.3 Produktionsfaktor Arbeit

Der zweite ursprüngliche Produktionsfaktor ist die Arbeit. Wir leben nicht im Schlaraffenland, in dem uns die gebratenen Tauben in den Mund fliegen. Selbst dort, wo uns die Natur Nahrungsmittel liefert, ohne dass sie angebaut bzw. erzeugt werden müssen (z. B. Pilze, Waldbeeren), bedarf es einer gewissen Anstrengung, sie zu suchen, zu pflücken und zuzubereiten. Es sind also geistige und körperliche Anstrengungen des Menschen notwendig.

Manche Arbeiten erfordern vorwiegend geistige Kräfte (anordnende, verwaltende, organisierende Tätigkeiten). Andere Arbeiten wiederum sind vorwiegend körperlicher Natur (Handarbeit, Arbeit an Maschinen, Führen von Fahrzeugen usw.) Im ersten Fall spricht man von **geistiger Arbeit,** im zweiten von **körperlicher Arbeit.**

Merke:

Arbeit im Sinne der Volkswirtschaftslehre ist die auf Bedarfsdeckung, d. h. auf Erzielung von Ertrag bzw. Einkommen gerichtete **körperliche und geistige Tätigkeit** der Menschen.

1.4.4 Produktionsfaktor Kapital

1.4.4.1 Begriff Kapital und die Kapitalbildung

(1) Begriff Kapital

Das Produzieren ist bereits durch **Kombination** der beiden ursprünglichen Produktionsfaktoren **Arbeit** und **Natur** möglich. In der Regel setzt der Mensch jedoch ein weiteres Hilfsmittel – das **Kapital** – ein, um den Erfolg seiner Arbeit zu erhöhen. Solche Hilfsmittel sind z. B. Werkzeuge, Jagdwaffen, Transportmittel, Maschinen, Nutztiere und Nutzpflanzungen sowie immaterielle (nicht gegenständliche) Anlagegüter wie z. B. Suchbohrungen, Computerprogramme und Urheberrechte (z. B. Patente).

Merke:

Unter **Kapital** im volkswirtschaftlichen Sinne verstehen wir **produzierte Produktionsmittel** materieller und immaterieller Art.

Beispiel:

Um uns den Begriff des Kapitals klarzumachen, greifen wir zu einem sehr vereinfachenden naturalwirtschaftlichen[1] Modell.

Angenommen, eine kleine Gruppe Schiffbrüchiger landet auf einer einsamen Insel. Die Leute haben nichts gerettet außer den Kleidern, die sie auf dem Leib tragen. Um ihre Existenz zu sichern, ernähren sie sich tagelang nur von Früchten, Wurzeln und Kleingetier. An den Ufern und in den Bächen gibt es jedoch Fische genug und in den Wäldern lebt Wild in Hülle und Fülle. Da wenig Hoffnung auf Rettung besteht, beschließen die Schiffbrüchigen, einige geschickte Leute vom Früchtesammeln freizu-

stellen, damit diese Angelgeräte und Jagdwaffen herstellen können. Dieser Entschluss bedeutet für die Schiffbrüchigen zunächst teilweisen Verzicht auf die gewohnte Menge Nahrungsmittel, also Konsumverzicht. Nach Fertigstellung der Jagdgeräte (des „Kapitals") erhöht sich jedoch die täglich zur Verfügung stehende Nahrungsmittelmenge (Fisch, Fleisch). Die Befriedigung der Existenzbedürfnisse ist gesichert. Weiterer Konsumverzicht fällt den Schiffbrüchigen leichter, wenn sie z. B. ihren Lebensstandard durch das Anfertigen von Kleidung oder den Bau von Hütten erhöhen wollen.

Durch den vorläufigen Verzicht auf die Produktion von Konsumgütern können Produktionsgüter hergestellt werden. Diese Produktionsgüter erleichtern anschließend die Herstellung von Konsumgütern und erhöhen gleichzeitig die Wirksamkeit der Arbeit (Arbeitsproduktivität). In welchem Umfang die Arbeitsproduktivität gesteigert werden kann, hängt dabei nicht nur von der Menge, sondern auch von der Qualität (dem technischen Fortschritt) der Produktionsgüter ab.

(2) Kapitalbildung

Das mithilfe der beiden ursprünglichen Produktionsfaktoren Arbeit und Natur geschaffene Kapital im volkswirtschaftlichen Sinne stellt einen dritten **abgeleiteten (derivativen) Produktionsfaktor** dar, der der Erleichterung und Erweiterung der Produktion dienen kann.

---

[1] Eine **Naturalwirtschaft** ist eine Wirtschaft ohne Geld als Zwischentauschgut.

Die Höhe der Kapitalbildung ist bedeutsam für das **Wachstum der Wirtschaft**.

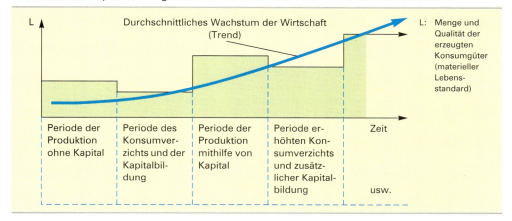

1.4.4.2 Kapitalbildung und Investition

In einer **Geldwirtschaft** erfolgt das **Sparen** i. d. R. nicht durch Vorratsbildung, sondern durch Verzicht auf vollständige Ausgabe des Geldeinkommens. Dort wird also zunächst **Geldkapital** gebildet, das anschließend zur **Investition** (Bildung von **Kapital** im volkswirtschaftlichen Sinne) führen **kann**. Das Sparen führt nämlich nur dann zur Kapitalbildung, wenn die gesparten Mittel von den Wirtschaftssubjekten (den wirtschaftlich Handelnden) in Produktivvermögen investiert werden.

1.4.5 Produktionsfaktor Bildung

Mit unserem Schiffbrüchigenbeispiel (vgl. S. 154) haben wir Jahrtausende der Menschheitsentwicklung im Zeitraffer zusammengefasst. Die Menschheit brauchte sehr lange, bis sie es verstand, die Produktion mithilfe von Werkzeugen (Kapital) zu steigern.

Die Schiffbrüchigen konnten die Werkzeuge nur deswegen so schnell bauen, weil sie ein bestimmtes Maß an Bildung im weitesten Sinne, hier also **technisches Wissen** (Know-how,[1] Human Capital[2]), aus der Zivilisation mitbrachten. Umfang und Qualität der Produktion hängen somit nicht nur von den Produktionsfaktoren Natur, Arbeit und Kapital, sondern auch vom **technischen Fortschritt** der wirtschaftenden Menschen ab.

---

1 Know-how (engl.): gewusst wie.

2 Human Capital (engl.): menschliches Kapital (Bildung, technisches Wissen und Können, Ausbildungsstandard).

Da Bildung und Ausbildung dem Menschen nicht von vornherein gegeben sind, sondern oft mühevoll erworben werden müssen, handelt es sich bei der Bildung ebenfalls um einen **abgeleiteten** (derivativen) **Produktionsfaktor.**

Merke:

Unter dem **Produktionsfaktor Bildung** versteht man die Summe an organisatorischem und technischem Wissen (Know-how).

In der Bundesrepublik Deutschland wird – wie in vielen anderen Volkswirtschaften auch – die Ausgestaltung des Bildungssystems im Wesentlichen durch die Bildungspolitik bestimmt. Die **Bildungspolitik** beinhaltet die Gesamtheit aller **finanziellen, personellen** und **inhaltlichen** Entscheidungen, die das gesetzliche Rahmenwerk sowie die **institutionelle und organisatorische Struktur des Bildungswesens** betreffen. Aufgrund der Kulturhoheit der Länder ist das Schulsystem der Bundesrepublik Deutschland sehr **heterogen.** Der Schulbesuch ist für die Dauer von **neun** (bzw. in einigen Bundesländern **zehn**) **Schuljahren Pflicht,** daran schließt sich bis zum achtzehnten Lebensjahr die **Teilzeitschulpflicht** an, sofern nicht eine Vollzeitschule besucht wird. Die **allgemein bildenden** Schulen vermitteln die **grundlegenden Bildungsinhalte** und Lerntechniken, die **beruflichen Schulen** eine Grundausbildung oder eine **Berufsbildung** oder Berufsfortbildung.

Die Bereitstellung des Gutes Bildung bzw. Sicherung eines bestimmten Bildungsniveaus ist ein aus dem **Grundgesetz** ableitbares gesellschaftliches Ziel. Es besteht faktisch ein **Monopol des Staates** als **Bildungsanbieter;** begründet dadurch, dass Bildung als **öffentliches Gut** bezeichnet wird, sowie mit der These, nur der Staat kann die von der Verfassung geforderte **Einheitlichkeit der Lebensverhältnisse** gewährleisten. Schließlich gilt die **persönliche Qualifikation** nach wie vor als **wichtigste Erwerbsquelle** und stellt somit eine wesentliche Grundlage für den **individuellen Wohlstand** dar. Nicht zuletzt deshalb muss eine gezielte Förderung der Bildung von „Humankapital" als Teil einer auf mehr **Chancengleichheit** abstellenden **Vermögenspolitik** angesehen werden.

Merke:

Mit Blick darauf, dass das Bildungsniveau eines Landes wesentlichen Einfluss auf den Wohlstand dieser Volkswirtschaft hat, werden Ausgaben in diesem Bereich als **Investitionen für die Zukunft** verstanden.

Zusammenfassung

- **Produktionsfaktoren** sind alle Grundelemente, die bei der Produktion mitwirken.

- Wir unterscheiden folgende **Arten von volkswirtschaftlichen Produktionsfaktoren:**

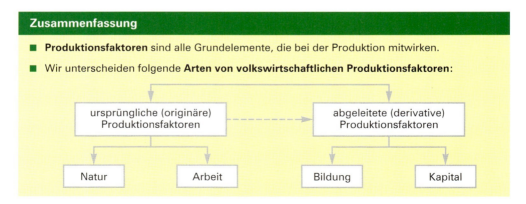

42 1. Der Anteil der Produktionsfaktoren an einem Gut kann unterschiedlich hoch sein. Übertragen Sie die nachstehende Tabelle in Ihr Hausheft und füllen Sie diese aus, indem Sie die Bedeutung der volkswirtschaftlichen Produktionsfaktoren angeben! (1: große Bedeutung; 2: mittlere Bedeutung; 3: verhältnismäßig geringe Bedeutung)

Gut	Bedeutung der Produktionsfaktoren		
	Arbeit	Natur	Kapital
Ölraffinerie Friseur Bank Spielwarengeschäft Bauernhof			

2. Präsident Lincoln verbot 1865 in den USA die Sklaverei. „Mit einem Schlag hat er damit einen großen Teil des Kapitals zerstört, das der Süden im Laufe der Jahre angesammelt hatte."

   Aufgabe:

   Nehmen Sie zu dieser Aussage Stellung!

3. Erklären Sie den Vorgang der Kapitalbildung an einem selbst gewählten Beispiel!

4. Begründen Sie, warum angespartes Geldkapital volkswirtschaftlich kein Sachkapital darstellt!

5. Lesen Sie zunächst sorgfältig nachstehenden Text durch!

Das Produzieren geht auf die Vereinigung der beiden Grundelemente Boden (Natur) und Arbeit (Mensch) zurück. Um den Sachverhalt klarzumachen, sei ein einfaches Beispiel gewählt. Angenommen, ein einzelner Mensch lebe auf einer Insel und könne bei normaler Anstrengung pro Tag ein Kaninchen mit der Hand fangen, das er auch am gleichen Tag zur Erhaltung seiner Lebensfähigkeit verzehren muss. Den Rest des Tages muss er schlafen. Es ist ohne weiteres einzusehen, dass unter diesen Umständen eine Produktionssteigerung, also eine Verbesserung seines **Lebens-** **standards,** nicht möglich ist. Die Wirtschaft unseres Robinsons ist **stationär** (auf gleicher Stufe stehen bleibend). Nehmen wir aber weiter an, dass sich unser Inselbewohner eines Tages dazu entschließt, einen Tag lang zu hungern und währenddessen eine Falle zu bauen. Die Falle erfüllt ihren Zweck und künftig fängt Robinson im Durchschnitt 2 Kaninchen, sodass er sich sogar Vorräte an Trockenfleisch anlegen kann. Die so frei gewordene Arbeitszeit verwendet Robinson zum Bau weiterer Fallen, zur Schaffung von Jagd- und Angelgeräten und zum Bau einer Unterkunft ...

Aufgabe:

Welcher wirtschaftliche Vorgang ist hier auf einfache Weise beschrieben? Kreuzen Sie die **zutreffendste** Antwort an! (Falls Ihnen das Buch nur leihweise überlassen wurde, schreiben Sie die Lösungsnummern bitte in Ihr Hausheft!)

5.1 Der Text beschreibt das Wesen der Produktion. ☐1

5.2 Im Text wird das Wesen der Produktionsfaktoren beschrieben. ☐2

5.3 Im Text werden die volkswirtschaftlichen Produktionsfaktoren definiert. ☐3

5.4 Der Text beschreibt den Begriff „Lebensstandard". ☐4

5.5 Der Text beschreibt die Kapitalbildung im volkswirtschaftlichen Sinne. ☐5

43

1. Unterscheiden Sie die originären und die derivativen volkswirtschaftlichen Produktionsfaktoren!

2. Interpretieren Sie nachstehende Textauszüge (Häuptling Seattle, 1855, in seiner Stellungnahme an den Präsidenten der Vereinigten Staaten zu dessen Angebot, die Gebiete seines Stammes zu kaufen)!

„Wenn wir unser Land verkaufen, so müsst ihr euch daran erinnern und eure Kinder lehren: Die Flüsse sind unsere Brüder – und eure –, und ihr müsst von nun an den Flüssen eure Güte geben, so wie jedem anderen Bruder auch … Wir wissen, dass der weiße Mann unsere Art nicht versteht. Ein Teil des Landes ist ihm gleich jedem anderen, denn er ist ein Fremder, der kommt in der Nacht und nimmt von der Erde, was immer er braucht. Die Erde ist sein Bruder nicht, sondern Feind, und wenn er sie erobert hat, schreitet er weiter. Er lässt die Gräber seiner Väter zurück – und kümmert sich nicht. Er stiehlt die Erde von seinen Kindern – und kümmert sich nicht. Seiner Väter Gräber und seiner Kinder Geburtsrecht sind vergessen. Er behandelt seine Mutter, die Erde, und seinen Bruder, den Himmel, wie Dinge zum Kaufen und Plündern, zum Verkaufen wie Schafe oder glänzende Perlen. Sein Hunger wird die Erde verschlingen und nichts zurücklassen als eine Wüste …

Ich bin ein Wilder und verstehe es nicht anders. Ich habe tausend verrottende Büffel gesehen, vom weißen Mann zurückgelassen – erschossen aus einem vorüberfahrenden Zug. Ich bin ein Wilder und kann nicht verstehen, wie das qualmende Eisenpferd wichtiger sein soll als der Büffel, den wir nur töten, um am

Leben zu bleiben. Was ist der Mensch ohne die Tiere? Wären alle Tiere fort, so stürbe der Mensch an großer Einsamkeit des Geistes. Was immer den Tieren geschieht – geschieht bald auch den Menschen. Alle Dinge sind miteinander verbunden. Was die Erde befällt, befällt auch die Söhne der Erde …

Es ist unwichtig, wo wir den Rest unserer Tage verbringen. Es sind nicht mehr viele. Noch wenige Stunden, ein paar Winter – und kein Kind der großen Stämme, die einst in diesem Land lebten oder jetzt in kleinen Gruppen durch die Wälder streifen, wird mehr übrig sein, um an den Gräbern eines Volkes zu trauern – das einst so stark und voller Hoffnung war wie das eure. Aber warum soll ich trauern über den Untergang meines Volkes; Völker bestehen aus Menschen – nichts anderem. Menschen kommen und gehen wie die Wellen im Meer.

Auch die Weißen werden vergehen, eher vielleicht als alle anderen Stämme. Fahret fort, euer Bett zu verseuchen, und eines Nachts werdet ihr im eigenen Abfall ersticken. Aber in eurem Untergang werdet ihr hell strahlen – angefeuert von der Stärke des Gottes, der euch in dieses Land brachte – und euch bestimmte, über dieses Land und den roten Mann zu herrschen …"

3. Begründen Sie, warum man den volkswirtschaftlichen Produktionsprozess als sinnvolle Kombination von Produktionsfaktoren bezeichnen kann!

44

1. „Adam Smith beginnt sein bedeutendes Buch ‚Eine Untersuchung über die Natur und die Ursachen des Volkswohlstandes' **(‚Inquiry into the nature and causes of the wealth of nations')** mit den Worten: ‚Die Arbeit des Volkes ist der Fonds, aus dem es ursprünglich mit allen erforderlichen Unterhaltsmitteln, deren es bedarf, versehen wird. Dieser Fonds besteht sowohl aus den unmittelbaren Produkten der Arbeit als auch aus denjenigen, die man im Tausch für diese Produkte im Ausland hat kaufen können.'

Die wirtschaftliche Ergiebigkeit der Arbeit ist im Lauf der Jahrhunderte stets größer und größer geworden. Smith erklärt dies aus der Arbeitsteilung. Um seine These zu verdeutlichen, konstruiert er das berühmte Nadel-Beispiel: Während ein Arbeiter vielleicht eine, aber sicher nicht mehr als 20 Nadeln pro Tag verfertigen kann, verfertigen in einer kleinen Fabrik, die Smith besucht, zehn Arbeiter – von denen der eine den Draht zieht, der andere ihn schneidet, ein dritter die Spitzen schärft usw. – 48 000 Nadeln täglich. Dank der hier geübten Arbeitsteilung gelang es also, die Produktivität eines Arbeiters von höchstens 20 auf 4 800 Nadeln, d. h. um das 240fache zu steigern."[1]

---

1 Quelle: ZIMMERMANN, L.J.: Geschichte der theoretischen Volkswirtschaftslehre, S. 55f.

Aufgaben:

1.1 Wer war ADAM SMITH?

1.2 Von welcher Art Arbeitsteilung ist im ersten Absatz des Textes die Rede?

1.3 Welche Art Arbeitsteilung beschreibt ADAM SMITH mit seinem Stecknadelbeispiel?

2. Warum ist das Sparen Voraussetzung der Neukapitalbildung?

3. Warum führt Sparen nicht in jedem Fall zur Neukapitalbildung?

2 Nutzentheorie

2.1 Begrifflichkeit

Der Begriff „Nutzen" lässt sich auf zweierlei Art verwenden. So zieht man den Nutzenbegriff einerseits zur **Erklärung menschlichen Handelns** heran, indem man beispielsweise folgende Aussage trifft: „Das einzelne Wirtschaftssubjekt verhält sich so, dass es seinen Nutzen möglichst maximiert."

Andererseits kann der Begriff des Nutzens auch bei der **Beurteilung von Alternativen** verwendet werden. Wirtschaftssubjekte treffen beispielsweise Konsumentscheidungen, indem sie verschiedene Konsumalternativen auf der Basis einer **subjektiven Nutzeneinschätzung** sortieren, um dann schließlich ihre Wahl zu treffen.

Beispiel:

Leonie und Michel machen gemeinsam mit ihren Eltern einen Sonntagsausflug mit dem Fahrrad. Bei einer Rast an einem Ausflugslokal dürfen sie sich entweder ein Erfrischungsgetränk oder ein Eis aussuchen. Beide entscheiden sich jeweils für eine Flasche Apfelschorle, da ihnen das Getränk unter den gegebenen Umständen offensichtlich einen **größeren** Nutzen stiftet als ein Eis.

In der ökonomischen Theorie versteht man unter dem Nutzen das Maß für die Fähigkeit eines Gutes oder einer Gütergruppe, die Bedürfnisse eines wirtschaftlichen Akteurs (z.B. eines Privathaushalts) zu befriedigen.

Merke:

Der **Nutzen** ist ein **Maß für die Bedürfnisbefriedigung,** die ein Konsument durch den Konsum von Gütern erzielt.

2.2 Erstes Gossen'sches Gesetz[1]

(1) Gesamtnutzen und Grenznutzen

Den meisten Menschen ist bewusst, dass bei zunehmender Bedürfnisbefriedigung irgendwann einmal eine **Sättigung** eintritt. Wir hören dies tagtäglich im Radio und im Fernsehen, wenn z.B. gesagt wird, dass der Absatz an DVD-Playern stagniere oder gar zurückgehe, weil der Markt gesättigt sei. Ähnliche Feststellungen werden auch bei anderen Produkten getroffen. Wir wollen untersuchen, was es damit auf sich hat.

Beispiel:

Angenommen, ein Jugendlicher isst für sein Leben gern Bananen. Er plant eine durchschnittliche tägliche Ausgabe von 3,60 EUR für Bananen. Sein Nutzen (der Umfang seiner individuellen Zufriedenheit) entwickelt sich mit zunehmendem Bananenverzehr wie in nachfolgender Tabelle angegeben. Dabei unterstellen wir, dass der Nutzen messbar ist.

Preis je Banane in EUR	Gekaufte Menge in Stück	Gesamtnutzen (willkürliche Maßeinheiten)	Grenznutzen (willkürliche Maßeinheiten)
3,60	1	20	20
			15
1,80	2	35	
			10
1,20	3	45	
			5
0,90	4	50	
			0
0,72	5	50	
0,60	6	45	− 5

Die Tabelle bedarf einiger Erläuterungen. Man erkennt, dass unser Verbraucher seinen Nutzen steigern kann, wenn die Preise sinken und er sich demzufolge mit zusätzlichen Bananen versorgen kann. Bei einer Preissenkung von 0,90 auf 0,72 EUR könnte er sich sogar 5 Bananen kaufen, falls er bei seinem Haushaltsplan bleiben möchte. Wenn er jedoch ökonomisch handelt, wird er dies nicht tun, sondern sein Geld für andere Zwecke ausgeben, weil sein Grenznutzen mit zunehmendem Bananenkonsum nicht mehr steigt. Der Grund: Mehr als $4\,^1/_2$ Bananen will er pro Tag unter keinen Umständen essen; die Bananen werden ihm zuwider. Die Sättigungsgrenze ist bei viereinhalb Bananen erreicht.

Merke:

- Der Nutzen ist **ordinal**,[2] nicht aber **kardinal**[3] messbar, weil niemand sagen kann, um das Wievielfache der Nutzen steigt oder fällt, wenn die ihm zur Verfügung stehenden Wirtschaftsgüter vermehrt oder vermindert werden.
- Die individuellen Nutzenempfindungen weichen voneinander ab.

---

1 HERMANN HEINRICH GOSSEN (1810–1858) war der Begründer der so genannten Grenznutzenschule. Seine Erkenntnisse fanden in der damaligen Zeit jedoch keine Beachtung.

2 **Ordinal**: der Ordnung nach, der Reihenfolge nach (z.B. besser – schlechter, schöner – weniger schön – hässlich).

3 Eine **kardinale** Messung liegt vor, wenn mithilfe eines Maßstabs (kg, m^2, m^3 usw.) eine exakte Unterscheidung vorgenommen werden kann. „Kardinal" (lat.) heißt wörtlich „Haupt...", „Grund...". Die Kardinalzahl ist die Hauptzahl.

In den beiden nachfolgenden Abbildungen ist die Entwicklung des **Gesamtnutzens** mit zunehmender Güterversorgung dargestellt. Der Gesamtnutzen steigt **unterproportional**[1] bis zur **Sättigungsgrenze**. Wird die Sättigungsgrenze überschritten, nimmt der Gesamtnutzen ab.

Da der Gesamtnutzen mit zunehmender Güterversorgung nur degressiv zunimmt, nimmt der **Grenznutzen** ab. Der Grenznutzen wird **negativ,** wenn der Konsument die **Sättigungsgrenze überschreitet.**

Im oberen Teil der Abbildung stellen die grünen Felder die Grenznutzen (Nutzenzuwachs je zusätzliche Gütereinheit) dar.[2] Sie entsprechen dem Inhalt der Felder im unteren Teil der Abbildung. Der Gesamtnutzen im oberen Teil der Abbildung ergibt sich aus der Addition der grünen Felder bzw. aus der **Gesamtnutzenkurve.** Aus der Grafik ist ersichtlich, dass z.B. der Gesamtnutzen bei 4 Gütereinheiten 50 Nutzeneinheiten (Maßstab für die Intensität der Nutzenempfindung) beträgt.

Das rote Feld im oberen Teil der Abbildung zeigt die Abnahme des Gesamtnutzens, wenn die Sättigungsgrenze überschritten wird. Der Gesamtnutzen sinkt auf 45 Nutzeneinheiten. Der Grenznutzen ist also negativ, wie das blaue Feld im unteren Teil der Abbildung erkennen lässt.

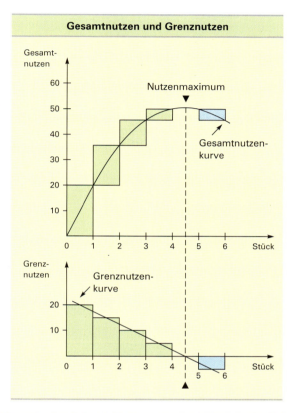

Gesamtnutzen und Grenznutzen

Merke:

- Der **Gesamtnutzen** ist die Summe aller Nutzenempfindungen eines Verbrauchers bei einem bestimmten Versorgungsniveau.

- Der **Grenznutzen** ist der Nutzenzuwachs, der dann entsteht, wenn der Verbraucher eine zusätzliche Gütereinheit konsumiert.

(2) Gesetz der Wertabnahme

Der Zusammenhang zwischen Versorgungsniveau und Nutzenentwicklung ist der Volkswirtschaftslehre schon seit langem bekannt. Er wurde von HERMANN HEINRICH GOSSEN erstmalig formuliert und daher als „Erstes Gossen'sches Gesetz" bezeichnet.

---

1 Proportional: im gleichen Verhältnis; unterproportional: langsamer zunehmend als eine Bezugsgröße.
2 Grenzwerte sind Zwischenwerte. Sie müssen daher in einer grafischen Darstellung auch als Zwischenwerte eingetragen werden.

11 Speth u.a. - ISBN 978-3-8120-0572-2

(3) Bedeutung des Gesetzes vom abnehmenden Grenznutzen

Die Bedeutung des Gesetzes vom abnehmenden Grenznutzen besteht in der Erklärung der Tatsache, dass der Verbraucher seine Wertvorstellungen von einem Gut nach der letzten ihm zur Verfügung stehenden Einheit dieses Gutes ausrichtet. „Der Platz des Wassers auf unserer Wertskala wird nicht durch den unendlich großen Nutzen eines Glases Wasser bestimmt, das uns vor dem Verdursten retten würde, wenn uns nur dieses eine Glas zur Verfügung stünde, sondern durch den Nutzen der letzten Dosis, die wir zum Baden oder zum Blumengießen benutzen."[2]

2.3 Zweites Gossen'sches Gesetz

Bisher haben wir lediglich untersucht, wie sich **Gesamtnutzen** und **Grenznutzen** entwickeln, wenn sich der Verbraucher (der private Haushalt) **einem Wirtschaftsgut** gegenübersieht. Zu überlegen ist aber weiterhin, wie sich der Verbraucher verhält, wenn er bei gegebener Konsumsumme die **Auswahl** unter **mehreren Arten von Konsumgütern** treffen soll und dabei seinen Nutzen maximieren möchte.

Beispiel:

Angenommen, ein privater Haushalt (ein Verbraucher) hat folgende Bedürfnisstruktur:

Getränke	Brot	Fleisch	Gemüse	Seife	Genussmittel	
6						vom Haushalt
5	5					gekaufte Güter-
4	4	4				menge
3	3	3	3			
2	2	2	2	2		nicht befriedigte
1	1	1	1	1	1	Bedürfnisse

Die Zahlen bedeuten die Grenznutzen je Einheit der genannten Güter. Die Versorgung mit einer ersten Einheit Getränke (z.B. einer Flasche Milch) bringt beispielsweise einen Nutzenzuwachs von 6 Einheiten, die Beschaffung einer ersten Einheit Gemüse (z.B. 1 kg Rotkraut) schafft dem Haushalt nur einen Nutzen von 3 Einheiten. Noch weniger Wert legt der Haushalt auf Genussmittel (z.B. 1 Tafel Schokolade). Die Grenznutzenwerte in der Tabelle drücken also zugleich die Dringlichkeit der Bedürfnisse nach den einzelnen Gütern aus. Nehmen wir weiter an, dass unser Haushalt 10 GE zur Verfügung hat und jede Gütereinheit 1 GE kostet, so wird er 4 Einheiten Getränke, 3 Einheiten Brot, 2 Einheiten Fleisch und 1 Einheit Gemüse kaufen. Der Rest der Bedürfnisse bleibt unbefriedigt. Ein restloser Nutzenausgleich ist nur möglich, wenn die Güter vollständig teilbar sind. Bei nicht restlos teilbaren Gütern wäre z.B. ein vollständiger Nutzenausgleich nicht möglich, wenn der Haushalt 12 GE ausgeben wollte. Bei 15 GE hingegen kann der Ausgleich wieder geschaffen werden.

---

1 Andere sprechen vom „Gesetz der Wertabnahme". „Gesetze" im volkswirtschaftlichen Sinne stellen keine Naturgesetze dar. Es handelt sich vielmehr um Tendenzen, die immer wieder von Ausnahmen durchbrochen sein können.

2 RÖPKE, W.: Die Lehre von der Wirtschaft, S. 25.

Unser Beispiel zeigt, dass das **Maximum der Bedürfnisbefriedigung** dann erreicht ist, wenn sich die **Grenznutzen der zur Verfügung stehenden Güter ausgleichen**. Jede andere Verwendungskombination erbringt einen niedrigeren Gesamtnutzen (Summe aller Grenznutzen).

Beweis:

Kauft der Haushalt mit seinen 10 GE 4 Einheiten Getränke, 3 Einheiten Brot, 2 Einheiten Fleisch und 1 Einheit Gemüse, beträgt sein Gesamtnutzen 40 Nutzeneinheiten (6 + 5 + 4 + 3 + 5 + 4 + 3 + 4 + 3 + 3).

Kauft er hingegen statt Gemüse eine zusätzliche Einheit Fleisch, beträgt sein Gesamtnutzen nur 39 Nutzeneinheiten (18 Nutzeneinheiten bei den Getränken, 12 beim Brot und 9 beim Fleisch). Nur im Fall des Grenznutzenausgleichs hat er ökonomisch gehandelt, also seinen Gesamtnutzen maximiert.

Merke:

Das **Zweite Gossen'sche Gesetz** besagt: Der private Haushalt (der Verbraucher) hat dann seinen Nutzen maximiert, wenn sich die Grenznutzen der von ihm verwendeten Güter ausgleichen **(Gesetz des Nutzenausgleichs)**.

2.4 Bilanzgerade und Haushaltsoptimum

Die Grenznutzenanalyse geht davon aus, dass der Konsument hinsichtlich der Konsumalternativen angeben kann, um wie viel der Grenznutzen des einen Gutes zu dem eines anderen Gutes **absolut** differiert, was aber in der Realität so **nicht** möglich ist.

Vor diesem Hintergrund basiert die **moderne Nutzentheorie** auf der Vorstellung, dass Nutzen allenfalls in einer Ordinalskala messbar ist, d.h., der Konsument ist lediglich in der Lage, den Nutzen einzelner Güter in eine **natürliche Rangfolge** zu bringen. So kann der Konsument durchaus entscheiden, ob er in einer bestimmten Situation von zwei Gütern eines dem anderen vorzieht oder sie als **„nutzenindifferent"** bezeichnet. Dies ermöglicht ihm, seine knappen finanziellen Mittel dergestalt aufzuteilen, dass er sich Tag für Tag bzw. Monat für Monat entscheiden kann, welche Güter ihm im Vergleich zu anderen einen höheren Nutzen stiften und welche Güter er somit am Markt nachfragt.

Bei **Nutzenindifferenz** stiften die Güter einen **gleich hohen Nutzen**. Unterstellt man, dass ein Konsument zwischen zwei Gütern auswählen kann, so gibt eine **Indifferenzkurve** alle möglichen Mengenkombinationen dieser beiden Güter an, bei denen der Nutzen aus seiner Sicht gleich groß ist. Betrachtet man beispielsweise die Indifferenzkurve 1 (I_1) auf S. 164, so erreicht der Haushalt bei Güterkombination 1 einen ebenso hohen Nutzen wie bei Güterkombination 2. Möchte der Haushalt also eine im Vergleich zu Güterbündel 1 größere Menge von Gut 1 (+ Δ Gut 1) konsumieren, so muss er hierfür auf den Konsum einer entsprechenden Menge des Gutes 2 (– Δ Gut 2) verzichten.

Da normalerweise – Nichtsättigung vorausgesetzt – eine mengenmäßig höhere Versorgung zu einem höheren Nutzen führt, gilt allgemein: Je weiter eine Indifferenzkurve vom Ursprung des Koordinatensystems entfernt liegt, desto höher ist das Nutzenniveau, das sie verkörpert.

Die **Bilanzgerade** (auch **Budget-** oder **Haushaltsgerade** genannt) ist der geometrische Ort **aller maximal erwerbbaren** alternativen Güterbündelkombinationen bei **gegebenem Einkommen** und **gegebenen Preisen**. Steigt das Haushaltseinkommen oder fallen die Preise für beide nachgefragten Güter, so verschiebt sich die Bilanzgerade weiter nach rechts, sodass eine weiter vom Ursprung entfernte Indifferenzkurve und somit ein höheres Nutzenniveau realisiert werden kann.

Unterstellt man, dass sich die Nachfrage eines Haushaltes auf zwei Güter beschränkt, so lässt sich mithilfe der Indifferenzkurvenanalyse das **Haushaltsoptimum** bestimmen. Theoretisch kann der Haushalt all jene Güterkombinationen realisieren, die auf bzw. links von der Bilanzgeraden liegen. Da der **Gesamtnutzen** umso **höher** ist, je **weiter** die **Indifferenzkurve** vom Ursprung entfernt liegt, erreicht der Haushalt bei gegebener Bilanzgerade dort sein Nutzenmaximum, wo die Bilanzgerade die am „weitesten" vom Ursprung entfernte Indifferenzkurve tangiert. In nachfolgender Abbildung läge das **Nutzenmaximum** des Haushalts also im **Tangentialpunkt** von **Bilanzgerade** und **Indifferenzkurve 2** (I_2).

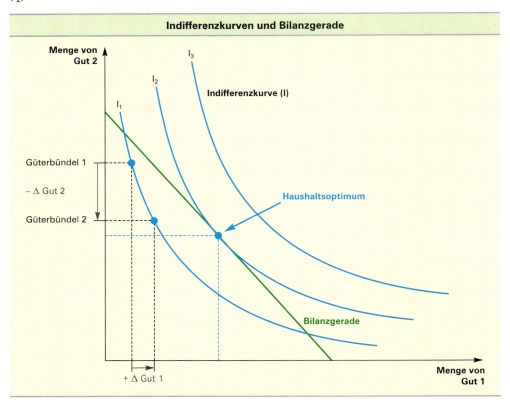

Indifferenzkurven und Bilanzgerade

Übungsaufgabe

45   1. Unterscheiden Sie die Begriffe Gesamtnutzen und Grenznutzen!

2. Warum ist der Nutzen nicht kardinal messbar?

3. Der Grenznutzen eines privaten Verbrauchers je 100 g zusätzliche Einheit Brot entwickelt sich mit zunehmender Brotmenge wie folgt:

Brotmenge insgesamt	100	200	300	400	500	600
Grenznutzen je 100 g Brot in Nutzeneinheiten	60	35	25	15	10	0

Aufgaben:

3.1 Zeichnen Sie die Gesamtnutzenkurve und die Grenznutzenkurve!

3.2 Welche Aussagen lassen sich aufgrund dieser Kurven machen?

4. Welche Bedeutung hat der Grenznutzen für die Nutzenerwägungen eines Haushalts?

5. Formulieren Sie das Erste Gossen'sche Gesetz!

6. Beweisen Sie mit Hilfe eines selbst gewählten Beispiels (mindestens drei Güter bzw. Gütergruppen), dass ein privater Haushalt sein Nutzenmaximum dann erreicht, wenn die Grenznutzen der ihm zur Verfügung stehenden Güter gleich sind!

7. Definieren Sie das Zweite Gossen'sche Gesetz!

3 Bestimmung der Nachfrage

3.1 Individuelle Nachfrage

3.1.1 Individuelle Nachfragekurve in Abhängigkeit vom Preis eines Gutes

Aufgrund der Lebenserfahrung wissen wir, dass zwischen den Güterpreisen und der Nachfrage nach Gütern ein Zusammenhang besteht. Dies liegt einmal daran, dass uns bei hohen Preisen der Besitz des Geldes mehr Wert ist (mehr „Nutzen" bringt) als der Besitz des Gutes, zum anderen aber daran, dass wir uns mit unserem Einkommen bestimmte Güter einfach nicht mehr „leisten" können, wenn sie zu teuer werden.

Wir können also davon ausgehen, dass ein privater Haushalt (z. B. ein Mehrpersonenhaushalt, ein Single-Haushalt) unter sonst gleichen Bedingungen in der Regel bei steigenden Preisen weniger Wirtschaftsgüter, bei fallenden Preisen mehr Wirtschaftsgüter nachfragt. Dieser Sachverhalt wird mit dem „Gesetz der Nachfrage" beschrieben.

> **Merke:**
>
> Nach dem **„Gesetz der Nachfrage"** steigt die Nachfrage mit sinkendem Preis und sinkt die Nachfrage mit steigendem Preis des nachgefragten Gutes.

Die meisten privaten Haushalte verhalten sich nach dem „Gesetz der Nachfrage". Man spricht deshalb vom normalen Nachfrageverhalten oder kurz von der **normalen Nachfrage**.

In der nebenstehenden Abbildung ist unterstellt, dass das Budget des Haushalts und seine Bedürfnisstruktur gegeben sind. Da das Budget eines Haushalts aber auch von seinem Einkommen abhängig ist, kann man auch sagen, dass die individuelle Nachfrage nach einem Gut nur dann in Beziehung zum Preis dieses Gutes gesetzt werden kann, wenn die Bedürfnisstruktur und das Einkommen des Haushalts konstant sind.

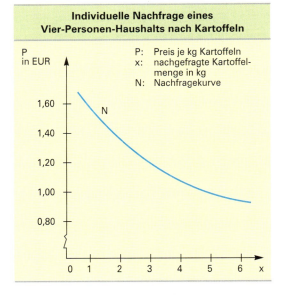

Individuelle Nachfrage eines Vier-Personen-Haushalts nach Kartoffeln

P in EUR

P: Preis je kg Kartoffeln
x: nachgefragte Kartoffelmenge in kg
N: Nachfragekurve

Die Nachfragekurven der einzelnen Haushalte, also ihre **individuellen Nachfragekurven,** sind verschieden, weil sie unterschiedliche Bedürfnisstrukturen haben.

Beispiele:

■ Ein Haushalt, der z.B. wenig Wert auf Fleisch legt, wird bei Fleischpreiserhöhungen leichten Herzens auf größere Fleischeinkäufe verzichten. Seine **Nachfragekurve** nach Fleisch verläuft verhältnismäßig **flach**.

■ Für einen anderen Haushalt sind z.B. Kartoffeln das wichtigste Lebensmittel überhaupt. Er wird seine Nachfrage kaum einschränken, wenn die Kartoffelpreise steigen. Seine **Nachfragekurve** verläuft **sehr steil**.

■ Ein anderer schließlich verhält sich wie ein „Snob". Er kauft nur, wenn die Ware teuer ist und wenn andere sich die Ware nicht mehr leisten können. Seine individuelle Nachfrage ist **anomal**.

3.1.2 Einkommensänderungen und individuelle Nachfrage

Steigt das Einkommen eines privaten Haushalts und damit sein Budget, wird sich seine Nachfragekurve nach „rechts" verschieben. Diese Verschiebung (von N_0 nach N_1) bedeutet, dass der Haushalt gewillt ist, bei **jedem** denkbaren Preis **mehr** als bisher zu kaufen.

Die **Verschiebung einer Kurve** ist von der Bewegung auf einer Kurve scharf zu unterscheiden. Um eine Verschiebung einer Kurve zum Ausdruck zu bringen, verwenden wir die Begriffe **„zunehmen"** oder **„abnehmen"**.

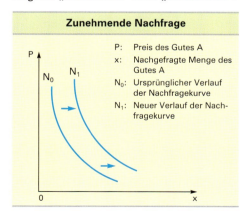

Zunehmende Nachfrage

P: Preis des Gutes A
x: Nachgefragte Menge des Gutes A
N_0: Ursprünglicher Verlauf der Nachfragekurve
N_1: Neuer Verlauf der Nachfragekurve

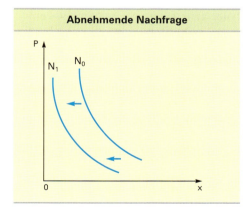

Abnehmende Nachfrage

3.1.3 Änderungen der Bedürfnisstruktur und individuelle Nachfrage

Eine Verschiebung der Nachfragekurve kann auch durch eine Veränderung der **individuellen Bedürfnisstruktur** bewirkt werden.

Beispiel:

Aufgrund der Antiraucherkampagne mag es sein, dass ein Haushalt (ein Verbraucher) seinen Zigarettenkonsum zu reduzieren wünscht. Hat er bisher bei einem Preis von 4,00 EUR je Zigarettenschachtel täglich 2 Schachteln erworben, kauft er nunmehr bei gleichem Preis und gleich bleibendem Einkommen nur noch eine Schachtel. Die Nachfragekurve verschiebt sich nach **„links"**.

3.1.4 Preisänderungen anderer Güter und individuelle Nachfrage

Die Nachfrage nach einem bestimmten Gut kann sich auch ändern, wenn sich der Preis eines anderen Gutes (oder die Preise anderer Güter) ändert. Bei **Substitutionsgütern** führt die **Preiserhöhung** beim **Gut A** regelmäßig zu einer **Zunahme** der Nachfrage beim **Gut B**. Bei **Komplementärgütern** wird die Nachfrage nach dem **Gut B abnehmen,** wenn der **Preis** des **Gutes A steigt**.

- Steigt der Preis für Kartoffeln, wird die Nachfrage nach Nudeln zunehmen. Oder: Steigt der Preis für Schweinefleisch, nimmt die Nachfrage nach Rindfleisch zu (Substitutionsgüter).

- Steigt der Preis für Superbenzin stark an, mag es sein, dass die Nachfrage nach großen und teuren Autos mit hohem Superbenzinverbrauch zurückgeht, obwohl sich der Preis dieser Autos nicht geändert hat (Komplementärgüter).

Merke:

- Die Nachfrage des privaten Haushalts nach einem bestimmten Gut ist unter sonst gleichen Bedingungen von dem **Preis eines anderen Gutes** bzw. vom Preis anderer Güter abhängig.

- Die **Richtung der Nachfrageänderung** bestimmt sich danach, ob es sich um **Substitutionsgüter** oder um **Komplementärgüter** handelt.[1]

3.1.5 Weitere Bestimmungsgründe der individuellen Nachfrage

Selbstverständlich gibt es noch eine ganze Reihe weiterer Bestimmungsgründe der individuellen Nachfrage.

Weitere Bestimmungsgründe individueller Nachfrage	Beispiele
Höhe und Aufbau des Vermögens	Ein Arbeitnehmer, der sein Vermögen in einer Eigentumswohnung angelegt hat, wird bei steigenden Preisen und gleich bleibendem Einkommen seine Nachfrage nach den Gütern des täglichen Bedarfs einschränken müssen. Ein anderer, der ein gleich großes Vermögen auf dem Bankkonto hat, unterliegt diesem Zwang in gleicher Situation nicht.
Erwartung künftiger politischer und wirtschaftlicher Ereignisse	Erwartet der Haushalt steigende Preise, mag es sein, dass er zu den jetzt noch günstigen Preisen kauft. Die Erwartung sinkender Einkommen (die Erwartung steigender Arbeitslosigkeit) wird zu abnehmender Nachfrage und steigender Ersparnis führen.

---

1 Beeinflusst eine Preisänderung beim Gut A (z. B. Brot) die Nachfrage nach einem Gut B (z. B. Radiergummi) überhaupt nicht oder nicht merklich, spricht man von **„indifferenten Gütern"**.

- Das Verhalten der Nachfrager folgt dem so genannten **Nachfragegesetz,** wonach die am Markt nachgefragte Menge eines Gutes umso **kleiner** ist, je **höher** der Preis dieses Gutes ist. Umgekehrt **steigt** die am Markt nachgefragte Menge, wenn der Preis für dieses Gut **sinkt.**

- **Ändert** sich der **Preis** des Gutes unter sonst gleichen Bedingungen, findet eine Bewegung **auf** der Kurve statt.

- **Substitutionsgüter** sind Güter, die in den Augen der Nachfrager austauschbar sind.

- **Komplementärgüter** sind Güter, die nur zusammen verbraucht bzw. gebraucht werden können.

- Überblick über die **Einflussfaktoren der individuellen Haushaltsnachfrage:**

Die **Nachfrage** des Haushalts nach einem bestimmten Gut A **nimmt ab,** wenn	Die **Nachfrage** des Haushalts nach einem bestimmten Gut A **nimmt zu,** wenn
▪ die Intensität des Bedürfnisses nach dem Gut A abnimmt,	▪ die Intensität des Bedürfnisses nach dem Gut A wächst,
▪ sein Einkommen sinkt,	▪ sein Einkommen steigt,
▪ der Preis eines Komplementärgutes B steigt,	▪ der Preis eines Komplementärgutes B sinkt,
▪ der Preis eines Substitutionsgutes B sinkt,	▪ der Preis eines Substitutionsgutes B steigt,
▪ der Haushalt pessimistische Zukunftserwartungen hegt.	▪ der Haushalt optimistische Zukunftserwartungen hegt.

3.2 Ableitung der Marktnachfrage (Gesamtnachfrage) für ein Gut

(1) Begriff Marktnachfrage

Im vorigen Kapitel haben wir gesehen, dass ein Haushalt unter sonst gleichen Bedingungen in der Regel bei steigenden Preisen weniger Wirtschaftsgüter, bei fallenden Preisen mehr Wirtschaftsgüter nachfragt. Dabei ist zu berücksichtigen, dass die Nachfrageänderungen aufgrund von Preisänderungen bei den **einzelnen Haushalten** unterschiedlich sind, weil jeder Haushalt eine andere Bedürfnisstruktur besitzt. Wollen wir wissen, wie sich die Nachfrage **aller Haushalte** nach einem Gut bei Preisänderungen dieses Gutes verhält, müssen wir gedanklich die individuellen Nachfragen aller Haushalte nach diesem Gut **zusammenfassen** (aggregieren).

Merke:

Die **Marktnachfrage (Gesamtnachfrage)** für ein Gut ist die **Nachfrage aller privaten Haushalte** für dieses Gut. Sie ergibt sich aus der **Aggregation**[1] (Queraddition) **aller individuellen Haushaltsnachfragen.**

---

1 Aggregation: Vereinigung, Zusammenfassung.

(2) Mengenmäßige Marktnachfrage

Aggregation der individuellen mengenmäßigen Haushaltsnachfragekurven zur mengenmäßigen Marktnachfragekurve

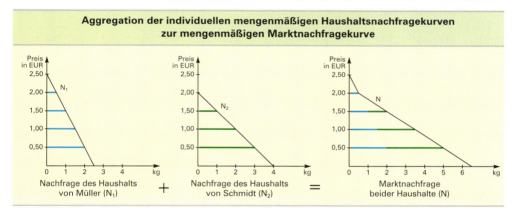

Nachfrage des Haushalts von Müller (N₁) + Nachfrage des Haushalts von Schmidt (N₂) = Marktnachfrage beider Haushalte (N)

Die **mengenmäßige Marktnachfrage** („mengenmäßig" deshalb, weil Preis und nachgefragte Menge in Beziehung gesetzt werden) verhält sich demnach wie folgt **(Gesetz der Nachfrage)**:

Merke:

- Bei einem konstanten Gesamteinkommen steigt die Marktnachfrage mit sinkenden Preisen.

- Bei einem konstanten Gesamteinkommen fällt die Marktnachfrage mit steigenden Preisen.

(3) Monetäre Marktnachfrage

Derselbe Zusammenhang lässt sich auch mit einer **monetären Nachfragekurve** darstellen. Dabei gehen wir von einer **linearen Nachfragekurve** aus (vgl. Abbildung oben links auf S. 172).

Die **monetäre Nachfragekurve** (Umsatzkurve) zeigt an, welche Umsätze (Menge · Preis) bei verschiedenen Preisen und gegebener Nachfragereaktion möglich sind (vgl. Abbildung rechts).

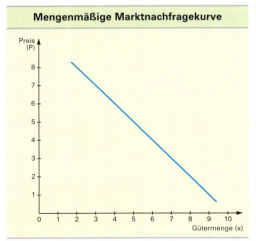

Mengenmäßige Marktnachfragekurve

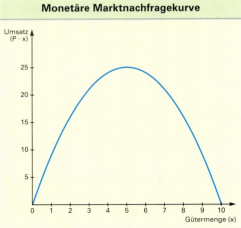

Monetäre Marktnachfragekurve

Die abgebildete monetäre Nachfragekurve drückt folgende Abhängigkeiten aus:

Preis	10 GE	9 GE	8 GE	7 GE	6 GE	5 GE	4 GE	3 GE	2 GE	1 GE
Mengenmäßige Nachfrage	–	1	2	3	4	5	6	7	8	9
Umsatz	–	9 GE	16 GE	21 GE	24 GE	25 GE	24 GE	21 GE	16 GE	9 GE

Der **Graph der Nachfragefunktion**,[1] d.h. die Nachfragekurve, ist bei den einzelnen Gütern verschieden. Außerdem wird er in Wirklichkeit keine lineare Gestalt aufweisen.

Der **Erkenntniswert** der **monetären Nachfragekurve** ist beträchtlich. Sie zeigt, dass **Preissenkungen** bei einem Gut bei normaler Nachfrage zwar den **mengenmäßigen Absatz** erhöhen, **nicht unbedingt** aber den **Um-**

---

1 Die grafische Darstellung einer Funktion bezeichnet man in der modernen Mathematik als „Graph einer Funktion". Zur sprachlichen Vereinfachung wird jedoch in der volkswirtschaftlichen Literatur nach wie vor z.B. von Nachfragekurve oder „Nachfragefunktion" gesprochen.

satz. Umgekehrt führen **Preiserhöhungen** zwar zur **Verringerung** des mengenmäßigen **Absatzes, nicht** aber **immer** zu einer **Umsatzerhöhung.**[1]

(4) Bestimmungsgründe der Marktnachfrage

Die Marktnachfrage ist abhängig von den Faktoren, die die **individuelle Nachfrage** bestimmen, von der **Zahl der nachfragenden Haushalte** und von der **Einkommensverteilung.**

■ Faktoren der individuellen Nachfrage

Die Marktnachfrage nach einem Gut ergibt sich aus der Aggregation (Queraddition, Zusammenfassung) aller individuellen Nachfragekurven für ein Gut. Daraus folgt, dass die Gestalt (der Verlauf) der Marktnachfragekurve von **allen Faktoren, die die individuellen Nachfragekurven beeinflussen,** mitbestimmt wird.[2]

■ Anzahl der Nachfrager

Daneben sind Verlauf bzw. Veränderung der Entwicklung der Marktnachfrage für ein Gut von der **Zahl der nachfragenden Haushalte** abhängig.

Beispiel:

Wächst z.B. die Bevölkerung um 10% bei gleich bleibendem Pro-Kopf-Einkommen, ist zu erwarten, dass unter sonst gleich bleibenden Bedingungen die Nachfrage nach einem bestimmten Gut (sagen wir Schwarzbrot) ebenfalls um 10% zunimmt.

Dies bedeutet, dass sich die Nachfragekurve nach „rechts" verschiebt: Zu jedem denkbaren Preis wird aufgrund des Bevölkerungswachstums mehr nachgefragt.

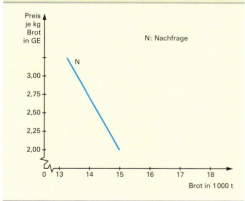

Tägliche Nachfrage nach Brot bei einer Bevölkerung von 60 Millionen

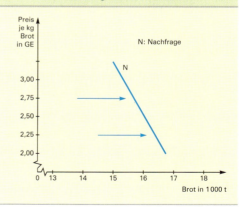

Tägliche Nachfrage nach Brot bei einer Bevölkerung von 66 Millionen

---

1 Über die genauen Beziehungen zwischen Nachfrageänderungen einerseits und Preisänderungen andererseits gibt die Nachfrageelastizität Auskunft, die wir im Kapitel 4.1 behandeln werden.

2 Vgl. hierzu die Ausführungen in Kapitel 3.1, S. 166ff.

Schrumpft hingegen die Bevölkerung, wird unter sonst gleich bleibenden Bedingungen die Marktnachfrage (Gesamtnachfrage) früher oder später zurückgehen. Die Nachfragerückgänge spüren zunächst die Industrien, die die Nachfrage befriedigen, die unmittelbar und mittelbar mit der Zahl der Kinder zusammenhängt (Babynahrung, Kinderwagen, Laufställe, Kinderbetten, Kinderkleidung, Kinderspielzeug, Ausstattung für Kindergärten, Kinderheime und Schulen, Lernmittelhersteller usw.). Überkapazitäten, Arbeitslosigkeit und Einkommensrückgänge (Strukturkrisen) können die Folge sein.

Merke:

Bei einem **Bevölkerungswachstum** nimmt im Allgemeinen die **Marktnachfrage zu,** bei einem **Bevölkerungsrückgang ab.**

■ Einkommensverteilung

Die Marktnachfrage (Gesamtnachfrage) für ein Gut hängt auch davon ab, ob die Einkommen der Bevölkerung gleichmäßig oder ungleichmäßig verteilt sind. Je ungleichmäßiger die Einkommen verteilt sind, desto geringer wird die Nachfrage vor allem nach Gütern des Wahlbedarfs (z.B. Luxusreisen) sein, weil sich lediglich eine geringe Zahl der Haushalte diese Güter leisten kann. Mit **zunehmender Gleichheit** der Einkommen (bei gleich bleibendem Gesamteinkommen) wird die Nachfrage im Allgemeinen **zunehmen,** weil eine immer größere Zahl von Haushalten in die Lage versetzt wird, das angebotene Gut bezahlen (kaufen) zu können.

Zusammenfassung

- Die **Marktnachfrage** (Gesamtnachfrage) für ein Gut ergibt sich aus der **Queraddition aller** individuellen Haushaltsnachfragen.

- **Preissenkungen** bei einem Gut bei normaler Nachfrage **erhöhen** zwar den **Absatz, nicht** jedoch unbedingt den **Umsatz.**

- **Preiserhöhungen** bei einem Gut bei normaler Nachfrage **verringern** zwar den **Absatz, nicht** jedoch unbedingt den **Umsatz.**

- Die **Marktnachfrage** ist von den **gleichen Faktoren** abhängig wie die **individuelle** Nachfrage.

- Die **Marktnachfrage** für ein Gut ist zudem abhängig von der **Zahl** der nachfragenden Haushalte. Bei einem **Bevölkerungswachstum** nimmt im Allgemeinen die Marktnachfrage **zu,** bei einem **Bevölkerungsrückgang** hingegen **ab.**

- Die **Marktnachfrage** für ein Gut ist zudem abhängig von der **Einkommensverteilung** bei den nachfragenden Haushalten. Allgemein gilt: Je **ungleichmäßiger** die Einkommen verteilt sind, desto **geringer** ist die Gesamtnachfrage.

Übungsaufgabe

46
1. Definieren Sie den Begriff Marktnachfrage (Gesamtnachfrage) für ein Gut!

2. Erklären Sie mit eigenen Worten, wie die Marktnachfrage für ein Gut zustande kommt!

3. Die individuellen Nachfragekurven folgender Haushalte nach kg Kartoffeln je Woche sind bekannt:

Armbruster	Bertram	Czerny	Dietermann
$P = 1 - \dfrac{2}{5}\,x$	$P = 0,8 - \dfrac{1}{5}\,x$	$P = 1 - \dfrac{1}{5}\,x$	$P = 0,5 - \dfrac{1}{10}\,x$

P: Preis je kg Kartoffeln; x: kg Kartoffeln.

Aufgaben:

3.1 Ermitteln Sie die Gesamtnachfrage nach Kartoffeln entsprechend der Tabelle auf S. 171!

3.2 Zeichnen Sie die vier Nachfragekurven und konstruieren Sie die Gesamtnachfragekurve durch Queraddition!

4. Neben den Einkommens-, Bedürfnis- und Preisänderungen anderer Güter gibt es weitere Bestimmungsgründe der Gesamtnachfrage nach einem Gut.

Aufgabe:

Wie wirken sich die Veränderungen dieser Faktoren auf die Gesamtnachfrage aus? Begründen Sie Ihre Antwort!

5. In einer Volkswirtschaft gibt es 30 000 Haushalte, die gewillt sind, eine 120-m²-Wohnung zu mieten. Die Monatseinkommen verteilen sich wie in nachstehender Tabelle. Weiterhin wird unterstellt, dass die Haushalte bis zu 50 % ihres Einkommens für diese Wohnungen ausgeben wollen. Unter diesen Bedingungen lässt sich die Nachfrage nach Wohnungen bei alternativen Mietpreisen errechnen.

Aufgaben:

5.1 Füllen Sie die nachstehende Tabelle aus:

Anzahl der Haushalte	Ein-kommen in GE	Gesamt-einkommen in Mio. GE	Nachfrage nach 120-m²-Wohnungen in Stück bei einem Mietpreis von:					
			400 GE	500 GE	750 GE	1 000 GE	1 250 GE	1 500 GE
10 000	900	9,0						
8 000	1 250	10,0						
6 000	1 900	11,4						
4 000	2 400	9,6						
2 000	5 000	10,0						
30 000	—	50,0						

5.2 Zeichnen Sie die Nachfragekurve nach Mietwohnungen!

5.3 Wie verhält sich die Nachfrage, wenn die Einkommen gleichmäßiger verteilt wären? Nehmen wir an, dass das Gesamteinkommen in Höhe von 50 Mio. GE gleich bleibt, jedoch wie in nachstehender Tabelle angegeben verteilt ist.

Füllen Sie die Tabelle aus:

Anzahl der Haushalte	Ein-kommen in GE	Gesamt-einkommen in Mio. GE	Nachfrage nach 120-m²-Wohnungen in Stück bei einem Mietpreis von:					
			400 GE	500 GE	750 GE	1 000 GE	1 250 GE	1 500 GE
10 000	1 000	10,0						
8 000	1 500	12,0						
6 000	2 000	12,0						
4 000	2 500	10,0						
2 000	3 000	6,0						
30 000	—	50,0						

5.4 Zeichnen Sie die neue Nachfragekurve nach Mietwohnungen!

5.5 Wie wirkt sich die Einkommensnivellierung (Angleichung) auf die Nachfrage aus? Begründen Sie die von Ihnen festgestellte Entwicklung!

4 Elastizitäten

4.1 Direkte Preiselastizität der Nachfrage

4.1.1 Begriff und Arten der direkten Preiselastizität der Nachfrage

(1) Begriff direkte Preiselastizität der Nachfrage

Untersuchen wir zunächst die (lineare) Nachfragekurve. Angenommen, eine Nachfragekurve hat die in der nachfolgenden Abbildung gezeigte Gestalt.[1]

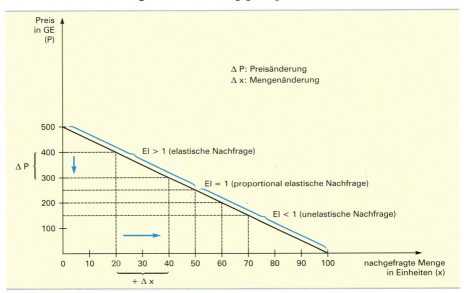

Beträgt in der obigen Abbildung der bisherige Preis z. B. 400 GE, liegt die nachgefragte Menge bei 20 Einheiten. Sinkt der Preis auf 300 GE, steigt die nachgefragte Menge auf 40 Einheiten. Der Zuwachs der Gütermenge (Δ x) beträgt, bezogen auf die **bisher** nachgefragte Menge (x), 100 %. Die Preissenkung (Δ P) beläuft sich, bezogen auf den **bisherigen** Preis, auf – 25 %. Dieser Zusammenhang kommt im Begriff der **direkten**[2] **Preiselastizität** der Nachfrage zum Ausdruck.

> **Merke:**
>
> ■ Die **direkte Preiselastizität der Nachfrage** (El_{dir}) ist das Verhältnis einer **prozentualen Nachfrageänderung** für ein bestimmtes Gut zu einer **prozentualen Preisänderung** dieses Gutes.
>
> ■ $El_{dir} = \dfrac{\text{prozentuale Nachfrageänderung}}{\text{prozentuale Preisänderung}} = \dfrac{\Delta x \text{ in \%}}{\Delta P \text{ in \%}}$

---

1 Rechnerisch aufbereitet wird die Abbildung auf S. 178.

2 Direkt: unmittelbar. Hier ist der unmittelbare Zusammenhang zwischen Nachfrageänderung und Preisänderung angesprochen.

(2) Elastische und unelastische Nachfrage

Die direkte Preiselastizität der Nachfrage ist im Normalfall **negativ,** weil **Preiserhöhungen** ein **Sinken** bzw. **Preissenkungen** ein **Steigen** der mengenmäßigen Nachfrage nach sich ziehen. In der neueren Literatur hat man, um einen positiven Wert für die direkte Nachfrageelastizität zu erhalten, die Berechnungsformel mit – 1 multipliziert.[1] Wir werden uns im Folgenden dieser Übung anschließen:

$$EI_{dir} = \frac{\Delta x \cdot 100}{x} : \frac{\Delta P \cdot 100}{P} = \frac{\Delta x \cdot 100 \cdot P}{x \cdot \Delta P \cdot 100} = \frac{\Delta x}{\Delta P} \cdot \frac{P}{x}$$

EI_{dir}: direkte Preiselastizität der Nachfrage
Δx: Mengendifferenz (Unterschied zwischen bisher nachgefragter und jetzt nachgefragter Menge)
ΔP: Preisdifferenz (Unterschied zwischen bisherigem Preis und neuem Preis)
x: bisher nachgefragte Menge
P: bisheriger Preis

Beispiele:

- Die direkten Preiselastizitäten der Nachfrage aus der Abbildung von S. 176 berechnen sich auszugsweise wie folgt: Sinkt der Preis von 400 auf 300 GE, beträgt die direkte Preiselastizität 100 % : 25 % = 4. Die Elastizitätskennziffer 4 bedeutet, dass sich bei einer Preisänderung von beispielsweise 1 % die nachgefragte Menge um das Vierfache, also um 4 % ändert.

- Würde der Preis z. B. von 300 auf 250 GE abnehmen, stiege die nachgefragte Menge von 40 auf 50 Einheiten. Die prozentuale Preisänderung beträgt dann $16^2/_3$, die prozentuale Mengenänderung 25 %, die Nachfrageelastizität demnach 1,5.

- Nimmt z. B. der Preis von 250 GE auf 200 GE ab, steigt die Nachfrage von 50 auf 60 Einheiten. Die Mengenzunahme beläuft sich auf 20 %, die Preisabnahme ebenfalls auf 20 %. Die Elastizität ist 1 (proportional elastische Nachfrage).

- Eine weitere Preissenkung, etwa von 200 GE auf 150 GE (25 %), bewirkt eine Nachfrageerhöhung von 60 auf 70 Einheiten ($16^2/_3$ %). Die direkte Preiselastizität der Nachfrage beträgt 0,66.

Die Untersuchung der Nachfragekurve zeigt uns also, dass die Werte für die Preiselastizität in **jedem Punkt** der Kurve **unterschiedlich** sind.[2]

Merke:

- Sind die Änderungen der nachgefragten Mengen prozentual (relativ) **größer** als die prozentualen Preisänderungen (die Elastizität ist größer als 1), spricht man von **elastischer Nachfrage.**

---

1 Es ist üblich, nur die Kennziffer für die direkte Preiselastizität mit – 1 zu multiplizieren. Alle übrigen Elastizitätskennziffern (vgl. Kapitel 4.2 und 4.3) werden mit ihren tatsächlichen Werten ausgewiesen.

2 Die hier dargestellte Methode zur Berechnung der Elastizitätskennziffern genügt für praktische Zwecke vollkommen. Mathematisch ist sie jedoch ungenau, weil die Elastizität in jedem einzelnen Punkt der Nachfragekurve einen anderen Wert aufweist. Eine exakte Elastizitätsberechnung ist nur möglich, wenn man von sehr kleinen (gegen null tendierenden) Veränderungen der Preise und Mengen ausgeht (dx bzw. dP).
Genauere Werte für die Elastizität erhält man, wenn man die Preis- bzw. Mengenveränderungen nicht auf die bisherigen Preise bzw. Mengen bezieht, sondern die Durchschnittswerte als Basis nimmt. Sinkt z. B. der Preis von 250 auf 200 GE (siehe Abbildung auf S. 176) und steigt infolgedessen die nachgefragte Menge von 50 auf 60 Stück, so ergibt sich ein mittlerer Preis von 225 GE und eine mittlere Menge von 55 Stück. Die prozentuale Mengenänderung beträgt dann 9,09 %, die prozentuale Preisänderung 11,11 %, die Elastizitätskennziffer 0,82. Der Vorteil dieser Berechnungsmethode liegt nicht nur darin, dass sie genauer ist, sondern man erhält auch die gleichen Elastizitätswerte, gleichgültig, ob man von sinkenden oder steigenden Preisen bzw. Mengen ausgeht.

12 Speth u.a. - ISBN 978-3-8120-0572-2

> ■ Sind die prozentualen Mengenänderungen **kleiner** als die prozentualen Preisände-
> rungen (die Elastizität ist kleiner als 1), ist die Nachfrage **unelastisch**.

In den nachstehenden Tabellen wird die Abbildung von S. 176 rechnerisch aufbereitet und die Wirkung einer Preissenkung auf den Umsatz dargestellt.

Vor der Preissen-kung nach-gefragte Menge (x)	Nach der Preissen-kung nach-gefragte Menge	Mengen-änderung (Differenz = Δ x)	Prozentuale Mengen-änderung (Δ x in % von x)
0	20	20	∞ %
20	40	20	100 %
40	50	10	25 %
50	60	10	20 %
60	70	10	$16\,{}^2/_3$ %

Bisheriger Preis (P)	Neuer Preis	Preis-änderung (Δ P)	Prozentuale Preis-änderung (Δ P in % von P)	$\dfrac{\Delta x \text{ in \%}}{\Delta P \text{ in \%}}$	Elastizität	Wirkung der Preissenkung auf den Umsatz (x · P)
500	400	100	20 %	$\dfrac{\infty\,\%}{20\,\%}$	∞	Umsatz steigt
400	300	100	25 %	$\dfrac{100\,\%}{25\,\%}$	4	
300	250	50	$16\,{}^2/_3$ %	$\dfrac{25\,\%}{16\,{}^2/_3\,\%}$	1,5	Umsatz unverändert
250	200	50	20 %	$\dfrac{20\,\%}{20\,\%}$	1	Umsatz sinkt
200	150	50	25 %	$\dfrac{16\,{}^2/_3\,\%}{25\,\%}$	0,66	

(3) Formen der elastischen und unelastischen Nachfrage

In der Wirklichkeit streuen die Elastizitäten **nicht** in ihrer ganzen Breite von 0 bis ∞. Von der Nachfrage nach **lebensnotwendigen Gütern** (nach Gütern des **Zwangsbedarfs**) wird gesagt, dass sie eine **niedrige Nachfrageelastizität** aufweisen, während von den **Kultur- und Luxusbedürfnissen** (nach Gütern des **Wahlbedarfs**) behauptet wird, dass die **Nachfrageelastizität hoch** sei (vgl. Abbildung 1 auf S. 179). Statistische Untersuchungen zeigen jedoch, dass dem nicht unbedingt so sein muss.

Der in Abbildung 2 auf S. 179 gezeigte Abschnitt einer Nachfragekurve zeigt den Bereich **unelastischer Nachfrage**: Eine **relativ starke Preisänderung** bewirkt nur eine **relativ geringe Nachfrageänderung**. Die Nachfrage ist, wie man verkürzt zu sagen pflegt, „unelastisch". Wirtschaftlich gesehen spielt der Bereich der elastischen Nachfrage bei dieser Kurve keine Rolle. (Beispiele: Nachfrage nach Babynahrung oder nach Süßstoff für Zuckerkranke.)

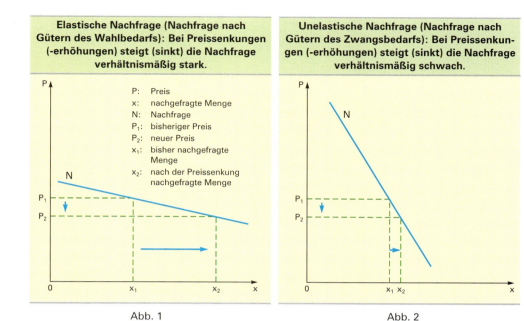

Elastische Nachfrage (Nachfrage nach Gütern des Wahlbedarfs): Bei Preissenkungen (-erhöhungen) steigt (sinkt) die Nachfrage verhältnismäßig stark.

P: Preis
x: nachgefragte Menge
N: Nachfrage
P_1: bisheriger Preis
P_2: neuer Preis
x_1: bisher nachgefragte Menge
x_2: nach der Preissenkung nachgefragte Menge

Abb. 1

Unelastische Nachfrage (Nachfrage nach Gütern des Zwangsbedarfs): Bei Preissenkungen (-erhöhungen) steigt (sinkt) die Nachfrage verhältnismäßig schwach.

Abb. 2

Die Abb. 1 zeigt den elastischen Bereich einer Nachfragekurve. Verkürzt spricht man von **elastischer Nachfrage,** weil eine **relativ geringe Preisänderung** eine **relativ große Nachfrageänderung** mit sich bringt (z. B. Schmuck, Flugreisen).

Stellt die Nachfragekurve eine Parallele zur Abszisse (x-Achse) dar, ist die Elastizität unendlich groß (∞). Die Nachfrage ist **vollkommen elastisch** (siehe Abb. 3). Dies bedeutet praktisch, dass die Nachfrager **jede beliebige Menge** zu **einem** bestimmten Preis kaufen würden (Grenzfall). Ist die Nachfragekurve eine Parallele zur Ordinate (y-Achse), beträgt die Elastizität **null**. Die Nachfrage ist **vollkommen unelastisch** (siehe Abb. 4): Preisänderungen ziehen **keine** Änderungen der mengenmäßigen Nachfrage nach sich (Grenzfall).

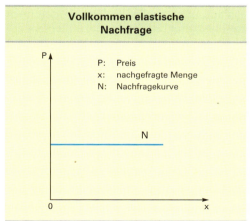

Vollkommen elastische Nachfrage

P: Preis
x: nachgefragte Menge
N: Nachfragekurve

Abb. 3

Vollkommen unelastische Nachfrage

Abb. 4

179

Es ist sogar möglich, dass die Nachfragefunktion eine **anomale Gestalt** aufweist (vgl. nebenstehende Abbildung), d.h., dass bei **steigenden Preisen** mit **steigender Nachfrage** und umgekehrt zu rechnen ist. Das ist der Fall bei Waren mit so genanntem **Snob-Value,** denen erst von einem gewissen Preis an ein Wert beigemessen wird, schon deshalb, weil nicht jeder diesen hohen Preis bezahlen kann. Eine derartige Nachfragefunktion liegt auch vor, wenn die Nachfrager den Preis als **Qualitätsmaßstab** nehmen (**anomale** oder **inverse Nachfrageelastizität**).

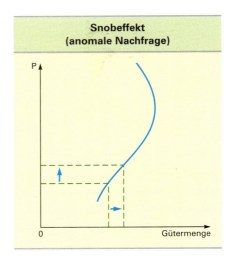

4.1.2 Bedeutung der direkten Preiselastizität der Nachfrage

Kann ein Anbieter aufgrund von Marketingmaßnahmen die Elastizitätskennziffern für sein Produkt bzw. für seine Ware ermitteln oder zumindest abschätzen, ist er auch in der Lage zu beurteilen, ob seine Preispolitik zu sinkenden oder zu steigenden Umsätzen führt.

Merke:

■ Ist die Nachfrage **elastisch** ($El_{dir} > 1$), führen **Preissenkungen** zu steigenden Umsätzen, **Preiserhöhungen** zu **sinkenden** Umsätzen.

■ Ist die Nachfrage **unelastisch** ($El_{dir} < 1$), führen **Preissenkungen** zu **Umsatzrückgängen**, **Preissteigerungen** zu **steigenden Umsätzen**.

Allerdings ist festzuhalten: Die immer größer werdende Zahl von verwandten Produkten führt zu zunehmender **Substitutkonkurrenz.** Daraus ist zu schließen, dass in den **hoch entwickelten** Volkswirtschaften die **direkte Preiselastizität** der Nachfrage **allgemein zunimmt.** Dies führt wiederum dazu, dass Preiserhöhungen eines einzelnen Anbieters unter sonst gleichen Bedingungen Umsatzeinbußen mit sich bringen. Preiserhöhungen im Gleichschritt oder mit kurzer zeitlicher Abstufung sind daher heute die Regel geworden. Der Konkurrenzkampf der Anbieter verlagert sich auf andere absatzpolitische Instrumente wie z.B. Werbung, Produktgestaltung, Wahl geeigneter Vertriebsformen und -wege.

4.2 Kreuzpreiselastizität – indirekte Preiselastizität der Marktnachfrage

4.2.1 Begriff und Arten der Kreuzpreiselastizität

Neben der direkten Preiselastizität kennt die Volkswirtschaftslehre den Begriff der **indirekten Preiselastizität,** auch **Kreuzpreiselastizität** (El_{ind}) genannt.

■ Die **Kreuzpreiselastizität (indirekte Preiselastizität der Nachfrage)** ist das Verhältnis einer prozentualen Nachfrageänderung für ein Gut A zu einer prozentualen Preisänderung eines Gutes B.

■ $El_{ind} = \dfrac{\text{prozentuale Nachfrageänderung für das Gut A}}{\text{prozentuale Preisänderung für ein Gut B}} = \dfrac{\Delta\, x_A \text{ in \%}}{\Delta\, P_B \text{ in \%}}$

Der Sachverhalt lässt sich auch mit folgender **Formel** wiedergeben:

$$El_{ind} = \frac{\Delta x_A \cdot 100}{x_A} : \frac{\Delta P_B \cdot 100}{P_B} = \frac{\Delta x_A \cdot 100 \cdot P_B}{x_A \cdot \Delta P_B \cdot 100} = \frac{\Delta x_A}{\Delta P_B} \cdot \frac{P_B}{x_A}$$

El_{ind}: indirekte Preiselastizität der Nachfrage (Kreuzpreiselastizität)

Δx_A: Mengendifferenz (Unterschied zwischen bisher nachgefragter Menge des Gutes A und jetzt nachgefragter Menge des Gutes A)

ΔP_B: Preisdifferenz (Unterschied zwischen bisherigem Preis des Gutes B und neuem Preis des Gutes B)

x_A: bisher nachgefragte Menge des Gutes A

P_B: bisheriger Preis des Gutes B

Arten der Kreuz-preiselastizität	Erläuterungen	Beispiele
Komplementär-elastizität	Bei der indirekten Preiselastizität der Nachfrage ist die Elastizitätskennziffer (der Elastizitätskoeffizient) **negativ,** wenn es sich um **Komplementärgüter** handelt.	Steigt der Preis für Benzin von 1,00 GE auf 1,10 GE, nimmt – so sei angenommen – die Nachfrage nach Autos mit hohem Benzinverbrauch von 2 000 auf 1 600 Stück je Periode ab. Die Komplementärelastizität beträgt – 2. Dies besagt, dass der Prozentsatz der Nachfrageverringerung beim Gut A (Autos) doppelt so groß ist wie der Prozentsatz der Preiserhöhung beim Gut B (Benzin).
Substitutions-elastizität	Bei **Substitutionsgütern** ist die Elastizitätskennziffer positiv.	Steigt der Preis für Schweinefleisch von 10,00 GE auf 12,00 GE je kg, nimmt die Nachfrage nach Brathähnchen – so sei unterstellt – von 1 000 Stück auf 1 100 Stück je Periode zu. Die Substitutionselastizität beträgt + 0,5. Dies besagt, dass die Haushalte in dem betreffenden Gebiet auf Hähnchen ausweichen, falls deren Preis konstant bleibt. Der Prozentsatz der Nachfrageerhöhung nach dem Gut A (Hähnchen) ist halb so groß (0,5) wie der Prozentsatz der Preiserhöhung des Gutes B (Schweinefleisch).

4.2.2 Bedeutung der Kreuzpreiselastizität

Für Anbieter ist es nicht nur wichtig, die Reaktionen der Käufer bei eigenen Preisänderungen vorauszuschätzen, sondern auch die Preisentwicklung bei **Konkurrenzprodukten,** die in der Regel den Charakter von Substitutprodukten besitzen (Autos verschiedener Hersteller, Weine verschiedener Provenienzen), zu beobachten. Bei Preiserhöhungen der Substitutionsgüter kann es daher sinnvoll sein, eigene Preiserhöhungen zu unterlassen, um einen größeren Marktanteil zu gewinnen. Eigene Preiserhöhungen führen hingegen dazu, dass die Kunden auf Konkurrenzprodukte (Substitute) ausweichen. Die steigende Zahl eng verwandter Produkte bringt so eine **Schwächung der Marktmacht** der Anbieter und eine Stärkung der Marktmacht der Verbraucher mit sich.

Anbieter, die Komplementärgüter herstellen bzw. vertreiben (z.B. Fensterglas – Rohbauerstellung), müssen mit einer negativen Kreuzpreiselastizität rechnen. **Steigen** die Preise der **Komplementärgüter,** sind unter sonst gleichen Bedingungen **Nachfragerückgänge** nach dem eigenen Produkt zu erwarten. Für Anbieter von Komplementärgütern ist es demnach lebenswichtig, den **langfristigen Trend** (Entwicklungsrichtung) auf dem Komplementärgütermarkt zu beobachten. Bei rückläufigen Entwicklungen helfen preispolitische Maßnahmen nicht, den Umsatz zu halten. Vielmehr müssen sich solche Anbieter rechtzeitig auf die Produktion bzw. den Handel mit zukunftssicheren Gütern einstellen.

4.3 Einkommenselastizität der Marktnachfrage

4.3.1 Begriff der Einkommenselastizität

Über die Beziehungen zwischen der durchschnittlichen Änderung des Einkommens **aller** Wirtschaftssubjekte einer Volkswirtschaft und der Entwicklung der **Nachfrage nach einem bestimmten Gut** gibt die **Einkommenselastizität der Nachfrage** (EI_E) Auskunft.

> **Merke:**
>
> ■ Unter **Einkommenselastizität der Nachfrage** versteht man das Verhältnis einer prozentualen Nachfrageänderung eines Gutes zu einer prozentualen Veränderung des Volkseinkommens.
>
> ■ $EI_E = \dfrac{\text{prozentuale Nachfrageänderung für ein Gut}}{\text{prozentuale Änderung des Volkseinkommens}} = \dfrac{\Delta x \text{ in \%}}{\Delta E \text{ in \%}}$

Die **Berechnungsformel** lautet:

$$EI_E = \frac{\Delta x \cdot 100}{x} : \frac{\Delta E \cdot 100}{E} = \frac{\Delta x \cdot 100 \cdot E}{x \cdot \Delta E \cdot 100} = \frac{\Delta x}{x} \cdot \frac{E}{\Delta E}$$

Es bleibt offen, ob die Einkommenselastizität positiv oder negativ ist. Bei **Gütern des gehobenen Bedarfs** ist es in der Regel so, dass die **Nachfrage zunimmt,** wenn die **Einkommen steigen.** Güter mit einer **positiven** Einkommenselastizität heißen **superiore**[1] **Güter.** Man spricht von elastischer Nachfrage, wenn die Elastizitätskennziffer größer als 1 ist, von unelastischer Nachfrage, wenn die Elastizitätskennziffer kleiner als 1 ist.

---

1 Superior: höherwertig, übergeordnet.

4.3.2 Engel-Schwabe'sches Gesetz

Die Nachfrage nach verschiedenen Gütergruppen wächst mit steigendem Einkommen sehr unterschiedlich. So hat im Jahre 1857 der Statistiker ENGEL[1] nachgewiesen, dass mit steigendem Einkommen die privaten Haushalte für Grundnahrungsmittel kaum mehr ausgeben. Dies bedeutet, dass der prozentuale Anteil der Haushaltsausgaben für Grundnahrungsmittel mit steigendem Einkommen sinkt, mit sinkendem Einkommen wächst **(Engel'sches Gesetz)**. Der Grund: Auch die Reichen können kaum mehr Wasser verbrauchen, mehr Brot essen oder mehr Salatöl verwenden als die Armen.

Analog dazu stellte der Statistiker SCHWABE[1] bei steigendem Einkommen **absolut steigende** Ausgaben für Wohnen fest, wobei der **Anteil** der Wohnausgaben vom Einkommen jedoch **sinkt**. Die Einkommenselastizität der Nachfrage nach Wohnungsnutzung ist also **kleiner** als eins. Das Engel'sche Gesetz bzw. **Engel-Schwabe'sche Gesetz** zählt zu den durch empirische Forschung am besten gesicherten wirtschaftlichen Gesetzmäßigkeiten.

> **Merke:**
>
> Mit **steigendem Einkommen** nehmen die **Ausgaben für Grundnahrungsmittel** (ENGEL) bzw. **Wohnraum** (SCHWABE) **absolut zu,** der **Anteil dieser Ausgaben am Einkommen** aber **sinkt** (Engel-Schwabe'sches Gesetz).

Allerdings gibt es auch Güter, bei denen die Nachfrage nicht steigt, wenn die Einkommen steigen. Sie nimmt sogar absolut ab. Dies ist bei den so genannten **inferioren**[2] **Gütern** der Fall: Mit steigenden Einkommen werden sie durch **superiore Güter** ersetzt (z.B. Brötchen statt Brot, Fruchtsäfte statt Wasser, Gemüse statt Kartoffeln). Bei inferioren Gütern ist demnach die Einkommenselastizität **negativ.**

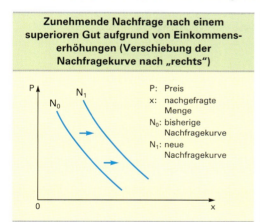

Zunehmende Nachfrage nach einem superioren Gut aufgrund von Einkommenserhöhungen (Verschiebung der Nachfragekurve nach „rechts")

P: Preis
x: nachgefragte Menge
N_0: bisherige Nachfragekurve
N_1: neue Nachfragekurve

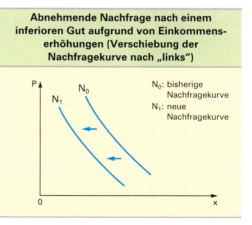

Abnehmende Nachfrage nach einem inferioren Gut aufgrund von Einkommenserhöhungen (Verschiebung der Nachfragekurve nach „links")

N_0: bisherige Nachfragekurve
N_1: neue Nachfragekurve

---

1 ERNST ENGEL (1821–1896) und HERMANN SCHWABE (1830–1874) waren preußische Statistiker.
2 Inferior: wörtl. minderwertig, untergeordnet.

4.3.3 Bedeutung der Einkommenselastizität

Untersuchungsergebnisse über tatsächliche Einkommenselastizitäten in einer Volkswirtschaft sind nicht nur für die Unternehmen (die Anbieter) interessant, weil sich daraus Rückschlüsse auf die **Marktentwicklung** ziehen lassen, sondern auch für die Regierungen. Will eine Regierung z.B. die Steigerungsraten ihrer Einnahmen aus indirekten Steuern[1] an die Steigerungsraten der Einkommen binden, muss sie die Güter am stärksten belasten, die eine **hohe Einkommenselastizitätskennziffer** aufweisen. Diese Spaltung der Steuersätze ist auch sozialpolitisch erwünscht, weil die Schichten mit niedrigen Einkommen steuerlich entlastet werden.

In der Realität stößt man jedoch bei der Festlegung der Einkommenselastizitäten auf Schwierigkeiten, weil sich diese im Zeitablauf in nicht immer voraussehbarer Weise verändern. Technische Neuerungen, modische Änderungen, Geschmackswandel, wachsendes Umwelt- und Gesundheitsbewusstsein – insbesondere zwischen Generationen – und auch Schwerpunkte der Werbung beeinflussen das Verbraucherverhalten im Gegensatz zur Vergangenheit, in der die zumeist starke Steigerung der Einkommen zu einem optimistischen Verbraucherverhalten aufgrund sich rechtfertigender Einkommenserwartungen geführt hat.

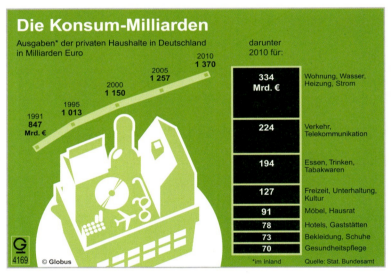

Die Konsum-Milliarden

Ausgaben* der privaten Haushalte in Deutschland in Milliarden Euro

1991	847 Mrd. €
1995	1 013
2000	1 150
2005	1 257
2010	1 370

darunter 2010 für:

334 Mrd. €	Wohnung, Wasser, Heizung, Strom
224	Verkehr, Telekommunikation
194	Essen, Trinken, Tabakwaren
127	Freizeit, Unterhaltung, Kultur
91	Möbel, Hausrat
78	Hotels, Gaststätten
73	Bekleidung, Schuhe
70	Gesundheitspflege

4169   © Globus

*im Inland   Quelle: Stat. Bundesamt

Zusammenfassung

■ Die **direkte Preiselastizität der Nachfrage** ist das Verhältnis einer **prozentualen** Änderung der nachgefragten **Menge** eines bestimmten Gutes zu einer **prozentualen Preisänderung** dieses Gutes.

■ Die **direkte Preiselastizität** der Nachfrage ist im Normalfall **negativ.**

---

1 Die Steuern werden von der Statistik in direkte und indirekte Steuern eingeteilt. Zu den **indirekten Steuern** rechnen alle **Kostensteuern,** d.h. die Steuern, die bei der Gewinnermittlung abzugsfähig sind und die die Unternehmen voll auf die Verbraucher überwälzen (z.B. Gewerbesteuer, Grundsteuer, Tabaksteuer, Kaffeesteuer und Umsatzsteuer). Alle übrigen Steuern werden als **direkte Steuern** bezeichnet, weil sie aus dem **Gewinn** zu zahlen sind (z.B. Einkommensteuer, Körperschaftsteuer).

- Ist die Elastizität **größer** eins, spricht man von einer **elastischen Nachfrage,** ist die Elastizität **kleiner** eins, handelt es sich um eine **unelastische Nachfrage.**

- Ist die **Nachfrage elastisch,** führen **Preissenkungen zu Umsatzsteigerungen;** ist die **Nachfrage unelastisch,** führen **Preissenkungen zu Umsatzrückgängen.**

- Bei der **Kreuzpreiselastizität (indirekte Preiselastizität der Nachfrage)** setzt man die prozentuale Nachfrageänderung für ein **Gut A** zu einer prozentualen Preisänderung von **Gut B** in Beziehung.

- Ist die Kreuzpreiselastizität **positiv,** handelt es sich um **Substitutionsgüter,** ist sie hingegen **negativ,** handelt es sich um **Komplementärgüter.**

- Die **Einkommenselastizität** bemisst das Verhältnis einer prozentualen Nachfrageänderung zu einer prozentualen Einkommensänderung.

- Ist die Einkommenselastizität **negativ,** handelt es sich um ein **inferiores** Gut, ist sie hingegen **positiv,** handelt es sich um ein **superiores** Gut.

- Überblick über die **Arten der Nachfrageelastizität:**

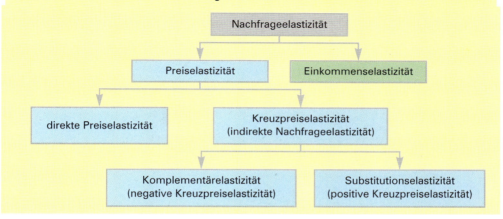

47 1. Definieren Sie die Arten der Nachfrageelastizität und geben Sie die jeweilige Berechnungsformel an!

2. Ein Winzer hat im vergangenen Jahr 100 hl Wein hergestellt. Seine Gesamtkosten beliefen sich auf 10 000,00 GE. Er besitzt eine Stammkundschaft, die allerdings nicht bereit ist, jeden geforderten Preis zu zahlen. Seine Kunden reagieren auf Preisänderungen wie folgt:

Preis je Liter	1,90	1,80	1,70	1,60	1,50
Gekaufte Mengen (in l)	8 000	8 500	9 000	9 500	10 000

Aufgaben:

2.1 Berechnen Sie die Elastizitätskennziffern, wenn der Winzer den Preis von 1,90 GE auf 1,80 GE, von 1,80 GE auf 1,70 GE, von 1,70 GE auf 1,60 GE und von 1,60 GE auf 1,50 GE senkt!

2.2 Welche Art der Elastizität haben Sie unter 2.1 berechnet?

2.3 Welchen Preis wird der Winzer festsetzen, wenn er einen maximalen Umsatz erzielen will? Wie hoch ist dann sein Reingewinn?

2.4 Welche Beziehungen bestehen zwischen den von Ihnen berechneten Elastizitätskennziffern und der Umsatzentwicklung bei alternativen Preisen?

3. Angenommen, der Bierpreis ist um 20 % gestiegen. Daraufhin nimmt die Nachfrage nach Wein um 10 % zu.

Aufgaben:

3.1 Wie groß ist die Elastizitätskennziffer?

3.2 Welche Art der Elastizität haben Sie unter 3.1 berechnet?

3.3 Erklären Sie die Zunahme der Nachfrage nach Wein!

4. Angenommen, die Baukosten sind um 10 % gestiegen. Daraufhin nimmt die Nachfrage nach Einbauküchen um 4 % ab.

Aufgaben:

4.1 Berechnen Sie die Elastizitätskennziffer!

4.2 Welche Art der Elastizität haben Sie unter 4.1 berechnet?

4.3 Erklären Sie die Gründe für die Abnahme der Nachfrage nach Einbauküchen!

5. Angenommen, die Einkommen aller privaten Haushalte einer Volkswirtschaft sind in einem bestimmten Jahr um 8 % gestiegen. Die Einkommenselastizität für Anzüge beträgt 0,8, die für Kaffee 0,75 und die für Mangold (Gemüsesorte) – 0,1. Im Jahr zuvor wurden 1 Mio. Anzüge, 20 Mio. kg Kaffee und 50 Mio. kg Mangold gekauft.

Aufgabe:

Wie entwickelte sich der Absatz bei den drei genannten Güterarten?

6. In Frage 5 sind drei Güterarten genannt.

Aufgaben:

6.1 Welche(s) davon sind (ist) inferior, welche(s) superior?

6.2 Worin liegt der Unterschied zwischen beiden Güterarten?

7. Lesen Sie nachstehenden Text sorgfältig durch:

Zunächst folgt aus der verschiedenen Nachfrageelastizität für diese oder jene Güter, „dass der Verbrauch der Individuen, ohne Rücksicht auf ihre Einkommensunterschiede, umso gleichförmiger zu sein pflegt, je unelastischer das infrage stehende Bedürfnis ist. Nun wissen wir aber, dass das umso mehr der Fall ist, je lebenswichtiger ein Bedürfnis ist. In der Tat verbrauchen die Reichen kaum mehr Wasser, Salz oder Brot als die Armen. Ein anderes Ergebnis ist dieses: Je kleiner das Einkommen ist, umso größer ist derjenige Teil, der für Lebensmittel ausgegeben wird. Diese Tatsache ist zuerst von dem preußischen Statistiker Engel im Jahre 1857 nachgewiesen worden (Engel'sches Gesetz); ein anderer Statistiker, Schwabe, hat später den gleichen Nachweis für Wohnungsausgaben erbracht (Schwabe'sches Gesetz)."[1]

Aufgaben:

7.1 Von welcher Elastizitätsart ist die Rede? Begründen Sie Ihre Aussage!

7.2 Welche Güterart wird angesprochen? Begründen Sie Ihre Antwort!

---

1 RÖPKE, W., a.a.O., S. 27.

48 Frau Erika Kuhl hat folgende Nachfragefunktion nach Benzin:

$$P = 4 - \frac{1}{10}\,x,$$

wobei P: Preis und x: nachgefragte Liter Benzin je Woche bedeuten.

Aufgaben:

1. Zeichnen Sie die individuelle Nachfragekurve (N_1) von Frau Kuhl!

2. Begründen Sie, warum es sich um eine normale Nachfragekurve handelt!

3. Aufgrund einer Tariflohnerhöhung steigt das Einkommen von Frau Kuhl. Sie ist gewillt, bei jedem denkbaren Benzinpreis wöchentlich 10 Liter Benzin mehr als bisher zu kaufen.

   Stellen Sie zeichnerisch und verbal dar, wie sich die Nachfragekurve von Frau Kuhl gegenüber der Nachfragekurve N_1 (Aufgabe 1) verändert hat!

4. Frau Kuhl ändert ihr Verhalten und beschließt, aufgrund ihres gestiegenen Einkommens 25 % mehr Benzin als bisher (Situation 1, Nachfragekurve N_1) zu kaufen.

   Zeichnen Sie die neue Nachfragekurve!

5. Worin unterscheidet sich die Veränderung im Fall 4 von der Veränderung im Fall 3?

6. Frau Kuhl bekommt einen neuen Arbeitsplatz im Nachbarort, den sie nur mit dem Auto erreichen kann. Sie braucht wöchentlich 20 Liter Benzin. Auf private Autofahrten verzichtet sie vollständig.

   Zeichnen Sie die Nachfragekurve von Frau Kuhl!

7. Wie heißt eine derartige Nachfragekurve und wie lässt sich deren Verlauf begründen?

8. Frau Kuhl schließt sich mit einer Kollegin, die am gleichen Ort wohnt, zu einer Fahrgemeinschaft zusammen, sodass sie unter sonst gleichen Bedingungen wöchentlich nur noch halb so viel Benzin wie zuvor braucht.

   Zeichnen Sie die neue Nachfragekurve von Frau Kuhl!

49

1. WILHELM RÖPKE schrieb in seinem Buch „Die Lehre von der Wirtschaft" u.a.: „Wir sehen den Vorgang in voller Deutlichkeit bei einem so trivialen Anlass wie dem des Kofferpackens für eine Reise. Da wir nicht unsere ganze Habe mitnehmen können, überlegen wir uns zunächst, welche Dinge wir am dringendsten brauchen (Auswahl); zugleich aber wägen wir ein Mehr an Hemden gegen ein Weniger an Schuhen, ein Mehr an Büchern gegen ein Weniger an Anzügen so gegeneinander ab, dass alles in einem vernünftigen Verhältnis zueinander steht (Begrenzung)."

   Aufgabe:

   Welches „Gesetz" wird hier von RÖPKE beschrieben? Begründen Sie Ihre Aussage!

2. Angenommen, der in Übungsaufgabe 45, Nr. 3 (vgl. S. 165) angesprochene private Haushalt hat pro Tag für den Brotkauf 3,00 GE eingeplant.

   Aufgabe:

   Leiten Sie mithilfe der Angaben in Übungsaufgabe 45, Nr. 3, die (individuelle) Nachfragekurve dieses Haushalts ab! Die alternativen Preise je 100 g Brot sollen betragen: 0,60 GE, 1,20 GE, 1,80 GE und 3,00 GE.

3. Wie wirken sich Einkommens-, Bedürfnis- und Preisänderungen anderer Güter auf die Haushaltsnachfrage nach einem Gut aus? Zeichnen Sie die Kurven und begründen Sie Ihre Feststellungen!

50 1. Wie müsste eine normale Nachfragekurve verlaufen, wenn die direkte Preiselastizität in jedem Punkt der Kurve 1 betragen soll?

2. Lesen Sie nachstehenden Zeitungsartikel sorgfältig durch:

Kaffee-Ersatz wieder aktuell

Die hohen Preise für Bohnenkaffee lassen die Nachfrage kräftig steigen

as. Hamburg (vwd). Die Verknappung von Roh-
kaffee am Weltmarkt und die daraus resultie-
renden stark gestiegenen Preise für Bohnenkaffee haben die Kaffee-Ersatzmittel wieder in
das Blickfeld gerückt. Nicht nur in der Bundesrepublik hat sich die Nachfrage belebt, auch in
den USA werden die teuren Bohnen mit so
genanntem Kaffee-Ersatz gestreckt. Sogar in
dem größten Kaffeeproduktionsland Brasilien
werden für den inländischen Konsum aufgrund
der Verknappung von Kaffee Überlegungen in
dieser Richtung angestellt.

Die „Blütezeit" der Surrogate in der Bundesrepublik Ende der vierziger und Anfang der fünf-
ziger Jahre dauerte nicht lange. Mit dem rapide
zunehmenden Konsum von Bohnenkaffee verloren sie ständig an Boden und sanken in

einen „Regalschlaf", die ursprünglich etwa 180
Hersteller von Kaffeemitteln schrumpften auf
gegenwärtig nur noch acht zusammen. Markt-
führer unter ihnen ist mit weitem Abstand die
zur Nestle-Gruppe gehörende Unifranck
Lebensmittelwerke GmbH (Ludwigsburg) mit
den traditionellen Marken Linde's und
Kathreiner sowie den löslichen Produkten
Caro, Mit und Kneipp-Malzkaffee.

Der in der Vergangenheit ständig rückläufige
Absatz hat nach einem vorübergehenden Stillstand in den letzten Monaten eine deutliche
Belebung erfahren. Je nach Produkt verzeich-
nete Unifranck, wir berichteten bereits kurz
darüber, in den ersten Monaten dieses Jahres
Umsatzsteigerungen bis zu 25 %.

Aufgaben:

2.1 Von welcher Elastizitätsart ist die Rede? Begründen Sie Ihre Aussage!

2.2 Begründen Sie die Zunahme der Nachfrage nach Kaffee-Ersatz!

3. Nehmen Sie zu folgendem Zeitungsartikel Stellung:

Frische Zitrusfrüchte direkt auf den Müll

Italienische Obstbauern sind sauer – Preise werden künstlich erhöht

Selbst die süßesten Orangen machen die Bauern Italiens sauer. Bis zum Höhepunkt der
Zitronenernte wurden über 700 000 Doppel-
zentner Orangen, Mandarinen und Zitronen
vernichtet.

Die Lastwagen fahren sie direkt von der Ernte
in die staatlich überwachten Vernichtungslager
oder Abfallplätze. Insgesamt gibt es 41 solcher
Sammelstellen, wo die Südfrüchte vernichtet
werden, um auf solch absurde Weise den Preis
künstlich hochzuhalten.

Wer in diesen Tagen die Pflücker bei der Ernte
anspricht, bekommt als Antwort Resignation,
wütende Empörung oder vieldeutiges Schwei-
gen. Die Empörung betrifft die Vernichtung, die
Resignation die Einsicht, dass ohne diese Zer-
störung des Früchtereichtums die Bauern nicht
mehr auf ihre Kosten kämen.

Desinteresse der amtlichen Stellen, Schlend-
rian in den Lieferungen sowie Interessen der

Mafia (daher das schweigende Achselzucken
der Orangenpflücker) lassen die Früchte kei-
neswegs in einer angemessenen Zeit und zu
einem entsprechenden Preis an die Verbraucher kommen. Häufig bekommt der Verbraucher dann auch nicht die so hochgelobten
Früchte, sondern Ramsch, weil der Transport
unsachgemäß organisiert wurde, zu lange dauerte und mitunter schon vor Ort zweitklassige
Ware verladen wurde.

Die Preise könnten durchaus konkurrenzfähig
sein, wenn „ein parasitärer Zwischenhandel"
ausgebootet würde, denn die durch die Ver-
nichtungsaktionen gesicherten Preise liegen
bei Mandarinen bei 20 Cents, bei Orangen bei
25 Cents und bei Zitronen bei 35 Cents je Kilo-
gramm. Schon in Rom muss der Verbraucher
ein Vielfaches dieser Preise zahlen.

4. Das Kaufhaus Reich & Sohn OHG machte im Dezember des vergangenen Jahres folgenden Versuch: An der Kasse der Lebensmittelabteilung wurden drei Körbe mit Apfelsinen des gleichen Exporteurs gefüllt. Die Apfelsinen unterschieden sich in nichts außer in ihrem Preis: 1,50 EUR, 1,80 EUR und 2,00 EUR je kg. Das Erstaunliche an diesem Versuch war, dass zuerst der Korb mit den teuersten, dann der Korb mit den zweitteuersten und dann erst der Korb mit den billigen Apfelsinen leer war.

Aufgaben:

4.1 Begründen Sie das Kaufverhalten der Kundinnen und Kunden!

4.2 Zeichnen Sie die individuelle Nachfragekurve einer Kundin, die ebenfalls die teureren den billigeren Apfelsinen vorzog!

4.3 Bezeichnen Sie die zu 4.2 gezeichnete Nachfragekurve!

4.4 Begründen Sie diese Bezeichnung!

5.

Chaos auf dem Bananenmarkt

HAMBURG (dpa). Der Bananenverbrauch in Deutschland ist nach Angaben der Fruchtimporteure seit dem 1. Juli in Deutschland „drastisch" um fast 40 Prozent gesunken. „Die europäischen Bananenmärkte sind im Chaos", bilanzierten Fruchtimporteure nach „100 Tagen Bananenregelung" am Donnerstag in Hamburg. Die Einzelhandelspreise in Deutschland seien um durchschnittlich 45 Prozent gestiegen.

Aufgaben:

5.1 Berechnen Sie die Nachfrageelastizität nach Bananen!

5.2 Welche Art der Nachfrageelastizität liegt vor?

5 Bestimmung des Angebots

5.1 Kosten der Produktion

5.1.1 Grundlegendes

Unter Kosten versteht man den in **Geld bewerteten Verzehr von Produktionsfaktoren** zur **Erstellung** und zum **Absatz** betrieblicher Leistungen sowie zur Aufrechterhaltung der hierfür notwendigen Kapazitäten. Der „Kostenverlauf" eines Unternehmens in Abhängigkeit von seinen produzierten Leistungen lässt sich mittels Kostenfunktionen darstellen. Eine **Kostenfunktion** beschreibt das **Ursache-Wirkungs-Verhältnis** zwischen der **Ausbringungsmenge (x)** als Ursache und den **aufzuwendenden Kosten** des mit Marktpreisen bewerteten Verzehrs an Produktionsfaktoren als Wirkung.

Die **Ausbringungsmenge** eines Unternehmens – und somit auch deren **Kostenverlauf** – hängt jedoch **ganz entscheidend** von der zugrunde liegenden Produktionsfunktion ab. Die **Produktionsfunktion** beschreibt den **funktionalen Zusammenhang** zwischen der hergestellten Gütermenge und der Menge der in den Produktionsprozess eingehenden Produktionsfaktoren.

Beispiel:

Steigt bei einem Automobilhersteller die Anzahl der pro Jahr hergestellten Fahrzeuge, so benötigt das Unternehmen u.a. entsprechend mehr Roh-, Hilfs- und Betriebsstoffe und es kommt – unter sonst gleichen Bedingungen – zu einer Kostensteigerung.

Bezüglich ihrer Eigenschaften lassen sich Produktionsfaktoren in vielerlei Hinsicht unterscheiden, so auch dahingehend, inwieweit die **eingesetzten Produktionsfaktoren austauschbar (Produktionsfaktor vom Typ A)** oder **nicht austauschbar (Produktionsfaktor vom Typ B)** sind. Im Folgenden beschränken sich die Ausführungen auf die **Produktionsfunktion vom Typ B,** da diesem Verlauf in der industriellen Produktion die größte Bedeutung zukommt.

5.1.2 Produktionsfunktion vom Typ B

Sind die Produktionsfaktoren **nicht** austauschbar (substituierbar), sondern müssen sie in einem festen Verhältnis zueinander eingesetzt werden, spricht man von **limitationalen** oder **komplementären Produktionsfaktoren.**[1]

Beispiel:

Eine Werkzeugmaschine muss von einer Arbeitskraft bedient werden. Mithilfe der Maschine erzeugt die Bedienung 20 Werkstücke in der Stunde. Soll die Ausbringung auf 40 Werkstücke erhöht werden, muss eine zusätzliche Maschine gekauft und eine zusätzliche Arbeitskraft eingestellt werden.

Es ergibt sich folgende Beziehung zwischen Input und Output:

Einsatz der Produktionsfaktoren (Mensch – Maschine)	Leistung (Ausbringung, Output) in Stück je h
1 Arbeiter – 1 Maschine	20
2 Arbeiter – 2 Maschinen	40
3 Arbeiter – 3 Maschinen	60
4 Arbeiter – 4 Maschinen	80
5 Arbeiter – 5 Maschinen	100
6 Arbeiter – 6 Maschinen	120

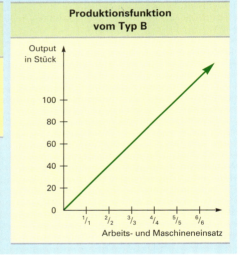

Merke:

Wird der Einsatz **limitationaler (komplementärer) Produktionsfaktoren** erhöht, ergibt sich eine **lineare Produktionsfunktion** (Produktionsfunktion vom **Typ B**).

---

1 Limitational: begrenzt, sich begrenzend; komplementär: ergänzend.

5.1.3 Ableitung der Kostenkurven aus der Produktionsfunktion vom Typ B

(1) Variable Kosten

Im Kapitel 5.1.2 wurde gezeigt, dass der Einsatz komplementärer (limitationaler) Produktionsfaktoren zu linearen Produktionsfunktionen führt.

> **Merke:**
>
> Die **Kostenfunktionen** stellen das **Spiegelbild der Produktionsfunktionen** dar. Somit muss einer **linearen Produktionsfunktion** auch eine **lineare Kostenfunktion** folgen.

> **Beispiel:**
>
> Mit einem Arbeiter (Pf_1: Produktionsfaktor 1) und einem Kran (Pf_2) können 50 Paletten Bausteine je Acht-Stunden-Tag befördert werden. Soll die Tagesleistung erhöht werden, müssen zusätzliche Kräne eingesetzt und ebenso viele zusätzliche Arbeitskräfte eingestellt werden.
>
> Hieraus ergibt sich eine lineare Produktionsfunktion.
>
> Die **Kosten je Arbeits- bzw. Betriebsstunde** setzen sich wie folgt zusammen:
>
> | | |
> |---|---:|
> | Lohnkosten | 12,50 GE |
> | Abschreibungen je Betriebsstunde[1] | 25,00 GE |
> | Zinskosten je Betriebsstunde | 20,00 GE |
> | sonstige Kosten (Strom, Schmiermittel, Reparaturen usw.) je Betriebsstunde | 5,00 GE |
> | | 62,50 GE |
>
> Die **(variablen) Kosten** je Acht-Stunden-Tag betragen demnach je Arbeiter und Kran 500,00 GE (62,50 GE · 8).
>
> | Anzahl der eingesetzten Arbeiter und Kräne | Output (Anzahl der beförderten Paletten) | Kosten der komplementären Produktionsfaktoren (variable Kosten: k_v) in GE |
> |:---:|:---:|:---:|
> | $^1/_1$ | 50 | 500,00 |
> | $^2/_2$ | 100 | 1 000,00 |
> | $^3/_3$ | 150 | 1 500,00 |
> | $^4/_4$ | 200 | 2 000,00 |
> | $^5/_5$ | 250 | 2 500,00 |
> | $^6/_6$ | 300 | 3 000,00 |

---

1 Aus dem Beispiel wird ersichtlich, dass Kosten sowohl fix als auch variabel geplant werden können. So lassen sich beispielsweise die Abschreibungen und die Zinskosten auch als fixe Kosten verrechnen.

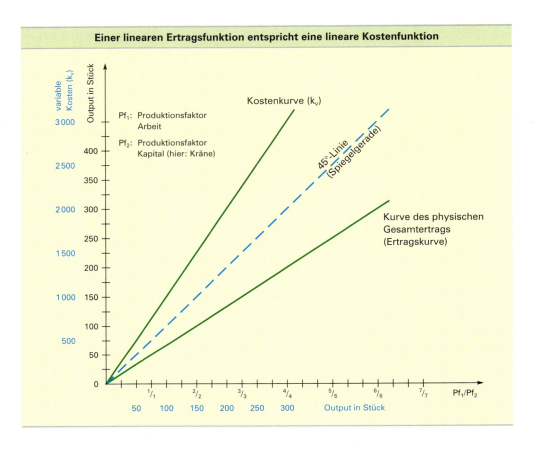

Einer linearen Ertragsfunktion entspricht eine lineare Kostenfunktion

variable Kosten (k_v)

Output in Stück

Kostenkurve (k_v)

Pf_1: Produktionsfaktor Arbeit

Pf_2: Produktionsfaktor Kapital (hier: Kräne)

45° Linie (Spiegelgerade)

Kurve des physischen Gesamtertrags (Ertragskurve)

Output in Stück

(2) Gesamtkosten

Addiert man zu den linear (proportional) variablen Kosten die fixen Kosten, erhält man eine lineare Gesamtkostenkurve (vgl. nebenstehende Abbildung). Statistische Untersuchungen bestätigen, dass man – vor allem in der **Industrie** – von **linearen Gesamtkostenverläufen** ausgehen muss. Allerdings ist dazu zu sagen, dass Kostenuntersuchungen in der Wirklichkeit **nicht** auf der ganzen Bandbreite der Kapazität möglich sind. Vielmehr beziehen sich solche Untersuchungen regelmäßig auf einen **kleinen Teilbereich der Kapazitätsausnutzung** (z. B. auf Beschäftigungsschwankungen zwischen 70 und 80 %). Je kleiner aber der untersuchte Beschäftigungsspielraum ist, desto weniger fällt ein nichtlineares Kostenverhalten auf.

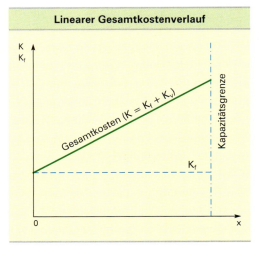

Linearer Gesamtkostenverlauf

K
K_f

Gesamtkosten $(K = K_f + K_v)$

Kapazitätsgrenze

K_f

Zu beachten ist, dass andererseits die empirische[1] Forschung auch festgestellt hat, dass die Gesamtkosten dann regelmäßig **progressiv** (überproportional zur Ausbringungsmenge) zu steigen beginnen, wenn ein Betrieb in der **Nähe der Kapazitätsgrenze** arbeitet. Der Grund liegt in der **Überbeanspruchung** der Produktionsfaktoren. So steigt z. B. der Krankenstand. Der **Ausschuss** nimmt überproportional zu, ebenso der **Verschleiß** der Maschinen, weil für Wartung und gründliche Reparaturen keine Zeit bleibt.

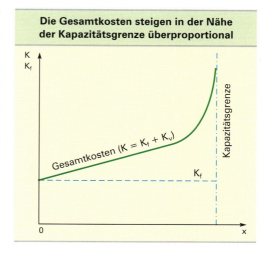

Die Gesamtkosten steigen in der Nähe der Kapazitätsgrenze überproportional

(3) Kritische Punkte

Kritische Kosten- und Leistungspunkte	
Begriffe	**Merkmale**
Gewinnschwelle (Nutzenschwelle, „toter Punkt", Break-even-Point)	Gesamtbetrachtung: Der Umsatz entspricht den Gesamtkosten.
	Stückbetrachtung: Der Preis entspricht den Stückkosten (den durchschnittlichen Gesamtkosten).
Gewinnmaximum (maximaler Nutzenpunkt)	Gesamtbetrachtung: Die Differenz zwischen Umsatz und Gesamtkosten ist am größten.
	Stückbetrachtung: Die Grenzkosten sind dem Preis gleich.
Gewinngrenze[2]	Gesamtbetrachtung: Der Umsatz entspricht den Gesamtkosten.
	Stückbetrachtung: Der Preis entspricht den Stückkosten.

Bei einem rein linearen Gesamtkostenverlauf ergibt sich praktisch nur noch ein kritischer Punkt, nämlich die **Gewinnschwelle**. Das **Gewinnmaximum** und der **optimale Kostenpunkt** (Betriebsoptimum) liegen an der **Kapazitätsgrenze**. Ein **Betriebsminimum existiert nicht,** weil die durchschnittlichen variablen Kosten, die den Grenzkosten entsprechen, in Bezug auf die einzelne Ausbringungseinheit fix sind.

---

1 Empirisch: aus der Erfahrung gewonnen.
2 Statt von Gewinngrenze wird in der Literatur auch von „Nutzengrenze" gesprochen.

13 Speth u. a. - ISBN 978-3-8120-0572-2

Ein Industriebetrieb, der nur ein Produkt herstellt, hat 12 500 GE fixe Kosten. Die Kapazität beträgt maximal 1 250 Stück. Die proportional variablen Kosten belaufen sich auf 6 GE je Stück. Das Produkt kann für 20 GE abgesetzt werden.

Hieraus ergibt sich folgende **Kosten-Leistungstabelle:**

x	K_f	K_v	K	U (= x · P)	Verlust (V) bzw. Gewinn (G)	k_v	k	K' (je Stück)	P (Erlös je Stück)	v bzw. g
0	12 500,00	—	12 500,00	—	12 500,00	—	∞	6,00	20,00	∞
125	12 500,00	750,00	13 250,00	2 500,00	10 750,00	6,00	106,00	6,00	20,00	86,00
250	12 500,00	1 500,00	14 000,00	5 000,00	9 000,00	6,00	56,00	6,00	20,00	36,00
375	12 500,00	2 250,00	14 750,00	7 500,00	7 250,00	6,00	39,33	6,00	20,00	19,33
500	12 500,00	3 000,00	15 500,00	10 000,00	5 500,00	6,00	31,00	6,00	20,00	11,00
625	12 500,00	3 750,00	16 250,00	12 500,00	3 750,00	6,00	26,00	6,00	20,00	6,00
750	12 500,00	4 500,00	17 000,00	15 000,00	2 000,00	6,00	22,67	6,00	20,00	2,67
875	12 500,00	5 250,00	17 750,00	17 500,00	250,00	6,00	20,29	6,00	20,00	0,29
1 000	12 500,00	6 000,00	18 500,00	20 000,00	1 500,00	6,00	18,50	6,00	20,00	1,50
1 125	12 500,00	6 750,00	19 250,00	22 500,00	3 250,00	6,00	17,11	6,00	20,00	2,89
1 250	12 500,00	7 500,00	20 000,00	25 000,00	5 000,00	6,00	16,00	6,00	20,00	4,00

x: Ausbringungsmenge
K_f: fixe Kosten
K_v: variable Kosten
U: Umsatz (Erlös)
V: Verlust
G: Gewinn
K: Totalkosten (Gesamtkosten)

k_v: durchschnittliche variable Kosten (variable Stückkosten)
k: durchschnittliche Totalkosten (Stückkosten)
K': Grenzkosten
P: Preis (Erlös je Stück)
v: durchschnittlicher Verlust (Stückverlust)
g: durchschnittlicher Gewinn (Stückgewinn)

Erläuterungen:

Wie aus der Abbildung zur **Gesamtbetrachtung** (siehe S. 195) ersichtlich, werden bei einer Produktionsmenge von **893 Stück** die Kosten durch die Erlöse gedeckt. Der **Umsatz entspricht** somit exakt den **Gesamtkosten.** Wird die Produktions- und Absatzmenge **über** die **Gewinnschwelle (Break-even-Punkt)** hinaus weiter ausgedehnt, so führt dies zu einem sukzessiv **ansteigenden Gewinn,** die Gesamterlöse übersteigen also die Gesamtkosten der Produktion.

Bei der **Stückbetrachtung** wird deutlich, dass die **Gesamtstückkosten** (durchschnittliche Gesamtkosten) an der **Gewinnschwelle** exakt dem **Marktpreis** entsprechen. Dies ist u. a. darauf zurückzuführen, dass die **Gesamtstückkosten** mit **zunehmender** Ausbringungsmenge ständig **abnehmen,** wohingegen die **Grenzerlöse** – also der für die zuletzt verkaufte Einheit erzielte Erlös – wegen der **konstanten** Preise von 20,00 GE **gleich** bleiben. Die bis zur **Kapazitätsgrenze** zu beobachtende **Abnahme** der **Gesamtstückkosten** (in obigem Beispiel von 106,00 GE pro Stück auf 16,00 GE pro Stück) ist damit zu begründen, dass sich die **Fixkosten** auf immer mehr Produktionseinheiten verteilen. Dies führt bei **gleich bleibenden variablen Stückkosten (Grenzkosten)** von 6,00 GE und **abnehmenden stückfixen Kosten** zu einer **Stückkostendegression.**

Der in der Abbildung dargestellte typische Verlauf der **Gesamtstückkosten** basiert auf dem **„Gesetz der Massenproduktion"** (auch „Bücher'sches Gesetz" genannt) und ist insbesondere in der industriellen Massenfertigung zu beobachten.

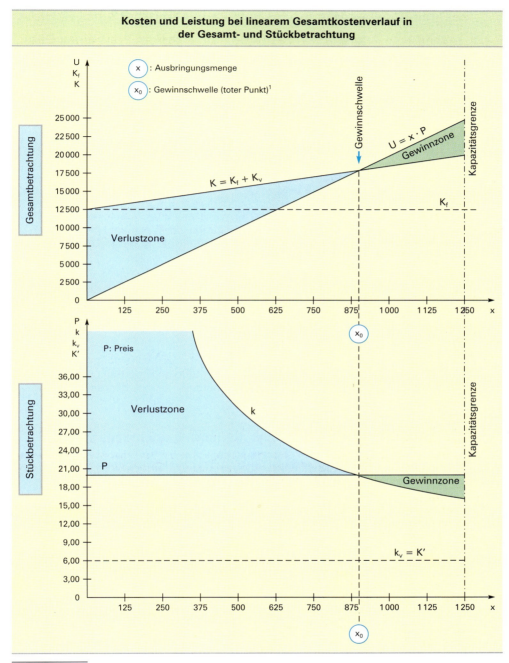

Kosten und Leistung bei linearem Gesamtkostenverlauf in der Gesamt- und Stückbetrachtung

Gesamtbetrachtung

$\boxed{x}$: Ausbringungsmenge

$\boxed{x_0}$: Gewinnschwelle (toter Punkt)[1]

U
K_f
K

25 000
22 500
20 000
17 500
15 000
12 500
10 000
7 500
5 000
2 500
0

125 250 375 500 625 750 875 1 000 1 125 1 250 x

Gewinnschwelle

$U = x \cdot P$

Gewinnzone

$K = K_f + K_v$

Verlustzone

K_f

Kapazitätsgrenze

$\boxed{x_0}$

Stückbetrachtung

P
k
k_v
K'

P: Preis

36,00
33,00
30,00
27,00
24,00
21,00
18,00
15,00
12,00
9,00
6,00
3,00
0

125 250 375 500 625 750 875 1 000 1 125 1 250 x

Verlustzone

k

P

Gewinnzone

$k_v = K'$

Kapazitätsgrenze

$\boxed{x_0}$

---

1 Rechnerisch lässt sich die Gewinnschwelle wie folgt berechnen:

$$K_f + K_v \cdot x = x \cdot P$$
$$12\,500 + 6x = 20x$$
$$14x = 12\,500$$
$$\underline{\underline{x = 893 \text{ Stück}}}$$

195

5.2 Bestimmungsfaktoren für das individuelle Angebot eines Betriebs

5.2.1 Individuelle Angebotskurve in Abhängigkeit vom Preis eines Guts

(1) Stückkosten und Preisuntergrenze

Wie die vorangestellten Ausführungen gezeigt haben, **beeinflussen die Kosten** in **starkem** Maße die von den Unternehmen produzierte und letztlich am Markt **angebotene Menge**. Außerdem sind die **anfallenden Kosten** für die Höhe der **Preisuntergrenze** von Bedeutung.

> **Merke:**
>
> Die **kurzfristige (absolute) Preisuntergrenze** liegt bei dem Preis, bei dem der Stückerlös die **variablen Kosten je Einheit** abdeckt.

Für eine kurze Zeit kann das Unternehmen die fixen Kosten außer Acht lassen, denn diese fallen an, ob ein Verkauf getätigt wird oder nicht. **Langfristig** kann ein Unternehmen jedoch nur dann erfolgreich am Markt agieren, wenn es über den Marktpreis zumindest die Selbstkosten je Einheit vergütet erhält.

> **Merke:**
>
> Die **langfristige Preisuntergrenze** liegt bei dem Preis, bei dem der Stückerlös die entstandenen Selbstkosten je Einheit abdeckt.

Wie sich der **Verlauf der Stückkosten** auf die vom Unternehmen am Markt **angebotene Menge** auswirkt, verdeutlichen nachfolgende Abbildungen. Entscheidend für das Güterangebot eines Unternehmens ist dabei, ob das Unternehmen **innerhalb** der Kapazitätsgrenze (**degressiv** fallende Stückkosten) oder **außerhalb** der Kapazitätsgrenze (**progressiv** steigende Stückkosten) produziert.

(2) Individuelles Angebot innerhalb der normalen Betriebskapazität

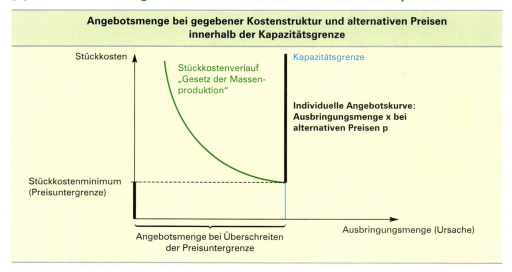

Angebotsmenge bei gegebener Kostenstruktur und alternativen Preisen innerhalb der Kapazitätsgrenze

(3) Individuelles Angebot außerhalb der normalen Betriebskapazität

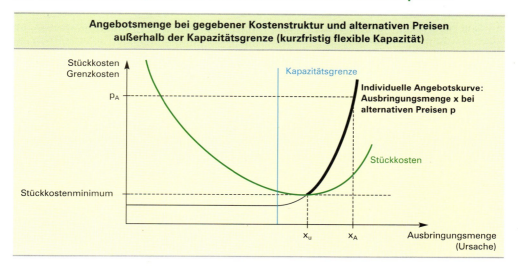

Angebotsmenge bei gegebener Kostenstruktur und alternativen Preisen außerhalb der Kapazitätsgrenze (kurzfristig flexible Kapazität)

Vor diesem Hintergrund stellt im Beispiel auf S. 198 der **aufsteigende Ast der Grenzkostenkurve** von den minimalen Stückkosten aufwärts die **individuelle** Angebotskurve eines Unternehmens dar.

Liegt in obiger Situation der Marktpreis bei p_A (vgl. Abbildung), so wird das Unternehmen die Menge x_A herstellen. Bei jeder Menge, die **kleiner** ist als x_A, könnte durch Produktionsausweitung eine **Gewinnsteigerung** erreicht werden, da die **Grenzerlöse größer** sind als die **Grenzkosten**. Erst ab der Menge x_A – wo die Grenzkosten genauso hoch sind wie die Grenzerlöse – wird keine Gewinnsteigerung mehr erzielt. Wird die Produktionsmenge über diesen Punkt hinaus ausgeweitet, kommt es mit Blick auf die **über** den Grenzerlösen liegenden Grenzkosten zu einer Gewinnschmälerung.

(4) Gesetz des Angebots

Für **beide** beschriebenen Fälle gilt:

Steigen die Kosten für die eingesetzten Produktionsfaktoren (z.B. durch Lohnerhöhungen) nachhaltig, so führt dies unter sonst gleichen Bedingungen (ceteris paribus) zu einer Gewinnschmälerung bzw. zu einem Verlust.

Nur wenn es dem Unternehmen gelingt, die Kostenerhöhung an die **Nachfrager** weiterzugeben **oder** die **Stückkosten** durch entsprechende Maßnahmen wieder unter den Marktpreis zu **senken,** kann es das Marktangebot **dauerhaft** aufrechterhalten.

Gelingt dies nicht, werden einige **Anbieter** aus dem Markt **ausscheiden,** weil sie zu teuer produzieren. Dies führt zu einem **Angebotsrückgang**.

Merke:

Nach dem **„Gesetz des Angebots" steigt das Angebot** mit **steigendem Preis** und **sinkt das Angebot** mit **sinkendem Preis** des angebotenen Guts.

5.2.2 Individuelle Angebotskurve in Abhängigkeit zu einer Veränderung der Produktionstechnik

(1) Grundlegendes zu Verschiebungen der individuellen Angebotskurve

Ist ein Anbieter bereit bzw. in der Lage, zu gegebenen Preisen **mehr** anzubieten, so drückt sich dies in einer Verschiebung der Angebotskurve nach „rechts" aus: Das Angebot nimmt **zu**. Wird hingegen zu gegebenen Preisen **weniger** angeboten, verschiebt sich die Angebotskurve nach „links": Das Angebot nimmt **ab**.

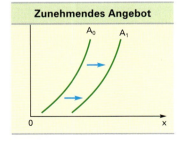
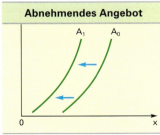

P: Preis des angebotenen Gutes

x: angebotene Menge

A_0: ursprünglicher Verlauf der Angebotskurve

A_1: neuer Verlauf der Angebotskurve

(2) Änderung der Produktionstechnik und individuelles Angebot

Eine Änderung der Produktionstechnik wirkt sich in der Regel auf das Verhältnis zwischen fixen Kosten einerseits und variablen Kosten andererseits aus. Geht ein Betrieb z.B. auf ein **anlageintensives** Verfahren über, **steigen** die **fixen Kosten** (höhere Anlagekosten wie Abschreibung, Zinskosten, Reparatur- und Wartungskosten), während die **variablen** Kosten je Produktionseinheit **abnehmen**.

Mit zunehmender Anlageintensität verschiebt sich die Grenzkostenkurve nach **„rechts"**. Handelt ein Anbieter nach dem Gewinnmaximierungsprinzip, verschiebt sich damit seine individuelle Angebotskurve: Das Angebot nimmt **zu,** d.h., er bietet zu jedem denkbaren Preis, der **über** seinem Betriebsminimum liegt, **mehr** als zuvor an.

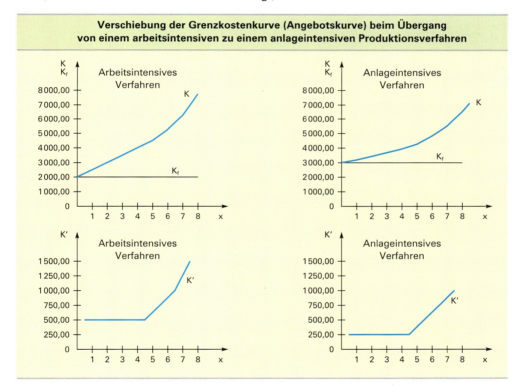

Verschiebung der Grenzkostenkurve (Angebotskurve) beim Übergang von einem arbeitsintensiven zu einem anlageintensiven Produktionsverfahren

Merke:

Mit zunehmender Anlageintensität nimmt das Angebot zu, mit abnehmender Anlageintensität nimmt das Angebot ab.

5.2.3 Individuelle Angebotskurve in Abhängigkeit zu einer Veränderung der Faktorkosten (Preise der Produktionsfaktoren)

Steigen die Preise aller Produktionsfaktoren (die Kosten), so verschiebt sich die Grenzkostenkurve (siehe nebenstehende Abbildung). Hieraus ergibt sich, dass ein von den Kostensteigerungen betroffener Betrieb zu jedem möglichen Preis **weniger** anbietet. Liegt der Absatzpreis unter dem neuen Betriebsminimum, muss der Betrieb schließen.

Da in unseren Modellen unterstellt wird, dass die Anbieter mit Grenzkosten kalkulieren, gilt obige Aussage nur, wenn die variablen Kosten steigen. Steigen nur die fixen Kosten, ändern sich die Grenzkosten (und damit das Angebot) **nicht**.

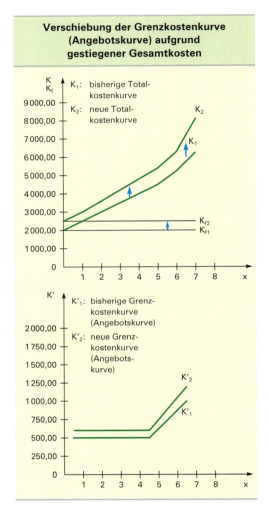

Verschiebung der Grenzkostenkurve (Angebotskurve) aufgrund gestiegener Gesamtkosten

> **Merke:**
>
> ■ Steigen die Faktorpreise, nimmt i. d. R. das individuelle Angebot ab.
>
> ■ Sinken die Faktorpreise, nimmt i. d. R. das individuelle Angebot zu.

Erläuterungen zu den Abbildungen:

Steigen die Kosten um insgesamt 20 %, so verschiebt sich die Kostenkurve K_1 nach oben (K_2). Folglich müssen sich auch die Grenzkosten von K'_1 nach K'_2 erhöhen. Das bedeutet, dass der Betrieb bei gleich bleibendem Preis **weniger** anbieten wird oder die gleiche Menge nur zu einem **höheren** Preis anbieten kann, wenn er seinen Gewinn maximieren bzw. seinen Verlust minimieren möchte.

5.2.4 Individuelle Angebotskurve in Abhängigkeit zu einer Veränderung der Zahl der Anbieter

Die Zahl der Anbieter eines bestimmten Gutes wirkt sich nur indirekt auf das individuelle Angebot aus. Je größer die Zahl der Anbieter ist – so wird häufig behauptet –, desto stärker ist der Konkurrenzdruck. Da der einzelne Anbieter innerhalb einer großen Zahl von Anbietern den Preis nicht beeinflussen kann, besteht seine einzige Möglichkeit, den Gewinn zu erhöhen bzw. den Verlust zu mindern, darin, die Kosten zu senken (Rationalisierung). Kostensenkungen und/oder der Übergang zu anlageintensiveren Produktionsverfahren vergrößern das individuelle Angebot.

5.2.5 Individuelle Angebotskurve in Abhängigkeit zu einer Veränderung der Preise anderer Güter

Bleibt der Preis des bisher produzierten Gutes unverändert, während die **Preise anderer Güter steigen,** so führt dies – im Vergleich zu anderen Gütern – beim bisher angebotenen Gut zu einem geringeren Gewinn. Ist es produktionstechnisch möglich, werden die Unternehmen, um ihren Gewinn zu steigern, eine Produktionsverlagerung zugunsten der Güter vornehmen, deren Preis gestiegen ist. Diese Vorgehensweise führt zu einem Rückgang des Angebots bei dem Gut, dessen Preis nicht gestiegen ist. Die Angebotskurve verschiebt sich nach links, das **Angebot nimmt ab.**

Im umgekehrten Fall – die **Preise bei anderen Gütern sinken** – kommt es zu einer Rechtsverschiebung der Angebotskurve für das Gut, dessen Preis nicht gesunken ist. Das **Angebot nimmt zu.**

Selbstverständlich gibt es noch weitere Bestimmungsgründe des individuellen Angebots. Hegt die Geschäftsleitung eines Betriebs z. B. optimistische **Absatzerwartungen,** wird sie die Kapazität des Betriebs erweitern. Das künftige Angebot steigt. Pessimistische Zukunftserwartungen können hingegen sogar zu einem Abbau der Kapazitäten führen, sodass das Angebot abnimmt.

Des Weiteren können auch vom einzelnen Betrieb nicht beeinflussbare Faktoren sein Angebot verringern. So hängt in der Landwirtschaft das Angebot vom Klima während der einzelnen Vegetationsperioden ab. Um noch ein Beispiel zu nennen: Die Betriebe können gezwungen sein, aufgrund von Streiks oder aufgrund von Stockungen in der Materialzufuhr ihr Angebot einzuschränken.

Zusammenfassung

- Bei der **limitationalen** Produktionsfunktion (Produktionsfunktion vom Typ B) sind die Produktionsfaktoren **nicht** austauschbar.

- Eine **Steigerung** der Ausbringungsmenge ist nur möglich, wenn alle Produktionsfaktoren in einem bestimmten Verhältnis erhöht werden.

- Die **Kostenfunktionen** stellen das **Spiegelbild** der **Produktionsfunktionen** dar.

- Die **Gesamtkosten** eines Unternehmens setzen sich aus den **fixen** und **variablen** Kosten zusammen.

- Zu den **kritischen Kosten- und Leistungspunkten** zählen die Gewinnschwelle, das Gewinnmaximum sowie die Gewinngrenze.

- Überblick über die **Einflussfaktoren des individuellen Angebots:**

Das **Angebot** eines Betriebs **nimmt ab,** wenn	Das **Angebot** eines Betriebs **nimmt zu,** wenn
die erzielbaren Preise niedrig sind,	die erzielbaren Preise hoch sind,
er zu arbeitsintensiven Produktionsverfahren übergeht,	er zu anlageintensiven Produktionsverfahren übergeht,
die Faktorpreise steigen,	die Faktorpreise sinken,
die Verkaufspreise anderer Güter steigen,	die Verkaufspreise anderer Güter sinken,
die künftigen Absatzchancen pessimistisch beurteilt werden.	die künftigen Absatzchancen optimistisch beurteilt werden.

- Die **variablen Stückkosten** (k_v) stellen die **kurzfristige Preisuntergrenze** dar, weil das Unternehmen nur für kurze Dauer in der Lage sein dürfte, die fixen Kosten aus Eigenmitteln oder aufgenommenen Fremdmitteln zu decken.

- Die **Gesamtstückkosten** (k_g) bilden die **langfristige Preisuntergrenze,** da das Unternehmen kostendeckend arbeitet.

- Ist ein Anbieter bereit, **mehr** (weniger) anzubieten, so **verschiebt** sich seine Angebotskurve nach **rechts** (links).

Übungsaufgabe

51 1. 1.1 Leiten Sie aus nebenstehender Abbildung die Durchschnittsertrags- und die Grenzertragskurve ab und zeichnen Sie diese in ein Koordinatensystem ein!

1.2 Suchen Sie nach einem sinnvollen Beispiel, aus dem sich eine Produktionsfunktion vom Typ B herleiten lässt!

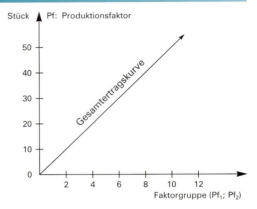

2. Warum kann man das Gewinnmaximum als langfristiges Gleichgewicht des Betriebs bezeichnen?

3. Warum kann man das Betriebsminimum lediglich als kurzfristiges Gleichgewicht des Betriebs ansehen?

4. Warum entspricht einer linearen Produktionsfunktion (Produktionsfunktion vom Typ B) eine lineare Kostenfunktion?

5. Die fixen Kosten eines Unternehmens mit einer Kapazität von 10 Produktionseinheiten betragen 1 000 GE. Die variablen Kosten belaufen sich auf 300 GE je Produktionseinheit. Bis zu einer Beschäftigung von 60 % steigen sie proportional. Mit zunehmender Beschäftigung nehmen sie mit 600, 800, 1 200 und 1 600 GE je Produktionseinheit zu. Der Marktpreis je Produktionseinheit beträgt 600 GE.

Aufgaben:

5.1 Stellen Sie mithilfe der Gesamtkostendarstellung Betriebsminimum und -optimum fest!

5.2 Stellen Sie die gleichen Punkte mithilfe der Stück- und Grenzkostenkurven fest!

5.3 Bestimmen Sie Gewinnschwelle, Gewinnmaximum und Gewinngrenze!

6. Lösen Sie rechnerisch nachstehende Übungsaufgaben nach folgenden Beispielen:

Der Absatzpreis (P) eines Anbieters beträgt 30 GE. Seine maximale Kapazität liegt bei 200 Stück (x) je Periode, seine fixen Kosten (K_f) bei 1 500 Geldeinheiten (GE) je Periode. Die proportional-variablen Kosten (K_v) belaufen sich auf 15 GE je Stück.

Beispiel 1: Bei wie viel Stück liegt die Gewinnschwelle (der „tote Punkt")? Die Nutzenschwelle ist gegeben, wenn der Umsatz (P · x) den Gesamtkosten ($K_f + K_v$) entspricht. Daraus folgt:

$30x = 1\,500 + 15x$

$15x = 1\,500$

$x = 100$

Die Gewinnschwelle liegt bei 100 Stück.

Beispiel 2: Wie hoch ist sein Gewinn, wenn er 200 Stück je Periode absetzen kann? Der Gewinn (G) ergibt sich aus Umsatz (P · x) abzüglich Gesamtkosten $(K_f + K_v)$. Es gilt also:

$G = 30 \cdot 200 - (1\,500 + 15 \cdot 200)$
$G = 6\,000 - 4\,500$
$G = 1\,500$

Der Gewinn beträgt 1 500 GE.

Aufgaben:

6.1 Wie hoch wäre der Gewinn des Anbieters, wenn er nur 150 Stück zum Preis von 30 GE absetzen könnte?

6.2 Wie hoch wäre der Gewinn, wenn 150 Stück zu 30 GE und 20 Stück zu 25 GE je Periode abgesetzt werden könnten? (Zweifache Preisdifferenzierung!)

6.3 Wie hoch wäre der Gewinn, wenn 150 Stück zu 30 GE, 30 Stück zu 25 GE und 20 Stück zu 16 GE abgesetzt werden könnten? (Dreifache Preisdifferenzierung!)

6.4 Bei wie viel GE liegt die absolute Preisuntergrenze? Begründen Sie Ihre Antwort!

7. Der Absatzpreis für das Produkt eines Betriebs beträgt 25 GE. Die fixen Kosten belaufen sich auf 1 500 GE je Periode, die proportional-variablen Kosten auf 10 GE je Stück.

Aufgaben:

7.1 Bei wie viel Stück liegt die Gewinnschwelle?

7.2 Angenommen, die Maximalkapazität beträgt 200 Stück je Periode. Wie hoch ist dann der Gesamtgewinn?

7.3 Bei welcher Produktionsmenge beträgt der Gewinn 750 GE?

7.4 Wo liegt die Gewinnschwelle, wenn die fixen Kosten um 20 % steigen?

7.5 Wo liegt die Gewinnschwelle, wenn die fixen Kosten um 20 % fallen?

7.6 Wie verschiebt sich die Gewinnschwelle, wenn die fixen Kosten um 20 % steigen, die variablen Kosten aber auf 8 GE je Stück gesenkt werden können?

7.7 Welcher wirtschaftliche Sachverhalt kann dem Fall 7.6 zugrunde liegen?

8. Die fixen Kosten der Maschine A betragen 1 000 GE je Periode, die Arbeitskosten 20 GE je Stück. Die fixen Kosten der Maschine B belaufen sich auf 1 500 GE je Periode, die Arbeitskosten betragen 10 GE je gefertigtem Stück. Die Arbeitskosten sind proportional-variabel.

Aufgaben:

8.1 Welche Maschine wird ein Betrieb kaufen, wenn er
   8.1.1 150 Stück je Periode,
   8.1.2 80 Stück je Periode oder
   8.1.3 120 Stück je Periode absetzen kann?

8.2 Bei wie viel Stück liegt die kritische Produktionsmenge (Produktmenge, ab der sich der Übergang zu einem anderen Produktionsverfahren lohnt)?

8.3 Werden Investitionsentscheidungen nur nach Kostengesichtspunkten getroffen?

9. Unter welchen Bedingungen ist die Grenzkostenkurve die Angebotskurve eines wirtschaftlichen Betriebs?

10. Zeichnen Sie
   10.1 die kurzfristige und
   10.2 die langfristige Angebotskurve eines Betriebs, der nachstehenden Gesamtkostenverlauf aufweist:

Produktionseinheiten (PE)	0	1	2	3	4	5	6	7	8	9	10	11	12
Gesamtkosten (K) in Geldeinheiten (GE)	20	27	32	36	39,5	42,5	46	50	55	62	70	82	98

11. Erklären Sie, wie sich die individuelle Angebotskurve eines Betriebs verschiebt, wenn

    11.1 sich die Produktionstechnik und

    11.2 die Faktorpreise ändern!

12. Welcher Zusammenhang könnte zwischen der Zahl der Anbieter eines Gutes und der individuellen Angebotskurve eines Anbieters bestehen?

13. Wie verläuft die Angebotskurve eines Betriebs, der nicht mit Grenzkosten, sondern mit Stückkosten kalkuliert?

5.3 Marktangebot (Gesamtangebot) für ein Gut

5.3.1 Ableitung des Marktangebots für ein Gut

(1) Begriff Marktangebot

Im vorigen Kapitel wurde gezeigt, dass **ein Betrieb** unter sonst gleichen Bedingungen in der Regel **bei steigenden Preisen größere** Mengen des von ihm hergestellten Gutes, bei **sinkenden Preisen aber geringere** Mengen dieses Gutes anbietet. Dabei ist zu berücksichtigen, dass die Angebotsänderungen aufgrund von Preisänderungen bei den einzelnen Betrieben unterschiedlich sind, weil jeder Betrieb eine andere Kostenstruktur besitzt. Wollen wir wissen, wie sich das Angebot **aller** Betriebe für ein Gut bei Preisänderungen dieses Gutes verhält, müssen wir gedanklich die individuellen Angebote aller Betriebe zusammenfassen (aggregieren).

> **Merke:**
>
> Das **Marktangebot (Gesamtangebot)** für ein Gut ist das Angebot **aller Betriebe** für dieses Gut. Es ergibt sich aus der Aggregation (Queraddition) aller individuellen Angebote.

(2) Mengenmäßiges Marktangebot

Beispiel:

Die Preisabhängigkeit des Angebots zweier Betriebe sei wie folgt festgelegt:

Preis in EUR je Stück	Angebotene Mengeneinheiten (1 000 Stück Eier) je Zeiteinheit (je Woche) durch die Hühnerfarmen		Marktangebot von Eiern beider Anbieter (1) + (2)
	Klein (1)	Groß (2)	
0,00	–	–	–
0,10	2	–	2
0,20	2,5	2	4,5
0,30	3	3	6
0,40	3,5	4	7,5
0,50	4	5	9

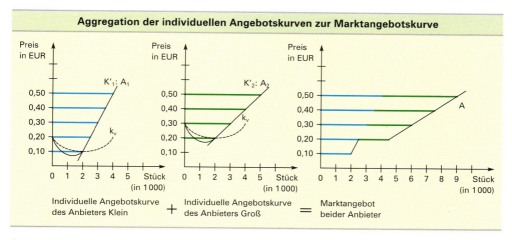

Aggregation der individuellen Angebotskurven zur Marktangebotskurve

Individuelle Angebotskurve des Anbieters Klein + Individuelle Angebotskurve des Anbieters Groß = Marktangebot beider Anbieter

Aggregiert man die individuellen Angebotskurven einer sehr großen Zahl (streng genommen einer unendlich großen Zahl) von Anbietern, schwinden die „Treppen" in der Marktangebotskurve immer mehr: Man erhält eine geglättete Angebotskurve (vgl. nachfolgende Abbildung).

(3) Verlauf der Marktangebotskurve

Die **Annahme unterschiedlicher Kostenverläufe** ist realistisch, denn wenn wir zunächst einmal davon ausgehen, dass in einer Volkswirtschaft für ein bestimmtes Produkt eine sehr große Anzahl von Produzenten (Anbietern) vorhanden ist, so können wir nicht annehmen, dass die Kostenfunktionen aller Betriebe einer bestimmten Branche die gleiche Höhe und die gleiche Gestalt aufweisen. Die Kostenhöhe wird außer durch den Beschäftigungsgrad und die Faktorpreise auch von der Betriebsgröße und -struktur, dem Rationalisierungs- und Mechanisierungsgrad, der Ausbildung und dem Leistungswillen der Arbeitskräfte, der Betriebsführung, dem Standort, der Steuerhöhe und in der Landwirtschaft schließlich noch durch Bodenqualität und Klima bestimmt.

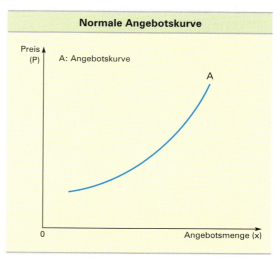

Normale Angebotskurve

(4) Einfluss der Kosten auf die Marktangebotskurve

Zur Konstruktion der **Marktangebotskurve** brauchen wir jedoch nicht unbedingt den zuvor beschriebenen verhältnismäßig komplizierten Weg zu wählen. Er ist ohnehin nicht gangbar, wenn wir unterstellen, dass im nicht landwirtschaftlichen Bereich ein linearer

Kostenverlauf wahrscheinlich ist. Dann nämlich erhalten wir **lineare Grenzkosten**. Das **Gewinnmaximum** liegt an der **Kapazitätsgrenze**. In der folgenden Abbildung wird angenommen, dass die Unternehmen längerfristig die Vollkostendeckung[1] anstreben.

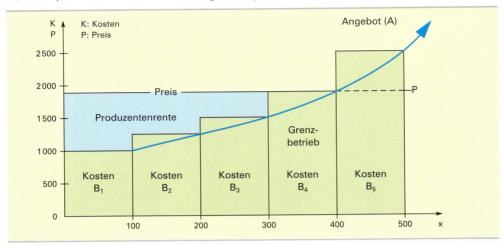

Vorstehendes Beispiel ordnet 5 Produktionsbetriebe nach ihrer **Kostenhöhe**. Es ist erkennbar, dass bei einem Preis von **1000 GE** gerade noch der Betrieb B_1 anbieten kann. **Alle anderen** Betriebe würden mit **Verlust** arbeiten. Das **gesamte** Angebot beträgt höchstens **100 Produktionseinheiten**. **Steigt** der Preis z. B. auf **1600 GE,** so bieten die Betriebe B_1 bis B_3 an. Steigt der Preis auf 1800 GE, nimmt das gesamte Güterangebot auf maximal 400 Produktionseinheiten zu. Dabei ist zu beachten, dass der Betrieb B_4 noch gerade seine Kosten deckt **(Grenzbetrieb)**. Der fünfte Betrieb B_5 muss, zumindest langfristig, aus dem Markt ausscheiden. Die Betriebe B_1 bis B_3 hingegen erzielen eine **Produzentenrente**.

Sollte der Betrieb B_5 aus dem Markt ausgeschieden und liquidiert[2] worden sein und steigt der Preis auf z. B. 2500 GE, ist kurzfristig keine Angebotserhöhung möglich. Das Angebot ist **unelastisch**. Erst auf längere Sicht werden neue Konkurrenten auftreten, die sich bei diesem hohen Preis eine Rendite versprechen. Im Einzelnen wird die Angebotselastizität im nächsten Kapitel beschrieben.

Merke:

■ Das Marktangebot für ein bestimmtes Gut ergibt sich aus der **Aggregation** (Queraddition, Zusammenfassung) **aller individuellen** Angebotskurven für ein Gut.

■ Daraus folgt, dass die Gestalt (der Verlauf) der Marktangebotskurve von **allen** Faktoren, die das individuelle Angebot beeinflussen, mitbestimmt wird.

---

1 Vollkosten: Summe aus fixen und variablen Kosten.
2 Liquidieren: wörtl. verflüssigen, d. h. in flüssige Mittel (Geld) umwandeln. Unter Liquidation versteht man die (freiwillige) Auflösung eines Betriebs.

(5) Einfluss der Zahl der anbietenden Unternehmen auf die Marktangebotskurve

Daneben sind Verlauf bzw. Veränderung der Entwicklung des Marktangebots für ein Gut von der **Zahl** der anbietenden Unternehmen abhängig.

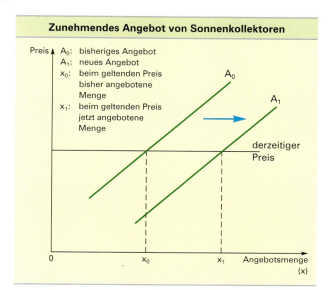

Zunehmendes Angebot von Sonnenkollektoren

Preis
A_0: bisheriges Angebot
A_1: neues Angebot
x_0: beim geltenden Preis bisher angebotene Menge
x_1: beim geltenden Preis jetzt angebotene Menge

A_0
A_1

derzeitiger Preis

0   x_0 x_1 Angebotsmenge (x)

Beispiel:

Aufgrund der Energieverknappung nimmt die Zahl der Betriebe, die Sonnenkollektoren anbieten, laufend zu. Die Anbieter rechnen damit, dass in Zukunft immer mehr private Haushalte und Betriebe zu kostengünstigeren Heizsystemen übergehen werden. Die Angebotskurve verschiebt sich nach „rechts" (das Angebot nimmt zu).

Merke:

■ Steigt die Zahl der Anbieter, nimmt das Angebot für ein Gut zu.

■ Sinkt die Zahl der Anbieter, nimmt das Angebot für ein Gut ab.

5.3.2 Preiselastizität des Angebots

(1) Begriff Preiselastizität des Angebots

Die Erkenntnisse über die Preiselastizität des Angebots (Angebotselastizität: El_A) sind deswegen von Bedeutung, weil mit ihrer Hilfe Preisbildungsvorgänge auf den verschiedenen Märkten erklärt werden können.

Merke:

■ Die **Preiselastizität des Angebots** (El_A) ist das Verhältnis einer **prozentualen Angebotsänderung** für ein bestimmtes Gut zu einer **prozentualen Preisänderung** dieses Gutes.

■ $El_A = \dfrac{\text{prozentuale Angebotsänderung}}{\text{prozentuale Preisänderung}} = \dfrac{\Delta x \text{ in \%}}{\Delta P \text{ in \%}}$

Die Angebotselastizität ist im Normalfall **positiv,** weil Preiserhöhungen ein Steigen bzw. Preissenkungen ein Sinken des mengenmäßigen Angebots nach sich ziehen („Gesetz des Angebots").

Der Sachverhalt lässt sich auch mit folgender **Formel** darstellen:

$$EI_A = \frac{\Delta x \cdot 100}{x} : \frac{\Delta P \cdot 100}{P} = \frac{\Delta x \cdot 100 \cdot P}{x \cdot \Delta P \cdot 100} = \frac{\Delta x}{\Delta P} \cdot \frac{P}{x}$$

EI_A: Angebotselastizität

Δx: Mengendifferenz (Unterschied zwischen bisher angebotener und jetzt angebotener Menge)

ΔP: Preisdifferenz (Unterschied zwischen bisherigem Preis und neuem Preis)

x: bisher angebotene Menge

P: bisheriger Preis

(2) Elastisches und unelastisches Angebot

Grundsätzlich kann sich das Angebot wie folgt verhalten:

Fall 1:

Das Angebot ist vollkommen elastisch.
Dies ist vor allem dann der Fall, wenn die Betriebe unterbeschäftigt sind. Aufgrund einer möglichen Zunahme der Nachfrage können die Anbieter ihre Produktion und damit das Angebot ausdehnen. Ein Anlass für Preiserhöhungen besteht nicht, da mit steigendem Beschäftigungsgrad die Stückkosten zunächst sinken.

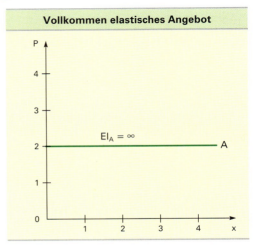

Fall 2:

Das Angebot ist vollkommen unelastisch.
In diesem Fall sind die Anbieter vollbeschäftigt. **Kurzfristig** kann das Angebot nicht weiter ausgedehnt werden.

Auch das Angebot von leicht verderblichen landwirtschaftlichen Erzeugnissen (Spargel, Erdbeeren, Kirschen) ist zu einem bestimmten Zeitpunkt (z.B. Wochentag) vollkommen unelastisch: Die Anbieter müssen die Erntemengen sofort anbieten und den auf dem Markt sich bildenden Preis hinnehmen. Das Gleiche gilt für eine Fischauktion an einem bestimmten Tag. Ebenso ist das Angebot anlässlich einer Versteigerung vollkommen unelastisch.

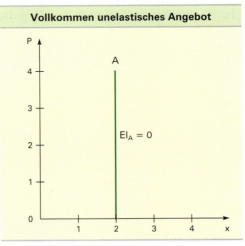

Fall 3:

Das Angebot ist proportional elastisch.
Dies sagt aus, dass eine prozentuale Angebotsmengenänderung einer prozentualen Preisänderung gleich ist. Die Elastizität beträgt 1.

Dabei ist zu bemerken, dass **jede lineare Angebotskurve,** die im Ursprung des Koordinatensystems beginnt (bzw. sich bis zum Ursprung verlängern lässt), die **Elastizitätskennziffer 1** aufweist.

Da die Angebotskurven für ein Gut i.d.R. nicht linear, sondern gekrümmt verlaufen, ist eine Angebotselastizität von 1 ein theoretischer Grenzfall.

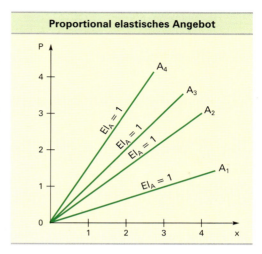

Fall 4:

Das Angebot ist elastisch. Das bedeutet, dass die prozentuale Angebotsmengenänderung **größer** als die prozentuale Preisänderung ist. Die Elastizitätskennziffer ist **größer als 1.**

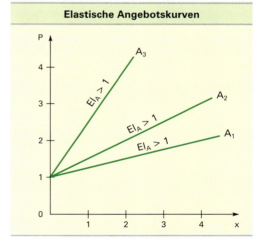

14 Speth u.a. - ISBN 978-3-8120-0572-2

Fall 5:

Das Angebot ist unelastisch. Hier ist die prozentuale Angebotsänderung **geringer** als die prozentuale Preisänderung. Die Elastizitätskennziffer ist **kleiner als 1**.

Zu betonen ist, dass bei einer der Wirklichkeit angenäherten Marktangebotskurve weder von „elastischem" noch von „unelastischem" Angebot gesprochen werden kann. Vielmehr wird es so sein, dass das Angebot bei **Unterbeschäftigung** der betreffenden Branche[1] zunächst elastisch ist, um bei steigender Beschäftigung zunehmend unelastisch zu werden. Bei einer gekrümmten Angebotskurve kommt der Elastizitätskoeffizient 1 nur einmal vor (Punkt Y in der Abbildung unten links).

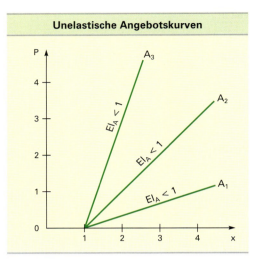

Unelastische Angebotskurven

Die Angebotselastizität ändert sich auch im Zeitablauf. Treten z. B. zu den bisherigen Anbietern weitere hinzu und/oder erweitern die bisherigen Anbieter ihre Kapazitäten, wird die Angebotskurve nach „rechts" verschoben, d. h. sie wird elastischer (Abbildung unten rechts).

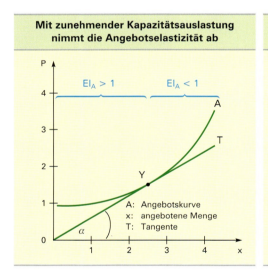

Mit zunehmender Kapazitätsauslastung nimmt die Angebotselastizität ab

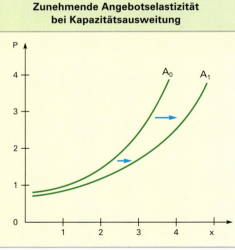

Zunehmende Angebotselastizität bei Kapazitätsausweitung

---

1 Branche: Wirtschaftszweig.

Fall 6:

Das Angebot ist invers[1] (anomal). Eine anomale Angebotskurve liegt vor, wenn bei steigenden Preisen das mengenmäßige Angebot sinkt und bei sinkenden Preisen steigt. Dies ist z. B. dann der Fall, wenn die Anbieter weiter steigende Preise **erwarten,** sodass sie ihr Angebot zurückhalten. Werden hingegen weiter sinkende Preise erwartet, wird das Angebot erhöht, um zukünftige Verluste zu vermeiden.

Ein anomales Angebot kommt auch vor, wenn nur ein oder wenige Anbieter auf dem Markt sind und diese mit Stückkosten kalkulieren. Aufgrund des **Gesetzes der Massenproduktion** sind sie in der Lage, größere Mengen zu niedrigeren Preisen anzubieten.[2]

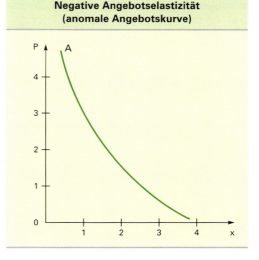

Negative Angebotselastizität (anomale Angebotskurve)

Ein weiteres Beispiel für die anomale Angebotselastizität findet man in der Landwirtschaft. So kann es sein, dass eine Preissenkung bei landwirtschaftlichen Produkten zu einer Vergrößerung der Anbaufläche und damit des Angebots führt, weil jeder Landwirt die Umsatzeinbuße durch eine vergrößerte Verkaufsmenge ausgleichen möchte.

Zusammenfassung

- Das **Marktangebot** (Gesamtangebot) für ein Gut ergibt sich aus der **Aggregation** (Queraddition) **aller individuellen Angebote.**

- Das **Marktangebot** wird von **allen Faktoren** bestimmt, die auch das **individuelle** Angebot beeinflussen. Des Weiteren ist das Gesamtangebot auch noch abhängig von der **Zahl der Anbieter.**

- Die **Preiselastizität des Angebots** setzt die **prozentuale Änderung der Angebotsmenge** ins Verhältnis zur **prozentualen Preisänderung** des betrachteten Gutes.

- Das Angebot ist entweder
  - vollkommen elastisch,
  - vollkommen unelastisch,
  - proportional elastisch,
  - elastisch,
  - unelastisch oder
  - invers elastisch.

---

1 Invers: umgekehrt, dem „Normalen" entgegengesetzt.
2 Näheres siehe Kapitel 5.1.3, S. 191 ff.

52 1. Definieren Sie den Begriff Marktangebot (Gesamtangebot) für ein Gut!

2. Erklären Sie mit eigenen Worten, wie das Marktangebot für ein Gut zustande kommt!

3. Die individuellen Angebotskurven folgender Betriebe sind bekannt (x: Mengeneinheiten):

Betrieb A	Betrieb B	Betrieb C
$P = 1\,^1/_3\,x$	$P = 1 + \,^1/_2\,x$	$P = 2\,x - 2$

Aufgaben:

3.1 Ermitteln Sie die Marktangebotskurve entsprechend der nachfolgenden Tabelle!

Preis	Angebotskurven			Gesamtangebot
	Betrieb A	Betrieb B	Betrieb C	
0				
1				
2				
3				
4				
5				
6				

3.2 Zeichnen Sie die drei Angebotskurven und konstruieren Sie die Marktangebotskurve durch Queraddition!

4. Aufgrund welcher Ursachen nimmt das Marktangebot zu? (Begründungen!)

5. Aufgrund welcher Ursachen nimmt das Marktangebot ab? (Begründungen!)

6. Definieren Sie den Begriff Angebotselastizität!

7. Berechnen Sie die Angebotselastizitäten in folgenden Fällen:

Güterart	Preisänderung je Einheit		Angebotsmengenänderung je Raum- und Zeiteinheit
Benzin	von auf	1,40 EUR 1,47 EUR	von 1 000 hl auf 1 200 hl
Radiogeräte	von auf	100,00 EUR 90,00 EUR	von 800 Stück auf 880 Stück
Milch	von auf	1,00 EUR 1,10 EUR	von 900 Liter auf 891 Liter
Taschenrechner	von auf	200,00 EUR 150,00 EUR	unverändert

8. Von welchen Faktoren können unterschiedliche Angebotselastizitäten abhängen?

9. WILHELM RÖPKE berichtet in seinem Buch „Die Lehre von der Wirtschaft" von den Farmern im amerikanischen Staat Alabama, dass sie im Jahre 1919 einem Insektenschädling (dem Kapselwurm) aus Dankbarkeit dafür, dass seine Verwüstungen in den Baumwollplantagen das Angebot an Baumwolle verringert hatten, ein Denkmal gesetzt hätten.

Aufgabe:

Erklären Sie diesen scheinbaren Widersinn!

10. Ein Orkan richtete in den Waldstücken von vier Forstwirten erheblichen Schaden an. Nur noch als Brennholz verwertbar sind 4000 Ster[1] aus dem Wald des Forstwirts A, 5000 Ster aus dem Wald des Forstwirts B, 4500 Ster aus dem Wald des Forstwirts C und 6000 Ster aus dem Wald des Forstwirts D. Die vier Forstwirte verhalten sich wie folgt:

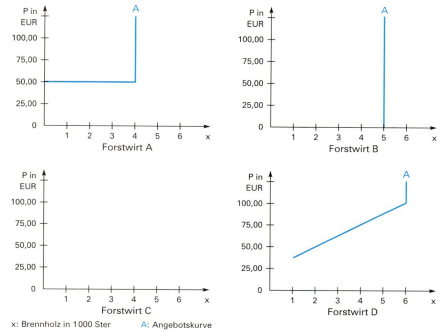

x: Brennholz in 1000 Ster   A: Angebotskurve

Aufgabe:

Interpretieren Sie das Marktverhalten der vier Forstwirte!

6 Preisbildung auf dem vollkommenen Markt

6.1 Begriff Markt

In einer marktwirtschaftlich orientierten Wirtschaftsordnung stellen alle Wirtschaftssubjekte – also die **Haushalte** (in der Regel als **Nachfrager**) sowie die **Unternehmen** (zumeist in der Rolle der **Anbieter**) – ihrem **Eigeninteresse** folgend **selbstständig** Wirtschaftspläne auf. Dabei versuchen die **Anbieter** (Unternehmen) ihre Pläne am Ziel der **Gewinnmaximierung** auszurichten, wohingegen sich die **Nachfrager** (Haushalte) bei ihren Planungen überwiegend an dem Ziel der **Nutzenmaximierung** orientieren. Die **Gegensätzlichkeit** dieser Planungsgrundlage wird deutlich, wenn man sich vor Augen führt, dass die **Anbieter** im Rahmen ihrer Zielsetzung bemüht sein werden, entsprechend **hohe Preise** durchzusetzen. Die **Nachfrager** demgegenüber versuchen, mit den ihnen zur Verfügung stehenden Mitteln (Bilanzgerade) ein möglichst hohes Nutzenniveau zu realisieren, also zu möglichst **niedrigen Preisen** ihren Bedarf zu decken.

---

1 Ster: ein vor allem in der Forstwirtschaft verwendetes Raummaß für Holz (1 m³).

Beide „Parteien" sind bestrebt, ihre individuellen Planungen am Markt zu realisieren.

- So ermöglicht der Markt den **Anbietern,** ihre Güter entsprechend ihren Zielvorstellungen anzubieten und sich über die Nachfrage zu informieren.
- Den **Nachfragern** hingegen bietet der Markt die Möglichkeit, sich über das Angebot zu informieren und ihre Kaufentscheidung unter Berücksichtigung der Nutzenmaximierung zu treffen.

Merke:

Ökonomisch betrachtet versteht man unter **Markt** den Ort, an dem Angebot und Nachfrage aufeinandertreffen.

Letztlich erfolgt über den Markt ein **Ausgleich** zwischen den **entgegengesetzten** Interessen von Anbietern und Nachfragern, da sich als Ergebnis des Marktgeschehens **ein** Preis (der sogenannte Gleichgewichtspreis) bildet, über den die unterschiedlichen Zielsetzungen der Marktteilnehmer „ausbalanciert" werden **(Selbststeuerungsmechanismus des Marktes).**

Anbieter versuchen auf dem Markt ihre Güter abzusetzen. Dabei streben sie nach Gewinnmaximierung.

MARKT

Nachfrager versuchen auf dem Markt ihre Nachfragepläne zu verwirklichen. Sie streben nach Nutzenmaximierung.

6.2 Marktformen

In einer Volkswirtschaft gibt es nicht nur einen Markt, sondern eine **Vielzahl** von Märkten, die sich nach verschiedenen Kriterien untergliedern. Im Folgenden beschränken wir uns aufgrund des Lehrplans auf zwei Gliederungskriterien: die Gliederung des Marktes **nach dem Vollkommenheitsgrad** und nach der **Anzahl der Anbieter und Nachfrager.**

(1) Gliederung des Marktes nach dem Vollkommenheitsgrad

- **Vollkommener Markt**

Für das Vorliegen **eines vollkommenen** Marktes müssen nachfolgende Voraussetzungen erfüllt sein:

Voraussetzungen	Beispiele
Ein Einheitspreis entwickelt sich nur dann, wenn auf dem Markt vollkommen gleichartige Güter gehandelt werden: Die **Güter** müssen **homogen** sein.	Banknoten, Aktien einer bestimmten Aktiengesellschaft, Edelmetalle, Baumwolle eines bestimmten Standards.

Voraussetzungen	Beispiele
Angebot und Nachfrage müssen gleichzeitig an einem bestimmten Ort aufeinandertreffen **(Punktmarkt)**.	Nur die an einem bestimmten Tag bei einem Börsenmakler zusammenlaufenden Kauf- und Verkaufsaufträge bestimmen den Kurs (den Preis) des Tages.
Anbieter und Nachfrager müssen eine vollständige Marktübersicht **(Markttransparenz)** besitzen.	Eine Hausfrau hat dann eine vollständige Marktübersicht, wenn sie die Preise und Qualitäten aller angebotenen Waren kennt. – Ein Anbieter besitzt die vollkommene Marktübersicht, wenn ihm die Kaufabsichten der Kunden bekannt sind. (Vollständige Markttransparenz findet sich folglich nur an der Börse.)
Anbieter und Nachfrager müssen **sofort** auf Änderungen der Marktsituation **reagieren können**.	Der Börsenspekulant hat jederzeit die Möglichkeit, sich telefonisch an der Börse über den Stand der Nachfrage, des Angebots und der Kurse zu informieren (Markttransparenz). Zugleich hat er die Möglichkeit, z.B. bei steigenden Kursen mehr anzubieten oder weniger nachzufragen (schnelle Reaktionsfähigkeit).
Käufer und Verkäufer dürfen sich nicht gegenseitig bevorzugen **(Keine Präferenzen[1])**.	Eine **sachliche Präferenz** liegt vor, wenn ein Käufer der Meinung ist, dass das Produkt des Herstellers A besser als das des Herstellers B ist, auch wenn beide Produkte objektiv gleich (homogen) sind. – Eine **zeitliche Präferenz** ist gegeben, wenn z.B. ein Käufer den Lieferer A bevorzugt, weil dieser schneller liefern kann. – Von **räumlicher Präferenz** spricht man z.B., wenn die räumliche Nähe des Marktpartners zu Bevorzugungen führt. – **Persönliche Präferenzen** bestehen z.B. dann, wenn ein Kunde ein Geschäft aufgrund besonders kulanter und freundlicher Bedienung bevorzugt.

■ **Unvollkommener Markt**

Fehlt nur **eine** der genannten Bedingungen, spricht man von einem **unvollkommenen Markt**. Annähernd vollkommene Märkte sind die Ausnahme, unvollkommene Märkte die Regel.

(2) Gliederung des Marktes nach der Anzahl der Anbieter und Nachfrager

Polypolistische Märkte[2]	Vollständige Konkurrenz, d.h. unzählige Anbieter und Nachfrager treten auf dem Markt auf.
Oligopolistische Märkte[3]	Märkte, bei denen auf einer und/oder beiden Marktseiten wenige Konkurrenten vorhanden sind.
Monopolistische Märkte[4]	Märkte, bei denen sich auf einer und/oder beiden Marktseiten nur ein Marktbeteiligter befindet.

1 Präferenz: Vorrang, Bevorzugung.
2 Die Vorsilbe poly... bedeutet in Fremdwörtern „viel", z.B. in „Polygamie" die Vielehe.
3 Die Vorsilbe olig... bedeutet in Fremdwörtern „wenig", z.B. in „Oligarchie" die Herrschaft weniger.
4 Die Vorsilbe mono... bedeutet in Fremdwörtern „ein", z.B. in „Monotonie" die Eintönigkeit.

Die einzelnen Märkte lassen sich nach der **Anzahl** der jeweiligen **Marktteilnehmer** untergliedern. Strukturiert man die Anzahl der Anbieter und Nachfrager auf einem Markt in **quantitativer** Hinsicht in die Kategorien „einer", „wenige" und „viele", so erhält man folgendes Grundschema mit insgesamt **neun** verschiedenen **Marktformen.**

Zahl der Anbieter \ Zahl der Nachfrager	einer	wenige	viele
einer	zweiseitiges Monopol	Angebotsmonopol mit oligopolistischer Nachfrage	Angebotsmonopol
wenige	Nachfragemonopol mit oligopolistischem Angebot	zweiseitiges Oligopol	Angebotsoligopol
viele	Nachfragemonopol	Nachfrageoligopol	vollständige (polypolistische) Konkurrenz

◻ vollkommene Märkte   ◻ unvollkommene Märkte

Aus dieser Untergliederung ergeben sich in erster Linie Konsequenzen für die Verteilung der **Marktmacht** zwischen Anbietern und Nachfragern. So dürfte die Marktmacht zwischen Anbietern und Nachfragern bei einem Angebotsmonopol anders verteilt sein als bei einem Nachfragemonopol. Während im ersten Fall die stärkere Verhandlungsposition wegen fehlender Alternativen für die Nachfrager auf Seiten des Anbieters liegt **(Verkäufermarkt),** ist bei der zweiten Marktform der Nachfrager in der besseren Position **(Käufermarkt).** Diese ungleiche Verteilung von Marktmacht bleibt nicht ohne Folgen für den Preisbildungsprozess am Markt.

Wie sich die Preisbildung in den einzelnen Marktformen vollzieht, ist jedoch nicht zuletzt auch stark abhängig von den **qualitativen** Komponenten eines Marktes und hierbei insbesondere von dem Vollkommenheitsgrad.

Die quantitativen und qualitativen Kriterien zur Markteinteilung lassen sich miteinander kombinieren, wodurch eine Vielzahl unterschiedlicher Märkte gegeneinander abgegrenzt werden kann.

Um den **Preisbildungsprozess** bei unterschiedlichen Marktformen differenzierter zu betrachten, soll der **Grad der Vollkommenheit eines Marktes** nachfolgend mit in die Überlegungen zur Preisbildung einbezogen werden.

Zahl der Anbieter \ Vollkommenheitsgrad	einer	wenige	viele
vollkommener Markt	vollkommenes Angebotsmonopol	vollkommenes Angebotsoligopol	vollkommen polypolistische Konkurrenz
unvollkommener Markt	unvollkommenes Angebotsmonopol	unvollkommenes Angebotsoligopol	unvollkommene polypolistische Konkurrenz

Übungsaufgaben

53 1. Unterscheiden Sie die Begriffe

    1.1 vollkommener Markt – unvollkommener Markt;

    1.2 polypolistischer Markt – oligopolistischer Markt – monopolistischer Markt!

2. Nennen Sie die einzelnen Prämissen des vollkommenen Marktes und begründen Sie, warum die einzelnen Prämissen erfüllt sein müssen, wenn für ein Gut nur ein Gleichgewichtspreis (Einheitspreis) existieren soll!

3. Charakterisieren Sie das Wesen des vollkommenen polypolistischen Markts und begründen Sie, warum das vollkommene Polypol einen theoretischen Grenzfall darstellt!

6.3 Preisbildung bei vollständiger Konkurrenz (vollkommenes Polypol)

6.3.1 Gleichgewichtspreis

(1) Bildung des Gleichgewichtspreises

Um uns den Vorgang der **Preisbildung bei vollständiger Konkurrenz (auf einem vollkommenen polypolistischen Markt)** zu verdeutlichen, greifen wir zu einem einfachen Beispiel.

Beispiel:

Die Warenbörsen erhalten von den Käufern und Verkäufern Kauf- oder Verkaufsaufträge. Dabei können Käufer und Verkäufer ihre Aufträge limitieren, d.h. begrenzen. Ein Käufer kann z.B. den Warenmakler[1] beauftragen, eine bestimmte Warenmenge höchstens zu 62,00 EUR je Gewichtseinheit zu kaufen. Sollte der Kurs (der an der Börse festgelegte Preis) am Kauftag höher sein, wird der Auftrag nicht ausgeführt.

---

1 Ein Makler ist ein Kaufmann, der Geschäfte für andere vermittelt. Für seine Tätigkeit erhält er eine Maklergebühr (Courtage), die von beiden Vertragspartnern (Käufer, Verkäufer) je zur Hälfte zu zahlen ist.

Ein Verkäufer kann den Warenmakler beauftragen, eine bestimmte Warenmenge zu mindestens 61,00 EUR zu verkaufen. Ist der Kurs (Preis) am Verkaufstag niedriger, wird der Auftrag ebenfalls nicht ausgeführt. Werden die Kauf- und Verkaufsaufträge nicht limitiert, werden die zum Kauf nachgefragten bzw. die zum Verkauf angebotenen Waren „bestens", d.h. zu dem am Abschlusstag gültigen Kurs (Preis) ge- oder verkauft.

Angenommen nun, bei einem Warenmakler laufen für eine Weichweizensorte einheitlicher Qualität folgende Aufträge ein:

Kaufaufträge (Nachfrage)	Verkaufsaufträge (Angebot)
50 dt[1] bestens	30 dt bestens
45 dt zu 61,00 EUR höchstens	45 dt zu 61,00 EUR mindestens
20 dt zu 62,00 EUR höchstens	85 dt zu 62,00 EUR mindestens
70 dt zu 63,00 EUR höchstens	40 dt zu 63,00 EUR mindestens
20 dt zu 64,00 EUR höchstens	35 dt zu 64,00 EUR mindestens

Der Warenmakler hat nun die Aufgabe festzustellen, bei welchem Preis (Kurs) der höchste Umsatz erzielt werden kann. Dazu muss festgestellt werden, welche Umsätze (Menge · Preis) bei den einzelnen Preisen möglich sind:

Mögliche Preise (Kurse)	Durchführbare Kaufaufträge (Nachfrage)	Durchführbare Verkaufsaufträge (Angebot)	Umsetzbare Menge
60,00 EUR	205 dt[2]	30 dt[4]	30 dt
61,00 EUR	205 dt	75 dt	75 dt
62,00 EUR	160 dt[3]	160 dt	160 dt
63,00 EUR	140 dt	200 dt	140 dt
64,00 EUR	70 dt	235 dt	70 dt

In diesem Beispiel beträgt der vom Makler festgesetzte Preis 62,00 EUR je dt, weil hier der größtmögliche Umsatz getätigt werden kann. Man spricht vom **Gleichgewichtspreis.**

Merke:

Der **Gleichgewichtspreis** bringt Angebot und Nachfrage zum Ausgleich, er „räumt den Markt".

(2) Auswirkungen des Gleichgewichtspreises

Der Gleichgewichtspreis ist in der Lage, die **unterschiedlichen Interessen** der **Anbieter** und **Nachfrager** auszugleichen. Die **Anbieter** haben ein Interesse daran, möglichst **hohe Preise** zu erzielen. Das Interesse der **Nachfrager** hingegen besteht darin, die nachgefragten Güter zu möglichst **niedrigen Preisen** zu erhalten.

---

1 1 dt: Dezitonne (100 kg).

2 Bei einem Preis (Kurs) von 60,00 EUR wollen alle Auftraggeber kaufen, auch diejenigen, die eigentlich einen höheren Kurs zu zahlen bereit sind.

3 Bei einem Preis von 62,00 EUR kaufen die Auftraggeber nicht mehr, die höchstens 61,00 EUR anlegen wollten. Die Käufer, die nicht limitiert haben, kaufen jedoch zu jedem Kurs.

4 Es verkaufen nur die Auftraggeber, die nicht limitiert haben. Alle anderen wollten einen höheren Preis erzielen.

Zu beachten ist, dass die Anbieter, die einen **höheren Preis als den Gleichgewichtspreis** (Marktpreis) erzielen wollen, und die Nachfrager, die nur einen **niedrigeren Preis als den Gleichgewichtspreis** bezahlen wollen, **leer ausgehen.**

Die Marktteilnehmer jedoch, die zum Zuge kommen, befinden sich in unterschiedlichen Situationen.

- Diejenigen Anbieter, die auch zu einem niedrigeren Preis als zu dem Gleichgewichtspreis verkaufen würden, erzielen einen zusätzlichen Gewinn, den man als **Anbieterrente** bezeichnet. Handelt es sich bei diesen Anbietern um Hersteller bzw. Verkäufer von Produkten, deren Produktion Kosten verursacht hat, spricht man von **Produzentenrente.**

- Die Käufer hingegen, die auch einen höheren Preis als den Gleichgewichtspreis zu zahlen gewillt wären, erzielen eine **Nachfragerrente**. Handelt es sich um Nachfrager nach Konsumgütern, spricht man von der **Konsumentenrente**. Sie stellt für die Nachfrager nach Konsumgütern (also vor allem die privaten Haushalte) einen **Nutzengewinn** dar.

Beachte:

Handelt es sich um reproduzierbare Güter (immer wieder neu herstellbare Güter), kommt in den Preisforderungen der Anbieter die Höhe ihrer Produktionskosten zum Ausdruck. Je höher die Produktionskosten jedes einzelnen Anbieters sind, desto höher wird i. d. R. auch seine Preisforderung sein. In den Preisvorstellungen der Käufer kommen, falls es sich um Konsumgüter handelt, ihre individuellen Nutzenvorstellungen zum Ausdruck. Je höher der individuelle Nutzen des nachgefragten Gutes ist, desto mehr ist der einzelne Nachfrager zu zahlen bereit.

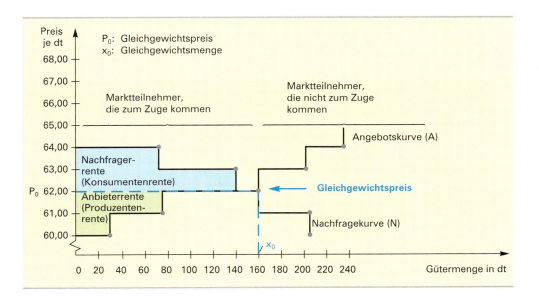

Wenn man sich nun vorstellt, dass sehr viele (theoretisch „unendlich" viele) Anbieter und Nachfrager auf dem Markt sind, verschwinden die „Treppen" aus der Angebots- und aus der Nachfragekurve. Es ergibt sich folgendes Bild:

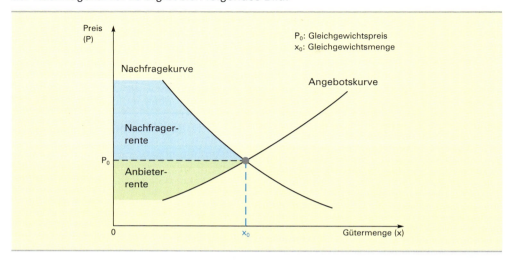

(3) Auswirkungen anderer Preise als der Gleichgewichtspreis

Ganz wesentlich ist die Erkenntnis, dass jeder andere als der Gleichgewichtspreis (Einheitspreis) den Markt nicht räumen kann. Setzt der Warenmakler beispielsweise einen Kurs von 61,00 EUR je dt fest, beträgt die Nachfrage 205 dt, das Angebot nur 75 dt (Unterangebot bzw. Übernachfrage: **Angebotslücke**).[1] Der Börsenmakler wird also den **Preis heraufsetzen.**

> **Merke:**
>
> Ist bei einem gegebenen Preis das Angebot kleiner als die Nachfrage **(Angebotslücke),** wird der Preis steigen.

Umgekehrt ist es, wenn der Warenmakler beispielsweise einen Preis von 63,00 EUR je dt bestimmt. Dann beläuft sich das Angebot auf 200 dt, die Nachfrage lediglich auf 140 dt (Überangebot bzw. Unternachfrage: **Nachfragelücke**).[1] Der Makler wird also den **Preis herabsetzen.**

> **Merke:**
>
> Ist bei einem gegebenen Preis die Nachfrage kleiner als das Angebot **(Nachfragelücke),** wird der Preis sinken.

---

1 Siehe Tabelle auf Seite 218.

6.3.2 Preismechanismus

(1) Preisgesetze

Weder Angebot noch Nachfrage bleiben im Laufe der Zeit unverändert. So mag es z.B. sein, dass die **Nachfrage** nach bestimmten Gütern und Dienstleistungen bei einem gegebenen Preis **zunimmt,** weil die Einkommen der Nachfrager gestiegen sind oder weil die Nachfrager künftige Preissteigerungen erwarten. Umgekehrt kann die **Nachfrage** zu einem bestimmten Preis **abnehmen,** weil die Einkommen gesunken sind (z.B. aufgrund von Arbeitslosigkeit) oder die Nachfrager Preissenkungen erwarten.

Eine **Zunahme der Nachfrage** wirkt sich in einer Verschiebung der Nachfragekurve nach „**rechts**" aus, eine **Abnahme der Nachfrage** in einer Verschiebung der Nachfragekurve nach „**links**".

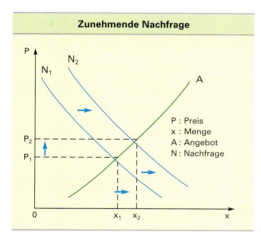

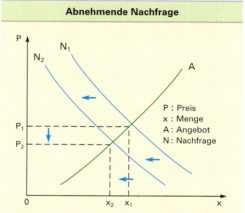

Merke:

Im Normalfall gelten auf vollkommenen polypolistischen Märkten folgende „**Preisgesetze**":

- Bei gleichbleibendem Güterangebot führt die **Zunahme der Nachfrage** zu **steigenden Preisen.**
- Bei gleichbleibendem Güterangebot führt die **Abnahme der Nachfrage** zu **fallenden Preisen.**

Desgleichen kann der Fall eintreten, dass das Angebot bei einem bestimmten Preis und bei gleichbleibender Nachfrage zu- oder abnimmt. So geht z.B. das Angebot landwirtschaftlicher Produkte bei Missernten zurück, während es bei Rekordernten zunimmt.

Die **Zunahme des Angebots** wirkt sich in einer Verschiebung der Angebotskurve nach „**rechts**" aus, eine **Abnahme des Angebots** in einer Verschiebung der Angebotskurve nach „**links**".

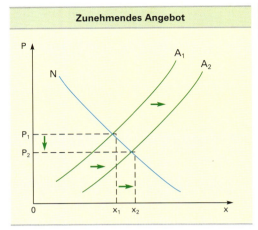

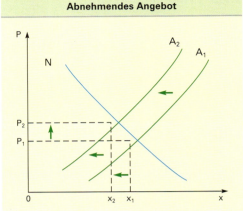

Merke:

Im Normalfall gelten auf vollkommenen polypolistischen Märkten folgende „Preisgesetze":

- Bei gleichbleibendem Güterangebot führt die Zunahme der Nachfrage zu steigenden Preisen.
- Bei gleichbleibendem Güterangebot führt die Abnahme der Nachfrage zu fallenden Preisen.

Diese sogenannten **Preisgesetze** werden jedoch nur dann wirksam, wenn man von einer normalen Nachfragekurve (also vom Gesetz der Nachfrage, siehe S. 166) und von einer normalen Angebotskurve (also vom Gesetz des Angebots, siehe S. 198) ausgeht.

(2) Bedeutung der Preisgesetze

Die bisherigen Überlegungen zeigen, dass in einer freien Marktwirtschaft Preis, Angebot und Nachfrage, kurz: die **Märkte**, die Volkswirtschaft selbsttätig (automatisch) **steuern**. Was für die Güterpreise gilt, trifft im Modell auch auf die übrigen Marktpreise zu. So wird der **Arbeitsmarkt** über die **Löhne** (Preise für die Arbeitskraft) reguliert. Ist das Arbeitsangebot hoch und die Arbeitsnachfrage niedrig, wird eben der Lohn so lange sinken, bis der „Markt geräumt" ist. Gleichermaßen werden die **Kreditmärkte** mithilfe des **Zinsmechanismus** gesteuert. Ist das Kreditangebot niedrig, die Kreditnachfrage hoch, wird der Zins so lange steigen, bis auch hier die Kreditnachfrage dem Kreditangebot entspricht. Somit erübrigen sich jegliche staatliche Eingriffe in das Marktgeschehen.

- Auf einem **polypolistischen Markt** treten viele Anbieter und Nachfrager auf.

- Das Steuerungsinstrument freier Märkte ist der **Preis,** der sich aufgrund der Angebots- und Nachfrageverhältnisse ergibt.

- Ein **Gleichgewichtspreis (Einheitspreis)** entsteht nur dann, wenn auf einem freien polypolistischen Markt die **Prämissen (Voraussetzungen)** der **vollkommenen Konkurrenz** gegeben sind:

  - Homogenität der gehandelten Güter,

  - Punktmarkt,

  - Markttransparenz,

  - schnelle Reaktionsfähigkeit der Marktteilnehmer,

  - keine Präferenzen.

- Wer als Anbieter nicht bereit ist, zum Gleichgewichtspreis seine Güter zu verkaufen, wird ebenso vom **Marktgeschehen ausgeschlossen,** wie die Nachfrager, die nicht bereit sind, den Gleichgewichtspreis zu zahlen.

- Bei einem **unvollkommenen polypolistischen Markt** entstehen **unterschiedliche Preise** für ein Gut.

- Auf vollkommen polypolistischen Märkten gelten bei normalem Angebot und normaler Nachfrage folgende **„Preisgesetze":**
  - Bei gleichbleibender Nachfrage steigt (sinkt) der Preis mit sinkendem (steigendem) Angebot.
  - Bei gleichbleibendem Angebot steigt (sinkt) der Preis mit steigender (sinkender) Nachfrage.

Übungsaufgabe

54 1. Auf dem Markt für Vitamine herrscht bezüglich einer bestimmten Vitaminart folgende Nachfrage- und Angebotssituation:

Preis der Vitaminart in EUR:	30,00	25,00	20,00	15,00	10,00	5,00
Nachgefragte Stücke in 100:	0	1	3	5	7	9
Angebotene Stücke in 100:	6,5	5,5	4,5	3,5	2,5	1,5

Lösungshinweis: Zeichnen Sie die Angebots- und Nachfragekurve je 5,00 EUR bzw. je 100 Stück $\hat{=}$ 1 cm und bestimmen Sie den Gleichgewichtspreis und die zu diesem Preis umsetzbaren Stückzahlen!

Aufgaben:

1.1 Wie viel EUR beträgt der Gleichgewichtspreis?

1.2 Begründen Sie das Zustandekommen des Gleichgewichtspreises!

2. Die Polypolpreisbildung stellt einen Ausgleichsmechanismus zwischen den gegensätzlichen Interessen der Anbieter und Nachfrager dar.

Aufgaben:

2.1 Welches sind die gegensätzlichen Interessen der Anbieter und Nachfrager?

2.2 Begründen Sie, warum es sich bei der Polypolpreisbildung um einen Mechanismus, d. h. um ein sich selbstständig regelndes System, handelt!

3. Begründen Sie, wie sich folgende Datenänderungen auf den Gleichgewichtspreis bei vollständiger und vollkommener Konkurrenz auswirken! Es wird unterstellt, dass sich alle übrigen Bedingungen nicht ändern. Angebot und Nachfrage verhalten sich normal.

Aufgaben:

3.1 Die Gewerkschaften setzen Arbeitszeitverkürzungen bei vollem Lohnausgleich durch. Die Unternehmer ersetzen die ausgefallenen Arbeitsstunden vollständig durch Neueinstellungen.

3.2 Die Nachfrage nach Kalbfleisch geht zurück, weil die Verbraucher fürchten, dass die Züchter die Tiere mit gesundheitsschädlichen Stoffen mästen.

3.3 Der Staat senkt die Kostensteuern.

3.4 Rationalisierungsmaßnahmen der Unternehmer führen zu steigender Produktivität.

3.5 Die Verbraucher fürchten Preiserhöhungen; sie sparen deshalb weniger.

4. Bei einem Makler an einer Warenbörse gehen folgende Kauf- und Verkaufsaufträge ein:

Kaufaufträge	Verkaufsaufträge
10 t bestens	15 t bestens
15 t zu 80,00 EUR höchstens	10 t zu 81,00 EUR mindestens
5 t zu 81,00 EUR höchstens	20 t zu 82,00 EUR mindestens
20 t zu 82,00 EUR höchstens	5 t zu 83,00 EUR mindestens
30 t zu 83,00 EUR höchstens	25 t zu 84,00 EUR mindestens
25 t zu 84,00 EUR höchstens	30 t zu 85,00 EUR mindestens

Aufgabe:

Welchen Kurs legt der Warenmakler fest?

5. Angenommen, auf einem Wochenmarkt treten folgende Anbieter frischer und absolut gleichwertiger Pfifferlinge auf, wobei jeder Anbieter 10 kg auf den Markt bringt. Die Mindestpreisvorstellungen der Anbieter sind:

Anbieter:	A	B	C	D	E	F
Preis je kg in EUR:	10,00	11,00	12,00	13,00	14,00	15,00

Als Nachfrager treten 50 Hausfrauen auf, die höchstens Folgendes ausgeben und je 1 kg kaufen wollen:

Hausfrauen:	1 – 10	11 – 20	21 – 30	31 – 40	41 – 50
Preisvorstellung je kg in EUR:	13,00	12,50	12,00	11,50	11,00

Aufgaben:

5.1 Zeichnen Sie die Angebots- und Nachfragekurve! Stellen Sie den Gleichgewichtspreis fest!

5.2 In diesem Beispiel haben wir zwar so getan, als ob es sich um einen vollkommenen polypolistischen Markt handle. In Wirklichkeit ist dies jedoch nicht der Fall. Warum nicht?

6. Eine Bedingung für „vollständige Konkurrenz" ist, dass die Marktteilnehmer keine sachlichen, zeitlichen, räumlichen oder persönlichen Präferenzen haben.

Aufgaben:

Kennzeichnen Sie als Lösung die nachfolgenden Fälle mit einer

(1), wenn sachliche Präferenzen vorliegen,

(2), wenn zeitliche Präferenzen vorliegen,

(3), wenn räumliche Präferenzen vorliegen,

(4), wenn persönliche Präferenzen vorliegen,

(9), wenn keine Präferenzen vorliegen.

6.1 Karl Müller möchte 100 000,00 EUR auf einem Sparkonto anlegen. Aus mehreren Angeboten entscheidet er sich für das Institut, das ihm die beste Verzinsung garantiert.

6.2 Die Schülerin Anke Engelke möchte sich einen neuen Sportwagen kaufen. Dabei entscheidet sie sich wegen der längeren Lieferzeit nicht für das günstigste Angebot.

6.3 Die Autoversicherung für ihr neues Auto schließt Frau Engelke – ohne weitere Informationen einzuholen – bei ihrem Bekannten ab.

6.4 Fritz Schwabe beauftragt eine Preisagentur mit dem Kauf einer Brockhaus-Enzyklopädie.

6.5 Aufgrund seiner Bewerbungen für eine Ausbildung zum Bankkaufmann erhält Carsten Clever mehrere Zusagen. Um Fahrtkosten zu sparen, entscheidet er sich für den Ausbildungsbetrieb in seinem Wohnort.

6.6 Der Informatiker Bernd Bits möchte seine Bankgeschäfte von zu Haus aus erledigen. Aus mehreren Angeboten, die alle den gleichen Service bieten, wählt er das kostengünstigste aus.

6.7 Nachdem Carsten seine Ausbildungsstelle bei der Ulmer Volksbank angetreten hat, eröffnen seine Eltern dort ein Depot.

7. Angenommen, in dem Beispiel auf S. 218 würden alle Anbieter „bestens" verkaufen wollen.

Aufgabe:

Wie hoch ist dann der Gleichgewichtspreis (Kurs)?

8. Welche Aussagen lassen sich treffen, wenn das Angebot und die Nachfrage gleichzeitig zu- oder abnehmen? (Begründen Sie Ihre Antworten zeichnerisch, d.h. mithilfe der Angebots- und Nachfragekurven!)

15 Speth u.a. - ISBN 978-3-8120-0572-2

6.4 Preisbildung des vollkommenen Angebotsmonopols

(1) Begriff vollkommenes Angebotsmonopol

Im Sprachgebrauch werden alle marktbeherrschenden Unternehmen bzw. staatlichen Betriebe als „Monopole" bezeichnet. Theoretisch liegt ein Monopol jedoch nur dann vor, wenn ein einziger Anbieter oder Nachfrager auf dem Markt ist.[1] Wir wollen uns im Folgenden auf das Angebotsmonopol beschränken.

> **Merke:**
>
> - Ein **Angebotsmonopol** liegt vor, wenn einem **einzigen Anbieter** eine **Vielzahl von Nachfragern** gegenübersteht.
>
> - Ein **vollkommenes Angebotsmonopol** ist gegeben, wenn der Monopolist nur **ein homogenes Gut** anbietet und darüber hinaus alle sonstigen Bedingungen des **vollkommenen Marktes** gegeben sind.

Das vollkommene Monopol ist somit ein theoretischer Grenzfall. Unter den Bedingungen des vollkommenen Marktes kann es nur **einen einheitlichen Monopolpreis** geben, ein Fall, der in Wirklichkeit nur äußerst selten anzutreffen sein wird. In der Regel sind nämlich die Angebotsmonopolisten in der Lage, Preisdifferenzierung zu betreiben, d.h. für ein und dasselbe Gut unterschiedliche Preise zu verlangen.

(2) Monopolpreisbildung

Da der Angebotsmonopolist definitionsgemäß der alleinige Anbieter eines Gutes ist, vereinigt er die **Gesamtnachfrage** nach einem Gut auf sich. Dies bedeutet, dass er sich der Gesamtnachfragekurve gegenübersieht.[2] Diese Gesamtnachfragekurve wird auch als **Preis-Absatz-Kurve** bezeichnet, weil aus ihr ablesbar ist, welche **Gütermengen** die Käufer bei **alternativen Monopolpreisen** zu kaufen beabsichtigen.

In der Realität kennt der Monopolist das Nachfrageverhalten seiner Kunden nicht genau, wenngleich mithilfe der heutigen Marktforschungsmethoden Aussagen darüber gemacht werden können, wie die Nachfrager auf geplante Preis- oder Angebotsmengenänderungen eines Monopolisten voraussichtlich reagieren werden.

Im Gegensatz zum polypolistischen Anbieter, der aufgrund seiner verschwindend geringen Marktmacht den Absatzpreis als gegeben, d.h. als „Datum" hinnehmen muss, kann der Angebotsmonopolist den Absatzpreis für das von ihm angebotene Gut frei **(autonom)** bestimmen: Er kann **Preispolitik** betreiben.

Natürlich ist für den Monopolisten auch **Mengenpolitik** möglich. Dann allerdings muss er den Preis hinnehmen, der sich auf dem Markt bildet. Die **Festsetzung** von **Preis und Angebotsmenge** zugleich ist **nicht möglich**.

---

1 Bei einem **Nachfragemonopol** sieht sich ein Nachfrager zahlreichen Anbietern gegenüber (z.B. Bundeswehr – Zuliefererbetriebe). Ein zweiseitiges Monopol (bilaterales Monopol) weist nur einen Anbieter und einen Nachfrager auf (z.B. näherungsweise Arbeitgeber einerseits und Gewerkschaften andererseits).

2 In den folgenden Überlegungen unterstellen wir, dass die Gesamtnachfrage für ein Gut linear verläuft, d.h., dass mit steigendem Preis weniger, mit sinkendem Preis mehr nachgefragt wird.

Angenommen, die Erdöl exportierenden Staaten (OPEC) setzen den Preis für Erdöl, nicht aber die Fördermengen fest. In diesem Fall müssen sie abwarten, welche Mengen bei dem gegebenen Preis auf dem Weltmarkt absetzbar sind. Vereinbaren sie hingegen bestimmte Fördermengen, müssen sie die Preisbildung dem Weltmarkt überlassen.

Unterstellt, sie würden Preis und Fördermengen (Angebotsmengen) festlegen. Dann ergeben sich zwei Möglichkeiten, wenn man von dem unwahrscheinlichen Fall absieht, dass sie den Preis getroffen haben, zu dem die Käufer genau die geförderten Mengen zu kaufen bereit sind.

Fall 1: Der autonom festgelegte Monopolpreis ist in Bezug auf die geförderten (angebotenen) Mengen zu hoch: Die Erdölproduzenten bleiben auf einem Teil ihrer Fördermengen „sitzen". Wollen sie diese absetzen, müssen sie die überschüssigen Mengen auf freien Märkten (den „Spot-Märkten") zu niedrigeren Preisen verkaufen.

Fall 2: Der gewählte Preis ist in Bezug auf die geförderten (angebotenen) Mengen zu niedrig. Es entsteht eine Angebotslücke, sodass der Weltmarktpreis auch ohne Zutun der Produzenten steigt. Soll eine Preissteigerung vermieden werden, muss die Fördermenge gesteigert werden.

Um feststellen zu können, welchen Preis ein Monopolist festlegen muss, um seinen Gewinn zu maximieren bzw. seinen Verlust zu minimieren, greifen wir zu einem vereinfachenden Beispiel. Folgende **Voraussetzungen** sollen gelten:

- Es herrschen die **Bedingungen des vollkommenen Markts**.
- Dem Monopolisten ist die **Preis-Absatz-Kurve bekannt.** Sie verläuft linear.
- Es entstehen **fixe und proportional-variable Kosten**.
- Der Monopolist richtet sich nach dem (kurzfristigen) **Gewinnmaximierungsprinzip**.
- Lager werden nicht gebildet **(Produktionsmenge entspricht der Angebotsmenge)**.

Die Preis-Absatz-Funktion eines vollkommenen Monopols lautet: $x = \dfrac{8\,000 - 2P}{1\,000}$

Dabei bedeuten x: hergestellte sowie angebotene Menge (Produktionseinheiten) und P: Preis. Die fixen Kosten belaufen sich auf 1 500 Geldeinheiten (GE) je Periode, die proportional-variablen Kosten auf 1 000 GE je Produktionseinheit (x).

Ausbringungs- menge (x)	Preis (P)	Umsatz (U = P · x)	Gesamt- kosten (K)	Gewinn bzw. Verlust (U – K)	Grenz- kosten (K')	Grenz- umsatz (U')	Kritische Punkte
0	4 000	—	1 500	− 1 500			
1	3 500	3 500	2 500	1 000	1 000	3 500	Gewinnschwelle
2	3 000	6 000	3 500	2 500	1 000	2 500	
3	2 500	7 500	4 500	3 000	1 000	1 500	Gewinnmaximum
4	2 000	8 000	5 500	2 500	1 000	500	
5	1 500	7 500	6 500	1 000	1 000	− 500	
6	1 000	6 000	7 500	− 1 500	1 000	− 1 500	Gewinngrenze
7	500	3 500	8 500	− 5 000	1 000	− 2 500	
8	—	—	9 500	− 9 500	1 000	− 3 500	

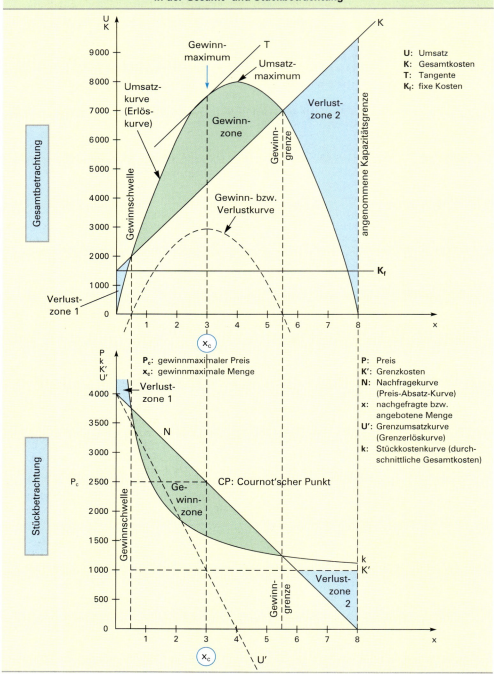

Kosten und Leistung des vollkommenen Angebotsmonopols in der Gesamt- und Stückbetrachtung

Gesamtbetrachtung

U
K

9000

8000

7000

6000

5000

4000

3000

2000

1000

0

Gewinn-maximum

T

Umsatz-maximum

K

Umsatz-kurve (Erlös-kurve)

Gewinn-zone

Verlust-zone 2

angenommene Kapazitätsgrenze

Gewinn-grenze

Gewinnschwelle

Gewinn- bzw. Verlustkurve

Kf

Verlust-zone 1

U: Umsatz
K: Gesamtkosten
T: Tangente
Kf: fixe Kosten

1 2 3 4 5 6 7 8 x

xc

Stückbetrachtung

P
k
K'
U'

4000

3500

3000

Pc 2500

2000

1500

1000

500

0

Pc: gewinnmaximaler Preis
xc: gewinnmaximale Menge

Verlust-zone 1

N

CP: Cournot'scher Punkt

Gewinn-zone

Gewinnschwelle

Gewinn-grenze

Verlust-zone 2

k
K'

P: Preis
K': Grenzkosten
N: Nachfragekurve (Preis-Absatz-Kurve)
x: nachgefragte bzw. angebotene Menge
U': Grenzumsatzkurve (Grenzerlöskurve)
k: Stückkostenkurve (durch-schnittliche Gesamtkosten)

1 2 3 4 5 6 7 8 x

xc

U'

Erläuterungen zur Tabelle:

Unter den Bedingungen des vollkommenen Angebotsmonopols erhält man folgende Ergebnisse:

■ Variiert der Monopolist den Absatzpreis, hängt die Umsatzentwicklung von der jeweiligen Nachfrageelastizität[1] ab. Ist die **Elastizität größer als 1,** so führen **Preissenkungen** zu **steigenden Umsätzen** und **Preiserhöhungen** zu **sinkenden Umsätzen.** Ist die **Elastizität** hingegen **kleiner als 1,** so führen **Preissenkungen** zu **sinkenden Umsätzen, Preiserhöhungen** jedoch zu **steigenden Umsätzen.** Das **Umsatzmaximum** ist erreicht, wenn die Elastizität der Nachfrage 1 beträgt.

■ Der **Umsatz** ergibt sich, indem man den Absatzpreis (P) mit der bei diesem Preis nachgefragten Menge (x) multipliziert.

■ Der **Grenzumsatz** ergibt sich, indem man den **Umsatzzuwachs je Produktionseinheit** errechnet.

> **Merke:**
>
> Der **Grenzumsatz (Grenzerlös)** ist der zusätzliche Erlös je Produktionseinheit.

■ Bei einer Ausbringungsmenge von 0,5 Produktionseinheiten erzielt der Monopolist Kostendeckung **(Gewinnschwelle).**

■ Dehnt der Monopolist seine Beschäftigung (seine Ausbringungsmenge) weiter aus oder senkt er weiterhin seinen Absatzpreis, tritt er in die **Gewinnzone** ein. Hier ist der Umsatz höher als die Gesamtkosten (Gesamtbetrachtung).

■ Das **Gewinnmaximum** ist erreicht, wenn die Differenz zwischen Umsatz und Gesamtkosten am größten ist, im Beispiel also bei 3 Produktionseinheiten.

■ Die **Grenzkosten** erhält man, indem man den **Kostenzuwachs je Produktionseinheit** errechnet.

> **Merke:**
>
> Unter **Grenzkosten** sind die zusätzlichen Kosten zu verstehen, die dann entstehen, wenn die Beschäftigung des Betriebs um eine Produktionseinheit erhöht wird.

Bei einem **linearen Gesamtkostenverlauf** sind die **variablen Stückkosten den Grenzkosten gleich.**

■ Aus der Stückbetrachtung lässt sich entnehmen, dass im Gewinnmaximum die **Grenzkosten** dem **Grenzumsatz** (Grenzerlös) gleich sein müssen.

Dies ist leicht einzusehen. Ist der **zusätzliche Umsatz höher als die zusätzlichen Kosten,** muss bei weiterer Ausbringung der **Gesamtgewinn steigen.** Betragen z. B. der zusätzliche Umsatz (der Grenzumsatz) 1500 GE, die zusätzlichen Kosten (die Grenzkosten) jedoch nur 1000 GE, so nimmt der Gesamtgewinn um 500 GE zu (bzw. der Gesamtverlust um 500 GE ab). Wird die Beschäftigung (die Ausbringung) weiter erhöht, steigt der Gesamtgewinn so lange, bis der Grenzumsatz den Grenzkosten gleich ist. Ist der **zusätzliche Umsatz niedriger als die zusätzlichen Kosten,** muss der **Gesamtgewinn sinken.**

Betragen z. B. der zusätzliche Umsatz (der Grenzumsatz) 500 GE, die zusätzlichen Kosten (die Grenzkosten) 1000 GE, nimmt der Gesamtgewinn um 500 GE ab (bzw. der Gesamtverlust um 500 GE zu).

> **Merke:**
>
> Das **Gewinnmaximum** des vollkommenen Angebotsmonopols ist erreicht, wenn die Grenzkosten dem Grenzumsatz gleich sind (Gewinnmaximierungsregel).

---

1 Unter der (direkten) **Preiselastizität der Nachfrage** versteht man das **Verhältnis** einer **prozentualen Nachfrageänderung** (Mengenänderung Δx) nach einem bestimmten Gut zu einer **prozentualen Preisänderung** (ΔP) dieses Gutes.
   – Sind die Änderungen der nachgefragten Menge prozentual (relativ) größer als die prozentualen Preisänderungen (die Elastizität ist größer als 1), spricht man von **elastischer Nachfrage.**
   – Sind die Änderungen der nachgefragten Menge prozentual (relativ) kleiner als die prozentualen Preisänderungen (die Elastizität ist kleiner als 1), spricht man von **unelastischer Nachfrage.**
Die **Preiselastizität der Nachfrage** ist im **Normalfall negativ,** weil Preiserhöhungen ein (stärkeres) Sinken bzw. Preissenkungen ein (stärkeres) Steigen der mengenmäßigen Nachfrage nach sich ziehen.

- Projiziert man den Schnittpunkt von Grenzumsatz- und Grenzkostenkurve auf die Preis-Absatz-Kurve, erhält man den **Cournot'schen Punkt**.[1] Der Cournot'sche Punkt (CP) ordnet den **gewinnmaximalen Preis** (P_c) der **gewinnmaximalen Ausbringungsmenge** (x_c) zu.

Zusammenfassung

- Ein **vollkommenes Angebotsmonopol** liegt vor, wenn einem einzelnen Anbieter eines homogenen Produkts eine sehr große Zahl von Nachfragern gegenübersteht.

- Unterstellt man, dass der Monopolist nach dem Gewinnmaximierungsprinzip handelt, setzt er für sein Produkt einen Absatzpreis fest, bei dem der Grenzerlös den Grenzkosten gleich ist **(Gewinnmaximierungsregel)**.

- Statt **Preispolitik** kann der Monopolist auch **Mengenpolitik** betreiben, d. h., er legt die Absatzmenge fest, bei der die Gewinnmaximierungsregel erfüllt ist.

- Bei Volkswirtschaften mit monopolistischen und oligopolistischen Märkten kann folgende Entwicklung eintreten:
  - bei Nachfragerückgängen kommt es zu einem Anstieg der Preise,
  - bei Nachfragesteigerungen kommt es zu einem Absinken der Preise.

Übungsaufgabe

55
1. Definieren Sie den Begriff Angebotsmonopol!

2. Warum ist das vollkommene Angebotsmonopol als ein theoretischer Grenzfall zu bezeichnen?

3. Warum erzielt der Angebotsmonopolist sein Gewinnmaximum dann, wenn der Grenzerlös (Grenzumsatz) den Grenzkosten entspricht?

4.

Ausbringungsmenge (x)	Preis (P)	Umsatz (U = P · x)	Gesamtkosten (K)	Gewinn bzw. Verlust (U – K)	Grenzkosten (K')	Grenzumsatz (U')	Kritische Punkte
0	60 000		450 000		15 000		
15	52 500				15 000		
30	45 000				15 000		
45	37 500				15 000		
60	30 000				15 000		
75	22 500				15 000		
90	15 000				15 000		
105	7 500				15 000		
120	—						

Aufgabe:

Vervollständigen Sie die obige Tabelle und berechnen Sie die Gewinnschwelle, das Gewinnmaximum sowie die Gewinngrenze!

---

1 ANTOINE AUGUSTIN COURNOT, 1801–1877, war französischer Wirtschaftswissenschaftler. Er gilt als wichtigster Begründer der mathematischen Schule der Volkswirtschaftslehre. COURNOT untersuchte vor allem die Preisbildung des Monopols und Oligopols.

5. Wie hoch sind Gleichgewichtspreis und Gleichgewichtsmenge auf einem vollkommenen polypolistischen Markt, wenn die Angebotsfunktion die Gestalt $P = 10 + 0,2x$ und die Nachfragefunktion die Gestalt $P = 20 - 0,05x$ besitzen? (P: Preis, x: nachgefragte bzw. angebotene Menge.)

Aufgabe:

Bestimmen Sie Gleichgewichtspreis und -menge sowohl rechnerisch als auch zeichnerisch!

6. Die ursprüngliche Nachfragefunktion (Preis-Absatz-Funktion) eines Monopolisten hat die Gestalt $x = 6 - 4P$. In der Folgeperiode nimmt die Nachfrage auf $x = 8 - 4P$ zu, in der nächsten Periode auf $x = 10 - 4P$.

x: Produktionseinheiten, z. B. 1 000 Stück; P: Preis je Produktionseinheit.

Aufgaben:

6.1 Zeichnen Sie die drei Preis-Absatz-Funktionen in ein Koordinatensystem ein! (1 cm auf der y-Achse = 0,50 GE; 1 cm auf der x-Achse = 1 PE.)

6.2 Ermitteln Sie die jeweiligen Cournot'schen Punkte unter der Annahme, dass die Grenzkosten 0,50 GE betragen!

6.3 Bestimmen Sie die Angebotskurve (Reaktionskurve, Cournot'sche Kurve) des Monopolisten, indem Sie die Cournot'schen Punkte verbinden!

6.4 Prüfen Sie, ob die Preisgesetze auch für das Angebotsmonopol gelten, sofern der Monopolist nach dem (kurzfristigen) Gewinnmaximierungsprinzip handelt!

7 Preisbildung auf unvollkommenen Märkten

7.1 Preisbildung des unvollkommenen Polypols

7.1.1 Herausbildung eines Preisniveaus für ein Gut

Auch im Modell der freien Marktwirtschaft kann man nicht davon ausgehen, dass die Märkte vollkommen sind. Es wäre im Grunde auch eine armselige Wirtschaftsgesellschaft, in der von jeder Güterart nur eine einzige Sorte hergestellt und angeboten wird.

Merke:

Ein **unvollkommener Markt** liegt vor, wenn eine, mehrere oder alle Voraussetzungen des vollkommenen Marktes fehlen.

Das äußere Merkmal des unvollkommenen Marktes ist, dass es für eine Güterart **unterschiedliche** Preise gibt.

Beispiele:

Eine bestimmte Brotsorte kostet in verschiedenen Bäckereien nicht dasselbe; für eine bestimmte Weinsorte muss man in Geschäften und Lokalen unterschiedliche Preise bezahlen.

Die **Gründe für die Unvollkommenheit** der Märkte sind im Einzelnen:

- Eine bestimmte Güterart wird in verschiedenen Qualitäten, Abmessungen, Aufmachungen, Farben usw. hergestellt. Das **Gut ist heterogen** (verschiedenartig).
- Angebot und Nachfrage treffen weder am gleichen Ort noch zur gleichen Zeit zusammen **(dezentralisierte, nicht organisierte Märkte)**.
- Anbietern und Nachfragern **fehlt die Marktübersicht**. (Beispiel: Eine Person, die für ihren Haushalt einkauft, weiß nicht, was die Milch im übernächsten Geschäft kostet.)
- Käufer und Verkäufer hegen persönliche, sachliche, räumliche oder zeitliche **Präferenzen**.

Die fast unüberschaubare Zahl eng verwandter Güter führt dazu, dass der Markt für die Nachfrager nur in Ausnahmefällen „vollkommen transparent" ist. Diese Tatsache allein erlaubt es den Anbietern bereits, ihre Preise innerhalb einer bestimmten Spanne festzusetzen, ohne bei Preiserhöhungen sofort alle Kunden an die Konkurrenz zu verlieren oder bei Preissenkungen alle Kunden gewinnen zu können. Deswegen ergibt sich bei zeichnerischer Darstellung des Angebots keine „Angebotskurve", sondern ein „Angebotsband". Dieses drückt aus, dass unter den Bedingungen der unvollkommenen polypolistischen Konkurrenz ein Anbieter in der Lage ist, eine bestimmte Gütermenge innerhalb bestimmter Grenzen zu unterschiedlichen Preisen anzubieten.

Umgekehrt besitzen auch die Nachfrager keine eindeutige Preisvorstellung. (Will beispielsweise eine Mutter ihrem Kind einen Pullover kaufen, hat sie die Vorstellung, dass sie „etwa" 20,00 EUR bis 25,00 EUR ausgeben möchte. Die Nachfrage stellt sich also ebenfalls als ein „Band" dar.)

Die nebenstehende Abbildung zeigt, dass es bei **unvollkommener Konkurrenz** (auch wenn sie vollständig, d.h. polypolistisch ist) **keinen einheitlichen Preis** geben kann. Es gibt lediglich eine **Preisunter-** und eine **Preisobergrenze**. Je heterogener (z.B. je undurchschaubarer) ein Markt ist, desto größer ist der mögliche **Preisspielraum**. Es lassen sich lediglich Durchschnittspreise für ein bestimmtes Gut errechnen.

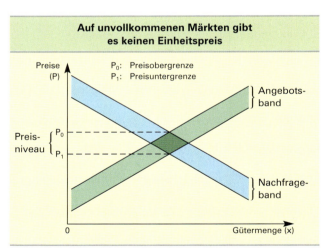

Auf unvollkommenen Märkten gibt es keinen Einheitspreis

P_0: Preisobergrenze
P_1: Preisuntergrenze

Merke:

Auf einem unvollkommenen Markt gibt es **keinen Einheitspreis**.

Es erhebt sich die Frage, ob auf unvollkommenen polypolistischen Märkten die „Preis-gesetze" außer Kraft gesetzt sind. Soweit normales Angebots- und Nachfrageverhalten der Marktteilnehmer vorausgesetzt werden kann, gelten auch hier die Preisgesetze, aller-dings nicht in Form einer Entwicklung zum Gleichgewichtspreis, sondern lediglich in einer **Tendenz zu einem Durchschnittspreisniveau** für ein bestimmtes Gut.

In der nebenstehenden Ab-bildung ist angenommen, dass sich das **Angebot er-höht** hat. Aufgrund dieser Tatsache entsteht bei dem zunächst noch hohen Preis-niveau eine **Nachfragelücke**.[1] Im Zeitablauf merken die An-bieter, dass sie auf einem Teil ihrer Waren „sitzen bleiben". Verringern sie die bisher an-gebotene Gütermenge nicht, müssen sie die Preise sen-ken, wenn sie ihre Lager räu-men wollen.

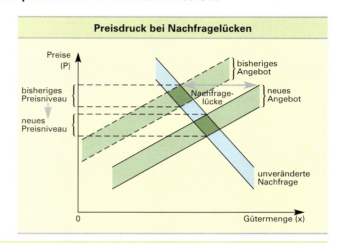

In der nebenstehenden Ab-bildung ist unterstellt, dass sich die **Nachfrage erhöht** hat. Es entsteht bei dem zu-nächst noch niedrigen Preis-niveau eine **Angebotslücke**.[2] Im Zeitablauf merken die An-bieter, dass ihre Lagerbestän-de abnehmen und/oder dass sie mit ihren Lieferungen nicht mehr nachkommen. Die Ware wird ihnen sozusagen „aus den Händen gerissen". Sie werden folglich ihre Prei-se erhöhen.

Merke:

Bei **gegebener Nachfragelücke** besteht auch auf **unvollkommenen polypolistischen Märkten** eine Tendenz zu **Preissenkungen**.

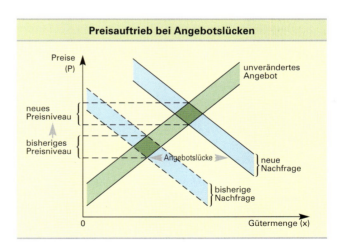

---

1 Beim geltenden Preis ist die **Nachfrage zu gering** bzw. das **Angebot zu groß**. Daher spricht man von einer „Nachfragelücke" oder von einem „Angebotsüberhang".

2 Beim geltenden Preis ist die **Nachfrage zu groß** bzw. das **Angebot zu gering**. Daher spricht man von einer „Angebotslücke" oder von einem „Nachfrageüberhang".

7.1.2 Monopolistischer Preisspielraum eines einzelnen Anbieters

Unter den Bedingungen des vollkommenen Polypols kann der einzelne Anbieter **keine Preispolitik** betreiben. Der Preis ist für ihn ein **Datum.** Würde er seinen Absatzpreis höher als den Marktpreis ansetzen, verlöre er sämtliche Kunden.

Anders ist die Situation des einzelnen Anbieters beim unvollkommenen Polypol. Hier haben die Nachfrager gegenüber den Anbietern und/oder deren Erzeugnissen bzw. Handelswaren bestimmte Präferenzen, so z. B.:

■ **Sachliche Präferenzen.** Die Käufer haben sachliche Präferenzen, wenn die Güte (Qualität) der angebotenen Waren oder Erzeugnisse unterschiedlich ist. Vielfach spielt auch die persönliche Meinung der Kunden eine erhebliche Rolle, obwohl die angebotenen Güter objektiv gleichwertig sind. (**Beispiel:** Eine Gruppe von Bierliebhabern „schwört" auf das „Gänsebier", die andere auf das „Felsenbier". In diesem Fall besitzen die beiden Bierhersteller ein „Meinungsmonopol", das ihnen gestattet, für ihre Biere unterschiedliche Preise zu verlangen.)

■ **Persönliche Präferenzen.** Diese liegen beispielsweise vor, wenn die Kunden einen Anbieter deswegen bevorzugen, weil er ihnen persönlich bekannt und besonders sympathisch ist oder weil die Bedienung sehr geschickt und der Service einwandfrei ist.

■ **Räumliche Präferenzen.** Hier ziehen die Käufer den nächstliegenden Anbieter aus Bequemlichkeit, aus Gründen der Zeit- und Transportkostenersparnis oder wegen der Besichtigungsmöglichkeit der Erzeugnisse und Waren vor. (**Beispiel:** Der „Laden um die Ecke" ist schneller und bequemer erreichbar als der möglicherweise preisgünstigere Supermarkt am Rand der Stadt.)

■ **Zeitliche Präferenzen.** In diesem Fall ist ein Anbieter deshalb für eine Vielzahl von Kunden attraktiv, weil er schneller und/oder pünktlicher als seine Mitbewerber zu liefern imstande ist. (**Beispiel:** Im Textilgeschäft am Ort kann man den gekauften Anzug gleich mitnehmen, auf den im Versandhaus bestellten Anzug muss man u. U. wochenlang warten.)

■ **Fehlende Markttransparenz.** Häufig führt fehlende Markttransparenz (Mangel an Informationen über die angebotenen Sachgüter und Dienstleistungen) zu Präferenzen. Aber die fehlende Markttransparenz ist an sich schon ein Faktor, der zur Unvollkommenheit der Märkte beiträgt, weil insbesondere die privaten Verbraucher nicht in der Lage sind, bei der Vielzahl der angebotenen Waren in den Besitz der notwendigen Informationen über Güte und Preise zu gelangen.

Die Summe aller möglichen Präferenzen verschmilzt in der Praxis zu einer Einheit, die man in der volkswirtschaftlichen Literatur als **akquisitorisches Kapital** eines Unternehmens bezeichnet hat. Je stärker dieses akquisitorische Kapital ist, desto größer ist die

Möglichkeit der Anbieter, Preispolitik zu betreiben. Die Unternehmen sind daher bemüht, mithilfe verschiedener absatzpolitischer Maßnahmen (Marketingmaßnahmen) das akquisitorische Kapital zu erhöhen. Beispielsweise dient die **Werbung** u. a. dazu, die „Meinung" der Kunden zu beeinflussen. Mithilfe der **Produktgestaltung** (z. B. Qualitätsverbesserung, Formgebung, Verpackungsgestaltung, Einführung von Markenzeichen) sollen die sachlichen Präferenzen verstärkt werden. Durch die Wahl geeigneter **Absatzmethoden** kann die Kundennähe vergrößert werden.

Aufgrund all dieser Maßnahmen enthält die **Preis-Absatz-Kurve (Nachfragekurve)** des **polypolistischen Anbieters** einen **„monopolistischen Bereich"** (daher auch „monopolistische Konkurrenz"), der ihm gestattet, innerhalb gewisser Grenzen eigene **Preispolitik** zu betreiben.

Beispiel:				

Der Besitzer einer Hühnerfarm hat es verstanden, sich durch den Verkauf „naturfrischer" Eier einen guten Ruf zu schaffen, weil seine Legehennen auf eigenen Wiesen freien Auslauf haben. Seine Preis-Absatz-Kurve (Nachfragekurve) hat folgende Gestalt:

x (angebotene Eier in 1 000 Stück)	P (Preis je Stück)	U (Umsatz = P · x)	Grenzerlös (Umsatzzuwachs je 10 000 Stück)	Grenzerlös je Stück
0	0,25 GE	—		
10	0,25 GE	2 500 GE	2 500 GE	0,25
20	0,25 GE	5 000 GE	2 500 GE	0,25
30	0,25 GE	7 500 GE	2 500 GE	0,25
40	0,24 GE	9 600 GE	2 100 GE	0,21
50	0,22 GE	11 000 GE	1 400 GE	0,14
60	0,175 GE	10 500 GE	– 500 GE	– 0,05
70	0,13 GE	9 100 GE	– 1 400 GE	– 0,14
80	0,11 GE	8 800 GE	– 300 GE	– 0,03
90	0,10 GE	9 000 GE	200 GE	0,02
100	0,10 GE	10 000 GE	1 000 GE	0,10
110	0,10 GE	11 000 GE	1 000 GE	0,10

Erläuterungen:

■ Der **monopolistische Preisspielraum** des Anbieters liegt zwischen 0,25 GE und 0,10 GE. Würde er seinen Preis höher als 0,25 GE festsetzen, verlöre er alle Kunden an die Konkurrenz. Läge sein Absatzpreis unter 0,10 GE, gewänne er alle Kunden.

■ Den **Umsatz (Erlös)** erhält man, indem man die Absatzmenge mit dem Stückpreis multipliziert.

■ Der **Grenzerlös (Grenzumsatz)** ist der Umsatzzuwachs je Produktionseinheit (hier je 10000 Stück).

■ Der **Grenzerlös je Stück** ergibt sich, indem man den Grenzerlös durch 10000 Stück dividiert.

■ Grenzerlös und Grenzerlös je Stück sind Differenzwerte. Sie sind deshalb in der vorangestellten Tabelle und in der nachstehenden Abbildung als **Zwischenwerte** eingetragen.

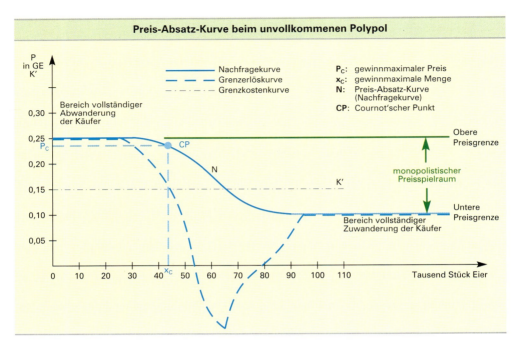

Preis-Absatz-Kurve beim unvollkommenen Polypol

Legende (innerhalb der Abbildung):
- Nachfragekurve
- Grenzerlöskurve
- Grenzkostenkurve
- P_C: gewinnmaximaler Preis
- x_C: gewinnmaximale Menge
- N: Preis-Absatz-Kurve (Nachfragekurve)
- CP: Cournot'scher Punkt

Achsenbeschriftung: P in GE, K'; Tausend Stück Eier; Werte 0,05 bis 0,30; Mengen 0 bis 110.

Bereich vollständiger Abwanderung der Käufer; Obere Preisgrenze; monopolistischer Preisspielraum; Untere Preisgrenze; Bereich vollständiger Zuwanderung der Käufer.

Erläuterungen:

- Die **„geschwungene" Nachfragekurve** in der Abbildung bringt zum Ausdruck, dass der Polypolist bei heterogener Konkurrenz einen mehr oder weniger großen monopolistischen Spielraum besitzt, innerhalb dessen er Preispolitik betreiben kann, ohne dass seine Konkurrenten zu stark reagieren.

- Treibt der Polypolist Preispolitik, so liegt sein **Gewinnmaximum** bei der Ausbringungs- und Verkaufsmenge, bei der die **Grenzkosten dem Grenzerlös gleich** sind.

- In diesem Beispiel wird der polypolistische Anbieter einen Preis von ca. 0,23 GE verlangen, weil bei diesem Preis die Bedingung Grenzkosten (0,15 GE) gleich Grenzerlös (0,15 GE) erfüllt ist (Cournot'scher Preis).

  Ob ein Polypolist bei heterogener Konkurrenz tatsächlich Preispolitik betreibt, hängt zunächst davon ab, ob sein monopolistischer Bereich innerhalb seiner maximalen Kapazität liegt. Bleiben wir bei unserem Beispiel. Könnte unser Anbieter beispielsweise nur 30 000 Eier pro Tag erzeugen, wird er sich wie ein Anbieter bei vollkommener Konkurrenz verhalten müssen, d.h. den Absatzpreis von 0,25 GE als Datum hinnehmen. Preispolitik kann er auch dann nicht betreiben, wenn seine Kapazität z.B. 110 000 Stück beträgt und er in der Nähe seiner Kapazitätsgrenze produziert. Liegen seine Grenzkosten bei 0,15 GE, wird er seine Ausbringung vermindern müssen. Hätte er jedoch Grenzkosten in Höhe von beispielsweise 0,08 GE, würde er seine Kapazität voll ausnutzen.

Zusammenfassung

- **Heterogene polypolistische Konkurrenz** (monopolistische Konkurrenz) liegt vor, wenn eine oder mehrere Prämissen des vollkommenen Marktes fehlen, aber unendlich viele Anbieter und Nachfrager auf dem Markt vertreten sind.

- Der **Polypolist** besitzt bei heterogener Konkurrenz einen monopolistischen Spielraum, innerhalb dessen er **Preispolitik** betreiben kann, ohne dass seine Konkurrenten reagieren.

- Ob ein Polypolist bei heterogener Konkurrenz **Preispolitik** betreibt, hängt vor allem von **seiner Kapazität** und von seiner **Kostenstruktur** ab.

- Der Polypolist wird in der Regel versuchen, durch Einsatz verschiedener absatzpolitischer Instrumente (Marketingmaßnahmen) seinen **monopolistischen Spielraum** zu vergrößern.

Übungsaufgabe

56 1. Unter welcher Bedingung (unter welchen Bedingungen) liegt ein unvollkommener polypolistischer Markt vor?

2. Auf einem unvollkommenen polypolistischen Markt nimmt das Angebot bei gleich bleibender Nachfrage ab. Wie wird sich das Durchschnittspreisniveau auf diesem Markt verändern? Begründen Sie Ihre Feststellung!

3. Auf einem unvollkommenen polypolistischen Markt nimmt bei unverändertem Angebot die Nachfrage ab. Wie wird sich das Durchschnittsniveau auf diesem Markt verändern? Begründen Sie Ihre Feststellung!

4. Ein Polypolist auf unvollkommenem Markt sieht sich folgender Preis-Absatz-Situation gegenüber:

   – Bei einem Absatzpreis von 120 GE je PE (Produktionseinheit) kann er maximal 12 PE absetzen. Erhöht er den Preis über 120 GE, verliert er alle Kunden an die Konkurrenz.

   – Bei einem Absatzpreis von 60 GE und darunter gewinnt er alle Kunden.

   – Der monopolistische Spielraum des Angebotspolypolisten liegt somit zwischen 120 GE und 60 GE. Die Nachfrage nach seinen Erzeugnissen verhält sich normal und ist linear:

Absatzpreis (P)	120[1]	110	100	90	80	70	60[2]
Nachgefragte Menge in Stück (PE)	12	16	20	24	28	32	36

   1 höchstens
   2 mindestens

   – Die proportional-variablen Stückkosten (Grenzkosten) belaufen sich auf 30 GE.

   – Die fixen Kosten betragen 1000 GE je Periode. Die Kapazitätsgrenze des Polypolisten liegt bei 44 Stück je Periode.

   Aufgaben:

   4.1 Erstellen Sie eine Tabelle mit folgenden Spalten:
       (1) PE (Produktionseinheiten, produzierte und verkaufte Mengeneinheiten)
       (2) P (Absatzpreis)
       (3) U (Umsatz, Erlös)
       (4) U' (Grenzerlös je 4 PE)
       (5) U'/PE (Grenzerlös je Produktionseinheit)
       (6) K_f (fixe Kosten)
       (7) K_V (variable Kosten)
       (8) K'/PE (Grenzkosten je PE)
       (9) K (Gesamtkosten)
       (10) Gew/Verl (Gewinn bzw. Verlust)

   Lösungshinweis: Berechnen Sie die erforderlichen Werte jeweils für 4 Produktionseinheiten (PE), in der Spalte (1) also für 0, 4, 8, 12 usw. bis einschließlich 60 PE.

4.2 Zeichnen Sie die Preis-Absatz-Kurve, die Grenzumsatzkurve und die Grenzkostenkurve des Polypolisten!

Lösungshinweis: Teilen Sie die Koordinaten wie folgt ein:
x-Achse: 1 cm ≙ 6 PE; y-Achse: 1 cm ≙ 20 GE.

4.3 Stellen Sie die gewinnmaximale Absatzmenge und den gewinnmaximalen Absatzpreis fest!

4.4 Für welchen Absatzpreis wird sich der Polypolist entscheiden, wenn er nach Umsatzmaximierung strebt? (Begründung!)

4.5 Wie fällt die Preisentscheidung des Polypolisten aus, wenn sein oberstes Unternehmensziel die Vollbeschäftigung (Erhaltung der Arbeitsplätze) ist? (Begründung!)

4.6 Angenommen, der Polypolist kann seine Kapazität unter sonst gleich bleibenden Bedingungen auf 60 PE ausweiten. Für welchen Absatzpreis wird er sich entscheiden, wenn er nach Gewinnmaximierung strebt? (Begründung!)

4.7 Von welchen Faktoren hängt die Entscheidung eines nach Gewinnmaximierung strebenden Polypolisten ab, seinen monopolistischen Preisspielraum auszunutzen?

5. Der unvollkommene polypolistische Markt wird auch als „monopolistische Konkurrenz" bezeichnet.

Aufgabe:

Erklären Sie diesen Begriff!

7.2 Preisbildung des unvollkommenen Angebotsmonopols

Ebenso wie die polypolistischen Märkte sind auch die monopolistischen Märkte in der Regel **unvollkommen,** d.h., es fehlen eine oder mehrere Prämissen des vollkommenen Marktes.

Merke:

Ein **unvollkommenes Monopol** liegt vor, wenn das Monopolunternehmen in der Lage ist, **Preisdifferenzierung**[1] – auch **Preisdiskriminierung** genannt – zu betreiben, indem es die „Konsumentenrente" ausnutzt.

Beispiel:

Ein Angebotsmonopol sieht sich einer Nachfragekurve gegenüber, wie sie in den Abbildungen auf S. 239 wiedergegeben wird.

Die Preisdifferenzierung (ein Produkt wird zu verschiedenen Preisen verkauft) setzt voraus, dass die Käufer voneinander entweder räumlich oder sachlich (Inländer – Ausländer, Endverbraucher – Wiederverkäufer) getrennt werden können. Falls es unserem Monopolisten gelingt, beispielsweise 3 Abnehmergruppen voneinander zu scheiden und seine Preise auf 1400 GE, 1200 GE und 1000 GE festzusetzen, so beträgt sein Umsatz 3 · 1400, 1 · 1200 und 1 · 1000 GE, zusammen also 6400 GE. Betragen seine Gesamtkosten bei einem Umsatz von 5 Produktionseinheiten 3600 GE, so macht er einen Gewinn von 2800 GE. Ohne Preisdifferenzierung würde der Monopolist lediglich einen Umsatz von 5000 GE erzielen (5 · 1000 GE). In diesem Fall beliefe sich sein Gesamtgewinn nur auf 1400 GE (siehe linke Abbildung, S. 239).

---

1 Siehe auch Ausführungen auf S. 119ff.

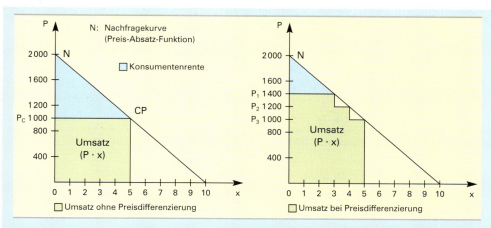

Je weiter die Preisdifferenzierung durchgeführt werden kann, desto größer ist der Gesamtgewinn. Die **absolute Preisuntergrenze** ist die Höhe der **Grenzkosten**: Jede weitere Produktionsausdehnung verursacht mehr zusätzliche Kosten als zusätzlich erlöst wird.

Überblick über die Arten der Preisdifferenzierung		
Arten	**Kriterien**	**Beispiele**
Sachliche Preisdifferen-zierung	▪ Nach dem Verwendungszweck des Gutes; ▪ nach der gekauften Menge; ▪ nach der Produktgestaltung.	Strom für private Haushalte – Strom für Industriebetriebe. Staffelrabatte. Preise für Standardmodelle – für Luxusmodelle bei Autos.
Persönliche Preisdifferen-zierung	▪ Nach den Einkommen der Kunden; ▪ nach der Gruppenzugehörigkeit.	Differenzierte Arztrechnungen. Niedrigere Eintrittspreise für Schüler, Studenten und Schwerbehinderte.
Räumliche Preisdifferen-zierung	Nach der räumlichen Verteilung der Käufer.	Angebotspreise im Ausland niedriger als im Inland (Dumping); Zonenpreise (z. B. Benzinpreise).
Zeitliche Preisdifferen-zierung	Nach der zeitlichen Verteilung der Nachfrage.	Tagstrom- und Nachtstromtarife; Tarifstruktur der Deutschen Telekom AG.
Verdeckte Preisdifferen-zierung	Nach den künstlich geschaffenen Meinungen bei den Käufern.	Vortäuschung von Produktunterschieden.

57 Das Städtische Theater (800 Sitzplätze) in Neustadt hat unter Abzug der Subventionen im Durchschnitt fixe Kosten in Höhe von 10 000,00 EUR je Theaterabend. (Die variablen Kosten sind so gering, dass sie kostenrechnerisch vernachlässigt werden können.)

Die Theaterleitung erwartet, dass die Besucher auf Preisänderungen wie folgt reagieren werden:

Preis je Karte in EUR	20,00	19,00	18,00	17,00	16,00	15,00	14,00
Zahl der verkauften Karten	500	550	600	650	700	750	800

Aufgaben:

1. Angenommen, die Theaterleitung will die Karten zu einem Einheitspreis verkaufen und den abendlichen Gewinn maximieren. Ermitteln Sie rechnerisch den Preis je Abendkarte, der den gewinnmaximalen Kartenverkauf erbringt! Stellen Sie hierzu eine Kosten-Leistungs-Tabelle nach folgendem Muster auf:

Zahl der Besucher	Preis je Abendkarte	Umsatz	Kosten	Verlust bzw. Gewinn
500	20,00 EUR	10 000,00 EUR	10 000,00 EUR	—
550	19,00 EUR	10 450,00 EUR	10 000,00 EUR	+ 450,00 EUR
⋮	⋮	⋮	⋮	⋮

2. Wie viel Karten bleiben unverkauft, wenn der gewinnmaximierende Einheitspreis (Monopolpreis) festgesetzt wird? (Begründung!)

3. Angenommen, die Theaterleitung handelt nicht nach dem Gewinnmaximierungsprinzip, sondern nach dem Kostendeckungsprinzip.

   3.1 Welchen Preis wird sie verlangen?

   3.2 Wie viel Kunden können dann keine Karte erhalten? Handelt es sich in diesem Fall um eine Angebots- oder um eine Nachfragelücke? (Begründen Sie Ihre Antwort!)

4. Warum sind in diesem Beispiel Gewinn- und Umsatzmaximum identisch?

5. Die Theaterleitung gelangt zur Ansicht, dass der Gewinn durch Preisdifferenzierung bei ausverkauftem Haus erhöht werden kann. Sie teilt die vorhandenen Plätze in drei Ränge ein. Für den Rang I (500 Plätze) verlangt sie 20,00 EUR je Karte, für den Rang II (200 Plätze) 16,00 EUR und für den Rang III (100 Plätze) 14,00 EUR.

   5.1 Werden alle Karten verkauft? (Begründen Sie Ihre Antwort!)

   5.2 Wie hoch ist der Gesamtgewinn? (Rechnerisch nachweisen!)

6. Welche Art des Angebotsmonopols liegt im Fall 5. vor?

7.3 Preisbildung des unvollkommenen Angebotsoligopols

Die Probleme der Oligopoltheorie sind bis heute noch nicht befriedigend gelöst. Zwar gibt es eine große Anzahl von Oligopolmodellen. Empirisch haben sie jedoch ebenso wenig Bedeutung, wie manche der komplizierteren Fortentwicklungen. Die heutige Theorie wendet sich daher mehr und mehr von den Modellen ab. Vielmehr wird versucht, die Wirklichkeit zu beobachten, typische Verhaltensweisen festzustellen und daraus brauchbare allgemein gültige Aussagen zu gewinnen. Diese Notwendigkeit ergibt sich vor allem deshalb, weil in der Wirklichkeit die homogenen Oligopole kaum vorkommen, sondern die heterogenen Oligopole vorherrschen.

Zum Zwecke der Veranschaulichung seien im Folgenden dennoch zwei Oligopolmodelle vorgestellt, die einige grundsätzliche Aussagen über das Wesen oligopolistischer Märkte zulassen.

Beispiel 1:

Angenommen, es bieten zwei Oligopolisten (Angebotsdyopol) ein heterogenes Gut (z.B. zwei Stanzmaschinentypen) an. Hat z.B. Anbieter A die Mengen-Preis-Kombination CP (4 000/400) verwirklicht und senkt er den Preis auf P_1 (300 GE), wird er, falls sein Konkurrent nicht nachzieht, die Menge x_2 (5 500 Stück),

sonst die Menge x_1 (4 800 Stück) je Zeiteinheit absetzen. Eine konkurrierende Preissenkung ist wahrscheinlicher, sodass die Nachfrage bei oligopolistischer heterogener Konkurrenz unelastischer reagiert (von x_0 nach x_1) als beim Monopolisten (von x_0 nach x_2).

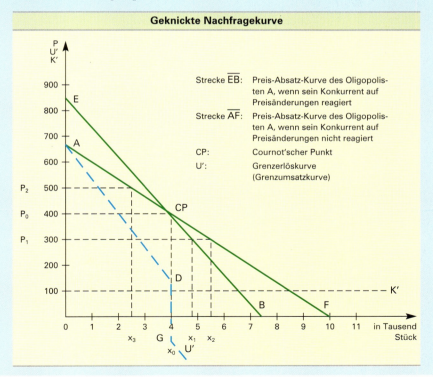

Geknickte Nachfragekurve

Strecke $\overline{EB}$: Preis-Absatz-Kurve des Oligopolisten A, wenn sein Konkurrent auf Preisänderungen reagiert

Strecke $\overline{AF}$: Preis-Absatz-Kurve des Oligopolisten A, wenn sein Konkurrent auf Preisänderungen nicht reagiert

CP: Cournot'scher Punkt

U': Grenzerlöskurve (Grenzumsatzkurve)

16 Speth u.a. - ISBN 978-3-8120-0572-2

Bei einer Preiserhöhung wird hingegen der Konkurrent wahrscheinlich nicht nachziehen, weil ihm nunmehr die Nachfrage zuströmt, die der Anbieter A aufgrund der Preiserhöhung verliert. Erhöht Anbieter A den Preis z.B. auf 500 GE (P_2 in der Abb. von S. 241), wird er lediglich die Menge x_3 absetzen können. Seine Preis-Absatz-Kurve verläuft also entlang der Strecke $\overline{ACP}$. Die Nachfragekurve des Oligopolisten besitzt mithin einen „Knick" (kinked demand curve = geknickte Nachfragekurve).

Wegen dieses Knicks besitzt die Grenzerlöskurve (U') einen unbestimmten Bereich $\overline{DG}$, sodass bei einer Kostensenkung bzw. -erhöhung innerhalb dieses Bereichs keine Änderung in der gewinnmaximalen Mengen-Preis-Kombination eintritt. Dies erklärt die Tatsache, dass auf oligopolistischen Märkten häufig eine relative Preisstarrheit zu beobachten ist.

Beispiel 2:

Die Modelle für die heterogene polypolistische Konkurrenz können auch auf die Oligopoltheorie angewendet werden, denn auch beim heterogenen Angebotsoligopol besitzen die Anbieter einen mehr oder weniger großen autonomen (monopolistischen) Bereich, der ihnen gestattet, Preispolitik zu betreiben, ohne dass die Konkurrenz reagiert oder reagieren muss. Angenommen, in einer Volkswirtschaft teilen sich drei Autohersteller den Kraftfahrzeugmarkt mit drei verschiedenen Typen. Dem Produzenten A ist es gelungen, bei einem Teil der Käufer durch Reklame, Formgestaltung und Leistung die Vorstellung zu erwecken, dass sein Auto besonders robust, preiswert und wirtschaftlich sei. Sein Preis liegt bei 5000 GE.

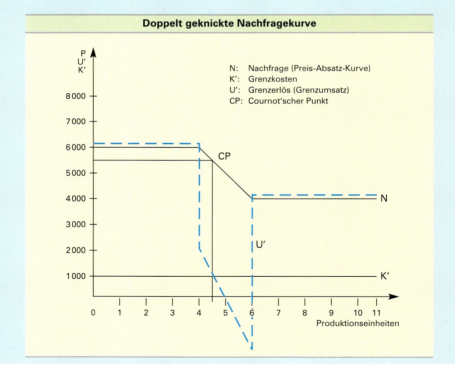

Doppelt geknickte Nachfragekurve

N: Nachfrage (Preis-Absatz-Kurve)
K': Grenzkosten
U': Grenzerlös (Grenzumsatz)
CP: Cournot'scher Punkt

Der zweite Anbieter B kann einen Preis von 6000 GE verlangen, weil er eine gehobene Käuferschicht davon zu überzeugen verstand, dass sein Autotyp auch verwöhnten Ansprüchen genügt.

Der dritte Anbieter C schließlich wendet sich mit seinem Produkt an die schwächeren Einkommensschichten und fordert einen Preis von 4000 GE.

Unter den gegebenen Bedingungen kann Anbieter A seinen Preis nicht höher als 6000 GE festsetzen, denn bei einem Preis von 6000 GE und darüber würde er alle seine Kunden verlieren, weil diese nunmehr den Wagen des Anbieters B kaufen. Senkt A seinen Preis auf 4000 GE, so gewinnt er alle Kunden des C, weil diese nun auch den (zumindest vermeintlich) besse-

ren Wagen kaufen wollen. Bei Preisen von 4000 und 6000 GE befindet sich das Unternehmen A also in der Situation des Mengenanpassers. Zwischen diesen Preisen aber ist – behalten die Konkurrenzunternehmen ihre Preise bei – das Unternehmen in seiner Preisgestaltung mehr oder weniger frei. Eine Preiserhöhung des Anbieters A von 5000 auf z.B. 5500 GE wird einen Verlust an Kunden bringen, weil mancher sich jetzt entschließt, etwas mehr und länger zu sparen, um dann den Wagen des Unternehmens B zu kaufen. Senkt A seinen Preis von 5000 GE auf beispielsweise 4500 GE, können zwar Kunden gewonnen werden, aber nicht allzu viele, da der Preis von 4500 GE für die meisten Käufer des C-Typs immer noch zu hoch ist.

Der Zusammenhang lässt sich leicht bildlich darstellen (siehe Abbildung S. 242). Tragen wir auf der y-Achse den Pkw-Preis, auf der x-Achse die absetzbaren Pkw-Einheiten ab, so zeigt sich, dass die Absatzkurve (Nachfragekurve) des Herstellers A einen monopolistischen Teilbereich zwischen den Preisen von 4000 und 6000 GE besitzt, innerhalb derer er nur mit den Reaktionen seines eigenen Kundenstamms zu rechnen hat. Liegen seine Grenzkosten z.B. bei 1000 GE, so wird er, falls er Gewinnmaximierung anstrebt, einen Preis in Höhe von 5500 GE wählen und 4,5 Pkw-Einheiten produzieren und absetzen (Cournot'scher Punkt).

Diese Aussage gilt nur, wie bereits gesagt wurde, wenn die **Konkurrenten** des A ihre Preise **unverändert** lassen. Setzt nämlich B seinen Preis auf 5500 GE herunter, verliert A **sämtliche** Kunden an B, falls er seinen Preis nicht ebenfalls zurücknimmt. Weitere Preissenkungen von A und B müssten endlich auch den Anbieter C veranlassen, seinen Preis zu reduzieren, wenn er nicht seinerseits seine Kunden an A und B abgeben will.

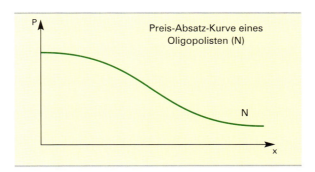

Preis-Absatz-Kurve eines Oligopolisten (N)

Die Preis-Absatz-Kurve des Oligopolisten wird in Wirklichkeit geschwungen verlaufen. Auch wird er bei einer Preiserhöhung über 6000 GE nur **allmählich** Kunden verlieren, bei einer Preissenkung unter 4000 GE nur allmählich Kunden hinzugewinnen.

Überblick über die Marktformen

	Zahl der Anbieter	Marktbeschaffenheit	Preisbildung
wachsende Marktmacht	viele	vollkommene polypolistische Konkurrenz	Bildung eines Einheitspreises; der einzelne Anbieter bzw. Nachfrager hat keinen Einfluss auf den Preis
		unvollkommene polypolistische Konkurrenz	Es gibt mehrere Preise für ein Gut; der einzelne Anbieter hat einen geringen Spielraum bei der Preisfestsetzung
	wenige	vollkommene oligopolistische Konkurrenz	Bildung eines Einheitspreises durch abgestimmtes Verhalten der Oligopolisten
		unvollkommene oligopolistische Konkurrenz	Es gibt unterschiedliche Preise für eine Güterart; Oligopolisten müssen die Reaktion ihrer Konkurrenten bei Preisänderungen und/oder Produktänderungen berücksichtigen
	einer	vollkommenes Monopol	Der Monopolist kann nur einen Preis für ein Gut verlangen; er ist in der Preisbildung unabhängig
		unvollkommenes Monopol	Der Monopolist kann Preise differenzieren (z. B. Tag- und Nachtstromtarif)

Wachsende Marktmacht führt zu zunehmender Aufhebung der Preisgesetze

---

58

1. Erklären Sie, warum auf oligopolistischen Märkten i. d. R. Ruhe an der „Preisfront" herrscht!

2. Erläutern Sie, warum das Modell des Angebotspolypolisten auf unvollkommenem Markt auch auf das mögliche Verhalten eines Angebotsoligopolisten auf unvollkommenem Markt anwendbar ist!

3. Angenommen, auf dem Markt für Universallexika befinden sich nur zwei Anbieter (Verlage), und zwar der Arnold-Verlag und der Brecht-Verlag. Die Nachfrage ist polypolistisch.

   Der Arnold-Verlag kann zurzeit in einer Periode 3000 Lexika (1 Lexikon = 12 Bände) zu einem Preis von je 2500 GE verkaufen. Seine Grenzkosten (proportional-variablen Kosten) betragen 1000 GE je Lexikon.

   Der Arnold-Verlag sieht sich zwei möglichen linearen Nachfragekurven gegenüber:

■ Preis-Absatz-Kurve, wenn der Brecht-Verlag auf Preisänderungen des Arnold-Verlags entsprechend reagiert		
Preis	3750 GE	1250 GE
Lexika	1500 Stück	4500 Stück

■ Preis-Absatz-Kurve, wenn der Brecht-Verlag auf Preisänderungen des Arnold-Verlags nicht reagiert		
Preis	3000 GE	1500 GE
Lexika	2000 Stück	5000 Stück

Aufgaben:

3.1 Zeichnen Sie die beiden möglichen Preis-Absatz-Kurven des Arnold-Verlags, die dazugehörigen Grenzerlöskurven (Grenzumsatzkurven) sowie die Grenzkostenkurve!

Lösungshinweis:

x-Achse: 1 cm $\triangleq$ 1 000 Lexika (1 PE, d. h. Produktionseinheit);
y-Achse: 1 cm $\triangleq$ 500 GE.

3.2 Der Arnold-Verlag muss damit rechnen, dass der Brecht-Verlag seinen Absatzpreis stabil hält, wenn er seinen Absatzpreis anhebt. Andererseits muss der Arnold-Verlag davon ausgehen, dass bei einer eigenen Preissenkung der Brecht-Verlag in gleicher Weise reagiert.

3.2.1 Begründen Sie die vermuteten Entscheidungen des Brecht-Verlags!

3.2.2 Zeichnen Sie die „geknickte Preis-Absatz-Kurve" des Arnold-Verlags!

3.3 Beim Arnold-Verlag sind die proportional-variablen Kosten (Grenzkosten) um 50 % gestiegen. Wie wird der Arnold-Verlag entscheiden, wenn sein oberstes Unternehmensziel die Gewinnmaximierung ist und der Brecht-Verlag nicht reagiert?

3.4 Angenommen, der Arnold-Verlag hat die Absicht, seinen Konkurrenten (den Brecht-Verlag) vom Markt zu verdrängen. Er will notfalls auf die Deckung seiner fixen Kosten verzichten, unter keinen Umständen jedoch auf die Deckung seiner variablen Kosten, die sich zurzeit auf 1 250 GE belaufen.

3.4.1 Für welchen Absatzpreis wird sich der Arnold-Verlag entscheiden, wenn er unter den oben genannten Bedingungen einen möglichst hohen Marktanteil „erobern" möchte und der Brecht-Verlag auf seine Maßnahme entsprechend reagiert?

3.4.2 Wie viel Exemplare könnte der Arnold-Verlag unter den oben genannten Bedingungen absetzen, wenn der Brecht-Verlag nicht reagieren würde?

8 Staatliche Markteingriffe am Beispiel der Preispolitik

Der Marktpreis kann nicht „sozial", nicht „gerecht" sein. Er ist eine objektive Größe. Deswegen greift in der sozialen Marktwirtschaft der Staat indirekt oder direkt in das Marktgeschehen ein, um Nachfrager und/oder Anbieter zu schützen.

8.1 Marktkonforme Staatseingriffe

8.1.1 Begriff marktkonforme Staatseingriffe

> **Merke:**
>
> Staatseingriffe, die den **Preismechanismus nicht außer Kraft setzen,** bezeichnet man als **marktkonform** (systemkonform).[1]

Marktkonforme Eingriffe liegen vor, wenn der Staat die Nachfrage und/oder das Angebot erhöht oder senkt, die Preisbildung aber dem Markt überlässt. Man spricht daher auch von **indirekter Marktlenkung.**

8.1.2 Instrumente für marktkonforme Staatseingriffe

(1) Erhöhung der Nachfrage

Der Staat kann selbst als Nachfrager auftreten, wenn er z.B. eine unterbeschäftigte Wirtschaft aus der Depression[2] herausführen möchte. Zahlreiche Möglichkeiten sind gegeben: Erteilung zusätzlicher Forschungsaufträge, Aufträge an die Bauwirtschaft (Bau von Straßen, Krankenhäusern, Schulen, Kindergärten, Ausgaben für Kanalisation, für militärische Zwecke usw.) oder auch zusätzliche Einstellungen von Personal. Die Wirkung wird sein, dass die Beschäftigung zunimmt. Die Gefahr von Preis- und Lohnsteigerungen besteht.

Wenn der Staat die Nachfrage erhöhen will, selbst aber nicht als Nachfrager auftreten möchte (z.B. weil er bestimmte Wirtschaftsgüter gar nicht braucht), kann er die möglichen Nach-

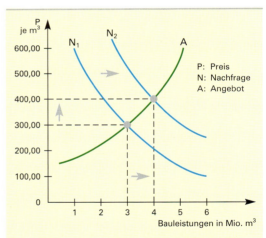

Der Staat erhöht die Nachfrage nach Bauleistungen um 1 Mio. m³ umbauten Raums. Bei normalem Angebot und gleich bleibendem technischem Stand steigen Beschäftigung und Preise.

---

1 Konform sein: in Einklang stehen mit etwas; marktkonforme Maßnahmen sind also solche, die mit der Idee der Marktwirtschaft in Einklang stehen.

2 Depression: wörtl. Niedergeschlagenheit; hier: eine Wirtschaft, die unterbeschäftigt ist, z.B. Arbeitslosigkeit aufweist.

frager subventionieren.[1] Auch hier gibt es in der Bundesrepublik Deutschland zahlreiche Beispiele: Wohngeld (Erhöhung der Nachfrage nach Neubauwohnungen), Zinssubventionen für Bauherren und Landwirte, Steuerermäßigungen (Abschreibungsmöglichkeiten für Unternehmer), Barsubventionen an Not leidende Unternehmen (Kohlebergbau, Werften), Förderung der Klein- und Mittelbetriebe (Mittelstandsförderung).

(2) Senkung der Nachfrage

Will der Staat die Nachfrage (und damit die Preisentwicklung) dämpfen, kann er die Staatsnachfrage einschränken, indem er geplante Staatsaufträge streicht oder aufschiebt. Auch **Steuererhöhungen** wirken in die gleiche Richtung, weil in der Regel weniger gekauft wird, wenn die Nettoeinkommen sinken.

Weitere Möglichkeiten zur Verringerung der Nachfrage sind die Streichung von Subventionen und von Abschreibungsvergünstigungen.

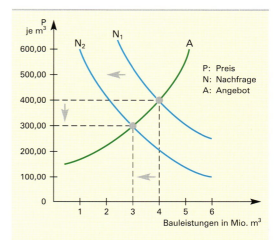

Der Staat verringert seine Nachfrage nach Bauleistungen um 1 Mio. m³ umbauten Raums. Bei normalem Angebot gehen Preise und Beschäftigung zurück.

(3) Erhöhung des Angebots

In seltenen Fällen hat der Staat die Möglichkeit, das Angebot unmittelbar zu erhöhen, dann nämlich, wenn er selbst Eigentümer wirtschaftlicher Betriebe ist. Hierher gehören z. B. erhöhte Leistungen öffentlicher Verkehrsbetriebe, staatlicher Forschungsanstalten oder städtischer Wohnungsbaugesellschaften. Der indirekten Einflussnahme auf das Angebot kommt jedoch größere Bedeutung zu. Beispiele sind: **Zollsenkungen,** um das Angebot ausländischer Waren auf dem Inlandsmarkt zu erhöhen, oder **Subventionen** an die Produzenten (z. B. an die Landwirte), damit diese in die Lage versetzt werden, Kostensteigerungen aufzufangen, d. h. zum gleichen Preis mehr anzubieten. Bei

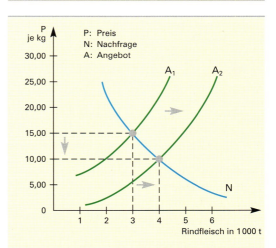

Das Angebot an Rindfleisch nimmt um 1000 Tonnen zu, weil die Landwirte Milchsubventionen erhalten. Die Versorgung der Bevölkerung nimmt bei sinkenden Preisen zu.

---

1 Subvention: Zuschuss (von staatlichen Geldern).

Kuppelprodukten[1] nimmt das Angebot aller Produkte zu, wenn auch nur eines subventioniert wird (z. B. die Milcherzeugung wird subventioniert, das Angebot von Milch, Rindfleisch und Rohleder erhöht sich, siehe untere Abb. S. 247).

(4) Senkung des Angebots

Die Verringerung des staatlichen Angebots an Sachgütern und Dienstleistungen ist nur bei Staatsbetrieben möglich (z. B. Schließung von staatlichen Krankenhäusern, Beratungsstellen und Forschungsanstalten). Mittelbare Maßnahmen sind häufiger. Beispiele sind: **Zollerhöhungen,** um das Güterangebot im Inland zu verringern, **Streichung von Subventionen** an Produzenten oder **Erhöhung von Kostensteuern** (z. B. Gewerbesteuer, Verbrauchsteuern).

Die genannten Maßnahmen stellen lediglich Beispiele für marktkonforme Maßnahmen in der sozialen Marktwirtschaft dar. In den Arbeitsmarkt wird z. B. indirekt eingegriffen, wenn der Staat die Schulpflicht verlängert und/oder das Rentenalter herabsetzt (Verknappung

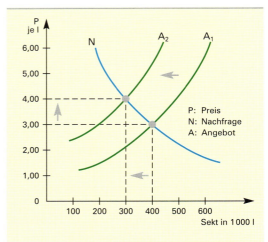

Der Staat erhöht die Sektsteuer um 1,00 GE. Der Absatz nimmt bei steigenden Preisen ab.

des Arbeitsangebots). Die Vergabe von Forschungsaufträgen durch den Staat erhöht langfristig die Produktivität. Die Sonderbesteuerung umweltschädlicher Produkte und die Steuerbegünstigung umweltfreundlicher Erzeugnisse verändern das Angebot. Darüber hinaus beeinflussen die Maßnahmen der Europäischen Zentralbank das Verhalten der Wirtschaftssubjekte. Gemeinsam ist allen marktkonformen Maßnahmen, dass sie die Wirtschaftssubjekte nicht zu bestimmten Verhalten zwingen, sondern lediglich Anreize geben.

8.2 Marktkonträre Staatseingriffe

8.2.1 Begriff marktkonträre Staatseingriffe

Der Preismechanismus wird dann außer Kraft gesetzt, wenn der Staat entweder die Produktions- bzw. Verbrauchsmengen durch Gesetz festlegt oder den Preis unmittelbar vorschreibt. Derartige Eingriffe widersprechen dem Wesen einer Marktwirtschaft.

Merke:

Staatseingriffe, die den Preismechanismus außer Kraft setzen, bezeichnet man als **marktkonträr**[2].

---

1 Kuppelprodukte sind Erzeugnisse, deren Herstellung an die Erzeugung weiterer Güter „gekoppelt" ist, z.B. Koks, Gas und Teer.
2 Konträr: entgegengesetzt.

8.2.2 Instrumente für marktkonträre Staatseingriffe

(1) Festsetzung von Produktionsmengen[1]

Die staatliche Festsetzung von Produktionsmengen kann den Zweck haben, die Mindest-versorgung der Bevölkerung zu sichern. Hierbei geht es der Regierung darum, die bis-herigen **Produktionsmengen** möglichst **zu erhalten** oder **zu erhöhen.** Die Produzenten werden unter Strafandrohung gezwungen, ihre Produktionsmengen den entsprechenden staatlichen Behörden zu melden und an diese bzw. an die gesetzlich vorgeschriebenen Stellen abzuliefern.

Die staatliche Mengenpolitik kann auch zum Ziel haben, die **Produktionsmengen zu ver-ringern.** Der Zweck ist, das Preisniveau zu erhöhen. Es sollen die Produzenten vor Über-produktion und damit vor einem Preisverfall geschützt werden.

(2) Festsetzung von Verbrauchsmengen[1]

Setzt der Staat die Verbrauchsmengen fest, will er eine gleichmäßige Versorgung der Wiederverwender und/oder der Letztverbraucher sichern. Die Festsetzung von Ver-brauchsmengen ist – wie die Festsetzung von Produktionsmengen auch – vor allem in Kriegswirtschaften und/oder Zentralverwaltungswirtschaften zu finden.

(3) Staatliche Preisfestsetzung

Die vom Staat vorgeschriebenen Preise können Höchstpreise, Festpreise oder Mindest-preise sein.

- **Höchstpreise** liegen in der Regel **unter** dem Preis, der sich bei freier Preisent-wicklung ergeben würde. Sie dienen demnach dem **Schutz des Verbrau-chers.** Ist der Höchstpreis so niedrig, dass ein Teil der Produzenten nicht mehr kostendeckend anbieten kann, ist die Wirt-schaft unterversorgt. Die Folge: Es entstehen „schwarze Märkte", auf denen die knap-pen Waren zu überhöhten Preisen gehandelt werden.

  > **Beispiel:**
  >
  > Höchstmieten im sozialen Wohnungsbau.

- **Mindestpreise** liegen **über** dem Preis, der sich bei freier Preisentwicklung er-geben würde. Sie dienen demnach dem **Schutz des Produzenten.** Durch den Mindestpreis werden die Produ-zenten zur Mehrproduktion angeregt, die die Verbraucher aufgrund des ho-hen Preises nicht restlos aufnehmen wollen oder können. Der Mindestpreis ist nur haltbar, wenn der Staat die Überschussproduktion aufkauft. Mindestpreise wer-den daher auch als **Interventionspreise** bezeichnet.

  > **Beispiel:**
  >
  > Zum Schutz der Landwirtschaft werden in der Europäischen Union (EU) für Getreide Min-destpreise festgelegt. Liegt der Mindestpreis über dem Marktpreis, muss die EU die Über-produktion aufkaufen, um die Preise zu stützen.

- **Festpreise** können **über** oder **unter** dem Preis liegen, der sich bei freier Preisentwick-lung ergeben würde. Liegt der Festpreis über dem Gleichgewichtspreis, wirkt er wie ein **Mindestpreis;** liegt er darunter, wirkt er wie ein **Höchstpreis.**

---

1 Die Festsetzung von Produktions- und Verbrauchsmengen bezeichnet man als Kontingentierung.

■ **Überblick über mögliche marktkonforme Maßnahmen des Staates**

Erhöhung der Nachfrage

1. Erhöhung der Staatsnachfrage;
2. Steuersenkung (Wirtschaftssubjekte können mehr ausgeben);
3. Verbesserungen der Abschreibungsmöglichkeiten (Unternehmen werden angeregt, mehr Investitionsgüter nachzufragen);
4. Subventionen an Verbraucher (z.B. Wohngeld, Kindergeld).

Ziel: Verbesserung der Beschäftigungslage (Abbau der Arbeitslosigkeit).

Gefahr: Preissteigerungen (Inflation).

Verringerung der Nachfrage

1. Verringerung der Staatsnachfrage;
2. Steuererhöhungen (Wirtschaftssubjekte können weniger ausgeben);
3. Abbau der Abschreibungsvergünstigungen (die Investitionsgüternachfrage wird gebremst);
4. Streichung und/oder Kürzung von Subventionen an Verbraucher.

Ziel: Dämpfung der Preissteigerungsraten (Inflationsbekämpfung).

Gefahr: Unterbeschäftigung (Arbeitslosigkeit).

Erhöhung des Angebots

1. Erhöhung des Angebots der staatlichen Betriebe;
2. Subventionen an Produzenten;
3. Zollabbau (Erhöhung des Angebots von ausländischen Waren).

Ziel: Dämpfung der Preissteigerungsraten (Inflationsbekämpfung).

Gefahr: Überproduktion, falls Preissenkungen ausbleiben.

Verringerung des Angebots

1. Verringerung des Angebots der staatlichen Betriebe;
2. Streichung und/oder Kürzung von Subventionen an Produzenten; Erhöhung der Kostensteuern;
3. Zollerhöhungen (Verringerung des Angebots von ausländischen Waren).

Ziel: Verhinderung der Überproduktion.

Gefahr: Preissteigerungen und Unterbeschäftigung (Arbeitslosigkeit).

■ **Überblick über mögliche marktkonträre Maßnahmen des Staates**

Höchstpreispolitik

■ dient zum Schutz des Verbrauchers
■ Höchstpreis in der Regel niedriger als Marktpreis

Folgen:
■ Angebotslücke (Nachfrageüberhang)
■ schwarzer Markt
■ Staat muss rationieren (z.B. Gutscheine ausgeben)

Festpreispolitik

■ Preis darf weder unter- noch überschritten werden

Zweck:
■ (untaugliches) Mittel der Inflationsbekämpfung

Mindestpreispolitik

■ dient zum Schutz des Herstellers
■ Mindestpreis in der Regel höher als Marktpreis

Folgen:
■ Nachfragelücke (Angebotsüberhang)
■ Staat muss Überschuss aufkaufen, lagern, zweckentfremden, vernichten oder Kapazitäten stilllegen lassen

| liegt Festpreis unter dem Marktpreis | liegt Festpreis über dem Marktpreis |

59 1. In nebenstehender Abbildung wird der Markt für Getreide dargestellt. Der Preis P_0 darf nicht unterschritten, wohl aber überschritten werden.

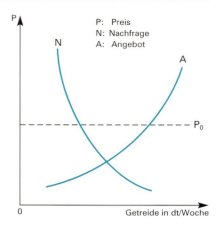

Aufgaben:

1.1 Handelt es sich um eine marktkonforme oder marktkonträre Maßnahme des Staates? Begründen Sie Ihre Antwort!

1.2 Welcher Art ist der Preis P_0? (Antwort begründen!)

1.3 Welche Marktsituation liegt vor und welche Konsequenzen ergeben sich langfristig?

2. In nebenstehender Abbildung wird der Markt für Sozialwohnungen dargestellt. Der Mietsatz P_0 darf nicht überschritten, wohl aber unterschritten werden.

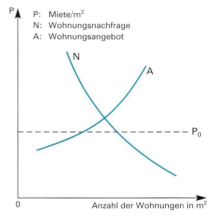

Aufgaben:

2.1 Handelt es sich um eine marktkonforme oder marktkonträre Maßnahme des Staates? Begründen Sie Ihre Antwort!

2.2 Welcher Art ist der Preis P_0? (Antwort begründen!)

2.3 Welche Marktsituation liegt vor und welche Konsequenzen ergeben sich langfristig?

3. Beschreiben Sie das Wesen marktkonformer Staatseingriffe auf einem Gütermarkt!

4. Nennen Sie mindestens drei Möglichkeiten, wie der Staat auf einem Gütermarkt systemkonform eingreifen kann! Beschreiben Sie die Wirkungsrichtung dieser Eingriffe!

1 Rechtliche Grundlagen der Unternehmen[1]

1.1 Kaufleute

(1) Begriff Kaufmann

> **Merke:**
>
> **Kaufmann** im Sinne des HGB ist, wer ein Handelsgewerbe betreibt [§ 1 I HGB].

Was ein Handelsgewerbe ist, sagt § 1 II HGB. Danach ist jeder Gewerbebetrieb ein Handelsgewerbe, der einen nach Art oder Umfang in kaufmännischer Weise eingerichteten Geschäftsbetrieb erfordert. Merkmale eines kaufmännisch eingerichteten Geschäftsbetriebs sind z. B. doppelte Buchführung, Erreichen eines bestimmten Umsatzes, mehrere Beschäftigte, Produktvielfalt (Sach- und/oder Dienstleistungen), Gewinnziel und Zahl der Betriebsstätten.

(2) Arten der Kaufleute

■ **Istkaufleute**

> **Merke:**
>
> **Gewerbetreibende,** deren Unternehmen eine **kaufmännische Einrichtung** erforderlich macht, sind **in jedem Fall** Kaufleute, gleichgültig, ob sie bereits im Handelsregister eingetragen sind oder nicht. Man spricht deswegen auch von **Istkaufleuten** [§ 1 HGB].

Die Istkaufleute sind verpflichtet, sich mit ihrer Firma und mit sonstigen wichtigen Merkmalen ihres Handelsgewerbes (z. B. Niederlassungsort, Zweck des Unternehmens, Gesellschafter) in das Handelsregister eintragen zu lassen. Die Eintragung erklärt nach außen, dass es sich um ein kaufmännisches Unternehmen handelt. Die Eintragung wirkt nur noch **deklaratorisch,**[2] was besagt, dass die Rechtswirkung schon vor der Eintragung in das Handelsregister eingetreten ist.

■ **Kannkaufleute**

> **Merke:**
>
> **Kleinbetriebe** sind **keine Kaufleute** im Sinne des § 1 HGB und unterliegen daher nicht den **Vorschriften des HGB.** Kleingewerbetreibende können sich aber in das Handelsregister eintragen lassen. Mit der Eintragung erlangen sie die Kaufmannseigenschaft. Die Kleingewerbetreibenden zählen deshalb zu den **Kannkaufleuten.**

---

1 Im Folgenden werden grundlegende Rechtsbegriffe, die für das Verständnis der Rechtsformen der Unternehmen von Bedeutung sind, kurz dargestellt.

2 Deklaratorisch (lat.): erklärend, rechtserklärend. Deklaration (lat.): Erklärung, die etwas Grundlegendes enthält.

Auch die Inhaber land- und forstwirtschaftlicher Betriebe und/oder ihrer Nebenbetriebe haben die Möglichkeit, sich ins Handelsregister eintragen zu lassen. Voraussetzung ist, dass diese Betriebe einen nach Art und Umfang in kaufmännischer Weise eingerichteten Geschäftsbetrieb erfordern [§§ 2, 3 II HGB].

Bei den Kannkaufleuten wirkt die Handelsregistereintragung **konstitutiv**.[1] Dies bedeutet, dass die Kaufmannseigenschaft erst mit der Handelsregistereintragung erworben wird. Folglich gelten gewerbliche Unternehmen, die nicht bereits nach § 1 II HGB ein Handelsgewerbe sind, als Handelsgewerbe, wenn die Firma des Unternehmens in das Handelsregister eingetragen ist [§ 2, S. 1 HGB].

■ **Kaufleute kraft Rechtsform**

Merke:

Kaufleute kraft Rechtsform **(Formkaufleute)** sind die juristischen Personen des Handelsrechts ohne Rücksicht auf die Art der betriebenen Geschäfte und der Betriebsgröße.

Ein wichtiges Beispiel für einen Kaufmann kraft Rechtsform ist die Gesellschaft mit beschränkter Haftung (GmbH) sowie die Aktiengesellschaft (AG), die mit der Eintragung in das Handelsregister Kaufmann werden. Bei den Formkaufleuten wirkt die Handelsregistereintragung **konstitutiv,** d. h., die Rechtswirkung tritt erst mit der Eintragung in das Handelsregister ein.

1.2 Handelsregister

(1) Begriff Handelsregister

Merke:

Das **Handelsregister** ist ein amtliches, öffentliches Verzeichnis aller Kaufleute eines Amtsgerichtsbezirks. Für die Führung des Handelsregisters sind die Amtsgerichte zuständig [§ 8 HGB; § 376 I FamFG].

- ■ Für die **Anmeldungen zur Eintragung** ist eine **öffentliche Beglaubigung** (z. B. durch einen Notar) erforderlich.
- ■ Die für die Anmeldung erforderlichen **Unterlagen** sind **elektronisch einzureichen**.

Die Landesregierungen sind ermächtigt, durch Rechtsverordnungen die Führung des Handelsregisters für mehrere Amtsgerichtsbezirke einem Amtsgericht zu übertragen, wenn dies einer schnelleren und rationelleren Führung des Handelsregisters dient [§ 376 II FamFG].

(2) Abteilungen des Handelsregisters

Abteilung A	Hier werden u. a. eingetragen: die Einzelkaufleute, die OHG und die KG.
Abteilung B	Hier werden u. a. eingetragen: die AG und die GmbH.

---

1 Konstitutiv (lat.): rechtsbegründend, rechtschaffend. Konstitution (lat.): Verfassung, Rechtsbestimmung.

1.3 Firma

(1) Begriff Firma

> **Merke:**
>
> Die **Firma** ist der im Handelsregister eingetragene Name, unter dem ein Kaufmann sein Handelsgewerbe betreibt und seine Unterschrift abgibt [§ 17 I HGB]. Der Kaufmann kann unter seiner Firma klagen und verklagt werden [§ 17 II HGB].

Das Recht an einer bestimmten Firma ist gesetzlich geschützt. Bei unrechtmäßiger Firmenführung durch ein anderes Unternehmen kann der Geschädigte die Unterlassung des Gebrauchs der Firma und unter bestimmten Voraussetzungen auch Schadensersatz verlangen [§ 37 II HGB].

(2) Firmenarten

Personenfirmen	Personenfirmen enthalten einen oder mehrere Personennamen (z.B. Carola Müller OHG, Schneider & Bauer KG).
Sachfirmen	Sachfirmen sind dem Zweck (dem Gegenstand) des Unternehmens entnommen (z.B. Vereinigte Singener Lebensmittelfabriken GmbH, Tuttlinger Metallwarenfabrik AG).
Fantasiefirmen	Fantasiefirmen sind erdachte Namen (z.B. Fantasia Verlagsgesellschaft mbH, Impex OHG).
Gemischte Firmen	Gemischte Firmen enthalten sowohl einen oder mehrere Personennamen, einen dem Gegenstand (Zweck) des Unternehmens entnommenen Begriff und/oder einen Fantasienamen (z.B. Dyckerhoff Zementwerke Aktiengesellschaft; Arzneimittelgroßhandlung Peter & Schmid OHG; Fantasia Ferienpark GmbH).

(3) Firmengrundsätze

Firmenwahrheit und -klarheit	Die Firma darf nicht über Art und/oder Umfang des Geschäfts täuschen.
Firmenöffentlichkeit	Jeder Kaufmann ist verpflichtet seine Firma und den Ort seiner Handelsniederlassung und deren spätere Änderungen zur Eintragung in das zuständige Handelsregister anzumelden. Damit wird erreicht, dass die Öffentlichkeit (also Kunden, Lieferanten, Banken, Behörden usw.) erfährt, unter welcher Firma Geschäftsvorgänge abgewickelt werden.
Firmenausschließlichkeit	Jede neue Firma muss sich von anderen an demselben Ort oder in derselben Gemeinde bereits bestehenden und in das Handelsregister eingetragenen Firmen deutlich unterscheiden.
Firmenbeständigkeit	Die bisherige Firma kann beibehalten werden, wenn sich der Name des Inhabers ändert (z.B. bei Heirat), das Unternehmen durch einen neuen Inhaber fortgeführt wird (z.B. bei Verkauf oder Erbschaft) oder bei Eintritt eines zusätzlichen Mitinhabers (Gesellschafters). Voraussetzung für die Weiterführung der Firma ist die ausdrückliche Einwilligung des bisherigen Inhabers oder dessen Erben.

(4) Haftung bei Übernahme

Wer ein Handelsgeschäft erwirbt und dieses unter **Beibehaltung der bisherigen Firma** mit oder ohne Beifügung eines das Nachfolgeverhältnis andeutenden Zusatzes fortführt, **haftet für alle** im Betrieb des Geschäfts begründeten **Verbindlichkeiten des früheren Inhabers** [§ 25 I HGB]. Eine abweichende Vereinbarung ist Dritten gegenüber nur wirksam, wenn sie in das Handelsregister eingetragen und bekannt gemacht oder von dem Erwerber bzw. dem Veräußerer dem Dritten mitgeteilt wurde [§ 25 II HGB].

Wird die **Firma nicht fortgeführt,** haftet der Erwerber für die früheren Geschäftsverbindlichkeiten grundsätzlich nur dann, wenn ein **besonderer Verpflichtungsgrund** vorliegt, insbesondere wenn die Übernahme der Verbindlichkeiten vom Erwerber in handelsüblicher Weise (z. B. durch Rundschreiben) bekannt gemacht worden ist [§ 25 III HGB].

2 Rechtsformen im Überblick

(1) Begriff Rechtsformen

Merke:

Die **Rechtsform** stellt die Rechtsverfassung eines Unternehmens dar. Sie regelt die Rechtsbeziehungen innerhalb des Unternehmens und zwischen den Unternehmen und Dritten.

(2) Überblick über die Rechtsformen

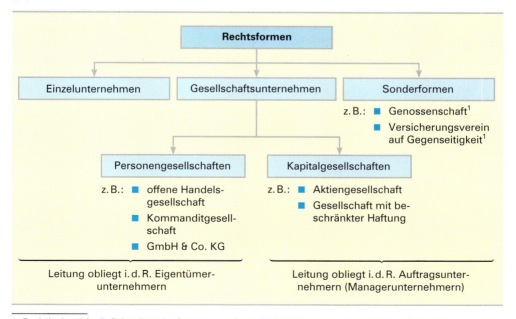

---

1 Der Lehrplan sieht die Behandlung der Genossenschaft und des Versicherungsvereins auf Gegenseitigkeit nicht vor.

3 Einzelunternehmung

3.1 Begriff, Firma und Gründung einer Einzelunternehmung

(1) Begriff Einzelunternehmer

> **Merke:**
>
> **Einzelunternehmer** ist, wer es selbst „unternimmt", Geschäfte in **eigenem Namen** und auf **eigene Rechnung** mit **vollem Risiko** zu tätigen und hierzu sein **eigenes Geld- und Sachkapital** einsetzt. Der Einzelunternehmer ist **alleiniger Gesellschafter** bzw. Inhaber des Unternehmens.

(2) Firma

Die Firma des Einzelunternehmers richtet sich i.d.R. nach dem Vor- und Zunamen des Einzelunternehmers. Sie muss die Bezeichnung „eingetragener Kaufmann" bzw. „eingetragene Kauffrau" oder eine allgemein verständliche Abkürzung dieser Bezeichnung enthalten [§ 19 I, Nr. 1 HGB].

> **Beispiele:**
>
> Beauty-Farm Erna Starnecker, eingetragene Kauffrau; Textilwerke Hans Schmidt e.Kfm.

(3) Gründung

Für die **Gründung** des Einzelunternehmens bestehen keine gesetzlichen Formvorschriften. Erfordert ein Unternehmen eine kaufmännische Einrichtung, ist eine Eintragung ins Handelsregister erforderlich. Werden in das Einzelunternehmen **Grundstücke** eingebracht, ist die **Schriftform** mit **notarieller Beurkundung** erforderlich [§ 311 b I, S. 1 BGB].

3.2 Eigenkapitalaufbringung, Geschäftsführung, Kontrolle der Geschäftsführung, Gewinnverwendung und Verlustbeteiligung

Im **Innenverhältnis**[1] einer Einzelunternehmung sind folgende Rechtsbeziehungen von Bedeutung:

Eigenkapital-aufbringung	Das **Eigenkapital** stellt der Einzelunternehmer zur Verfügung. Über die Höhe des aufzubringenden Eigenkapitals gibt es keine gesetzliche Vorschrift.
Geschäftsführung	Die **Geschäftsführung**, d.h., die Leitung des Unternehmens obliegt dem Einzelunternehmer allein. Er trifft alle Anordnungen in seinem Betrieb (also im **Innenverhältnis**) allein, ohne andere anhören zu müssen; es sei denn, die Mitbestimmungsrechte nach dem Betriebsverfassungsgesetz (BetrVG) stehen dem entgegen.

---

1 Unter **Innenverhältnis** versteht man die Rechtsbeziehungen innerhalb der Einzelunternehmung.

Kontrolle der Geschäftsführung	Eine **Kontrolle der Geschäftsführung** gibt es nur indirekt, z. B. über die Kreditwürdigkeit des Einzelunternehmers.
	Die **Kreditwürdigkeit** hängt vor allem von der **persönlichen Zuverlässigkeit,** Ehrlichkeit sowie den menschlichen und beruflichen **Erfahrungen, Kenntnissen, Fähigkeiten** sowie von der **Leistungsfähigkeit** und **-willigkeit** des Einzelunternehmers ab. Aufgrund der meistens beschränkten Selbstfinanzierung durch erzielte Gewinne und des relativ niedrigen, den Gläubigern haftenden Vermögens ist die materielle (wirtschaftliche) Kreditwürdigkeit nicht sehr hoch.
Gewinnverwendung und Verlustbeteiligung	Der Einzelunternehmer hat (soweit keine Gewinnbeteiligung der Arbeitnehmer vereinbart ist) das Recht auf den gesamten **Gewinn.** Andererseits hat er den **Verlust** ebenfalls allein zu tragen.

3.3 Vertretung und Haftung

Im **Außenverhältnis**[1] einer Einzelunternehmung sind folgende Rechtsbeziehungen von Bedeutung:

| Vertretung | Das Recht auf **Vertretung** des Unternehmens gegenüber Dritten (nach „außen") hat der Einzelunternehmer. Er schließt für das Unternehmen alle erforderlichen Rechtsgeschäfte mit Dritten ab (z. B. Kaufverträge, Mietverträge, Kreditverträge). |
| Haftungsverhältnisse | Der Einzelunternehmer haftet für alle Verbindlichkeiten des Unternehmens mit seinem Geschäfts- und sonstigen Privatvermögen **unbeschränkt** und **unmittelbar** (hohes Gesellschafterrisiko). |

3.4 Auflösung, Bedeutung, Vor- und Nachteile der Einzelunternehmung

(1) Auflösung der Unternehmung

Die Auflösung des Einzelunternehmens liegt allein im Entscheidungsbereich des Einzelunternehmens, es sei denn, das Unternehmen wird wegen Zahlungsunfähigkeit im Rahmen eines Insolvenzverfahrens[2] aufgelöst. Auch die Umwandlung in eine andere Rechtsform (z. B. in eine OHG) führt zur Beendigung (Auflösung) des Einzelunternehmens.

(2) Bedeutung, Vor- und Nachteile der Einzelunternehmung

Gesamtwirtschaftlich gesehen nimmt das Einzelunternehmen eine wichtige Stellung ein. Wir finden es in allen Wirtschaftsbereichen. In der Landwirtschaft, im Einzelhandel und im Handwerk stellen Einzelunternehmen die vorherrschende Unternehmensform dar. In der Industrie sind dagegen die Gesellschaftsunternehmen die wichtigsten Unternehmensformen.

---

1 Das **Außenverhältnis** regelt die Rechtsbeziehungen des Unternehmens mit außenstehenden Dritten.
2 Insolvenz: Zahlungsunfähigkeit.

17 Speth u.a. - ISBN 978-3-8120-0572-2

Für einen **Unternehmer** hat diese Unternehmensform **Vor- und Nachteile**:

Vorteile (Gründungsmotive)	Nachteile
▪ Keine Abstimmung der Entscheidungen mit anderen (Ausnahme: Mitbestimmung der Arbeitnehmer).	▪ Alleiniges Entscheidungsrecht liegt beim Einzelunternehmer (nachteilig bei unzureichender Qualifikation des Unternehmers).
▪ Schnelle Entscheidungsmöglichkeiten.	▪ Unter Umständen nachteilige Beeinflussung der betrieblichen Arbeit (des „Betriebsklimas") durch persönliche Charaktereigenschaften.
▪ Daher schnelle Anpassung an veränderte wirtschaftliche Verhältnisse (z.B. Aufnahme neuer Produkte).	
▪ Klarheit und Eindeutigkeit der Unternehmensführung.	▪ Gefahr, dass durch aufwendige Lebenshaltung des Inhabers die Existenz des Unternehmens aufs Spiel gesetzt wird.
▪ Großes Eigeninteresse des Inhabers an der Arbeit, da ihm der Gewinn allein zusteht (Gewinn als Leistungsanreiz).	▪ In der Regel geringe Eigenkapitalkraft und beschränkte Kreditbeschaffungsmöglichkeiten.
▪ Bei kleinen und mittelgroßen Unternehmen keine Publizitätspflicht (Pflicht zur Veröffentlichung des Jahresabschlusses).	▪ Großes Gesellschafterrisiko (Haftungsrisiko).

Zusammenfassung

▪ Bei den Einzelunternehmen werden alle wichtigen Unternehmerfunktionen und Risiken vom Einzelunternehmer (von einem Gesellschafter) wahrgenommen, dem auch der Gewinn allein zusteht und der auch entstehende Verluste allein zu tragen hat.

▪ Das Haftungsrisiko ist aufgrund der unbeschränkten und unmittelbaren alleinigen Haftung des Einzelunternehmers für die Geschäftsverbindlichkeiten verhältnismäßig hoch.

▪ Die Kreditwürdigkeit der Einzelunternehmen hängt vor allem von der persönlichen Zuverlässigkeit sowie von den beruflichen Fähigkeiten und Kenntnissen der Einzelunternehmer ab.

Übungsaufgaben

60 1. Frau Erna Stehlin übernimmt für verschiedene Verlage Setzarbeiten. Sie hat zwei Teilzeitangestellte beschäftigt. Ihr Gewerbebetrieb erfordert keinen nach Art oder Umfang in kaufmännischer Weise eingerichteten Geschäftsbetrieb. Dennoch möchte sich Frau Stehlin ins Handelsregister eintragen lassen.

   Aufgaben:

   1.1 Wie kann die Firma lauten? Machen Sie drei Vorschläge!

   1.2 Erläutern Sie, was unter dem Begriff Firma zu verstehen ist!

   1.3 Frau Stehlin möchte wie folgt firmieren:

   > Die Texterfassung e.K.

   Beurteilen Sie, ob diese Firma zulässig ist!

2. Der Installateurmeister Ernst Kopf hat vor Jahren einen kleinen Reparaturbetrieb gegründet, der sich gut entwickelte. Heute beschäftigt er fünf Gesellen und zwei Angestellte. Sein Betrieb ist kaufmännisch voll durchorganisiert. Im Handelsregister ist Ernst Kopf nicht eingetragen.

Aufgaben:

2.1 Beurteilen Sie, ob Herr Kopf Kaufmann ist!

2.2 Der Steuerberater Klug macht Herrn Kopf darauf aufmerksam, dass er seinen Gewerbebetrieb ins Handelsregister eintragen lassen muss.
Machen Sie einen Vorschlag, wie die Firma lauten könnte!

2.3 Herr Kopf lässt sich am 15. Februar 20.. unter der Firma „Ernst Kopf e.K. – Installateurfachbetrieb" ins Handelsregister eintragen.

Welche rechtliche Wirkung hat die Handelsregistereintragung?

3. Heinz Augustin, Angestellter eines Softwareunternehmens, möchte sich selbstständig machen und als Einzelunternehmer Softwareprogramme erstellen und anbieten.

Aufgaben:

3.1 1.1Nennen Sie drei persönliche Voraussetzungen, die Herr Augustin mitbringen sollte, um das Softwareunternehmen erfolgreich führen zu können!

3.2 Nennen Sie drei Gründe, die Herrn Augustin zur Wahl dieser Rechtsform veranlasst haben könnten!

3.3 In welcher Abteilung des Handelsregisters wird die Firma „Heinz Augustin e.Kfm., Softwareprogramme" eingetragen?

4. Nennen und beurteilen Sie je drei Vor- und Nachteile des Einzelunternehmens
   4.1 aus der Sicht der Arbeitnehmer,
   4.2 aus der Sicht des Einzelunternehmers!

4 Offene Handelsgesellschaft (OHG)

4.1 Begriff, Firma und Gründung einer OHG

(1) Begriff

Merke:

Die **offene Handelsgesellschaft** (OHG) ist eine **Gesellschaft** (Zusammenschluss von mindestens zwei Personen), deren Zweck auf den Betrieb eines **Handelsgewerbes** (z.B. eines Produktions- oder Handelsbetriebs) unter **gemeinschaftlicher Firma** gerichtet ist und bei der die **Haftung keines Gesellschafters gegenüber den Gesellschaftsgläubigern** (z.B. Lieferern) **beschränkt ist** [§ 105 I HGB].[1]

(2) Firma

Die Firma, unter der die OHG ihre Rechtsgeschäfte abschließt (z.B. Kauf-, Miet-, Arbeitsverträge), muss die Bezeichnung „offene Handelsgesellschaft" oder eine allgemein verständliche Abkürzung dieser Bezeichnung enthalten [§ 19 I, Nr. 2 HGB].

Beispiele:

Karl Wagner OHG; Wagner & Wunsch – offene Handelsgesellschaft; Wunsch OHG, Kraftfahrzeughandel und -reparaturen; Freiburger Kraftfahrzeughandel und -reparaturen OHG.

---

1 Bei der OHG, wie auch bei der KG, steht die Person als Gesellschafter im Vordergrund. Aus diesem Grund spricht man bei der OHG und der KG von **Personengesellschaften**.

Haftet in einer offenen Handelsgesellschaft keine natürliche Person, muss die Firma eine Bezeichnung enthalten, welche die Haftungsbeschränkung anzeigt.

(3) Gründung

Zur Gründung der OHG sind **zwei Voraussetzungen** erforderlich:

■ Abschluss eines Gesellschaftsvertrags

Der Gesellschaftsvertrag regelt das Rechtsverhältnis der Gesellschafter untereinander [§ 109 HGB]. Er kann mündlich abgeschlossen werden. In der Praxis wird er aber aus Gründen der Rechtssicherheit (Beweissicherheit) regelmäßig **schriftlich** abgeschlossen.[1] Im Gesellschaftsvertrag werden alle wesentlichen Rechte und Pflichten, die die Gesellschafter geregelt sehen wollen, festgehalten, z.B. die Art und Höhe der Kapitaleinlage,[2] die Gewinn- und Verlustverteilung, die Höhe der Privatentnahmen.

■ Eintragung ins Handelsregister

Die OHG ist beim zuständigen Gericht zur Eintragung in das Handelsregister anzumelden [§ 106 I HGB]. Die Anmeldung beim Handelsregister muss von sämtlichen Gesellschaftern der OHG vorgenommen werden [§ 108 HGB]. Die **Anmeldung beim Registergericht** hat zu enthalten:

- Namen, Vornamen, Geburtsdatum und Wohnort jedes Gesellschafters,
- Firma der Gesellschaft und den Ort, wo sie ihren Sitz hat,
- Zeitpunkt des Geschäftsbeginns,
- Vertretungsmacht des Gesellschafters [§ 106 II HGB].

(4) Entstehung der Gesellschaft

Innenverhältnis	Das Unternehmen entsteht mit Abschluss des Gesellschaftsvertrags bzw. zu dem im Gesellschaftsvertrag festgelegten Termin.
Außenverhältnis	■ Betreibt die OHG ein Handelsgewerbe, so ist sie nach § 1 I HGB auch ohne Eintragung Kaufmann. In diesem Fall ist die OHG im Außenverhältnis entstanden, sobald ein Gesellschafter im Namen der OHG Geschäfte tätigt, z.B. einen Kaufvertrag abschließt (deklaratorische Wirkung der Handelsregistereintragung). ■ Wird kein Handelsgewerbe im Sinne des § 1 II HGB betrieben, entsteht die OHG im Außenverhältnis mit ihrer Eintragung (konstitutive Wirkung der Handelsregistereintragung; siehe auch § 2 HGB).

---

1 Werden in die OHG Grundstücke eingebracht, ist Schriftform mit **notarieller Beurkundung** erforderlich (siehe §§ 311 b I, S. 1; 128 BGB).

2 Ebenso wie beim Einzelunternehmen gibt es bei der OHG keine gesetzliche Vorschrift über die Höhe des Eigenkapitals.

Beispiel für einen Gesellschaftsvertrag

Verhandelt in Ravensburg, den 10. Mai 20..
Vor dem unterzeichnenden Notar Dr. jur. Wilhelm Ambach in Ravensburg
erschienen heute:
Friedrich Stolz, Ravensburg, und Frank Krug, Ravensburg

Genannte Personen gaben nachstehende Erklärung zur notarischen Niederschrift. Sie schließen nachstehenden

Gesellschaftsvertrag

§ 1 Gründer

Herr Stolz betreibt in Ravensburg unter der Firma Friedrich Stolz e.Kfm. eine Kfz-Reparaturwerkstatt. Er nimmt Herrn Krug als Gesellschafter einer zu gründenden offenen Handelsgesellschaft auf.

§ 2 Firma

Die offene Handelsgesellschaft erhält die Firma Stolz & Krug OHG.

§ 3 Sitz der Gesellschaft

Der Niederlassungsort der Gesellschaft ist Ravensburg.

§ 4 Gegenstand und Dauer des Unternehmens

Die Gesellschaft betreibt auf unbestimmte Zeit die Reparatur und den An- und Verkauf von Kraftfahrzeugen samt Zubehör.

§ 5 Einlagen

Herr Stolz bringt seinen Gewerbebetrieb ein. Der Wert der Einlage wird entsprechend der letzten Bilanz vom 31. Dezember 20.. und mit Zustimmung von Herrn Krug mit 800 000,00 EUR angesetzt. Herr Krug beteiligt sich mit seinem Grundstück im Wert von 380 000,00 EUR.

§ 6 Mitarbeit (Geschäftsführung, Vertretung)

(1) Jeder Gesellschafter hat der Gesellschaft Stolz & Krug OHG seine volle Arbeitskraft zu widmen.

(2) Zur Geschäftsführung und Vertretung der Gesellschaft ist jeder Gesellschafter für sich allein berechtigt und verpflichtet.

(3) Geschäfte, deren Gegenstand den Wert von 50 000,00 EUR übersteigen, dürfen von beiden Gesellschaftern nur gemeinsam vorgenommen werden. Das Gleiche gilt uneingeschränkt für die Aufnahme von Krediten und das Eingehen von Wechselverbindlichkeiten.

§ 7 Privatentnahmen

Jeder Gesellschafter kann für seine Arbeitsleistung monatlich 5000,00 EUR Privatentnahmen tätigen.

§ 8 Gewinn- und Verlustverteilung

Am Gewinn und Verlust sind Herr Stolz mit 60 %, Herr Krug mit 40 % beteiligt.

§ 9 Kündigung

Die Frist zur Kündigung des Gesellschaftsvertrages beträgt 10 Monate zum Schluss des Kalenderjahres.

§ 10 Tod eines Gesellschafters

Stirbt ein Gesellschafter, so wird die Gesellschaft mit dessen Erben fortgesetzt. Diese sind von Geschäftsführung und Vertretung ausgeschlossen.

gez. Stolz   gez. Krug   gez. Ambach, Notar

4.2 Eigenkapitalaufbringung, Geschäftsführung, Kontrolle der Geschäftsführung, Gewinnverwendung und Verlustbeteiligung

(1) Begriff Innenverhältnis

Merke:

■ Unter **Innenverhältnis** verstehen wir die Rechtsbeziehungen der Gesellschafter untereinander.

■ Innerhalb der Gesellschaft gelten zunächst die **Vereinbarungen des Gesellschaftsvertrags** sowie die **zwingenden Vorschriften des HGB**. Ist ein Sachverhalt im Gesellschaftsvertrag nicht geregelt, gelten die **Bestimmungen des HGB**.

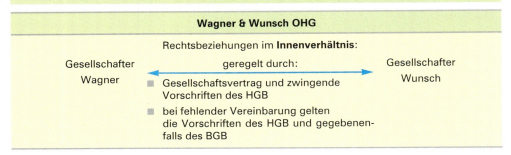

Wagner & Wunsch OHG

Rechtsbeziehungen im **Innenverhältnis**:

Gesellschafter Wagner — geregelt durch: — Gesellschafter Wunsch

■ Gesellschaftsvertrag und zwingende Vorschriften des HGB

■ bei fehlender Vereinbarung gelten die Vorschriften des HGB und gegebenenfalls des BGB

(2) Eigenkapitalaufbringung

Die Kapitaleinlagen können in Geld, in Sachwerten und/oder in Rechtswerten geleistet werden (z. B. Buchgeld, Gebäude, Grundstücke, Maschinen, Patente). Die Summe der geleisteten Kapitaleinlagen bildet als gemeinschaftliches Vermögen der Gesellschaft ein Sondervermögen [§ 718 I BGB] und steht den Gesellschaftern zur **gesamten Hand** zu [§ 719 BGB]. Das persönliche Eigentum der Gesellschafter an ihren Einlagen erlischt. Die Einlagen der Gesellschafter werden (trotz getrennter Buchung ihrer einzelnen Kapitalanteile) **gemeinschaftliches Vermögen (Gesamthandsvermögen)** aller Gesellschafter (siehe §§ 718 ff. BGB, § 105 III HGB). Ein einzelner Gesellschafter kann damit nicht mehr über seinen Kapitalanteil verfügen. Grundstücke werden im Grundbuch auf die OHG eingetragen. Alle Gesellschafter können nur noch gemeinsam über den einzelnen Gegenstand verfügen.

(3) Geschäftsführung

■ **Geschäftsführung bei gewöhnlichen und außergewöhnlichen Geschäften**

Die Geschäftsführungsbefugnisse der Gesellschafter richten sich nach dem Gesellschaftsvertrag, bei fehlender Vereinbarung nach dem HGB [§§ 114 – 116 HGB].

■ Bei **gewöhnlichen Geschäften** ist vom HGB das **Einzelgeschäftsführungsrecht** vorgesehen, d. h., jeder einzelne Gesellschafter ist zur Vornahme aller Handlungen berechtigt, die der gewöhnliche Betrieb des Handelsgewerbes dieser Unternehmung mit sich bringt [§ 116 I HGB].

Beispiel:

Arbeitsaufträge an Belegschaftsmitglieder erteilen, Rechnungen bezahlen, Bestellungen unterschreiben, Arbeitnehmer einstellen oder entlassen.

Widerspricht ein Gesellschafter einer Geschäftsführungsmaßnahme eines Mitgesellschafters, so muss diese unterbleiben. Bei einem gewöhnlichen Geschäft steht jedem Gesellschafter ein **Vetorecht** zu.

■ Bei **außergewöhnlichen Geschäften** besteht nach HGB **Gesamtgeschäftsführungsrecht**, d. h., es bedarf eines Gesamtbeschlusses aller Gesellschafter [§ 116 II HGB].

> **Beispiel:**
>
> Der Gesellschafter Albrecht befürwortet einen riskanten Aktienkauf zur Geldanlage. Dem Mitgesellschafter Berthold ist das Risiko zu hoch. Das Geschäft muss unterbleiben.
>
> **Weitere Beispiele:**
>
> Grundstückskäufe bzw. -verkäufe, Aufnahme neuer Gesellschafter, Änderung des Unternehmenszwecks, Aufnahme von Großkrediten.

Der **Gesellschaftsvertrag** kann vorsehen, dass bei **allen Geschäften** die Zustimmung aller Gesellschafter, der Mehrheit der Gesellschafter oder die von mindestens zwei Gesellschaftern vorliegen muss **(Gesamtgeschäftsführungsrecht)**.

Auf Antrag der übrigen Gesellschafter kann einem Gesellschafter die Befugnis zur Geschäftsführung durch gerichtliche Entscheidung entzogen werden, wenn ein wichtiger Grund vorliegt (z. B. grobe Pflichtverletzung, Unfähigkeit zur ordnungsmäßigen Geschäftsführung [§ 117 HGB]).

■ **Wettbewerbsenthaltung**

Die enge persönliche Bindung an die OHG verlangt von den Gesellschaftern, dass sie keine Geschäfte im Wirtschaftszweig der OHG auf eigene Rechnung machen oder als persönlich haftende Gesellschafter an einer anderen gleichartigen Handelsgesellschaft teilnehmen (z. B. als Gesellschafter in einer anderen OHG). Bei einer Verletzung des Wettbewerbsverbots kann die Gesellschaft Schadensersatz fordern oder in das betreffende Geschäft (z. B. Vertrag) eintreten und die Herausgabe der bezogenen Vergütung bzw. die Abtretung des Anspruchs auf die Vergütung verlangen [§ 113 I HGB]. Ferner können die übrigen Gesellschafter die Auflösung der OHG verlangen [§ 113 IV HGB].

Ein Gesellschafter kann jedoch mit Einwilligung der übrigen Gesellschafter von diesem sogenannten **Wettbewerbsverbot** entbunden werden.

(4) Kontrolle der Geschäftsführung

Im Rahmen des Geschäftsführungsrechts erwähnt das Gesetz [§ 118 HGB] ausdrücklich, dass die Gesellschafter (auch wenn sie von der Geschäftsführung ausgeschlossen sind) die Befugnis haben, sich über die Angelegenheiten der Gesellschaft persönlich zu unterrichten, in die Handelsbücher und Papiere der Gesellschaft einzusehen und sich hieraus einen Jahresabschluss (Bilanz und Gewinn- und Verlustrechnung) anzufertigen. Das Kontrollrecht ist zwingendes Recht, kann also nicht durch Gesellschaftsvertrag aufgehoben werden.

(5) Gewinnverwendung, Privatentnahme und Verlustbeteiligung

■ **Gewinnverwendung**

Jeder Gesellschafter hat Anspruch auf einen Anteil am Jahresgewinn. Ist im Gesellschaftsvertrag nichts anderes vereinbart, gilt das HGB [§ 121 HGB]. Danach erhalten die Gesellschafter zunächst eine 4 %ige Verzinsung der (jahresdurchschnittlichen) Kapitalanteile. (Falls der Gewinn nicht ausreicht, erfolgt eine entsprechend niedrigere Verzinsung.) Ein über die 4 % hinausgehender Rest wird unter die Gesellschafter „nach Köpfen", d.h. zu gleichen Teilen verteilt.[1]

Mit dieser Regelung will das Gesetz zwei Gesichtspunkten gerecht werden. Mit der Verzinsung soll der möglicherweise **unterschiedlichen Kapitalbeteiligung** der Gesellschafter Rechnung getragen werden: Wer mehr Kapital einbringt, soll auch einen höheren Gewinnanteil haben. Mit der Verteilung des „Rests" nach Köpfen soll die Tatsache berücksichtigt werden, dass die **Mitarbeit und Haftung der Gesellschafter** entlohnt wird. Bei gleichmäßiger Verteilung des Rests wird allerdings unterstellt, dass die persönliche Mitarbeit der Gesellschafter gleichwertig (nicht gleichartig) ist.

■ **Recht auf Privatentnahme**

Da die Gesellschafter im Normalfall ihren Lebensunterhalt aus der Entlohnung ihrer unternehmerischen Tätigkeit bestreiten müssen, sieht das Gesetz vor, dass (bei fehlender sonstiger Vereinbarung) jeder Gesellschafter berechtigt ist, **während des Geschäftsjahres** bis zu 4 % seines zu Anfang des Geschäftsjahres vorhandenen Kapitalanteils zu entnehmen [§ 122 I HGB]. Dieses Recht zur Privatentnahme besteht auch dann, wenn die Gesellschaft derzeit Verluste erzielt. Will ein Gesellschafter mehr als 4 % bzw. mehr als den im Gesellschaftsvertrag vereinbarten Prozentsatz entnehmen, müssen die übrigen Gesellschafter zustimmen [§ 122 II HGB].

■ **Verlustbeteiligung**

Nach der gesetzlichen Regelung wird der Verlust zu gleichen Teilen (nach „Köpfen") verteilt [§ 121 III HGB]. Abweichende vertragliche Regelungen sind möglich.

4.3 Vertretung und Haftung

(1) Begriff Außenverhältnis

> **Merke:**
>
> Unter Außenverhältnis verstehen wir die Rechtsbeziehungen der Gesellschafter gegenüber **außenstehenden Dritten**. Im Außenverhältnis **gelten grundsätzlich die Bestimmungen des HGB**. Abweichende Vereinbarungen müssen, soweit sie gesetzlich zulässig sind, im Handelsregister eingetragen werden.

Wagner & Wunsch OHG

Gesellschafter Wagner
Gesellschafter Wunsch

Rechtsbeziehungen im **Außenverhältnis**

Es gelten grundsätzlich die Bestimmungen des HGB.

Dritter (z.B. Kunde, Lieferer)

---

[1] Die Gewinnverwendung der OHG wird auf S. 309f. dargestellt.

(2) Vertretung

■ **Einzelvertretungsrecht** [§§ 125, 126 HGB]

Ist im Gesellschaftsvertrag nichts anderes bestimmt und im Handelsregister eingetragen, besteht Einzelvertretungsrecht, d. h., jeder einzelne Gesellschafter hat das Recht, die OHG (und damit die übrigen Gesellschafter) gegenüber Dritten zu vertreten und zu verpflichten (z. B. durch Kaufverträge, Darlehensverträge, Mietverträge, Arbeitsverträge). Dieses Einzelvertretungsrecht gilt somit für gewöhnliche und außergewöhnliche Rechtsgeschäfte. Zum Schutz der Dritten (z. B. Lieferer und Kunden) kann das Einzelvertretungsrecht im Umfang nicht durch den Gesellschaftsvertrag beschränkt werden.

Beispiel:
Angenommen, die Arndt OHG hat drei Gesellschafter: Arndt, Brecht und Czerny. Im Gesellschaftsvertrag wurde Gesamtgeschäftsführung vereinbart, d. h., alle Geschäfte bedürfen eines Gesamtbeschlusses der Gesellschafter. Brecht kauft, ohne die übrigen Gesellschafter zu fragen und zu informieren, eine neue Maschine. Der Kaufvertrag ist rechtswirksam, weil Brecht das Einzelvertretungsrecht besitzt. Die übrigen Gesellschafter müssen den Vertrag gegen sich gelten lassen: Die OHG muss die Maschine abnehmen und bezahlen. Brecht hat jedoch gegen die Vereinbarungen über die Geschäftsführung verstoßen. Sollte durch seinen Vertragsabschluss der Gesellschaft ein Schaden entstehen, ist er gegenüber den übrigen Gesellschaftern schadensersatzpflichtig.

■ **Gesamtvertretungsrecht** [§ 125 II HGB]

Im Gesellschaftsvertrag kann **Gesamtvertretung** vereinbart werden. Dies bedeutet, dass ein Gesellschafter nur zusammen mit mindestens einem weiteren Gesellschafter Rechtsgeschäfte mit Dritten rechtswirksam für die OHG abschließen kann.

Die Gesamtvertretung ist Dritten gegenüber nur rechtswirksam, wenn sie im Handelsregister eingetragen oder dem Dritten z. B. durch Rundschreiben bekannt ist.

■ **Entzug der Vertretungsmacht**

Der Entzug der Vertretungsmacht ist bei wichtigem Grund (z. B. Ernennung eines Prokuristen ohne Beschluss aller Gesellschafter) auf Antrag der übrigen Gesellschafter durch eine Gerichtsentscheidung möglich [§ 127 HGB]. Der Ausschluss eines Gesellschafters von der Vertretung ist von sämtlichen Gesellschaftern zur Eintragung in das Handelsregister anzumelden [§§ 107, 108 I HGB].

(3) Haftung [§§ 128 – 130 HGB]

Da die OHG gewissermaßen aus der Kooperation (Zusammenarbeit) mehrerer Einzelunternehmer entsteht, entspricht die Haftung der OHG-Gesellschafter der eines Einzelunternehmers.

■ **Umfang der Haftung**

– **unbeschränkt,** d. h. mit ihrem Geschäftsvermögen **und** mit ihrem sonstigen Privatvermögen.

– **unmittelbar,** d. h., die Gläubiger (z. B. die Verkäufer) können die Forderungen nicht nur der OHG gegenüber, sondern zugleich unmittelbar (direkt) gegenüber **jedem** OHG-Gesellschafter geltend machen. Dies bedeutet, dass jeder einzelne Gesellschafter durch die Gesellschaftsgläubiger verklagt werden kann. Der Gesellschafter kann nicht verlangen, dass der Gläubiger zuerst gegen die OHG klagt. Eine „Einrede der Vorausklage" steht dem Gesellschafter nicht zu.

– **gesamtschuldnerisch („solidarisch")**, d. h., jeder Gesellschafter haftet persönlich (allein) für die gesamten Schulden der Gesellschaft [§ 128 I HGB], nicht jedoch für die privaten Schulden der übrigen Gesellschafter.

Eine vertragliche Vereinbarung zwischen den Gesellschaftern, durch die die Haftung beschränkt wird (z. B. auf den übernommenen Kapitalanteil), ist nur im **Innenverhältnis** gültig [§ 128, S. 2 HGB].

> **Beispiel:**
>
> Der Gesellschafter Haufe der Kleiner & Haufe OHG hat mit Kleiner im Gesellschaftsvertrag vereinbart, dass er für Verbindlichkeiten nur in Höhe von 25 000,00 EUR haftet. Wird Herr Haufe von einem Gläubiger der OHG mit 30 000,00 EUR in Haft genommen, so kann er von Herrn Kleiner den Mehrbetrag von 5 000,00 EUR fordern.

Der Gläubiger kann seine Forderung somit nach Belieben von jedem Gesellschafter ganz oder teilweise verlangen. Der Gesellschafter hat nicht das Recht, vom Gläubiger zu verlangen, auch die anderen Gesellschafter in Anspruch zu nehmen bzw. zu verklagen. Hat ein Gesellschafter an einen Gläubiger eine Zahlung vorgenommen, so hat er gegenüber seinen Mitgesellschaftern einen Ausgleichsanspruch.

■ Haftung bei Eintritt [§ 130 I HGB]

Tritt ein Gesellschafter in eine bereits bestehende OHG ein, haftet er auch für die vor seinem Eintritt bestehenden Verbindlichkeiten der OHG. Schließen die Gesellschafter die Haftung aus oder wird die Haftung vertraglich eingeschränkt, so ist dies nur im Innenverhältnis gültig [§ 130 II HGB]. Ein Haftungsausschluss gegenüber Dritten ist nicht möglich.

Wird ein Einzelunternehmen in eine Gesellschaft umgewandelt (z. B. in eine OHG), so haftet die entstandene Gesellschaft, und damit auch der eintretende Gesellschafter, für alle Verbindlichkeiten des bisherigen Unternehmens, und zwar auch dann, wenn die bisherige Firma nicht fortgeführt wird. Ein Haftungsausschluss ist in diesem Fall jedoch möglich. Allerdings ist er gegenüber einem Dritten nur wirksam, wenn er in das Handelsregister eingetragen und bekannt gemacht oder von den Gesellschaftern den einzelnen Gläubigern mitgeteilt worden ist [§ 28 I, II HGB].

■ Haftung bei Austritt [§ 160 I HGB]

Tritt ein Gesellschafter aus, haftet er noch fünf Jahre für die Verbindlichkeiten der OHG, die zum Zeitpunkt seines Ausscheidens bestanden [§ 160 I, S. 1 HGB]. Die Fünfjahresfrist beginnt erst am Ende des Tages, an dem das Ausscheiden des Gesellschafters in das Handelsregister eingetragen worden ist [§ 160 I, S. 2 HGB].

■ Haftung bei Auflösung der Gesellschaft [§ 159 I HGB]

Sofern die Ansprüche gegen die OHG keiner kürzeren Verjährung unterliegen, haften die Gesellschafter für Verbindlichkeiten der Gesellschaft bis zu fünf Jahren nach Auflösung der OHG. Auch hier beginnt die Fünfjahresfrist erst am Ende des Tages, an dem die Auflösung der Gesellschaft in das Handelsregister eingetragen worden ist.

4.4 Auflösung, Vor- und Nachteile, Bedeutung der OHG

(1) Auflösung der OHG

■ Kündigungsrecht der Gesellschafter (Austritt aus der OHG)

Wenn keine Vereinbarung zwischen den Gesellschaftern getroffen wurde, gilt die gesetzliche Regelung: Kündigungsmöglichkeit unter Einhaltung der Kündigungsfrist von mindestens 6 Monaten zum Schluss des Geschäftsjahres [§ 132 HGB].

Auf Antrag eines Gesellschafters kann die Auflösung der Gesellschaft ohne Kündigung durch gerichtliche Entscheidung ausgesprochen werden, wenn ein wichtiger Grund vorliegt. Das Gericht kann auch den Ausschluss eines Gesellschafters verfügen, wenn die übrigen Gesellschafter dies begründet verlangen [§§ 133, 140 HGB].

Wird die OHG aufgelöst, so ist das nach Abzug der Schulden verbleibende Vermögen im Verhältnis der Kapitalanteile unter die Gesellschafter aufzuteilen **(Recht auf Liquidationserlös)**. Verbleibt nach der Liquidation der OHG ein negativer Kapitalanteil, so haben die Gesellschafter eine entsprechende **Ausgleichszahlung** zu erbringen.

■ Auflösungsgründe

Auflösungsgründe können z. B. sein [§ 131 I HGB]:

- Ablauf der Zeit, für welche die OHG eingegangen ist,
- Beschluss der Gesellschafter,
- Eröffnung des Insolvenzverfahrens über das Vermögen der OHG,
- eine gerichtliche Entscheidung.

Ist im Gesellschaftsvertrag nichts anderes vereinbart, führt das Ausscheiden eines Gesellschafters nicht zur Auflösung der OHG. Besteht eine OHG aus nur zwei Gesellschaftern und will einer von ihnen ausscheiden, so kann die OHG nicht fortbestehen, da eine Personengesellschaft mindestens zwei Gesellschafter voraussetzt.

(2) Vor- und Nachteile der OHG

Vorteile (Gründungsmotive)	Nachteile
■ Ausnutzung unterschiedlicher Kenntnisse und Fähigkeiten der Gesellschafter verbessert die Geschäftsführung.	■ Persönliche Meinungsverschiedenheiten zwischen den Gesellschaftern können den Bestand des Unternehmens gefährden (siehe Kündigungsrecht!).
■ Die Umwandlung eines Einzelunternehmens in eine OHG vergrößert die Eigenkapitalbasis des Unternehmens.	■ Dem Wachstum des Unternehmens sind häufig finanzielle Grenzen gesetzt, weil das Eigenkapital der Gesellschafter zur Finanzierung großer Investitionen nicht ausreicht.
■ Bei guten privaten Vermögensverhältnissen ist die Kreditwürdigkeit der OHG größer als die des Einzelunternehmens.	■ Fremdkapital kann nur in begrenztem Maße aufgenommen werden (Gegensatz siehe AG!).
■ Da das Eigenkapital und die Unternehmensführung in einer Hand sind, ist das Interesse der Gesellschafter an der Geschäftsführung groß.	■ Durch aufwendige Lebenshaltung der Gesellschafter kann die Existenz des Unternehmens aufs Spiel gesetzt werden, da Kontrollorgane fehlen.
■ Verteilung des Unternehmerrisikos.	■ Unbeschränkte, direkte, gesamtschuldnerische Haftung der Gesellschafter.
■ Bei kleinen und mittelgroßen Personengesellschaften keine Prüfungs- und Offenlegungspflicht.	

(3) Bedeutung der OHG

Die OHG ist der Modellfall (Prototyp) einer **Personengesellschaft**. Innerhalb der OHG kooperieren zwei oder mehrere Gesellschafter, die **persönlich** und **unbeschränkt** haften. Die OHG-Gesellschafter sind daher **Unternehmer** im ursprünglichen Sinne, d. h. Leute, die das Eigenkapital selbst aufbringen, die Geschäfte persönlich führen, das Unternehmen vertreten und das Risiko auf sich nehmen **(Eigentümerunternehmer).** Deshalb ist das Interesse der Gesellschafter am Wohlergehen des Unternehmens und an der Unternehmensführung normalerweise sehr groß (Leistungsanreiz durch die Chance, Gewinn zu erzielen). Somit ist die OHG die geeignete Unternehmensform für mittelgroße Unternehmen, die keinen allzu großen Bedarf an finanziellen Mitteln haben.

Zusammenfassung

- Die OHG ist u. a. durch folgende Merkmale charakterisiert: (1) Zusammenschluss von mindestens zwei Personen; (2) Handelsgewerbe; (3) gemeinschaftliche Firma; (4) unbeschränkte, unmittelbare und gesamtschuldnerische Haftung aller Gesellschafter.

- Die Firma muss die Bezeichnung „offene Handelsgesellschaft" oder eine allgemein verständliche Abkürzung dieser Bezeichnung enthalten [§ 19 I, Nr. 2 HGB].

- Zur Gründung ist erforderlich: (1) Gesellschaftsvertrag; (2) Eintragung ins Handelsregister.

- Entstehung der OHG:
  - Im **Innenverhältnis** entsteht das Unternehmen mit Abschluss des Gesellschaftsvertrags bzw. zum vereinbarten Termin.
  - Im **Außenverhältnis** entsteht die OHG – sofern ein Handelsgewerbe im Sinne des § 1 II HGB betrieben wird –, sobald ein Gesellschafter im Namen der OHG tätig wird. Wird kein Handelsgewerbe im Sinne des § 1 II HGB betrieben, entsteht die OHG mit der Eintragung ins Handelsregister.

- **Rechtsverhältnisse im Innenverhältnis:**
  - Die **Pflichten der Gesellschafter** sind: (1) Leistung der im Gesellschaftsvertrag vereinbarten **Kapitaleinlage**; (2) Pflicht zur **persönlichen Mitarbeit**; (3) **Verlusttragung** nach HGB oder nach Vertrag; (4) Einhaltung des **Wettbewerbsverbots.**
  - Die **Rechte der Gesellschafter** sind: (1) Recht auf **Geschäftsführung** (gesetzlich: Einzelgeschäftsführungsbefugnis bei gewöhnlichen Geschäften, Gesamtgeschäftsführungsbefugnis bei außergewöhnlichen Geschäften). Gesamtgeschäftsführungsbefugnis für gewöhnliche Geschäfte muss im Gesellschaftsvertrag vereinbart sein; (2) **Kontrollrecht** über Geschäftslage und -entwicklung; (3) **Recht auf Gewinnanteil** (gesetzlich: 4 % des jahresdurchschnittlichen Kapitalanteils, Rest Pro-Kopf-Anteil); (4) Recht auf **Privatentnahme** (gesetzlich höchstens jährlich bis zu 4 % des Eigenkapitalanteils zu Beginn des Geschäftsjahrs); (5) **Kündigungsrecht**; (6) Recht auf **Liquidationserlös** bei Auflösung der OHG.

- **Rechtsverhältnisse im Außenverhältnis:**
  - **Pflicht zur Haftung.** Die OHG-Gesellschafter haften unbeschränkt, unmittelbar und gesamtschuldnerisch (solidarisch).
  - **Recht auf Vertretung.** Gesetzlich: Einzelvertretungsmacht; Gesamtvertretung muss im Handelsregister eingetragen sein.

61 Manfred Kleiner und Claudine Springer gründen am 7. Mai 20.. eine OHG. Die Kapitaleinlage von Kleiner beträgt 40000,00 EUR, die von Springer 20000,00 EUR. Laut Gesellschaftsvertrag ist Kleiner für die Fertigung, Springer für den kaufmännischen Bereich zuständig.

1. Kann mit dem angegebenen Kapital eine OHG gegründet werden? (Begründung!)

2. Angenommen die OHG-Gründung kann durchgeführt werden. Nennen Sie drei Firmenbezeichnungen, die neben Kleiner OHG zulässig sind!

3. Die Eintragung der OHG ins Handelsregister erfolgt am 20. Mai. Welche Wirkung hat die Eintragung?

4. Claudine Springer wird vom Lieferer Troll aufgefordert, eine Rechnung über 25000,00 EUR zu bezahlen. Springer lehnt die Zahlung mit der Begründung ab, ihr Kapitalanteil betrage nur 20000,00 EUR. Wie ist die Rechtslage?

62 Frank Strobel, 40 Jahre alt, ist seit 15 Jahren im Verkauf des Autohauses Hans Stolz tätig, davon 10 Jahre als Verkaufsleiter. Strobel ist bereit, sich mit einem Grundstück im Wert von 380000,00 EUR am Unternehmen zu beteiligen. Er möchte als gleichberechtigter Partner mitarbeiten und volle Verantwortung mitübernehmen. Stolz und Strobel entschließen sich zur Gründung einer OHG.

Aufgaben:

1. Begründen Sie, ob der Gesellschaftsvertrag einer Formvorschrift unterliegt!

2. Welche gesetzlichen Voraussetzungen müssen bei der Gründung einer OHG bezüglich der Form des Gesellschaftsvertrags und hinsichtlich der Firmierung beachtet werden?

3. Untersuchen Sie, ob die bisherige Firma „Kfz-Reparaturwerkstatt Hans Stolz e.Kfm." fortgeführt werden kann!

4. Stolz und Strobel schließen am 1. September 10 einen Gesellschaftsvertrag ab. Die Handelsregistereintragung erfolgt am 14. November 10. Wann ist die OHG entstanden?

5. Die Handelsgeschäfte werden am 15. September 10 aufgenommen. Am 20. September kauft Frank Strobel eine Hebebühne im Wert von 140000,00 EUR. Der Lieferer verlangt von Hans Stolz die Bezahlung der Rechnung. Beurteilen Sie die Rechtslage!

6. Stolz möchte im Januar 11 zwei Kfz-Mechaniker einstellen. Darf Stolz die Mechaniker einstellen? Begründen Sie Ihre Entscheidung!

7. Wodurch unterscheidet sich die Vertretungsbefugnis von der Geschäftsführungsbefugnis?

8. Im Februar 11 nehmen Stolz und Strobel Franz Stang als neuen Gesellschafter in die OHG auf. Einige Wochen später wendet sich die Langinger KG, Lieferer für Autozubehör, mit ihrer Forderung über 9700,00 EUR direkt an den neuen Gesellschafter. Dieser lehnt die Zahlung ab.

Beurteilen Sie die folgenden Argumente und begründen Sie Ihre Antwort:

8.1 Die Langinger KG soll sich direkt an die OHG wenden.

8.2 Die Verbindlichkeit sei von Stolz eingegangen worden, also müsse im Zweifel dieser zahlen.

8.3 Die Verbindlichkeit stamme aus dem Jahr 10, also aus der Zeit vor seinem Eintritt in die Gesellschaft.

8.4 Die Haftung austretender OHG-Gesellschafter ist gesetzlich nicht geregelt.

9. Laut Gesellschaftsvertrag darf Stang nur Geschäfte bis zu einer Höhe von 20000,00 EUR ohne Einwilligung der anderen Gesellschafter vornehmen. Stang bestellt Ersatzteile im Wert von 25000,00 EUR. Ist die Gesellschaft an die Willenserklärung gebunden? Begründen Sie Ihre Lösung!

10. Frank Strobel ist über den Vorfall so verärgert, dass er aus der OHG ausscheiden möchte. Welche Regelung sieht das HGB für das Ausscheiden eines OHG-Gesellschafters vor?

11. Wie ist die Gewinnverteilung der OHG gesetzlich geregelt?

12. Für den Bau eines Einfamilienhauses will Frank Strobel sein von ihm eingebrachtes unbebautes Grundstück zum Verkehrswert aus dem Vermögen der OHG entnehmen. Prüfen Sie, ob er gegen den Willen seiner Mitgesellschafter das Grundstück zurückerhalten kann!

63 Die Herren Meier, Schmidt und Kunz betreiben gemeinsam eine Möbelfabrik als OHG.

Aufgaben:

1. Nennen Sie zwei Gründe, die die Gesellschafter veranlasst haben könnten, die Gesellschaftsform der OHG zu wählen!

2. Wie könnte die Firma lauten? (4 Beispiele!)

3. Herr Meier und Herr Schmidt kaufen am 24. November 09 gegen den Willen von Herrn Kunz ein zusätzliches Lagergebäude.

   3.1 Ist die OHG an diesen Vertrag gebunden? (Begründung!)

   3.2 Der Verkäufer des Lagergebäudes verlangt am 25. November 09 von Herrn Kunz die Bezahlung der gesamten Kaufsumme. Dieser lehnt entschieden ab. Er glaubt, ausreichende Gründe zu haben. Erstens war er gegen diesen Kauf. Zweitens müsse sich der Gläubiger doch erst einmal an die OHG wenden und, wenn diese nicht zahle, an die Gesellschafter, die den Kaufvertrag unterzeichnet haben. Drittens sehe er gar nicht ein, dass er alles zahlen solle. Wenn überhaupt, so zahle er höchstens den ihn betreffenden Anteil an der Kaufsumme, nämlich ein Drittel. Nehmen Sie zu diesen Aussagen Stellung!

   3.3 Am 30. Juni 10 scheidet Herr Kunz wegen bestehender Differenzen aus der Gesellschaft aus. Am 30. September 10 wendet sich der Verkäufer des Lagergebäudes erneut an ihn und fordert ihn auf, den noch offenen Restbetrag von 12 000,00 EUR zu bezahlen. Wie ist die Rechtslage?

4. Als Schmidt im Urlaub ist, kauft Meier ein Grundstück, das für die Erweiterung der Großhandlung notwendig ist. Schmidt, der von dem Grundstückskauf erst nachträglich Kenntnis erhält, ist gegen den Kauf.

   4.1 War Meier berechtigt, das Grundstück zu kaufen? (Begründung!)

   4.2 Ist der Kaufvertrag für die OHG bindend? (Begründung!)

   4.3 Kann Schmidt die Zahlung des Kaufpreises verweigern, wenn der Verkäufer des Grundstücks von ihm den gesamten Kaufpreis fordert? (Begründung!)

64 Axel Sterk betreibt als Einzelunternehmer die industrielle Herstellung und den Vertrieb von Gartenzwergen. Das Unternehmen firmiert unter „Gartenzwergfabrik Axel Sterk e.K." und ist in das Handelsregister eingetragen. Der Umsatz des Einzelunternehmens hat sich so vergrößert, dass es der Inhaber für zweckmäßig hält, den Betrieb zu erweitern. Sterk bietet Igor Wetzel an, ihn als Gesellschafter aufzunehmen. Wetzel ist hierzu bereit und bringt 140 000,00 EUR Barvermögen und ein unbebautes Grundstück in die zu gründende OHG ein.

Am 15. August 20.. wird der Gesellschaftsvertrag abgeschlossen (siehe nachfolgenden Auszug). Die Eintragung in das Handelsregister erfolgt am 10. September 20..

Auszug aus dem Gesellschaftsvertrag

§ 1 Gegenstand des Unternehmens ist die Herstellung und der Vertrieb von Gartenzwergen.

§ 2 Axel Sterk nimmt Igor Wetzel als Gesellschafter in sein Unternehmen auf. Die dadurch entstehende OHG wird unter der bisherigen Firmenbezeichnung „Gartenzwergfabrik Axel Sterk OHG" geführt.

§ 3 Axel Sterk bringt in die OHG sein Einzelunternehmen ein, und zwar so, wie es bis zum 15. August 20.. geführt wurde. Der Einbringung wird die berichtigte Bilanz zum 15. August 20.. zugrunde gelegt. In ihr ist ein Eigenkapital von 500 000,00 EUR ausgewiesen.

Igor Wetzel bringt sein Grundstück an der Simoniussteige ein. Der Wert wird mit 200 000,00 EUR festgelegt. Außerdem leistet er eine Bareinlage von 140 000,00 EUR.

§ 4 Igor Wetzel haftet nicht für die bisherigen Verbindlichkeiten der Firma „Gartenzwergfabrik Axel Sterk e. K.".

§ 5 Die Gesellschaft beginnt am 1. September 20..

§ 6 Kündigt ein Gesellschafter, ist der andere Gesellschafter berechtigt, das Unternehmen ohne Liquidation zu übernehmen und unter der bisherigen Firma weiterzuführen.

§ 7 Die Aufnahme von Darlehen sowie Anschaffungen, deren Wert im Einzelfall 60 000,00 EUR überschreitet, erfordern einen gemeinsamen Beschluss aller Gesellschafter.

§ 8 Für die Gewinn- und Verlustverteilung gelten die gesetzlichen Bestimmungen.

Aufgaben:

1. Begründen Sie, ob der Gesellschaftsvertrag einer gesetzlichen Formvorschrift unterliegt!

2. Ist die in § 2 des Gesellschaftsvertrags vorgesehene Firmierung zulässig? Begründen Sie kurz Ihre Ansicht!

3. Welche rechtliche Wirkung hat die Handelsregistereintragung im vorgegebenen Fall? Begründen Sie Ihre Meinung!

4. Igor Wetzel schließt am 15. November 20.. mit der Seppl AG einen langfristigen Vertrag über die Lieferung von Ton im Wert von 62 000,00 EUR. Als Sterk von der Lieferung erfährt, verweigert er die Bezahlung der Rechnung, da er den Preis für überhöht hält. Außerdem sei Wetzel nicht zum Abschluss des Kaufvertrags befugt gewesen. Die Seppl AG solle daher den Kaufpreis direkt von Wetzel einfordern.

    Erläutern Sie die Rechtslage!

5. Wetzel ist kaufmännisch nicht vorgebildet.

    5.1 Machen Sie ihm den Unterschied zwischen der unbeschränkten, persönlichen Haftung und der Verlustbeteiligung deutlich!

    5.2 Erläutern Sie ihm den Unterschied zwischen Geschäftsführung und Vertretung!

6. Sterk möchte im November 20.. für seine Sammlung eine Skulptur für 40 000,00 EUR erwerben. Er beabsichtigt, den Betrag dem Gesellschaftsvermögen zu entnehmen. Beurteilen Sie die Rechtslage!

7. Das eingebrachte Grundstück von Igor Wetzel geht in das Gesellschaftsvermögen ein. Welche rechtlichen Konsequenzen ergeben sich daraus für Wetzel?

8. Wetzel möchte trotz zu erwartender Verluste 20.. monatlich 1 200,00 EUR entnehmen. Sterk ist gegen die Entnahme.

    Beurteilen Sie die Lage unter rechtlichem und betriebswirtschaftlichem Aspekt!

9. Warum haben Wetzel und Sterk im Gesellschaftsvertrag vereinbart, dass beim Ausscheiden eines Gesellschafters das Unternehmen nicht liquidiert (aufgelöst) werden soll?

10. Durch die Verzögerung einer Rohstofflieferung hat die Gesellschaft für ca. vier Wochen freie Liquidität in Höhe von 150 000,00 EUR. Igor Wetzel möchte den Gesamtbetrag spekulativ in ein Warentermingeschäft[1] anlegen. Axel Sterk widerspricht.

    Beurteilen Sie die Rechtslage!

11. Kann Igor Wetzel die Haftung für die bei seinem Eintritt in die Gesellschaft bestehenden Verbindlichkeiten ausschließen?

    Nehmen Sie hierzu Stellung!

12. Peter Sterk, der Bruder von Axel Sterk, möchte in die OHG eintreten. Allerdings will er keine Einlage leisten, sondern der OHG lediglich seine Arbeitskraft zur Verfügung stellen. Beurteilen Sie diesen Sachverhalt

    12.1 im Hinblick auf die Einlagepflicht des OHG-Gesellschafters,

    12.2 aus Sicht der Mitgesellschafter und

    12.3 aus Sicht der Gläubiger!

5 Kommanditgesellschaft (KG)

5.1 Begriff, Firma und Gründung einer KG

(1) Begriff

> **Merke:**
>
> Die **Kommanditgesellschaft (KG)** ist eine **Gesellschaft** (Zusammenschluss von mindestens zwei Personen),
> - deren Zweck auf den Betrieb eines **Handelsgewerbes** unter **gemeinschaftlicher Firma** gerichtet ist und
> - bei der die **Haftung von mindestens einem Gesellschafter** gegenüber den Gesellschaftsgläubigern auf den Betrag einer bestimmten Vermögenseinlage **beschränkt** ist **(Kommanditisten)**, während **die anderen Gesellschafter** (mindestens ein Gesellschafter) den Gesellschaftsgläubigern gegenüber **unbeschränkt haften (Komplementäre)** [§ 161 I HGB].

Es gibt bei der KG also mindestens einen Gesellschafter, der nach den Vorschriften des OHG-Rechts [§§ 128 ff. HGB] haftet (den persönlich haftenden Gesellschafter, Komplementär), und auf der anderen Seite mindestens einen Gesellschafter (Kommanditist), dessen Haftung beschränkt ist. In der Praxis macht der Vorteil der Haftungsbeschränkung für die Kommanditisten die große Attraktivität der KG im Vergleich mit der OHG aus.

Außerdem bietet die KG die Möglichkeit, eine juristische Person als Komplementär einzusetzen. Ist eine GmbH Komplementär, so entsteht eine GmbH & Co. KG (vgl. Kapitel 7).

---

1 Warentermingeschäfte sind Termingeschäfte mit weltweit gehandelten Gütern (z.B. Kaffee, Kakao, Getreide, Öl, Baumwolle, Zucker, Kupfer, Gold), bei denen die Erfüllung (Abwicklung) des Kaufvertrags (des Verpflichtungsgeschäfts) durch die Übergabe, Übereignung der Güter und Kaufpreiszahlung der ver- bzw. gekauften Waren (das Erfüllungsgeschäft) zu einem späteren Zeitpunkt („per Termin") erfolgt. Warentermingeschäfte dienen vor allem der Absicherung von größeren Preisschwankungen und der Spekulation bei erfahrungsgemäß stark schwankenden Rohstoffpreisen.

(2) Firma

Die Firma der KG muss die Bezeichnung „Kommanditgesellschaft" oder eine allgemein verständliche Abkürzung dieser Bezeichnung (z. B. KG) enthalten [§ 19 I, Nr. 3 HGB].

Beispiel:

Müller und Moser sind Vollhafter (Komplementäre), Krause ist Teilhafter (Kommanditist). Mögliche Firmen sind z. B.: Müller & Moser KG; Müller Kommanditgesellschaft; Mannheimer Import KG; Mannheimer Import-Export KG.

(3) Gründung

Der Gründungsablauf der KG entspricht derjenigen der OHG. Einzige Besonderheit: Wegen der beschränkten Haftung des Kommanditisten wird die Höhe der Kommanditeinlagen ins Handelsregister eingetragen [§ 162 I HGB]. Veröffentlicht wird jedoch nur die Zahl der Kommanditisten, nicht aber die Höhe ihrer Einlage. Die Anmeldung zum Handelsregister ist von allen Gesellschaftern vorzunehmen, also auch von den Kommanditisten.

5.2 Eigenkapitalaufbringung, Geschäftsführung, Kontrolle der Geschäftsführung, Gewinnverwendung und Verlustbeteiligung der Kommanditisten

Für die **Komplementäre** gelten die gleichen Bestimmungen wie für die persönlich haftenden Gesellschafter einer OHG, d. h., es werden die für die OHG geltenden gesetzlichen Vorschriften angewendet [§ 161 II HGB]. Die eigenständige Regelung der KG in den §§ 162 ff. HGB befasst sich nur mit der **Sonderstellung des Kommanditisten.**

Eigenkapital-aufbringung	Die vertraglich festgelegte Kapitaleinlage **(Pflichteinlage)** kann in Geld, in Sachwerten und/oder in Rechtswerten erfolgen (siehe §§ 718 ff. BGB; §§ 105 III, 161 II HGB). Die Höhe der Pflichteinlage kann dabei von der in das Handelsregister eingetragenen Einlage, der **Haftsumme (Hafteinlage),** abweichen.
Geschäftsführungs- und Widerspruchs-recht	Die Kommanditisten sind von der **Geschäftsführung ausgeschlossen.** Sie können lediglich Handlungen der persönlich haftenden Komplementäre widersprechen, wenn diese über das gewöhnlichen Betrieb des Handelsgewerbes der KG hinausgehen, z. B. bei Grundstückskäufen und -verkäufen, bei der Aufnahme eines neuen Gesellschafters oder bei Änderung des Betriebszwecks [§ 164 HGB]. Für die Kommanditisten besteht **kein gesetzliches Wettbewerbsverbot** [165 HGB].
Kontrolle der Geschäftsführung	Die Kommanditisten haben **kein ständiges Kontrollrecht.** Sie können jedoch Abschriften des Jahresabschlusses (Jahresbilanz mit Gewinn- und Verlustrechnung) verlangen und deren Richtigkeit unter Einsicht in die Geschäftsbücher und sonstiger Geschäftspapiere überprüfen [§ 166 I, II HGB].

18 Speth u.a. · ISBN 978-3-8120-0572-2

(1) Gewinnverwendung und Verlustbeteiligung

■ Gewinnverwendung[1]

Nach dem Gesetz erhalten die Kommanditisten (und die Komplementäre) zunächst eine **4 %ige Verzinsung** der (durchschnittlichen) Kapitalanteile. Der eventuell verbleibende **Restgewinn ist in „angemessenem" Verhältnis** (z. B. nach den Kapitalanteilen) zu verteilen [§§ 167 f. i. V. m. §§ 120, 221 I und II HGB]. Wegen der Unbestimmtheit der gesetzlichen Regelung ist es erforderlich, im Gesellschaftsvertrag die Gewinnverteilung eindeutig zu regeln, um spätere Unstimmigkeiten zu vermeiden.

> **Beispiel:**
>
> Bei der Müller KG könnte die Gewinnbeteiligung wie folgt geregelt sein: „Aus dem Jahresreingewinn erhält jeder Gesellschafter zunächst eine 6 %ige Verzinsung der durchschnittlichen Kapitalanteile. Reicht der Gewinn nicht aus, erfolgt eine entsprechend niedrigere Verzinsung. Übersteigt der Jahresreingewinn 6 % der durchschnittlichen Kapitalanteile, wird der übersteigende Betrag im Verhältnis 3 : 3 : 1 verteilt."

Die Gewinnanteile der Kommanditisten werden ihren Kapitalanteilen nur so lange gutgeschrieben (Aktivkonto: Noch ausstehende Einlagen), bis diese voll geleistet sind [§ 167 II HGB]. Ist die Pflichteinlage der Kommanditisten erreicht, so haben sie Anspruch auf Auszahlung ihrer Gewinnanteile. Die im Unternehmen belassenen Gewinnanteile der Kommanditisten stellen „sonstige Verbindlichkeiten" der KG gegenüber den Kommanditisten dar.

Wird der Kapitalanteil des Kommanditisten durch Verlust oder Auszahlung gemindert, und zwar unter den auf die vereinbarte Einlage geleisteten Betrag, so kann der Kommanditist keine Auszahlung seines Gewinnanteils fordern. In diesem Fall wird der Gewinnanteil zur Auffüllung der Kommanditeinlage verwendet. Der Kommanditist ist dabei nicht verpflichtet, früher bezogene Gewinne wegen später eingetretener Verluste zurückzuzahlen [§ 169 II HGB]. Der Kommanditist hat **kein Recht auf Privatentnahmen** [§§ 169 I, 122 HGB].

■ Verlustbeteiligung

Eine Verlustbeteiligung erfolgt bis zur Höhe des Kapitalanteils und der noch rückständigen Einlagen [§ 167 III HGB] in einem „angemessenen" Verhältnis der Kapitalanteile [§ 168 II HGB]. Wegen der Unbestimmtheit der gesetzlichen Regelung empfiehlt es sich, die Art und Weise der Verlustbeteiligung der Kommanditisten im Gesellschaftsvertrag eindeutig festzulegen.

> **Beispiel:**
>
> Bei der Müller KG (Müller und Moser sind Vollhafter, Krause ist Teilhafter) könnte die Verlustbeteiligung wie folgt geregelt sein: „Müller, Moser und Krause teilen sich einen eventuellen Verlust im Verhältnis 3 : 3 : 1."

---

[1] Die Gewinnverwendung der KG wird auf S. 311 f. dargestellt.

5.3 Vertretung und Haftung

(1) Keine Vertretungsbefugnis

Kommanditisten sind nach dem HGB (gesetzlich) grundsätzlich **nicht zur Vertretung der KG** ermächtigt [§ 170 HGB].[1] Die Kommanditgesellschaft wird durch die **Vollhafter (Komplementäre)** vertreten. Möglich ist jedoch, einem oder mehreren Kommanditisten Handlungsvollmacht oder Prokura zu erteilen.

(2) Haftung

Nach Eintragung der KG ins Handelsregister	Soweit die Kommanditisten ihre vertraglich bestimmte und im Handelsregister eingetragene Einlage geleistet haben, haften sie mit ihrer Einlage nur mittelbar **(Risikohaftung)**[2] [§ 171 I, S. 1, 2. HS. HGB]. Soweit ein Kommanditist seine Einlage nach Eintragung noch nicht geleistet hat, haftet er mit dem ausstehenden Betrag den Gesellschaftsgläubigern unmittelbar [§ 171 I, S. 1, 1. HS. HGB].
Eintritt in eine bestehende KG	Tritt ein Kommanditist in eine bestehende KG ein, so haftet der beitretende Kommanditist gegenüber einem gutgläubigen Dritten in der Zeit zwischen seinem Eintritt und der Eintragung der Kapitaleinlage in das Handelsregister wie ein Komplementär [§ 176 II HGB].

5.4 Auflösung, Bedeutung, Vor- und Nachteile der KG

(1) Auflösung der KG

Kündigungsrecht	Wenn keine abweichenden Vereinbarungen zwischen den Gesellschaftern getroffen wurden, gilt die gesetzliche Regelung: Kündigungsmöglichkeit unter Einhaltung einer Kündigungsfrist von mindestens 6 Monaten zum Schluss des Geschäftsjahres [§ 161 II i. V. m. § 132 HGB].
Auflösungsgründe	Es gelten die für die OHG angegebenen Auflösungsgründe (siehe S. 267).[3] Beim Tod eines Kommanditisten wird die Gesellschaft mangels abweichender vertraglicher Bestimmungen mit den Erben fortgesetzt [§ 177 HGB]. Die Erben des verstorbenen Kommanditisten sind zunächst Teilhafter der KG mit dem Recht, die geerbte Einlage zu kündigen.

(2) Bedeutung der KG

Die Rechtsform der Kommanditgesellschaft ermöglicht den **Kommanditisten,** sich an einem Unternehmen durch Kapitaleinlagen zu beteiligen und die Haftung (das Risiko ihres Verlusts) auf diese Einlagen zu beschränken, ohne zur Geschäftsführung und Vertretung verpflichtet (und berechtigt) zu sein.

---

1 Aufgrund des Gesellschaftsvertrags können jedoch auch die Kommanditisten das Vertretungsrecht haben.

2 Zur Risikohaftung siehe auch S. 282.

3 Die KG muss mindestens einen Komplementär aufweisen. Tritt der einzige (letzte) Komplementär aus der KG aus, so führt dies zur Auflösung der KG. Führen die Kommanditisten die Gesellschaft ohne (neuen) Komplementär fort, dann wird die KG grundsätzlich zu einer OHG, d. h., die Kommanditisten haften unbeschränkt.

Für **Komplementäre** bietet die Rechtsform der KG die Möglichkeit, das Gesellschaftskapital sowie die Kreditbasis durch Aufnahme von Kommanditisten zu erweitern, ohne in der Geschäftsführung und Vertretungsbefugnis beschränkt zu werden.

(3) Vorteile und Nachteile der KG

Vorteile der Unternehmensform KG	Nachteile der Unternehmensform KG
■ Ausnutzung unterschiedlicher Kenntnisse und Fähigkeiten der Gesellschafter verbessert die Geschäftsführung. ■ Da das Eigenkapital und die Unternehmensführung in einer Hand sind, ist das Interesse der Gesellschafter an der Geschäftsführung groß. ■ Verteilung des Unternehmerrisikos.	■ Unbeschränkte, direkte, gesamtschuldnerische Haftung der Komplementäre. ■ Persönliche Meinungsverschiedenheiten zwischen den Gesellschaftern können den Bestand des Unternehmens gefährden (siehe Kündigungsrecht!). ■ Dem Wachstum des Unternehmens sind häufig finanzielle Grenzen gesetzt, weil das Eigenkapital der Gesellschafter zur Finanzierung großer Investitionen nicht ausreicht. Fremdkapital kann nur in begrenztem Maße aufgenommen werden. ■ Durch aufwendige Lebenshaltung der Gesellschafter kann die Existenz des Unternehmens aufs Spiel gesetzt werden, da Kontrollorgane fehlen.

Zusammenfassung

Übungsaufgaben

65 1. Die bisherige Einzelunternehmerin Gerda Metzger e.Kfr. möchte sich aus Altersgründen aus der Unternehmensführung zurückziehen. Zusammen mit ihren beiden Töchtern Eva und Gerlinde gründet sie eine KG. Kapitalmäßig möchte Gerda Metzger noch im Unternehmen verbleiben.

276

Aufgaben:

1.1 Welche Gründe könnten Frau Metzger dazu bewogen haben, eine KG zu gründen?

1.2 Erklären Sie anhand der angeführten Personen, wie man die Gesellschafter bei dieser Rechtsform bezeichnet und beschreiben Sie kurz deren Aufgaben!

1.3 Wie könnte die Firma der KG lauten?

1.4 Um die Liquidität der KG zu stärken, wollen die Töchter Eva und Gerlinde ein Betriebsgrundstück verkaufen. Die Mutter Gerda widerspricht dem Geschäft. Wie ist die Rechtslage?

2. Der Kommanditist Gerhard Paulußen beabsichtigt, in die am Ort bestehende Möbelfabrik Franz OHG als persönlich haftender Gesellschafter einzutreten.

Aufgaben:

2.1 Beurteilen Sie die Rechtslage!

2.2 Häufig wird eine OHG in eine KG umgewandelt, wenn ein OHG-Gesellschafter stirbt. Nennen Sie hierfür Gründe!

2.3 Kommanditgesellschaften sind oft „Familiengesellschaften", d.h., die Gesellschafter sind miteinander verwandt. Begründen Sie diese Tatsache!

2.4 Müller und Moser sind Vollhafter, Krause ist Teilhafter. Müller ernennt im Einvernehmnis mit Moser einen Prokuristen[1]. Krause wurde nicht gefragt und ist auch nicht einverstanden. Wie ist die Rechtslage?

66 Wolfgang Thein und Michael Kreher haben eine OHG gegründet. Der Gesellschaftsvertrag vom 10. November 11 setzt den Beginn der OHG auf den 1. Januar 12 fest, die Eintragung im Handelsregister erfolgt am 10. Januar 12.

Im Hinblick auf eine am 1. Januar 12 eintretende Preiserhöhung schließt Thein im Namen der OHG am 1. Dezember 11 einen Kaufvertrag über eine Schleifmaschine im Wert von 160000,00 EUR ab, für die bereits innerhalb von 30 Tagen nach Vertragsabschluss eine Vorauszahlung von 55 000,00 EUR zu leisten ist.

Aufgaben:

1. Untersuchen und begründen Sie,

1.1 ob Thein den Kaufvertrag zu diesem Zeitpunkt schon abschließen durfte, ohne gegen den Gesellschaftsvertrag zu verstoßen;

1.2 ob der Kaufvertrag **beide** Gesellschafter rechtlich bindet oder ob Thein **allein** für die Verbindlichkeiten aus dem Kaufvertrag haftet,

1.3 wie Kreher sich gegen die Eigenmächtigkeiten Theins **vor** und **nach** Abschluss des Kaufvertrags hätte zur Wehr setzen können!

2. Nach dem unerwarteten Tod Krehers wird die Gesellschaft mit dessen beiden volljährigen Söhnen als Kommanditisten fortgesetzt.

2.1 Die Kommanditisten wollen so weit wie möglich in die Rechte ihres verstorbenen Vaters eintreten. – Welche Rechte ihres Vaters stehen ihnen nach dem HGB nicht zu?

2.2 Könnten die Kommanditisten bei entsprechendem Gesellschaftsvertrag eine dem Komplementär ähnliche „Machtposition" ausüben? Beurteilen und begründen Sie diese Frage im Hinblick auf das Außen- und Innenverhältnis!

3. Beim Tode Theins wollen dessen Erben ebenfalls – wie die Erben Krehers – nur als Teilhafter in die Gesellschaft eintreten. Zeigen Sie, wie unter den gegebenen Umständen der Fortbestand des Unternehmens gewährleistet werden kann! (Mehrere Möglichkeiten!)

4. Unterscheiden Sie die OHG von der KG im Hinblick auf die Merkmale (1) Gesellschafterrisiko (Haftung), (2) Geschäftsführung, (3) Vertretung und (4) Gewinn- und Verlustverteilung!

---

1 Der **Prokurist** ist zu allen gerichtlichen und außergerichtlichen Geschäften und Rechtshandlungen ermächtigt, die der Betrieb **irgendeines Handelsgewerbes** mit sich bringt [§ 49 I BGB].

6 Gesellschaft mit beschränkter Haftung (GmbH)

6.1 Begriff, Firma und Gründung einer GmbH

(1) Begriff

> **Merke:**
>
> Die **Gesellschaft mit beschränkter Haftung** (GmbH) ist eine **Handelsgesellschaft** mit **eigener Rechtspersönlichkeit (juristische Person[1])**. Die Gesellschafter sind mit einem oder mehreren Geschäftsanteilen an der Gesellschaft beteiligt, **ohne persönlich** für die Verbindlichkeiten der Gesellschaft **zu haften** [§ 13 I, II GmbHG].

Die **GmbH** hat **selbstständige Rechte und Pflichten**. Mithilfe ihrer Organe ist es möglich, Rechtsgeschäfte abzuschließen. Sie kann z.B. Eigentum an Grundstücken erwerben und vor Gericht klagen und verklagt werden. Die GmbH ist Gläubiger und Schuldner, nicht etwa die GmbH-Gesellschafter. Die **GmbH-Gesellschafter** statten die GmbH lediglich mit **Eigenkapital** aus, indem sie sich mit Geschäftsanteilen am Stammkapital der GmbH beteiligen.

Die GmbH ist eine rechtliche Konstruktion, durch die unternehmerisches Kapital in einer juristischen Person verselbstständigt und die Haftung auf das Gesellschaftsvermögen begrenzt wird. Dies eröffnet Eigenkapitalgebern (Gesellschaftern) die Möglichkeit, ihr Risiko auf das eingesetzte Kapital zu begrenzen sowie ihre persönliche Haftung zu vermeiden. Es kommt zu einer rechtlichen **Trennung von Unternehmens- und Privatvermögen**.

(2) Firma

Die **Firma** der GmbH muss die Bezeichnung **„Gesellschaft mit beschränkter Haftung"** oder eine allgemein verständliche Abkürzung dieser Bezeichnung (z.B. GmbH) enthalten [§ 4 GmbHG].

> **Beispiele:**
>
> Albrecht Büller GmbH; Celler Maschinenfabrik GmbH; Albrecht Büller Maschinenfabrik GmbH; Backhaus Gesellschaft mit beschränkter Haftung.

Die **haftungsbeschränkte Unternehmergesellschaft** muss in der Firma den Rechtsformzusatz **„Unternehmergesellschaft (haftungsbeschränkt)"** oder **„UG (haftungsbeschränkt)"** führen.

(3) Gründung

Die GmbH kann von **einem Gesellschafter** (Einpersonen-GmbH)[2] **oder mehreren Gesellschaftern** errichtet werden [§ 1 GmbHG].

Zur **Errichtung der GmbH** ist ein **notariell beurkundeter Gesellschaftsvertrag (Satzung)** erforderlich, der von sämtlichen Gesellschaftern unterzeichnet werden muss [§ 2 I GmbHG]. Der Gesellschaftsvertrag muss enthalten: (1) die Firma und den Sitz der Gesellschaft, (2) den Gegenstand des Unternehmens, (3) den Betrag des Stammkapitals und

---

1 **Juristische (rechtliche) Personen** sind „künstliche" Personen, denen der Staat die Eigenschaft von Personen kraft Gesetzes verliehen hat. Sie sind damit rechtsfähig, d.h. Träger von Rechten und Pflichten [§ 2 Ia GmbHG].

2 Bei einer Einpersonen-GmbH erfolgt die Gründung in einem vereinfachten Verfahren unter Zuhilfenahme eines Musterprotokolls, das dem Vertrag gleichsteht und vom Gesetz ebenfalls als „Gesellschaftsvertrag" bezeichnet wird.

(4) die Zahl und die Nennbeträge der Geschäftsanteile, die jeder Gesellschafter gegen Einlage auf das Stammkapital (Stammeinlage) übernimmt [§ 3 GmbHG]. GmbH-Gesellschafter ist nur der, der in die **Gesellschafterliste** eingetragen ist [§ 16 I GmbHG]. Jeder Gesellschafter hat Anspruch darauf, in die Liste eingetragen zu werden.

Für **unkomplizierte Standardgründungen** steht den Gründern der GmbH ein **notariell zu beurkundendes Musterprotokoll** als Anlage zum GmbHG zur Verfügung. Als „einfache Standardgründung" gilt z.B. eine Gründung mit höchstens **drei Gesellschaftern** und **einem Geschäftsführer** [§ 2 I a GmbHG]. Am Musterprotokoll dürfen keine Veränderungen und Ergänzungen vorgenommen werden.

Die **Anmeldung zur Eintragung in das Handelsregister** darf erst erfolgen, wenn auf **jeden Geschäftsanteil** – soweit nicht Sacheinlagen vereinbart sind – **ein Viertel des Nennbetrags** eingezahlt sind [§ 7 II, S. 1 GmbHG]. Insgesamt muss auf das Stammkapital mindestens soviel eingezahlt werden, dass der Gesamtbetrag der eingezahlten Geldeinlagen zuzüglich des Gesamtnennbetrags der Geschäftsanteile, für die Sacheinlagen zu leisten sind, die Hälfte des Mindeststammkapitals, d.h. 12 500,00 EUR, erreicht [§ 7 II, S. 2 GmbHG]. Außerdem müssen die Nennbeträge und die laufenden Nummern der von jedem Gesellschafter übernommenen Geschäftsanteile ersichtlich sein [§ 8 I, Nr. 3 GmbHG].

Bei der Eintragung in das Handelsregister ist neben anderen Angaben (z.B. Firma, Gegenstand, Liste der Gesellschafter, Höhe des Stammkapitals, Tag des Gesellschaftsvertragsabschlusses, Vertretungsbefugnis der Geschäftsführer, Regelung zur Tragung der Gründungskosten) auch der Sitz der Gesellschaft anzugeben. Der Sitz der Gesellschaft ist der Ort im Inland, den der Gesellschaftsvertrag bestimmt [§ 4 a GmbHG]. Wählt eine deutsche GmbH einen Verwaltungssitz im Ausland, so ist zusätzlich auch eine **inländische Geschäftsanschrift** zu benennen. Zudem kann eine weitere Person als empfangsberechtigte Person für Willenserklärungen und Zustellungen angegeben und eingetragen werden [§§ 8 IV, 10 I, S. 1 GmbHG]. Der Sitz der Gesellschaft kann im In- und Ausland liegen.

Erst durch die Eintragung entsteht die GmbH als juristische Person mit Kaufmannseigenschaft **(konstitutive Wirkung der Eintragung)** [§§ 11 I, 13 GmbHG]. Schließen die Gesellschafter **vor der Handelsregistereintragung** im Namen der Gesellschaft Rechtsgeschäfte ab, so haften die Handelnden persönlich und solidarisch [§ 11 II GmbHG].

6.2 Eigenkapitalaufbringung, Geschäftsführung, Kontrolle der Geschäftsführung, Gewinnverwendung und Verlustbeteiligung

(1) Eigenkapitalaufbringung

■ **Stammeinlagen**

Der Betrag, der auf einen Geschäftsanteil zu leisten ist, wird als Stammeinlage bezeichnet. Die Höhe der zu leistenden Einlage richtet sich nach dem bei der Gründung der Gesellschaft im Gesellschaftsvertrag festgesetzten Nennbetrag des Geschäftsanteils [§ 14 GmbHG].

■ **Geschäftsanteil**

Ein Geschäftsanteil ist der nominelle Anteil am Stammkapital der GmbH. Er ist mit einem Nennbetrag versehen. Die **Nennbeträge** der einzelnen Geschäftsanteile können unterschiedlich hoch sein, müssen jedoch auf **volle Euro** lauten. Jeder Gesellschafter beteiligt sich im Rahmen der Errichtung (Gründung) der GmbH mit einem oder mehreren Geschäftsanteilen [§ 5 II GmbHG]. Die Summe der Nennbeträge aller Geschäftsanteile muss mit der Höhe des Stammkapitals übereinstimmen [§ 5 III GmbHG].

Geschäftsanteile können jederzeit – ohne dass eine Genehmigung der übrigen Gesellschafter eingeholt werden muss – veräußert werden.

Der Wert der Geschäftsanteile kann steigen oder fallen, je nachdem wie erfolgreich die Geschäftstätigkeit der GmbH verläuft.

Beispiel:

Florian Habel, Konstantin Schopel und Lasse Landmann wollen eine GmbH gründen. In dem Gesellschaftsvertrag setzen sie das Stammkapital auf 25 000,00 EUR fest. Florian Habel, der auch zum Geschäftsführer der GmbH bestimmt wird, übernimmt einen Geschäftsanteil mit einem Nennbetrag in Höhe von 15 000,00 EUR (Geschäftsanteil Nr. 1). Die beiden anderen Gesellschafter übernehmen jeweils einen Geschäftsanteil mit einem Nennbetrag in Höhe von 5 000,00 EUR (Geschäftsanteile Nr. 2 und 3).

■ Stammkapital

Dies ist der in der Satzung festgelegte Gesamtbetrag aller Geschäftsanteile. Das Stammkapital muss mindestens 25 000,00 EUR betragen [§ 5 I GmbHG]. Das Stammkapital wird in der offenzulegenden Bilanz als **„gezeichnetes Kapital"** ausgewiesen [§§ 266 III, 272 I HGB].

Die **haftungsbeschränkte Unternehmergesellschaft** (UG, „Mini-GmbH")[1] – eine Unterform der GmbH – kann **mit einem geringeren Stammkapital** als dem Mindeststammkapital von 25 000,00 EUR gegründet werden [§ 5 a I GmbHG]. Das Stammkapital kann somit zwischen 1 EUR und 24 999,00 EUR liegen. Die Anmeldung einer solchen Gesellschaft zur Handelsregistereintragung kann erst erfolgen, wenn das Stammkapital in voller Höhe eingezahlt ist. Sacheinlagen sind ausgeschlossen [§ 5 a II GmbHG]. Die haftungsbeschränkte Unternehmergesellschaft darf ihre **Gewinne** – sofern sie welche erzielt – **zu höchstens $^3/_4$** an die Gesellschafter **ausschütten**. Sie muss **ein Viertel** des um einen Verlustvortrag aus dem Vorjahr geminderten Jahresüberschusses **ansparen, bis sie das Mindestkapital** von 25 000,00 EUR erreicht hat. Der angesparte Betrag ist in eine gesetzliche Rücklage einzustellen.[2] Dann kann sie sich – muss es aber nicht – in eine „gewöhnliche" GmbH „umwandeln".[3]

(2) Geschäftsführung

Die GmbH schließt ihre Rechtsgeschäfte mithilfe ihrer Organe ab. Die Organe der GmbH sind der **Geschäftsführer,** die **Gesellschafterversammlung** und unter bestimmten Bedingungen der **Aufsichtsrat.**

■ Geschäftsführer

Die Geschäftsführer leiten die GmbH. Sie werden von der Gesellschafterversammlung gewählt oder durch den Gesellschaftsvertrag (Satzung) bestimmt. Die Zeitdauer der Bestellung ist nicht bestimmt. Die Geschäftsführer sind die gesetzlichen Vertreter der GmbH. Sind mehrere Geschäftsführer bestellt, besteht **Gesamtvertretungsbefugnis,** sofern der

---

1 Die haftungsbeschränkte Unternehmergesellschaft ist **keine eigene Rechtsform,** sondern lediglich eine besondere Variante der GmbH.

2 Die Rücklage darf nur verwandt werden zur Erhöhung des Stammkapitals, zum Ausgleich eines Jahresfehlbetrags, soweit er nicht durch einen Gewinnvortrag aus dem Vorjahr gedeckt ist, oder zum Ausgleich eines Verlustvortrags aus dem Vorjahr, soweit er nicht durch einen Jahresüberschuss gedeckt ist [§ 5 a, III GmbHG].

3 Die UG ist als „Einbahnstraße" konzipiert. Das bedeutet, dass die UG nur im Rahmen einer **Erstgründung** errichtet werden kann und daher insbesondere eine Zurückführung der GmbH in eine UG nicht möglich ist.

Gesellschaftsvertrag nichts anderes vorsieht [§ 35 II GmbHG].[1] Eine Beschränkung der Vertretungsmacht ist Dritten gegenüber unwirksam [§ 37 GmbHG]. Bei einer Gesellschaft ohne Geschäftsführer **(Führungslosigkeit)** wird diese Gesellschaft durch die Mitglieder des Aufsichtsrats (siehe § 52 GmbHG) oder, wenn kein Aufsichtsrat bestellt ist, durch die Gesellschafter vertreten [§ 35 I, S. 2 GmbHG].

■ Gesellschafterversammlung

Die Geschäftsführer haben die Gesellschaft nicht in eigener Verantwortung zu leiten; sie müssen vielmehr im Rahmen der Satzung und des GmbHG die **Weisungen der Gesellschafter** unmittelbar befolgen. Aus diesem Grund ist die Gesamtheit (Versammlung) der Gesellschafter das **oberste Organ der GmbH.** In ihm nehmen die Gesellschafter ihre Rechte wahr [§§ 45, 46 GmbHG].

Sind im Gesellschaftsvertrag keine besonderen Regelungen getroffen, so können die Gesellschafter u. a. über folgende Punkte beschließen [§ 46 GmbHG]:

- ■ Feststellung des Jahresabschlusses und die Verwendung des Ergebnisses;
- ■ Einforderung der Einlagen;
- ■ Rückzahlung von Nachschüssen;
- ■ Teilung, Zusammenlegung sowie Einziehung von Geschäftsanteilen;
- ■ Bestellung, Entlastung und Abberufung von Geschäftsführern;
- ■ Regeln zur Prüfung und Überwachung der Geschäftsführung;
- ■ Bestellung von Prokuristen und von Handlungsbevollmächtigten zum gesamten Geschäftsbetrieb.

Beschlussfassungen erfolgen grundsätzlich mit der Mehrheit der abgegebenen Stimmen (jeder Euro eines Geschäftsanteils gewährt eine Stimme). Änderungen des Gesellschaftsvertrags können nur durch die Gesellschafter und mit einer Mehrheit von drei Vierteln der abgegebenen Stimmen beschlossen werden. Änderungsbeschlüsse müssen grundsätzlich notariell beurkundet werden.

■ Aufsichtsrat

Grundsätzlich benötigen Gesellschaften mit einschließlich 500 Arbeitnehmern keinen Aufsichtsrat, es sei denn, die **Satzung** schreibt die Bestellung eines Aufsichtsrats vor [§ 52 I GmbHG]. Beschäftigt die GmbH i. d. R. mehr als 500 Arbeitnehmer, so muss nach § 1, Nr. 2 DrittelbG ein Aufsichtsrat gewählt werden **("Drittel-Parität")**. Für Gesellschaften mit i. d. R. mehr als 2000 Arbeitnehmern gilt das Mitbestimmungsgesetz von 1976 **(gleichgewichtige Mitbestimmung)** [§ 1 MitbestG 1976].

Die **Aufgaben** des **Aufsichtsrats** sind vor allem:

- ■ **Überwachung der Geschäftsführung,** Einsicht und Prüfung der Geschäftsbücher und Schriften sowie der Vermögensgegenstände [§ 52 I GmbHG; § 111 I, II AktG].
- ■ **Einberufung einer außerordentlichen Gesellschafterversammlung,** wenn es das Wohl der Gesellschaft erfordert (z. B. bei Eintritt hoher Verluste, § 52 I GmbHG; § 111 III AktG).
- ■ **Prüfung des Jahresabschlusses,** des Lageberichts und des Vorschlags für die Verwendung des Bilanzgewinns. Der Aufsichtsrat hat die Gesellschafterversammlung über das Ergebnis der Prüfung schriftlich zu unterrichten [§ 52 I GmbHG; § 171 I, II AktG].

---

1 Während bei den **Kapitalgesellschaften** eine **Gesamtgeschäftsführung** und **Gesamtvertretung** grundlegend ist, besteht bei **Personengesellschaften** der Grundsatz der **Einzelgeschäftsführung** und **Einzelvertretung**.

(3) Kontrolle der Geschäftsführung

Der Geschäftsführer hat einem Gesellschafter auf dessen Wunsch unverzüglich Auskunft über die Angelegenheit der Gesellschaft zu geben **(Auskunfts- und Einsichtsrecht)**. Die Einsicht in die Bücher und Schriften ist dem Gesellschafter gestattet [§ 51 a GmbHG]. Besteht ein Aufsichtsrat, so erfolgt eine Überwachung der Geschäftsführung auch noch durch den Aufsichtsrat.

(4) Gewinnverwendung und Verlustbeteiligung

Gewinn-verwendung	Jeder Gesellschafter hat einen Anspruch auf den sich nach der jährlichen Bilanz ergebenden Reingewinn. Die Verwendung des Gewinns erfolgt gesetzlich nach dem **Verhältnis der Geschäftsanteile**. Im Gesellschaftsvertrag kann eine andere Gewinnverteilung vereinbart sein [§ 29 GmbHG].
Verlustbeteiligung	Sie richtet sich an der **Regelung im Gesellschaftsvertrag** aus.

6.3 Vertretung und Haftung

(1) Vertretung

Die Vertretung der GmbH obliegt dem Geschäftsführer. Der Geschäftsführer hat eine **Gesamtvertretungsbefugnis** [§ 35 II GmbHG] (z.B. mit einem weiteren Geschäftsführer, einem Prokuristen oder einem Gesellschafter).

(2) Haftung

Die Gesellschafter der GmbH haften nicht für die Verbindlichkeiten der Gesellschaft. Als juristische Person des Handelsrechts (Kapitalgesellschaft) haftet lediglich die GmbH selbst [§ 13 I, II GmbHG]. Das einzige Risiko, das der GmbH-Gesellschafter eingeht, ist, dass er den Wert seines Geschäftsanteils teilweise oder ganz verliert. Das Letztere ist der Fall, wenn die GmbH wegen Überschuldung oder Zahlungsunfähigkeit aufgelöst wird, also kein Eigenkapital mehr übrig bleibt. Die GmbH-Gesellschafter übernehmen daher nur eine **Risikohaftung,** die mit der beschränkten und mittelbaren Haftung eines Aktionärs (siehe S. 296) vergleichbar ist.

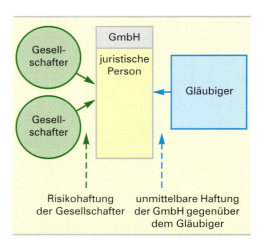

Risikohaftung der Gesellschafter — unmittelbare Haftung der GmbH gegenüber dem Gläubiger

6.4 Auflösung und Bedeutung der GmbH

(1) Auflösung der GmbH

Die Auflösung der GmbH ist in den §§ 60 ff. GmbHG geregelt. Neben der zwangsweisen Auflösung durch das Gericht (im Rahmen eines Insolvenzverfahrens) wegen **Zahlungs-**

unfähigkeit oder **Überschuldung** kann die GmbH nach **Ablauf der im Gesellschafts-vertrag bestimmten Zeit,** durch **Beschluss der Gesellschafter** (grundsätzlich mit einer Mehrheit von drei Viertel der abgegebenen Stimmen) oder auch durch **gerichtliches Urteil** aufgelöst werden.

(2) Bedeutung der GmbH

Die Gesellschaft mit beschränkter Haftung ist vor allem bei Familienunternehmen und bei Unternehmen mittlerer Größe anzutreffen, weil für die Gründung ein sehr niedriges Anfangskapital (Eigenkapital) vorgeschrieben ist, die Haftung der Gesellschafter begrenzt ist, ein enges Verhältnis zwischen Gesellschaftern und Geschäftsführern besteht (die Gesellschafter häufig selbst Geschäftsführer sind) und die Gründung verhältnismäßig unkompliziert und kostengünstig ist. Hinzu kommt, dass bei kleineren Gesellschaften die Prüfungs- und Offenlegungspflicht entfällt.

Häufig gründen auch Großunternehmen Gesellschaften mit beschränkter Haftung, die Teilfunktionen übernehmen (z.B. Forschung und Entwicklung, Erschließung neuer Rohstoffquellen, Wahrnehmung des Vertriebs). Daneben eignet sich die Rechtsform der GmbH auch zur Ausgliederung bestimmter kommunaler Aufgaben (z.B. können kommunale Wasserwerke, Versorgungsunternehmen, Krankenhäuser, Müllverbrennungsanlagen in Rechtsform der GmbH betrieben werden).

7 GmbH & Co. KG

7.1 Begriff, Firma und Gründung einer GmbH & Co. KG

(1) Begriff

Bei der **GmbH & Co. KG** handelt es sich um eine **Kommanditgesellschaft** (KG), an der eine **GmbH** als einzige persönlich haftende Gesellschafterin **(Komplementär)** beteiligt ist.

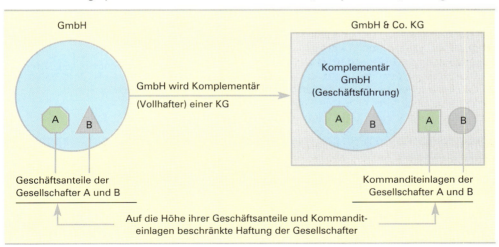

Auf die Höhe ihrer Geschäftsanteile und Kommandit-einlagen beschränkte Haftung der Gesellschafter

Kommanditisten können die **Gesellschafter der GmbH** (echte, typische GmbH & Co. KG) **oder andere Personen** (unechte, atypische GmbH & Co. KG) sein.

(2) Firma

Die **Firma** einer GmbH & Co. KG muss die Bezeichnung „Kommanditgesellschaft" oder eine allgemein verständliche Abkürzung dieser Bezeichnung enthalten [§ 192 I, Nr. 3 HGB].

(3) Gründung

Für die Gründung einer GmbH & Co. KG ist es erforderlich, zwei Firmen zu gründen, und zwar eine KG und eine GmbH. Zum Gründungsablauf dieser Rechtsformen siehe S. 273 und S. 278f.

7.2 Merkmale der GmbH & Co. KG

Da es sich bei der GmbH & Co. KG um eine KG handelt, an der eine GmbH als Komplementärin beteiligt ist, und beide Rechtsformen bereits behandelt sind, beschränken wir uns im Folgenden auf einige Besonderheiten.

Erleichterung der Kapitalbeschaffung	Die GmbH & Co. KG kann durch die Aufnahme weiterer Kommanditisten ihr Kapital erweitern, wobei die neuen Gesellschafter nur einen geringen Einfluss auf das Unternehmen gewinnen.
Geschäftsführung und Vertretung	Die GmbH & Co. KG wird durch die GmbH (Komplementär) vertreten, die auch die Geschäftsführungsbefugnis besitzt [§§ 125, 161 II, 170 HGB]. Für die GmbH handeln die Geschäftsführer, die bei der typischen GmbH & Co. KG mit den Kommanditisten identisch sind. Im Übrigen sind die Rechtsgrundlagen die gleichen wie bei der KG.
Haftungsbeschränkung	Die GmbH als Komplementär haftet zwar unbeschränkt mit ihrem Vermögen, die Gesellschafter der GmbH allerdings nur mit ihren Geschäftsanteilen.
Nachfolgeregelung	Anstelle einer natürlichen Person tritt die GmbH als Vollhafter ein. Damit ist die Unternehmensfortführung gesichert, denn die GmbH ist „unsterblich". Dies ist insbesondere für Familienunternehmen wichtig.

Zusammenfassung

- Die **GmbH** ist durch folgende **Merkmale** charakterisiert: (1) juristische Person; (2) Handelsgesellschaft; (3) Gesellschafter sind mit Geschäftsanteilen am Stammkapital beteiligt; (4) keine persönliche Haftung der Gesellschafter.

- Das **Stammkapital** beträgt mindestens 25 000,00 EUR. Es ergibt sich aus der **Summe aller Geschäftsanteile**.

- Die **haftungsbeschränkte Unternehmergesellschaft** – eine Unterform der GmbH – kann auch mit einem geringeren Stammkapital als das Mindeststammkapital von 25 000,00 EUR gegründet werden.

- Jeder Gesellschafter übernimmt eine bestimmte Zahl an **Geschäftsanteilen.** Jeder Geschäftsanteil ist wiederum mit einem **Nennbetrag** versehen. Der Nennbetrag jedes Geschäftsanteils muss auf volle EUR lauten. Die Summe der Nennbeträge aller Geschäftsanteile muss mit dem Stammkapital übereinstimmen.

- Die **Firma der GmbH** muss die Bezeichnung „Gesellschaft mit beschränkter Haftung" oder eine allgemein verständliche Abkürzung dieser Bezeichnung enthalten.
  Die **haftungsbeschränkte Unternehmergesellschaft** muss in der Firma den Rechtsformzusatz „Unternehmergesellschaft (haftungsbeschränkt)" oder „UG (haftungsbeschränkt)" führen.

- Zur **Gründung der GmbH** sind erforderlich: (1) eine Person oder mehrere Personen; (2) notariell beurkundete Satzung; (3) Mindesteinzahlung 12 500,00 EUR bzw. $^1/_4$ aller Geschäftsanteile; (4) Eintragung ins Handelsregister.

- Erst durch die Eintragung entsteht die GmbH als juristische Person mit Kaufmannseigenschaft **(konstitutive Wirkung der Eintragung).**

- **Bestellung, Rechtsstellung und Aufgabe der Organe der GmbH**

- Als juristische Person des Handelsrechts **haftet die GmbH** in Höhe des Stammkapitals selbst. Die Gesellschafter der GmbH haften nur indirekt, d. h., sie riskieren den Wert ihres Geschäftsanteils teilweise oder ganz zu verlieren **(Risikohaftung).**

- Die **Vertretung** der GmbH nach außen erfolgt durch den (die) Geschäftsführer. Soweit die Satzung nichts anderes bestimmt, besteht für eine aus mehreren Personen bestehende Geschäftsführung **Gesamtvertretungsmacht. Einzelvertretungsmacht** muss, um rechtswirksam zu sein, im **Handelsregister eingetragen** werden.

- Die **Geschäftsführung** erfolgt durch die Geschäftsführer, die Gesellschafter der GmbH und/oder auch andere unbeschränkt geschäftsfähige natürliche Personen.
  Wenn die Geschäftsführung mehrere Personen umfasst, besteht grundsätzlich **Gesamtgeschäftsführungsbefugnis.** Die Satzung kann Abweichendes bestimmen.

- In Gesellschaften mit mehr als 500 Arbeitnehmern ist ein **Aufsichtsrat (AR)** zwingend vorgeschrieben.

- Die **Zusammensetzung des AR** richtet sich nach der **Anzahl der beschäftigten Arbeitnehmer.**

- **Aufgaben des AR:** Überwachung der Geschäftsführung; Einsicht und Prüfung der Geschäftsbücher und Schriften sowie der Vermögensgegenstände; Einberufung einer außerordentlichen Gesellschafterversammlung; Prüfung des Jahresabschlusses, des Lageberichts und des Vorschlags für die Verwendung des Bilanzgewinns.

- Die **Auflösung der GmbH** erfolgt im Rahmen eines Insolvenzverfahrens, durch Beschluss der Gesellschafterversammlung oder aufgrund einer Satzungsbestimmung.

- Die **Merkmale der GmbH & Co. KG** sind: (1) Es handelt sich um eine KG; (2) Vollhafter (Komplementär) ist eine GmbH.

67 1. Die Heinz Kern OHG betreibt eine Großhandlung für Medizintechnik. Sie soll in eine GmbH umgewandelt werden. Gleichzeitig soll der bisherige Verkaufsleiter Fritz Dick als Gesellschafter in die neue GmbH aufgenommen werden.

Aufgaben:

1.1 Wodurch unterscheidet sich die Personengesellschaft von der Kapitalgesellschaft?

1.2 Nennen Sie zwei Gründe, die für die Wahl der Gesellschaftsform GmbH sprechen!

1.3 Welche finanziellen Voraussetzungen müssen für die Anmeldung zur Eintragung der GmbH in das Handelsregister gegeben sein?

1.4 Wie könnte die Firma der neuen GmbH lauten? (Zwei Vorschläge!)

1.5 Wie sind die Haftungsverhältnisse bei der GmbH und der OHG geregelt?

1.6 Wie unterscheidet sich die Vertretung der GmbH von der der OHG?

1.7 Nennen Sie drei Gründe, die zur Auflösung der GmbH führen können!

2. Unterscheiden Sie zwischen Stammkapital, Stammeinlage und Geschäftsanteil!

3. Wie ist die Mindesteinzahlung der Gesellschafter im GmbHG geregelt? (Nehmen Sie Ihren Gesetzestext zu Hilfe!)

4. An den Heidelberger Impfstoffwerken GmbH sind beteiligt:
   – Adam mit einem Geschäftsanteil von 25 000,00 EUR,
   – Brecht mit einem Geschäftsanteil von 30 000,00 EUR und
   – Czerny mit einem Geschäftsanteil von 45 000,00 EUR.

Aufgaben:

4.1 Wie viel Euro beträgt das Stammkapital?

4.2 Wie ist der Reingewinn (nach bereits erfolgtem Abzug der lt. Satzung zu bildenden Rücklagen) in Höhe von 90 000,00 EUR zu verteilen, wenn die Gewinnverteilung nach dem GmbHG erfolgt? Wie viel Euro erhält jeder Gesellschafter?

4.3 Czerny möchte seinen Geschäftsanteil verkaufen. Kann er das? Gegebenenfalls wie?

68 Die Albrecht Bühner KG stellt Nahrungsergänzungsmittel her. An der KG sind beteiligt Albrecht Bühner als Komplementär und Sigrid Bühner als Kommanditistin. Da auf dem Markt ein starker Wettbewerb herrscht, müssen erhebliche Investitionen vorgenommen werden. Albrecht Bühner entschließt sich daher, die KG in eine GmbH umzuwandeln und zwei neue Gesellschafter aufzunehmen. Es sind dies Ingo Bach und Franz Werder.

Albrecht Bühner legt folgenden Vorschlag für einen Gesellschaftsvertrag vor (Auszug):

Auszug aus dem Gesellschaftsvertrag

§ 1   Firma: Albrecht Bühner GmbH

§ 2   Sitz der Gesellschaft: Nürtingen

§ 3   Geschäftsbeginn: 10. August 11

§ 4   Die Geschäftsanteile betragen:

– Geschäftsanteil Nr.1, Albrecht Bühner	Nennwert:	30 000,00 EUR
– Geschäftsanteil Nr.2, Sigrid Bühner	Nennwert:	20 000,00 EUR
– Geschäftsanteil Nr.3, Ingo Bach	Nennwert:	15 000,00 EUR
Einzahlung:	50 % bis zum 30. September 10	
	50 % bis zum 31. Dezember 10	
– Geschäftsanteil Nr.4, Franz Werder	Nennwert:	40 000,00 EUR

Das Stammkapital der Gesellschaft beträgt 105 000,00 EUR.

Die notarielle Beurkundung des Gesellschaftsvertrags erfolgt am 30. Juli 11, die Handelsregistereintragung am 30. August 11.

Aufgaben:

1. Welche gesetzlichen Gesellschaftsrechte hat Albrecht Bühner und welche hat Sigrid Bühner, solange das Unternehmen als Kommanditgesellschaft betrieben wird?

2. Welche Vorteile ergeben sich für die Gesellschafter insgesamt aus der Umwandlung in eine GmbH?

3. Was kann die GmbH unternehmen, wenn Ingo Bach den noch zu leistenden Restbetrag auf seinen Geschäftsanteil nicht vertragsgemäß zahlt?

4. Sigrid Bühner, zuständig für Marketing und Vertrieb, kauft ohne Wissen von Albrecht Bühner Rohstoffe im Wert von 56 000,00 EUR ein. Albrecht Bühner verweigert die Zahlung mit der Begründung, der Kaufvertrag sei ohne sein Wissen abgeschlossen worden.

   Beurteilen Sie die Rechtslage!

5. Geben Sie in Stichworten an, welcher Punkt im Gesellschaftsvertrag der GmbH außer den in den §§ 1 – 6 genannten vertraglich noch geregelt werden sollten!

6. Ingo Bach und Franz Werder sind mit der Geschäftsführung von Sigrid Bühner nicht zufrieden und verlangen ihre Ablösung als Geschäftsführerin.

   Außerdem sind Bach und Werder der Meinung, die Kleber GmbH, ein starkes Konkurrenzunternehmen auf dem Nahrungsergänzungsmittelmarkt, zu übernehmen. Hierzu verlangen Sie eine Erhöhung des Stammkapitals um 200 000,00 EUR.

   Welche Erfolgsaussichten haben Bach und Werder bezüglich der beiden Vorhaben bei den gegebenen Beteiligungsverhältnissen?

7. Die Albrecht Bühner GmbH beschäftigt Ende 11 480 Mitarbeiter. Im Jahr 12 soll die Belegschaft um 180 Mitarbeiter aufgestockt werden.

   7.1 Erläutern Sie, ob für diesen Fall ein Aufsichtsrat zwingend zu bilden ist und wie er sich gegebenenfalls zusammensetzt!

   7.2 Sigrid Bühner schlägt die Umwandlung der GmbH in eine GmbH & Co. KG, unter Beibehaltung der bisherigen Gesellschafter, vor.

   Erläutern Sie die Rechtsform dieser GmbH & Co. KG!

   7.3 Die Gesellschafter möchten die Einrichtung eines Aufsichtsrats vermeiden. Wie ist das Problem durch die Umwandlung der GmbH in eine GmbH & Co. KG zu lösen?

69 Franz Hirschfeldt, gelernter Schlosser, und Annegret Grabisch, gelernte Bürokauffrau, wollen gemeinsam ihre Kenntnisse und Fertigkeiten selbstständig am Markt anbieten. Sie lassen bei der Notarin Elke Romländer das auf der nachfolgenden Seite abgebildete Musterprotokoll beurkunden.

Aufgaben:

1. Prüfen Sie, ob dieses Musterprotokoll den rechtlichen Anforderungen entsprechend erstellt wurde!

2. Aus welchem Grund mag der Gesetzgeber eine notarielle Beurkundung eines Gesellschaftsvertrags bzw. eines Musterprotokolls bei der Gründung einer GmbH festgelegt haben?

Urk.-Nr. 0001

Heute, den *15. November 20..* erschienen vor mir, *Elke Romländer*, Notar/in mit dem Amtssitz in *Stuttgart*,

Herr/~~Frau~~[1]

Hirschfeldt, Franz, geb. am 20.03.1975 in Oldenburg, wohnhaft Gerberstraße 12, 70178 Stuttgart, PA-Nr. 10029990,[2]

~~Herr~~/Frau[1]

Grabisch, Annegret, geb. am 10.04.1980 in Esslingen, wohnhaft Eibenweg 8, 73732 Esslingen, PA-Nr. 26394029,[2]

Herr/Frau[1]

. . . .
. . . .[2]

1. Die Erschienenen errichten hiermit nach § 2 Abs. 1a GmbHG eine Gesellschaft mit beschränkter Haftung unter der Firma *Hirschfeld Reparaturdienstleistungen UG (haftungsbeschränkt)* mit Sitz in *Stuttgart.*

2. Gegenstand des Unternehmens ist *die Erbringung von Reparaturdiensten.*

3. Das Stammkapital der Gesellschaft beträgt *5000,00 EUR (i.W. Fünftausend Euro)* und wird wie folgt übernommen:
   Herr/~~Frau~~[1] *Hirschfeldt, Franz,* übernimmt einen Geschäftsanteil mit einem Nennbetrag in Höhe von *4000,00 EUR* (i.W. *Viertausend Euro*) (Geschäftsanteil Nr. 1),
   ~~Herr~~/Frau[1] *Grabisch, Annegret,* übernimmt einen Geschäftsanteil mit einem Nennbetrag in Höhe von *1000,00 EUR* (i.W. *Eintausend Euro*) (Geschäftsanteil Nr. 2).
   Die Einlagen sind in Geld zu erbringen, und zwar sofort in voller Höhe/~~zu 50 % sofort~~, im Übrigen sobald die Gesellschafterversammlung ihre Einforderung beschließt[3].

4. Zum Geschäftsführer der Gesellschaft wird Herr/~~Frau~~[4] *Hirschfeldt, Franz,* geboren am *20.03.1975,* wohnhaft in *Stuttgart, Gerberstraße 12,* bestellt. Der Geschäftsführer ist von den Beschränkungen des § 181 des Bürgerlichen Gesetzbuchs befreit.

5. Die Gesellschaft trägt die mit der Gründung verbundenen Kosten bis zu einem Gesamtbetrag von 300 EUR, höchstens jedoch bis zum Betrag ihres Stammkapitals. Darüber hinausgehende Kosten tragen die Gesellschafter im Verhältnis der Nennbeträge ihrer Geschäftsanteile.

6. Von dieser Urkunde erhält eine Ausfertigung jeder Gesellschafter, beglaubigte Ablichtungen die Gesellschaft und das Registergericht (in elektronischer Form) sowie eine einfache Abschrift das Finanzamt – Körperschaftsteuerstelle – .

7. Die Erschienenen wurden ~~vom Notar~~ / von der Notarin insbesondere auf Folgendes hingewiesen:
   . . . .
   . . . .

Hinweise:
1 Nichtzutreffendes streichen. Bei juristischen Personen ist die Anrede Herr/Frau wegzulassen.
2 Hier sind neben der Bezeichnung des Gesellschafters und den Angaben zur notariellen Identitätsfeststellung ggf. der Güterstand und die Zustimmung des Ehegatten sowie die Angaben zu einer etwaigen Vertretung zu vermerken.
3 Nichtzutreffendes streichen. Bei der Unternehmergesellschaft muss die zweite Alternative gestrichen werden.
4 Nichtzutreffendes streichen.

8 Aktiengesellschaft (AG)

8.1 Begriff, Firma und Gründung der Aktiengesellschaft

(1) Begriff

Die Aktiengesellschaft ist eine **juristische Person,** d. h. eine Personenvereinigung, der das Aktiengesetz die Eigenschaft einer Person verleiht. Dies bedeutet, dass die Aktiengesellschaft ab ihrer Eintragung in das Handelsregister **rechtsfähig** ist [§ 6 HGB; § 41 I AktG]. Sie selbst ist es, die Rechtsgeschäfte abschließt, klagen oder verklagt werden kann. Die Aktiengesellschaft ist Gläubiger oder Schuldner, nicht etwa ihre Geldgeber, die Aktionäre. Die Aktionäre statten die AG lediglich mit Eigenkapital aus, indem sie sich mit Einlagen (Aktien) am Grundkapital der AG beteiligen. Wir halten fest: Die Aktiengesellschaft allein haftet für die Verbindlichkeiten der Gesellschaft [§ 1 AktG].

Merke:

- Die **Aktiengesellschaft** ist eine **Handelsgesellschaft mit eigener Rechtspersönlichkeit (juristische Person),** deren Gesellschafter (Aktionäre) **mit Einlagen an dem in Aktien** zerlegten **Grundkapital** beteiligt sind, **ohne persönlich für die Verbindlichkeiten** der Gesellschaft zu **haften.**
- Unternehmensformen, bei denen nur das Gesellschaftsvermögen der juristischen Person haftet, nennen wir allgemein **Kapitalgesellschaften.** Haften die Gesellschafter persönlich, sprechen wir von **Personengesellschaften.**

Die Funktion der Aktiengesellschaft besteht vom Grundsatz her darin, eine Vielzahl von Kapitaleinsätzen zu organisieren. Der Prototyp dieser Gesellschaftsform stellt sich als eine Verknüpfung einer großen Anzahl eher passiver Aktionäre dar, die beruflich anderweitig gebunden sind und die ihre Beteiligung am Grundkapital einer Aktiengesellschaft in Form von Aktien als (zeitweilige) Kapitalanlage betrachten.

Die **juristischen Folgerungen** aus dieser Ausgangssituation sind: die Verselbstständigung des angesammelten Eigenkapitals in einer **juristischen Person mit Ausschluss der persönlichen Haftung der Gesellschafter,** die Zerlegung des Eigenkapitals in **standardisierte Anteile (Aktien)** und deren rechtlich erleichterte Übertragbarkeit, die **Verwaltung der Aktiengesellschaft durch Organe** und eine daran anknüpfende **komplizierte Unternehmensverfassung,** mannigfaltige **Schutzvorschriften für Aktionäre und Gläubiger.**

Die genannten Wesensmerkmale machen die Aktiengesellschaft zur geeigneten Unternehmungsform zur Sammlung und zum risikoabhängigen wirtschaftlichen Einsatz einer Vielzahl kleinerer Kapitalien. Gleichzeitig erlaubt die Börse eine kurzfristige Liquidation des individuellen Kapitaleinsatzes trotz langfristiger Bindung des investierten Kapitals.

(2) Firma

Die Firma der AG muss die Bezeichnung Aktiengesellschaft oder eine allgemein verständliche Abkürzung dieser Bezeichnung (z. B. AG) enthalten [§ 4 AktG].

Beispiele:

Duisburger Motorenwerke Aktiengesellschaft; Münsterländer Spiegelglas Aktiengesellschaft; Volkswagenwerk Aktiengesellschaft; Mitter & Töchter AG; Spielwarenfabrik Spiwa AG.

19 Speth u.a. - ISBN 978-3-8120-0572-2

(3) Gründung

■ Feststellung der Satzung

Die Gründung der AG beginnt mit der Feststellung der Satzung. Sie ist das Grundgesetz der zu gründenden AG.

> ■ Die Satzung kann von einer Person oder von mehreren **natürlichen** oder **juristischen Personen,** die Aktien übernehmen, festgestellt werden. Sie heißen **Gründer.**
>
> ■ Vom Gründer bzw. von den Gründern muss ein **Gesellschaftsvertrag** (der bei der AG als **Satzung** bezeichnet wird) abgeschlossen werden, der von einem **Notar zu beurkunden ist** [§ 23 I AktG]. Wesentliche Inhalte der Satzung sind gesetzlich festgelegt [§ 23 II, III und IV AktG].

■ Art der Aufbringung des Grundkapitals

Das Grundkapital kann in Form von Bargeld oder Buchgeld (Bargründung) oder in Form von Sachen oder Rechten (Sachgründung) eingezahlt werden.

Bargründung	Bei der Bargründung erfolgt die Übernahme der Aktien gegen Geldeinzahlungen. Gesetzlich ist ein Mindestnennbetrag des Grundkapitals (Summe der auf den **Nennbetragsaktien**[1] aufgedruckten Nennwerte) von 50000,00 EUR vorgeschrieben [§ 7 AktG]. Der **Mindestnennwert** einer **Nennbetragsaktie** beträgt 1,00 EUR. Höhere Nennbeträge müssen auf volle Euro lauten [§ 8 II AktG]. Der auf eine **Stückaktie**[1] (Aktie ohne Nennbetrag; nennwertlose Aktie) entfallende anteilige Betrag des Grundkapitals darf 1,00 EUR nicht unterschreiten (Näheres siehe §§ 8 III, 9 AktG).
Sachgründung	Bei der Sachgründung bringen die Aktionäre statt der Geldeinlagen **Sacheinlagen** (z.B. Einbringung von Patenten und/oder Grundstücken) ein oder die AG tätigt **Sachübernahmen** (z.B. Übernahme von Gebäuden oder Maschinen). Sacheinlagen bzw. Sachübernahmen müssen in der Satzung festgehalten werden [§ 27 AktG].

Mit der Übernahme aller Aktien durch die Gründer ist die **Aktiengesellschaft errichtet.**

■ Eintragung in das Handelsregister

Nachdem die Gründer den Vorstand, den Aufsichtsrat sowie den Abschlussprüfer gewählt und einen Gründungsbericht (mit Prüfungsvermerk) erstellt haben, wird die Gesellschaft ins **Handelsregister eingetragen.** Mit der Eintragung ist die Aktiengesellschaft (juristische Person, Kaufmann) entstanden (**konstitutive Wirkung** der Eintragung) [§ 41 I AktG].

8.2 Eigenkapitalaufbringung: Aktie als Beteiligungs- und Finanzierungsinstrument bei Aktiengesellschaften

8.2.1 Begriff und Wert der Aktien

(1) Begriff Aktie

Die Aktie verbrieft eine Beteiligung am Eigenkapital (ein Anteilsrecht) und ein Mitgliedschaftsrecht an einer Aktiengesellschaft, denn der Aktionär ist nominell (mit dem Nennwert) mit einem bestimmten Anteil am Grundkapital und real am gesamten Eigenkapital beteiligt.

---

1 Der Nennwert ist der auf einem Wertpapier genannte, aufgedruckte Betrag. Die Begriffe Nennbetragsaktie und Stückaktie werden auf der S. 293 behandelt.

Erläuterungen:

Wertpapiere	Dies sind Urkunden, die ein privates Recht in der Weise verbriefen, dass zur Ausübung dieses Rechts die Innehabung der Urkunde erforderlich ist. Das Recht aus dem Papier folgt dem Recht am Papier.
Effekten	Hierbei handelt es sich um vertretbare (fungible) Kapitalwertpapiere mit Ertragsanspruch.
Kapitalwertpapiere	Kapitalwertpapiere werfen einen Ertrag ab und verbriefen langfristige For-derungen oder Beteiligungen.

(2) Wert der Aktien (Kurs)

Der Aktionär ist über das Grundkapital am Eigenkapital der Aktiengesellschaft beteiligt. Dies bedeutet, dass der Wert der Aktie die Rücklagen und den Gewinnvortrag mit ein-schließt. Der Preis (Kurs), der für die Aktie bezahlt wird, hängt von der Nachfrage nach Aktien und vom Angebot von Aktien ab. Angebot und Nachfrage werden bestimmt durch die Höhe des Eigenkapitals einer AG, die Gewinnerwartungen der Anbieter und Nachfra-ger, den Konjunkturverlauf, die politische Lage und durch die spekulativen Überlegungen der Aktienanbieter und -nachfrager.

- Die Aktien der meisten Aktiengesellschaften werden an der Wertpapierbörse gehan-delt. Der **Marktpreis (Kurs)** für diese Aktien bildet sich an der Wertpapierbörse.[1] Die Notierung erfolgt in Euro, bezogen auf die kleinste Stückelung (Stückkurs).

- Der **Kurswert** ist der Preis, der für die gekauften Aktien bezahlt werden muss (Stück-kurs · Anzahl der gekauften Aktien = Kurswert).

8.2.2 Aktienarten

Aktien können nach verschiedenen Merkmalen (Kriterien) eingeteilt werden.

(1) Arten der Aktien nach ihrer Übertragbarkeit

■ Inhaberaktien

Bei Inhaberaktien kann jeweils der Besitzer das in der Urkunde verbriefte Recht geltend machen. Der Eigentümer (Inhaber) der Aktien bleibt für die Aktiengesellschaft in der Regel unbekannt. Sie werden durch Einigung und Übergabe übertragen [§§ 929 ff. BGB].

■ Namensaktien

Auf ihnen ist bei effektiven Stücken der Name des Anteilseigners (Aktionärs) eingetragen. Bei nicht verbrieften Namensaktien (Wertrechten) werden z. B. die Namen der Aktionäre,

---

1 Die Wertpapierbörse ist der Markt für vertretbare Kapitalwertpapiere (Effekten).

der Wohnort und die Geburtsdaten der Aktionäre im Aktienregister der AG eingetragen [§ 67 I AktG].[1] Die Übertragung der Namensaktien erfolgt bei effektiven Stücken (Urkunden) durch Einigung, Übergabe und Indossament[2] [§§ 929 ff. BGB, § 68 I AktG]. Bei Namensaktien ohne Urkunde erfolgt die Übertragung durch Löschung und Neueintragung im Aktienregister [§ 67 III AktG]. Nicht voll eingezahlte Aktien (Mindesteinzahlung 25 % des Nennwerts) sind immer Namensaktien [§ 10 II AktG].

Durch die fortgeschrittene Informationstechnologie ist die Durchführung von Käufen bzw. Verkäufen von Namensaktien ähnlich schnell und kostengünstig wie bei Inhaberaktien geworden. Da die notwendigen Umschreibungen im Aktienregister ausschließlich durch elektronische Datenverarbeitung erfolgen können, ist es möglich, Geschäfte mit Namensaktien wie bei Inhaberaktien innerhalb von zwei Börsentagen durchzuführen. Die zunehmende Bedeutung der Namensaktien in Deutschland ist auch darauf zurückzuführen, dass die Gesellschaften die Aktionäre gezielt ansprechen können und zudem die internationale Kapitalbeschaffung erleichtert wird. So können die Namensaktien z. B. problemlos sowohl an den Wertpapierbörsen in Deutschland als auch an den Wertpapierbörsen in den USA gehandelt und notiert werden. (In den USA ist dies nur bei Namensaktien möglich.) Auch die Abwicklung von Hauptversammlungen über das Internet wird möglich werden. Probleme ergeben sich beim Datenschutz, z. B. durch den Missbrauch von Aktionärsdaten beim Marketing oder bei der Werbung.[3]

■ Vinkulierte Namensaktien

Sie stellen Namensaktien dar, bei denen die Übertragung an die Zustimmung der AG gebunden ist [§ 68 II AktG].

(2) Arten der Aktien nach den verbrieften Rechten

■ Stammaktien

Sie sind die „gewöhnlichen", von einer AG zur Beschaffung von Grundkapital herausgegebenen Aktien. Diese Aktien gewähren dem Aktionär die nach dem Aktiengesetz oder der Satzung zustehenden Rechte.

■ Vorzugsaktien

Vorzugsaktien sind gegenüber Stammaktien mit bestimmten Vorzügen ausgestattet. Diese Vorzüge können im Ertrag (z. B. Vorzugsdividende), Bezugsrecht und/oder bei der Liquidation der Gesellschaft liegen. Von praktischer Bedeutung sind vor allem die Dividendenvorzugsaktien. Die Ausgabe von Mehrstimmrechtsaktien ist nach § 12 II AktG unzulässig. Zulässig ist aber die Ausgabe von stimmrechtslosen „Vorzugsaktien" [§ 12 I AktG]. Eine Aufhebung oder Beschränkung des Vorzugs bedarf zur Rechtswirksamkeit der Zustimmung der Vorzugsaktionäre [§ 141 I AktG].

---

1 Effektive (gedruckte) Namensaktien als Stückaktien sind noch im Aktienbuch eingetragen.

2 Das Indossament ist ein Übertragungsvermerk (vor allem eine Unterschrift) des Weitergebenden.

3 Jeder Aktionär kann deshalb von der Aktiengesellschaft Auskunft über die zu seiner Person in das Aktienregister eingetragenen Daten verlangen. Die Aktiengesellschaften dürfen die Registerdaten für ihre Aufgaben im Verhältnis zu ihren Aktionären verwenden. Sollen die persönlichen Daten zur Werbung für das Unternehmen verwendet werden, ist dies nur möglich, soweit die Aktionäre dem nicht widersprechen. Die Aktionäre sind über ihr Widerspruchsrecht in angemessener Weise zu informieren [§ 67 VI AktG].

(3) Arten der Aktien nach ihrem Ausgabezeitpunkt[1]

Alte Aktien	Hierunter versteht man die zum Zeitpunkt einer Grundkapitalerhöhung bereits vorhandenen Aktien. Sie gewähren ein Bezugsrecht auf „junge Aktien".
Junge Aktien	Sie sind Aktien, die bei einer Grundkapitalerhöhung [§§ 182 ff. AktG] den Aktionären zum Kauf angeboten werden. Die alten Aktionäre können ihr Bezugsrecht verkaufen, sodass auch Dritte die jungen Aktien erwerben können.

(4) Arten der Aktien nach der Angabe der Beteiligungshöhe

Nennbetragsaktien	Sie müssen auf mindestens einen Euro, höhere Aktiennennbeträge müssen auf volle Euro lauten [§ 8 II AktG]. Bei Nennbetragsaktien bestimmt sich der Anteil am Grundkapital nach dem Verhältnis ihres Nennbetrags zum Grundkapital [§ 8 IV AktG].
Stückaktien	Sie lauten auf keinen Nennbetrag (nennwertlose Aktien). Stückaktien sind am Grundkapital einer Aktiengesellschaft immer in gleichem Umfang beteiligt [§ 8 III, S. 1 und 2 AktG]. Hat z.B. eine Aktiengesellschaft ein Grundkapital (gezeichnetes Kapital) von 10 Mio. EUR und gibt sie 2 Mio. Stückaktien aus, so ist jede Stückaktie mit einem zweimillionstel Teil am Grundkapital der AG beteiligt. Der auf die einzelne Aktie entfallende anteilige Betrag des Grundkapitals darf einen Euro jedoch nicht unterschreiten [§ 8 III, S. 3 AktG]. Aktien dürfen nicht für einen geringeren Betrag als den Nennwert oder den auf die einzelne Stückaktie entfallenden anteiligen Betrag des Grundkapitals ausgegeben werden (geringster Ausgabebetrag, „fiktiver Nennwert")[2] [§ 9 I AktG]. Eine Ausgabe mit einem höheren Betrag ist jedoch zulässig [§ 9 II AktG].

8.3 Geschäftsführung, Vertretung, Kontrolle der Geschäftsführung und Haftung[3]

Da die Aktiengesellschaft als juristische Person nicht wie ein Mensch handeln kann, braucht sie, um handlungsfähig zu sein, **Organe.** Diese Organe sind: der **Vorstand,** der **Aufsichtsrat** und die **Hauptversammlung.**

Organe der AG		
Vorstand (leitendes Organ)	**Aufsichtsrat** (überwachendes Organ)	**Hauptversammlung** (beschließendes Organ)

---

1 Siehe hierzu auch Kapitel 11.3, S. 330 ff.

2 Fiktiv: angenommen.

3 Auf die Gewinnverwendung und Verlustbeteiligung wird in der Lehrplaneinheit 3, S. 318 ff. eingegangen.

(1) Geschäftsführung und Vertretung durch den Vorstand

■ Wahl und Anzahl der Vorstandsmitglieder

Der Vorstand als leitendes Organ wird vom **Aufsichtsrat** auf höchstens 5 Jahre **bestellt** [§ 84 I AktG]. Er kann aus einer Person oder aus mehreren Personen (den Vorstandsmitgliedern, Direktoren) bestehen, die natürliche und unbeschränkt geschäftsfähige Personen sein müssen [§ 76 III AktG]. Bei Gesellschaften mit einem Grundkapital von mehr als 3 Mio. EUR muss er, soweit die Satzung nicht ausdrücklich anderes bestimmt, aus mindestens zwei Personen bestehen [§ 76 II AktG].

■ Aufgaben des Vorstands

Die Aufgaben des Vorstands sind vor allem:

Geschäftsführung und Vertretung	**Geschäftsführung** nach **innen** und **Vertretung** der AG nach **außen,** z.B. Abschluss von Verträgen, Ernennung von Bevollmächtigten, Verkehr mit Behörden. Der Vorstand hat die AG in eigener Verantwortung zu leiten [§ 76 II AktG].
	Nach dem Gesetz besteht, sofern der Vorstand mehrere Mitglieder hat, **Gesamtgeschäftsführungsbefugnis** und **Gesamtvertretungsmacht** [§§ 77, 78 AktG]. Abweichende Bestimmungen müssen in der Satzung niedergelegt sein. Einzelvertretungsmacht muss aber, um wirksam zu sein, im Handelsregister eingetragen werden [§ 81 AktG].
Unterrichtung des Aufsichtsrats	Der Vorstand hat den Aufsichtsrat über die Geschäftslage der AG regelmäßig zu unterrichten [§ 90 AktG].
Erstellung des Jahresabschlusses	Der Jahresabschluss besteht aus der **Bilanz** mit der **Gewinn- und Verlustrechnung** [§ 242 HGB] und dem **Anhang.** Daneben hat der Vorstand mittlerer und großer Aktiengesellschaften einen **Lagebericht** aufzustellen [§ 264 HGB].
Einberufung der ordentlichen Hauptversammlung	Mindestens einmal jährlich muss der Vorstand eine ordentliche Hauptversammlung einberufen [§ 121 AktG]. Zudem muss der Vorstand eine außerordentliche Hauptversammlung bei hohen Verlusten, Überschuldung oder Zahlungsunfähigkeit einberufen [§ 92 AktG].

■ Einhaltung des Wettbewerbsverbots durch die Vorstandsmitglieder [§ 88 AktG]

Die Vorstandmitglieder dürfen ohne Einwilligung des Aufsichtsrats weder ein Handelsgewerbe betreiben noch im Geschäftszweig der Gesellschaft für eigene oder fremde Rechnung Geschäfte machen. Sie dürfen ohne Einwilligung auch nicht Mitglied des Vorstands oder Geschäftsführer oder persönlich haftender Gesellschafter einer anderen Handelsgesellschaft sein. Verstößt ein Vorstandsmitglied gegen dieses Verbot, so kann die Gesellschaft z.B. Schadensersatz fordern (Näheres siehe § 88 II AktG).

(2) Kontrolle der Geschäftsführung durch den Aufsichtsrat

■ Wahl, Zusammensetzung und Anzahl der Aufsichtsratsmitglieder

Der Aufsichtsrat besteht – sofern dem nicht andere Gesetze entgegenstehen – aus **mindestens drei Mitgliedern.** Die Satzung kann bestimmte höhere Mitgliederzahlen festsetzen, die jedoch stets durch drei teilbar sein müssen. Die Höchstzahl der Aufsichtsratsmitglieder beträgt bei Gesellschaften mit einem Grundkapital von mehr als 10 Mio. EUR einundzwanzig [§ 95 AktG].

Durch die verschiedenen Gesetze zur Stärkung der **Mitbestimmungsrechte** der Arbeitnehmer und Gewerkschaften gelten bezüglich der **Wahl, Zusammensetzung** und **Zahl der Aufsichtsräte** unterschiedliche Vorschriften, wie die folgende Übersicht zeigt.

Art der AG	Geltendes Gesetz	Vorschriften über den AR
Kleine Aktiengesellschaften (500 bis 2 000 Arbeitnehmer) [§ 1 DrittelbG]	**DrittelbG 2004** (gilt für kleine Aktiengesellschaften und Montangesellschaften mit i. d. R. nicht mehr als 1 000 Arbeitnehmern)	Der AR besteht aus mindestens 3 Personen oder aus einer höheren durch drei teilbaren Mitgliederzahl. Die HV wählt $^2/_3$, die Arbeitnehmer oder deren Delegierte wählen $^1/_3$ der AR-Mitglieder (**„Drittel-Parität"**). Höchstzahl 21 Mitglieder.
Große Aktiengesellschaften (i. d. R. mehr als 2 000 Arbeitnehmer) [§ 1 MitbestG]	**MitbestG 1976** (gilt für große Aktiengesellschaften, die nicht Montangesellschaften sind)	Der AR hat 12 bis 20 Mitglieder. Die Hälfte wird grundsätzlich von der HV gewählt (Vertreter der Aktionäre). Die übrigen AR-Mitglieder der Arbeitnehmer (von denen ein Mitglied Vertreter der leitenden Angestellten sein muss) werden von den Delegierten der Arbeitnehmer oder direkt von den wahlberechtigten Arbeitnehmern gewählt (**„gleichgewichtige Mitbestimmung"**).

Die Aufsichtsratsmitglieder werden von der **Hauptversammlung** sowie von der Belegschaft (den Arbeitnehmern) **für 4 Jahre gewählt.** Nur natürliche und unbeschränkt geschäftsfähige Personen können Aufsichtsratsmitglieder werden [§ 100 I AktG].

■ **Aufgaben des Aufsichtsrats**

Die Aufgaben des Aufsichtsrats sind vor allem:

- **Bestellung des Vorstands,** Abberufung des Vorstands, wenn wichtige Gründe (z. B. Pflichtverletzungen) vorliegen, Überwachung des Vorstands, Einsicht und Prüfung der Geschäftsbücher [§§ 84, 111 AktG].
- **Prüfung des Jahresabschlusses,** des Lageberichts und des Vorschlags für die Verwendung des Bilanzgewinns [§ 171 I AktG].
- **Einberufung einer außerordentlichen Hauptversammlung,** wenn es das Wohl der Gesellschaft erfordert (z. B. bei Eintritt hoher Verluste, § 111 III AktG).

(3) Hauptversammlung als Beschlussorgan der Aktionäre

Die Hauptversammlung als **beschließendes Organ** der Aktiengesellschaft ist die **Versammlung der Gesellschafter (Aktionäre).** In der Hauptversammlung nehmen die Aktionäre ihre Rechte durch **Ausübung des Stimmrechts** wahr [§ 118 I AktG].

Jedem Aktionär ist auf Verlangen in der Hauptversammlung vom Vorstand Auskunft über Angelegenheiten der Gesellschaft zu geben, soweit sie zur sachgemäßen Beurteilung des Gegenstands der Tagesordnung erforderlich ist [§ 131 I, S. 1 AktG]. Allerdings darf die Auskunft verweigert werden, wenn dadurch der Gesellschaft oder einem verbundenen Unternehmen ein nicht unerheblicher Nachteil zugefügt würde (zu Einzelheiten vgl. § 131 III AktG). Im Zweifelsfall entscheidet das Gericht über die Berechtigung einer Auskunftsverweigerung.

Wichtige **Aufgaben der Hauptversammlung** sind z. B.:

Wahl der AR-Mitglieder, der Anteilseigner und Abberufung der AR-Mitglieder	**Beschließt über Grundfragen der AG** (z. B. Satzungsänderung, Kapitalerhöhung und -herabsetzung, Verschmelzung, Auflösung)	**Entlastung der Vorstands- und AR-Mitglieder** (Entlastung: nachträgliche Billigung der Tätigkeit des Vorstands und des AR)	**Beschluss über die Verwendung des Bilanzgewinns**

Die **ordentliche Hauptversammlung** muss jährlich in den ersten 8 Monaten des Geschäftsjahres einberufen werden zur Entgegennahme des Jahresabschlusses und des Lageberichts sowie zur Beschlussfassung über die Verwendung des Bilanzgewinnes. Zu den Gründen für die Einberufung der **außerordentlichen Hauptversammlung** siehe §§ 122, 92, 119 AktG.

(4) Haftung

Wer Aktien bei einer Gründung übernimmt oder über die Wertpapierbörse kauft, haftet nicht für die Verbindlichkeiten der Gesellschaft. Als juristische Person haftet lediglich die Aktiengesellschaft selbst [§ 1 I AktG]. Das einzige Risiko, das der Aktionär eingeht, ist, dass er einen Kursverlust erleidet oder dass er im Extremfall den Wert der gesamten Aktien verliert. Das Letztere ist der Fall, wenn die Aktiengesellschaft z. B. wegen Überschuldung aufgelöst wird, also kein Eigenkapital mehr übrig bleibt. Man sagt daher, dass die Aktionäre lediglich eine **Risikohaftung** übernehmen.

8.4 Rechte der Aktionäre

- **Stimmrecht in der Hauptversammlung** entsprechend der Aktiennennbeträge oder der Anzahl der Stückaktien, die sich im Eigentum eines Aktionärs befinden [§ 134 I AktG].[1] Zur Ausübung des Stimmrechts muss der Aktionär nicht persönlich an der Hauptversammlung teilnehmen. Das Stimmrecht kann auch durch eine schriftlich beauftragte Person oder Institution (z. B. eine Bank) ausgeübt werden.

- **Anrecht auf Gewinnbeteiligung (Dividende)** [§ 60 I AktG], die in der Regel in einem Eurobetrag je Aktie ausgedrückt wird. Beträgt z. B. die Dividende 0,20 EUR je 1-EUR-Aktie, so schüttet die AG bei einem Grundkapital von 30 Mio. EUR 6 Mio. EUR Gewinn aus.[2]

---

1 Ein Aktionär mit einem „Aktienpaket" zum Nennwert von 10000,00 EUR hat also das fünffache Gewicht gegenüber einem Aktionär, dem nur Aktien im Nennwert von 2000,00 EUR gehören. Da für die Beschlüsse der Hauptversammlung grundsätzlich die einfache Mehrheit der abgegebenen Stimmen genügt [§ 133 AktG], kann ein Großaktionär mit theoretisch 50 %igem Aktienbesitz über den von ihm mitbestimmten Aufsichtsrat erheblichen Einfluss auf die Aktiengesellschaft gewinnen. Lediglich bei Satzungsänderungen ist eine Mehrheit von mindestens 75 % des bei der Beschlussfassung vertretenen Grundkapitals erforderlich **(qualifizierte Mehrheit)** [§§ 179, 182 ff. AktG]. Besitzt ein Aktionär also nur wenig mehr als 25 %, so kann er solche Beschlüsse verhindern **(Sperrminorität)**.

Praktisch genügt eine geringere Mehrheit, weil bei der Hauptversammlung in aller Regel nicht alle Aktionäre erscheinen oder ihr Stimmrecht an andere (z. B. an ihre Bank) abtreten.

2 Zu Einzelheiten siehe S. 318 ff.

- **Wahl des Aufsichtsrats** und dessen Abberufung.

- **Bezugsrecht für neue Aktien** bei einer **Grundkapitalerhöhung** [§ 186 AktG].[1]

- **Entgegennahme des Jahresabschlusses, des Lageberichts und des Berichts des Aufsichtsrats** [§ 120 III AktG] **und Beschluss über die Verwendung des Bilanzgewinns** [§ 174 AktG].

- **Entlastung des Vorstands und des Aufsichtsrats** [§ 120 AktG].

- **Auskunftsrecht über Angelegenheiten der Gesellschaft** [§ 131 AktG].

- **Anfechtung eines Beschlusses der Hauptversammlung wegen Verletzung eines Gesetzes oder der Satzung** [§§ 243 ff. AktG].

- **Recht auf Anteil am Liquidationserlös** [§ 271 AktG], falls die Aktiengesellschaft aufgelöst (liquidiert) wird. (Liquidation: Auflösung eines Unternehmens.)

- **Einberufung der Hauptversammlung** (Näheres siehe § 122 AktG).

8.5 Auflösung und Bedeutung der Aktiengesellschaft

(1) Auflösung der Aktiengesellschaft

Die Auflösung der Aktiengesellschaft ist in den §§ 262 ff. AktG geregelt. Neben der zwangsweisen Auflösung im Rahmen eines **Insolvenzverfahrens** wegen **Zahlungsunfähigkeit** und/oder **Überschuldung** kann die AG auch durch **Beschluss der Hauptversammlung** mit einer Mehrheit von mindestens drei Viertel des bei der Beschlussfassung vertretenen Grundkapitals aufgelöst (beendet, liquidiert) werden. Die Satzung kann weitere Auflösungsgründe bestimmen.

(2) Bedeutung der Aktiengesellschaft

- *Die Aktiengesellschaft ist die Unternehmensform für kapitalintensive Großbetriebe, die teure Betriebsanlagen benötigen, hohe Aufwendungen für Forschung und Entwicklung haben und eine Vielzahl von qualifizierten und hoch bezahlten Mitarbeitern anstellen.*

Durch die Aufteilung des Grundkapitals in viele kleine Kapitalanteile sind die Aktiengesellschaften in der Lage, große Kapitalbeträge anzusammeln und zu investieren. Die Aktiengesellschaft ist damit in der Regel die Unternehmensform für Großunternehmen.

Die starke Marktstellung der großen Kapitalgesellschaften ermöglicht diesen, hohe soziale Leistungen für ihre Belegschaftsmitglieder zu erbringen (z.B. übertarifliche Löhne, zusätzliche Altersversorgung, Ferienheime). Zum Abbau der Interessenkonflikte zwischen Arbeitnehmern (primäres Interesse an hohen Löhnen bzw. Sicherung des Arbeitsplatzes) und dem Kapital (primäres Interesse an der Kapitalbildung bzw. dem Unternehmenswachstum) tragen die verschiedenen Mitbestimmungsgesetze bei.

---

1 Zu Einzelheiten siehe Kapitel 11.3, S. 330 ff.

Schließlich sind die großen Unternehmen aufgrund ihrer Kapitalkraft in der Lage, kostspielige Forschungsvorhaben zu finanzieren und durchzuführen (z. B. Auffinden neuer Rohstoffquellen, Entwicklung neuer Technologien). Sie sind daher wesentliche Träger der weiteren Produktivitätsentwicklung. Andererseits sind sie aufgrund ihrer Größe wenig flexibel, weil grundsätzliche Entscheidungen lange brauchen.

■ *Die Führung der Aktiengesellschaft kann besonders geeigneten und tüchtigen Fachkräften übertragen werden. Durch die Verteilung der Verantwortung auf mehrere Personen wird das Problem einer guten Unternehmensführung besser abgesichert.*

Ein Vorteil der Trennung von Unternehmensleitung und Eigenkapitalaufbringung ist, dass ausgesuchte qualifizierte Fachleute mit der Unternehmensleitung beauftragt werden können. Allerdings birgt die Trennung von Eigenkapital und Management (Geschäftsleitung), also die Entstehung von „Manager-Unternehmern", die Gefahr in sich, dass einzelne Personen ohne jeden Anteil am Eigenkapital des verwalteten und vertretenen Unternehmens ihre unbestreitbar große wirtschaftliche und politische Macht missbrauchen. Es ist daher kein Zufall, dass die Mitbestimmung gerade bei den Aktiengesellschaften am weitesten vorangetrieben wurde.

■ *Aus gesamtwirtschaftlicher Sicht haben große Kapitalgesellschaften den Vorteil, dass sie zu einer breiteren Streuung der Beteiligung der Arbeitnehmer am Produktivvermögen beitragen können. Andererseits besteht die Gefahr, dass es über Verflechtungen zu einer Konzentration der Wirtschaftsmacht kommt.*

Ein weiterer Vorteil der Aktiengesellschaft ist die beschränkte, mittelbare Haftung der Aktionäre. Damit kann auch ein wirtschafts- und sozialpolitisches Ziel der sozialen Marktwirtschaft, nämlich eine größere Unternehmensbeteiligung der Arbeitnehmer verfolgt werden.

Die Gefahr für eine marktwirtschaftlich orientierte Wirtschaftsordnung besteht allerdings darin, dass die Möglichkeit, jederzeit Aktien anderer Unternehmen aufkaufen zu können, die Konzentration (z. B. die Machtzusammenballung durch Konzernbildung) erleichtert. Durch hintereinander geschaltete Beteiligungen kann so mit verhältnismäßig geringem Kapital eine Gruppe von Manager-Unternehmern (denen kein „Cent" an den beherrschten Unternehmen „gehören" muss) eine Vielzahl von Unternehmen beherrschen.

Zusammenfassung

■ Die **AG** ist vor allem durch folgende **Merkmale** charakterisiert: (1) juristische Person; (2) Handelsgesellschaft; (3) Aktionäre sind mit Einlagen am Grundkapital beteiligt; (4) keine persönliche Haftung der Aktionäre.

■ Die **Firma** der AG muss die Bezeichnung „Aktiengesellschaft" oder eine allgemein verständliche Abkürzung dieser Bezeichnung enthalten.

■ Zur **Gründung** der AG sind erforderlich: (1) ein oder mehrere Gründer; (2) Satzung; (3) Mindestnennbetrag des Grundkapitals 50 000,00 EUR; (4) Übernahme der Aktien durch die Gründer; (5) Eintragung ins Handelsregister.

■ **Aktien** sind **Teilhaberpapiere.** Sie verbriefen ein nominelles Anteilsrecht am Grundkapital und ein reales Anteilsrecht am Eigenkapital der Aktiengesellschaft. Aktien gewähren dem Inhaber – neben der Beteiligung am Reinvermögen der Gesellschaft – einen Anspruch auf Beteiligung am Gewinn (Dividende), ein Bezugsrecht, ein Stimmrecht und das Recht auf einen Anteil am Liquidationserlös.

- Der **Preis (Kurs)**, der für die Aktie tatsächlich bezahlt wird, hängt von Angebot und Nachfrage ab. Das Eigenkapital ist ein möglicher Maßstab, an dem sich der Kurs einer Aktie ausrichten kann. Hinzutreten können: politische Überlegungen, spekulative Erwägungen, Konjunkturverlauf, Ertragswert oder erwartete Geschäftsabschlüsse.

- Aktien können z. B. nach der **Übertragbarkeit** (in Inhaber- und Namensaktien), den **verbrieften Rechten** (in Stamm- und Vorzugsaktien), dem **Ausgabezeitpunkt** (in junge und alte Aktien) und nach Angabe der **Beteiligungshöhe** (in Nennbetragsaktien und Stückaktien) unterschieden werden.

- Die **Bestellung, Rechtsstellung und Aufgaben der Organe der Aktiengesellschaft** lassen sich aus nachstehender Abbildung entnehmen:

Wahl des Aufsichtsrats nach dem Gesetz über die Mitbestimmung der Arbeitnehmer
(MitbestG: Mitbestimmungsgesetz) vom 4. Mai 1976

- Die **Pflichten des Aktionärs** sind: (1) Leistung der übernommenen Kapitaleinlage; (2) Übernahme der Risikohaftung.

- Die **Rechte des Aktionärs** umfassen: (1) Teilnahme an der HV; (2) Auskunftsrecht; (3) Recht auf Anfechtung eines HV-Beschlusses; (4) Gewinnbeteiligung; (5) Bezugsrecht auf junge Aktien; (6) Anspruch auf Liquidationserlös; (7) Entgegennahme des Jahresabschlusses, Lageberichts, Berichts des Aufsichtsrats und Beschluss über die Verwendung des Bilanzgewinns; (8) Entlastung des Vorstands und des Aufsichtsrats.

Übungsaufgaben

70 1. Die Franz Schneider OHG liefert seit Langem Tuche an die Kleiderfabrik Schorndorf AG, deren Vorstand Herr Dipl.-Kfm. Moder ist. In letzter Zeit erfolgen die Zahlungen der Schorndorf AG nur schleppend, die Bezahlung einiger Rechnungen steht trotz mehrmaliger Mahnungen aus. Die Franz Schneider OHG will daher Herrn Moder auf Zahlung verklagen.

Nehmen Sie im Zusammenhang mit diesem Fall zu folgenden Fragen Stellung:

Aufgaben:

1.1 Kann die Franz Schneider OHG den Vorstand auf Zahlung verklagen? Begründen Sie Ihre Antwort!

1.2 Wäre es sinnvoller, die Aktionäre zu verklagen? Begründen Sie Ihre Antwort!

1.3 Falls Vorstand und/oder Aktionäre nicht haften: Wer haftet dann?

2. In der Hauptversammlung der Steinbach AG ist die Mehrheit der Anwesenden der Meinung, dass der Vorstand den Umsatzrückgang des vergangenen Jahres durch leichtsinnige Geschäftsführung verschuldet habe. Man verlangt die Absetzung des Vorstands.

Aufgaben:

2.1 Welcher Personenkreis ist in der Hauptversammlung vertreten?

2.2 Kann die Hauptversammlung den Vorstand absetzen? Begründen Sie Ihre Entscheidung!

2.3 Hat die Hauptversammlung überhaupt einen Einfluss darauf, wer Vorstand einer AG wird?

3. Auf welche Gründe führen Sie es zurück, dass die meisten großen Unternehmen die Rechtsform der Aktiengesellschaft (AG) aufweisen?

4. Aktiengesellschaften können sich durch Ausgabe von Aktien Finanzmittel beschaffen.

Aufgaben:

4.1 Erklären Sie die Begriffe Nennwert und Kurs!

4.2 Nennen Sie fünf Rechte, die eine Aktie verbrieft. Belegen Sie Ihre Aussage jeweils mit der Angabe der Gesetzesquelle!

4.3 Warum kann eine Aktie mit einem Nennwert von 5,00 EUR auf 98,00 EUR steigen?

4.4 Erläutern Sie die Vor- und Nachteile der Namensaktien!

4.5 Welche „Funktion" hat die Aktie?

71 Peter Kaiser, alleiniger Inhaber (Gesellschafter) einer Maschinenfabrik, hat ein neues patentiertes Verfahren zur Wiederaufbereitung (Recycling) von Kunststoffen entwickelt und möchte zur Auswertung seiner Erfindung eine Aktiengesellschaft gründen.

Aufgaben:

1. Nennen Sie zwei wichtige wirtschaftliche Entscheidungen, die bei der Gründung dieser AG außer der Wahl der Rechtsform getroffen werden müssen!

2. Wie viel Personen sind zur Gründung einer Aktiengesellschaft erforderlich und wie viel EUR muss das Grundkapital mindestens betragen, das die Gesellschafter aufbringen müssen?

3. Bei der Gründerversammlung wird auch über eine Bargründung und/oder Sachgründung sowie über die Firma der zu gründenden AG gesprochen.

   3.1 Erklären Sie kurz die beiden Gründungsarten!

   3.2 Machen Sie einen Firmenvorschlag und erklären Sie kurz drei Grundsätze, die bei der Wahl der Firma berücksichtigt werden müssen!

4. Nachdem die Gründervoraussetzungen erfüllt sind, wird die Satzung am 28. Juli 20.. unterschrieben und die Aktiengesellschaft am 14. August 20.. beim Handelsregister angemeldet. Am 8. Oktober 20.. erfolgt die Handelsregistereintragung.

   4.1 In welcher Form muss der Gesellschaftsvertrag abgeschlossen werden und warum?

   4.2 Nennen Sie zwei Stellen, bei denen die neu gegründete AG angemeldet werden muss und begründen Sie kurz diese Anmeldepflicht!

   4.3 Welche Aufgaben hat das Handelsregister und wo wird es geführt? Welche Rechtswirkung hat die erfolgte Handelsregistereintragung für die AG?

4.4 Nennen Sie zwei eintragungspflichtige Tatsachen der AG!

4.5 An welchem Tag ist die AG als juristische Person entstanden?

4.6 Warum muss eine AG so genannte Organe haben? Nennen Sie die Organe und jeweils zwei ihrer Aufgaben!

4.7 Nennen Sie zwei Gründe, die zur Auflösung der AG führen können!

5. Nennen und beurteilen Sie einige Vor- und Nachteile großer Aktiengesellschaften

   5.1 aus der Sicht der Kapitalgeber,

   5.2 aus der Sicht der in diesen Unternehmen Beschäftigten und

   5.3 aus der Sicht der Verbraucher!

6. Vergleichen Sie in gegenüberstellender Weise die OHG und die AG hinsichtlich folgender Probleme:

   6.1 Vorschriften zur Aufstellung des Gesellschaftsvertrags im Hinblick auf Inhalt und Form,

   6.2 Entstehung der beiden Gesellschaften,

   6.3 Eigentum am Vermögen nach Entstehen der Gesellschaften,

   6.4 Gründung einer Aktiengesellschaft und einer offenen Handelsgesellschaft,

   6.5 Haftung der Gründer vor dem Entstehen einer AG und einer OHG,

   6.6 unter welchen Voraussetzungen nach den gesetzlichen Bestimmungen bei der OHG und der AG nachträglich Gesellschaftsvertrags- bzw. Satzungsänderungen durchgeführt werden können,

   6.7 Geschäftsführungs- und Vertretungsrecht.

7. Arbeiten Sie mithilfe Ihrer Gesetzessammlung fünf wesentliche Unterschiede zwischen der AG und der GmbH heraus!

72 Die Baumwollfärberei Max Maier e. Kfm., ein Unternehmen mittlerer Größe, benötigt für die aus Konkurrenzgründen erforderlich gewordene Erweiterung und Rationalisierung ihres Betriebs zusätzliche Finanzierungsmittel. Die Beleihungsgrenzen der Hausbank würden eine etwa 40 %ige Finanzierung der Neuinvestitionen mit Fremdkapital gestatten. Da Maier aber das für die Restfinanzierung notwendige Eigenkapital nicht besitzt, sieht er sich gezwungen, in Zukunft mit Gesellschaftern zusammenzuarbeiten. Er gründet mit den Herren Merger und Baum die Heidelberger Textilveredelungs-GmbH, in die er selbst seinen bisherigen Betrieb einbringt, während sich Merger und Baum mit Bareinlagen beteiligen.

Aufgaben:

1. Welche Vorteile besitzt die GmbH gegenüber dem Einzelunternehmen und den Personengesellschaften?

2. Die Rechtsform der GmbH erschien den drei Gesellschaftern günstiger als die der Aktiengesellschaft. Welche Gründe können sie zu ihrer Wahl veranlasst haben?

   Vergleichen Sie hierbei auch die Gründungsvoraussetzungen bei der GmbH und AG!

3. Welche Regelung des Geschäftsführungsrechts und der Vertretungsmacht schlagen Sie Herrn Maier vor?

4. Wodurch unterscheiden sich die Rechte der Gesellschafterversammlung einer GmbH von den Rechten der Hauptversammlung einer Aktiengesellschaft?

5. Wie haften die Einzelunternehmer sowie die Gesellschafter einer OHG und GmbH?

6. Wodurch unterscheidet sich die Gewinnverteilung der OHG von der der GmbH? Nennen Sie zwei weitere Merkmale, durch die sich eine Personengesellschaft von einer Kapitalgesellschaft unterscheidet!

7. Warum haben viele „mittelgroße" Industrieunternehmen die Rechtsform der GmbH? Nennen Sie drei Gründe!

73 Karl Schwarzbauer aus Neustadt hatte vor 20 Jahren eine Idee: Er nahm den Großunternehmen der pharmazeutischen und kosmetischen Industrie die teure Aufgabe ab, Pröbchen zu verpacken und zu versenden. Sechs Jahre später holte er von namhaften Herstellern immer mehr Aufträge herein, sodass er neue Verpackungsmaschinen kaufte und von Jahr zu Jahr mehr Mitarbeiter einstellen konnte. Zurzeit beschäftigt Karl Schwarzbauer 620 Arbeitskräfte. Die Zukunftsaussichten sind so gut, dass Karl Schwarzbauer eine Aktiengesellschaft gründet, um die Eigenkapitalbasis des Unternehmens zu erweitern.

Aufgaben:

1. Das Grundkapital der neu zu gründenden Aktiengesellschaft soll 10 Mio. EUR betragen. Die Aktien sollen auf den gesetzlichen Mindestnennwert lauten und zum Ausgabekurs von 1,70 EUR emittiert (ausgegeben) werden. Die Hälfte der Aktien will Karl Schwarzbauer übernehmen, indem er sein Unternehmen in die AG einbringt.

   1.1 Welche Vorteile hat Herr Schwarzbauer durch die Gründung einer AG?

   1.2 Die neue AG soll „Verpackungs-Logistik AG" heißen. Entspricht diese Firma den Erfordernissen des Aktiengesetzes?

   1.3 Warum will Herr Schwarzbauer ausgerechnet 50 % der Aktien übernehmen?

   1.4 Welche rechtlichen Erfordernisse muss Herr Schwarzbauer erfüllen, bevor die neue Aktiengesellschaft ins Handelsregister eingetragen wird?

   1.5 In der von Herrn Schwarzbauer und seinem Rechtsanwalt Herrn Dr. Winterhalder verfassten Satzung wird festgelegt, dass die AG von einem Vorstand geleitet und vertreten werden soll. Beurteilen Sie, ob diese Regelung rechtlich möglich ist!

2. Die Aktiengesellschaft wird zum 1. April 20.. in das Handelsregister eingetragen. Sie wird damit Kaufmann kraft Rechtsform. Erläutern Sie, was hierunter zu verstehen ist!

3. Sämtliche Aktien wurden termingerecht untergebracht (verkauft). Zur ersten Hauptversammlung erscheinen 36 Aktionäre, die 80 % des Grundkapitals vertreten.

   3.1 Wie viel Stimmen hat Herr Schwarzbauer und wie viel Stimmen haben die in der Hauptversammlung erschienenen Aktionäre?

   3.2 Nennen Sie fünf wichtige Aufgaben der Hauptversammlung!

4. Der Aufsichtsrat der Verpackungs-Logistik AG wird nach dem DrittelbG gewählt. Die Satzung sieht für den Aufsichtsrat keine höhere Mitgliederzahl als das Aktiengesetz vor. Zum Aufsichtsratsvorsitzenden wird Herr Schwarzbauer gewählt.

   4.1 Wie viel Aufsichtsratsmitglieder sind zu wählen?

   4.2 Wer wählt den Aufsichtsrat?

   4.3 Nennen und beschreiben Sie fünf wesentliche Aufgaben des Aufsichtsrats!

   4.4 Begründen Sie, warum der Aufsichtsrat kein Gehalt erhält, i.d.R. jedoch eine Tantieme!

5. Karl Schwarzbauer wird vom Aufsichtsrat zum Vorstand bestimmt. Erläutern Sie, welche Aufgaben Herrn Schwarzbauer dadurch übertragen werden! (Nennen Sie fünf Beispiele!)

6. Aufgrund eines Buchungsfehlers wird die Eingangsrechnung des langjährigen Lieferers Karl Baumann, Verpackungsmaschinen GmbH, in Freiburg nicht beglichen. Karl Baumann wendet sich daher an Karl Schwarzbauer persönlich und verlangt Zahlung. Beurteilen Sie die Rechtslage!

74 Die Peter Böhm KG soll als Folge des gestiegenen Kapitalbedarfs in eine Aktiengesellschaft umgewandelt werden. Die Komplementäre Peter Böhm und Rudolf Wetzel, die jeweils 5 Mio. EUR halten, sowie die Kommanditistin Anne Kraft, deren Einlage 2 Mio. EUR beträgt, sollen in Höhe der bisherigen Kapitalanteile Aktien zum Nennwert von je fünf Euro übernehmen. Zusätzlich sollen 20 Mio. EUR Grundkapital neu geschaffen und dem Publikum zur Zeichnung angeboten werden. Einzelheiten sind noch festzulegen.

Im Zusammenhang mit der Idee der Umwandlung der KG in eine AG diskutieren die bisherigen Gesellschafter u. a. folgende Fragen:

Aufgaben:

1. Welche Gründe sprechen für die geplante Umwandlung in die Rechtsform der AG? Nennen Sie drei Gründe!

2. Erläutern Sie den Unterschied zwischen einer KG und einer Aktiengesellschaft hinsichtlich
   - Firmierung,
   - Geschäftsführung, Vertretung und
   - Haftung!

3. Die Kommanditistin Anne Kraft hat Bedenken gegen die Umwandlung der KG in eine AG.

   Beurteilen Sie, ob sie die geplante Umwandlung verhindern kann!

4. Die geplante AG soll später 3 000 Mitarbeiter beschäftigen.
   4.1 Wie viel Mitglieder umfasst der Aufsichtsrat und von wem werden die Aufsichtsratsmitglieder gewählt?
   4.2 Bei den Vorschlägen für die neuen Aufsichtsratsmandate wurde die Frage nach der Überkreuzverflechtung aufgeworfen. Was versteht man darunter?

5. Ein Vorteil der AG besteht darin, dass das Aktienkapital seitens der Gesellschafter unkündbar ist.

   Erläutern Sie diese Aussage!

6. Warum ist es für eine AG leichter als für Personengesellschaften und Gesellschaften mit beschränkter Haftung, größere Kapitalbeträge aufzubringen?

7. Wo und wie können die Aktionäre Einfluss auf die Entscheidungen der AG nehmen?

8. Kann ein Lieferer von einem Aktionär, der 10 000 Aktien zu je 5,00 EUR besitzt, den Rechnungsbetrag in Höhe von 2 000,00 EUR verlangen?

   Begründen Sie Ihre Meinung!

9 Rechtsformwahl und -umwandlung als Entscheidungsproblem

(1) Entscheidungskriterien bei der Rechtsformwahl

Die Wahl der Rechtsform für ein neu zu gründendes Unternehmen oder bei einer Rechtsformumwandlung hängt von vielen **rechtlichen** und **wirtschaftlichen Merkmalen** (Entscheidungskriterien) ab.

Auch **soziale** und **personelle Bedingungen** müssen unter Berücksichtigung der gesetzten betrieblichen Ziele als wichtige Kriterien bei der Wahl einer geeigneten betrieblichen Rechtsform beachtet werden.

Weil sich die innerbetrieblichen und außerbetrieblichen Bedingungen der Betriebe ständig ändern, muss auch immer wieder neu beurteilt und entschieden werden, ob die für das einzelne Unternehmen gewählte Rechtsform beizubehalten ist oder durch eine geeignetere Rechtsform ersetzt werden kann oder muss.

Beispiele:

Stirbt bei einer offenen Handelsgesellschaft (OHG) mit zwei Gesellschaftern eine Person, kann die OHG z.B. in ein Einzelunternehmen (wenn kein neuer Gesellschafter in die OHG eintreten will), in eine KG oder GmbH (wenn die Erben des gestorbenen OHG-Gesellschafters nur beschränkt und mittelbar haften wollen) umgewandelt werden.

Wenn die Gesellschafter einer GmbH zur Finanzierung hoher Anlageinvestitionen (z.B. zur Erweiterung der Produktionskapazität) das Eigenkapital des Unternehmens beträchtlich erhöhen wollen, dann bleibt oft nur die Möglichkeit, die GmbH in eine AG umzuwandeln, weil nur diese Rechtsform durch die Stückelung des Grundkapitals in kleine Anteile und deren Verkauf auf dem Kapitalmarkt (Wertpapierbörse) große Eigenkapitalbeträge durch Beteiligungsfinanzierung vieler Gesellschafter (Aktionäre) beschaffen kann.

Die folgende Tabelle gibt einen zusammenfassenden Überblick über wesentliche rechtliche und wirtschaftliche (finanzielle) Entscheidungskriterien mit den jeweils am besten geeigneten betrieblichen Rechtsformen.

Mögliche rechtliche und wirtschaftliche (finanzielle) Entscheidungsmerkmale	Geeignete betriebliche Rechtsformen
Mittelbare (keine persönliche) und beschränkte Haftung aller Gesellschafter oder mindestens eines Gesellschafters	Kapitalgesellschaften (juristische Personen) wie die Aktiengesellschaft (AG) und Gesellschaft mit beschränkter Haftung (GmbH) mit einer mittelbaren und grundsätzlich beschränkten Haftung aller Gesellschafter Kommanditgesellschaft (KG) mit der mittelbaren und beschränkten Haftung mindestens eines Gesellschafters (Kommanditisten)
Unabhängigkeit des Unternehmens vom Wechsel seiner Gesellschafter	Aktiengesellschaft (AG)
Verteilung der persönlichen Haftungsrisiken und persönlichen Arbeitslast (Geschäftsführungs- und Vertretungsbefugnisse) auf mehrere Gesellschafter (Personen)	Personengesellschaften (offene Handelsgesellschaft, Kommanditgesellschaft)

Geschäftsführung und Vertretung durch Managerunternehmer (Gesellschafter wollen lediglich ihr Kapital in einem Unternehmen anlegen)	Kapitalgesellschaften (juristische Personen) wie die Aktiengesellschaft (AG) und Gesellschaft mit beschränkter Haftung (GmbH)
Geschäftsführungs- und Vertretungsrecht bzw. -pflicht der Gesellschafter (Geschäftsinhaber)	Einzelunternehmen, offene Handelsgesellschaft (OHG), Kommanditgesellschaft (KG) bezüglich des Vollhafters (Komplementärs) sowie Gesellschaft mit beschränkter Haftung (GmbH-Gesellschafter: Geschäftsführer)
Gewinne als Leistungsmotivation der Gesellschafter	Einzelunternehmen, Personengesellschaften (OHG, KG) und Gesellschaft mit beschränkter Haftung (GmbH)
Höhe des Eigenkapitalbedarfs	Aktiengesellschaft (AG) bei hohem Kapitalbedarf; Einzelunternehmen, Personengesellschaften (OHG, KG) sowie Gesellschaften mit beschränkter Haftung (GmbH) bei (relativ) niedrigem Kapitalbedarf
Möglichst unkomplizierte und Aufwendungen sparende Unternehmensgründung	vor allem Einzelunternehmen und Personengesellschaften (OHG, KG)
Mitwirkung und Mitbestimmung der Arbeitnehmervertreter durch den Betriebsrat (innerbetriebliche Mitbestimmung) und/oder durch den Vorstand und Aufsichtsrat	z.B. keine Mitwirkung/Mitbestimmung der Arbeitnehmer im Vorstand und Aufsichtsrat bei allen Personenunternehmen (weil diese Organe hier nicht vorhanden sind) sowie bei Tendenzbetrieben[1] in der Rechtsform der Aktiengesellschaft (AG)

(2) Zielkonflikte und Zielharmonie bei der Rechtsformwahl

Wie bei vielen anderen unternehmenspolitischen Entscheidungen, so gibt es auch bei der Rechtsformwahl **Zielkonflikte** und **Zielharmonie**.

Beispiele:

Wollen die Gründer (Gesellschafter) eines Unternehmens z.B. keine Geschäftsführungs- und Vertretungspflichten haben, lediglich mit ihrem Eigenkapitalanteil mittelbar und beschränkt haften und außerdem dem Unternehmen eine optimale Beteiligungsfinanzierung vieler Gesellschafter ermöglichen, dann führen alle genannten Entscheidungskriterien zur Rechtsformwahl der Aktiengesellschaft (AG) **(Zielharmonie).**

Wollen die Gesellschafter hingegen ein großes Unternehmen mit einer kapitalintensiven Massenfertigung gründen und zugleich ein persönliches Geschäftsführungs- und Vertretungsrecht haben, dann besteht ein **Zielkonflikt,** weil der große Kapitalbedarf die Gründung einer Aktiengesellschaft, die gewünschte Geschäftsführung und Vertretung hingegen grundsätzlich die Gründung einer Personengesellschaft erforderlich macht.

Die Wahl einer geeigneten Rechtsform eines Unternehmens kann somit immer nur unter Berücksichtigung aller wichtigen, sich gegenseitig ergänzenden, aber auch sich gegenseitig ausschließenden rechtlichen, wirtschaftlichen, sozialen und personellen betrieblichen Zielsetzungen und Bedingungen erfolgen.

---

1 Sogenannte **Tendenzbetriebe** sind Betriebe (Unternehmen), die unmittelbar und überwiegend z.B. politischen, gewerkschaftlichen, konfessionellen, karitativen oder künstlerischen Zielsetzungen dienen (siehe § 1 IV MitbestG).

20 Speth u.a. - ISBN 978-3-8120-0572-2

Die **Höhe des Kapitalbedarfs,** die **gewünschten Haftungsverhältnisse** und die **Geschäftsführungs- und Vertretungsrechte** hängen z. B. von folgenden, sich gegenseitig beeinflussenden Bedingungen ab:

von der **Unternehmensgröße,**	z. B. kleinere, mittelgroße und größere Unternehmen;
von der **Wirtschaftsbranche,**	z. B. Einzelhandel, Großhandel oder Industrieunternehmen;
vom **Verkaufs- oder Produktionsprogramm,**	z. B. Massenfertigung und Serienfertigung von Elektrogeräten oder Einzelfertigung im Schiffs- und Turbinenbau;
von den **Unternehmensrisiken und Gesellschafterrisiken,**	z. B. Produktion und Verkauf genormter Büromaterialien oder Herstellung und Verkauf modischer Textilien.

Zusammenfassung

- Wichtige **Entscheidungsgründe** für die Wahl der **Unternehmensform (Rechtsform)** sind z. B.
  - der erforderliche **Kapitalbedarf** und die erforderliche Kreditwürdigkeit,
  - die gewünschten **Haftungsverhältnisse,**
  - die Möglichkeiten der Gesellschafter zur **Geschäftsführung** und **Vertretung,**
  - die **Zahl der erforderlichen Gesellschafter** sowie die
  - **Unternehmensrisiken** (Gesellschafterrisiken).

- Die Rechtsformwahl und Rechtsformumwandlung muss alle auf die Unternehmen einwirkenden **wirtschaftlichen, rechtlichen, sozialen** und **personellen Einflussfaktoren** berücksichtigen und immer wieder neu geprüft werden.

Übungsaufgabe

75   1. Entscheiden Sie bei den folgenden Problemlagen, welche Rechtsform am besten geeignet ist und begründen Sie Ihre Rechtsformwahl:

1.1 Herr Fritz Müller arbeitet als angestellter Bäckermeister in einer Brotfabrik. Sein größer Wunsch ist, selbst (allein) eine eigene Bäckerei zu haben und zu leiten. Aus einer unerwarteten Erbschaft stehen ihm 130 000,00 EUR zur freien Verfügung. Soweit Kredite erforderlich sind, ist Herr Müller bereit, mit seinem gesamten Privatvermögen unbeschränkt zu haften.

1.2 Weil die eigenen Finanzmittel nicht ausreichen und um sich nicht zu stark zu verschulden, sucht Herr Müller einen weiteren Gesellschafter, der sich an der Finanzierung der Bäckerei beteiligt.

1.2.1 Sein Schwager Thein ist bereit, sich mit 100 000,00 EUR zu beteiligen, hat jedoch kein Interesse an der Geschäftsführung und möchte außerdem nur bis zur Höhe seiner Einlage für die Verbindlichkeiten des zu gründenden Unternehmens haften.

1.2.2 Herr Kaiser ist ebenfalls bereit, sich mit 100 000,00 EUR zu beteiligen, er möchte jedoch (wie Herr Müller) das Geschäftsführungs- und Vertretungsrecht haben.

1.3 Welche Rechtsform werden Herr Müller und Herr Kaiser wählen, wenn sie eine kleinere Brotfabrik gründen und auch selbst allein leiten wollen, ohne jedoch den Gläubigern des Unternehmens gegenüber unbeschränkt haften zu müssen?

1.4 Aus welchen Gründen ist die Rechtsform der Aktiengesellschaft in den Fällen 1.1 und 1.2 nicht geeignet?

2. Herr Krause hat als selbstständiger Ingenieur eine Kunststoffrecyclinganlage entwickelt und patentieren lassen. Er möchte diese Anlage industriell fertigen und hierzu ein Industrieunternehmen gründen.

Der Industrievertreter Kern und der Bankkaufmann Schmidt sind bereit, sich mit jeweils 600 000,00 EUR an dem zu gründenden Unternehmen zu beteiligen. Herr Krause kann Geldmittel von 80 000,00 EUR und ein baureifes Industriegrundstück im Wert von 1,2 Mio. EUR in das Unternehmen einbringen. Bei der Rechtsformwahl sind folgende Ziele und Problemlagen zu berücksichtigen:

- Der voraussichtliche Kapitalbedarf für die Finanzierung des erforderlichen Anlagevermögens liegt bei etwa 3,8 Mio. EUR.
- Alle Kapitalgeber (Gesellschafter) möchten das Geschäftsführungs- und Vertretungsrecht haben, jedoch nur beschränkt und mittelbar bis zur Höhe ihrer Geschäftsanteile haften.
- Die Rechtsform soll vom Wechsel der Gesellschafter unabhängig sein.
- Die Geschäftsanteile sollen möglichst leicht auf andere Gesellschafter übertragen werden können.
- Bei zusätzlichem hohem Eigenkapitalbedarf soll die Möglichkeit einer Eigenkapitalfinanzierung (Eigenkapitalbeteiligung) vieler Gesellschafter bestehen.

Aufgabe:

Begründen Sie, ob unter Beachtung der vorstehend genannten Bedingungen bei der Rechtsformwahl nur Zielharmonie besteht oder mögliche Zielkonflikte bestehen können und ob eine spätere Rechtsformumwandlung angebracht sein kann!

3. Die bisherigen Einzelunternehmer Fritz Lang und Kurt Lehmann planen gemeinsam die Gründung eines Gesellschaftsunternehmens zur Herstellung von Büromöbeln.

Aufgaben:

3.1 Nennen Sie zwei Gründe, warum Lang und Lehmann ihre Unternehmen zunächst als Einzelunternehmen betrieben haben!

3.2 Beide Gesellschafter möchten das Geschäftsführungs- und Vertretungsrecht haben.
Bei welchen Unternehmensformen ist ihnen dies (gesetzlich) möglich?

3.3 Fritz Lang ist bereit, auch persönlich und unbeschränkt zu haften, Kurt Lehmann möchte jedoch nur mit seiner Kapitaleinlage und nicht direkt haften.
Welche Unternehmensform werden beide Gründer wählen? (Begründung!)

3.4 Welche Gründe können Lang und Lehmann veranlasst haben, einen weiteren Gesellschafter als Voll- oder Teilhafter aufzunehmen?

10 Gewinnverwendung von Personen- und Kapitalgesellschaften (offene Selbstfinanzierung)

10.1 Begriff Finanzierung und Überblick über die Finanzierungsarten

(1) Begriff Finanzierung

Zur Durchführung von Investitionen muss Kapital beschafft und bereitgestellt werden. Dies ist Aufgabe der Finanzierung.

> **Merke:**
>
> **Finanzierung** ist die Bereitstellung von finanziellen Mitteln zur Durchführung der betrieblichen Leistungserstellung und Leistungsverwertung sowie aller sonstiger finanzieller Vorgänge.

(2) Finanzierungsarten

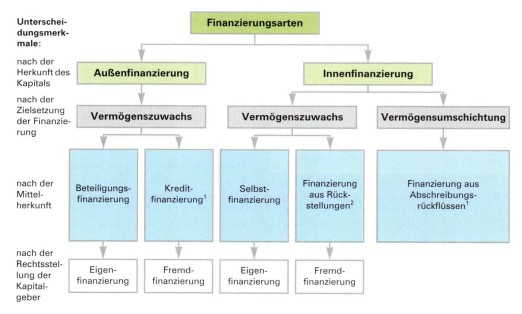

Aufgrund des Lehrplans werden im Folgenden nur die Selbstfinanzierung und die Beteiligungsfinanzierung dargestellt.

---

1 Diese Finanzierungsformen werden im Band „Steuerung und Kontrolle" dargestellt. Vgl. Lehrplaneinheit 6.
2 Die Finanzierung aus Rückstellungen wird aufgrund des Lehrplans nicht dargestellt.

10.2 Gewinnverwendung von Personengesellschaften

10.2.1 Begriff offene Selbstfinanzierung

Der **Gewinn** ist der Unterschiedsbetrag zwischen dem Eigenkapital am Schluss des Geschäftsjahres und dem Eigenkapital am Schluss des vorangegangenen Geschäftsjahres, vermehrt um den Wert der Privatentnahmen und vermindert um den Wert der Privateinlagen. In Unternehmen mit kaufmännischer Buchführung wird der Gewinn zusätzlich im Rahmen der Ergebnisrechnung als Saldo der Erträge und Aufwendungen ermittelt. Verbleibt ein Teil des Gewinnes in dem Unternehmen, erhöht sich das Eigenkapital. Dies ist ein von dem Unternehmen selbst erwirtschafteter Mittelzuwachs.

> **Merke:**
>
> **Selbstfinanzierung** ist die Bereitstellung von **Finanzmitteln** aus dem **Gewinn des Unternehmens.** Es handelt sich um eine **Innenfinanzierung.**

Bei der **offenen Selbstfinanzierung**[1] wird der von der Buchführung **ausgewiesene Gewinn** ganz oder teilweise **nicht ausgeschüttet.**

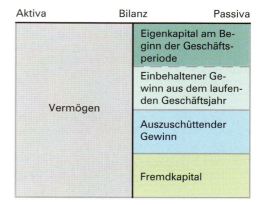

10.2.2 Gewinnverwendung (offene Selbstfinanzierung) bei der OHG

(1) Gesetzliche Regelungen zur Gewinnverwendung bei der OHG

Bei der Gewinnverteilung der OHG haben vertragliche Vereinbarungen Vorrang vor den gesetzlichen Regelungen. Gibt es keine vertragliche Basis, so kommen die §§ 120ff. HGB zur Anwendung, wonach jedem Gesellschafter zunächst vom Gewinn 4 % seines Kapitalanteils zustehen. Ein Restgewinn bzw. ein vorhandener Verlust wird nach Köpfen verteilt.

Reicht der Jahresgewinn für eine 4 % ige Verzinsung aller Kapitalanteile nicht aus, erfolgt die Verzinsung mit einem entsprechend niedrigeren Satz. Der Gewinnanteil eines jeden Gesellschafters wird nach Abzug der getätigten Privatentnahmen seinem Kapitalkonto gutgeschrieben. Bei einem Verlust wird der auf den Gesellschafter entfallende Anteil von seinem Kapitalanteil abgeschrieben.

---

1 Der Lehrplan sieht die Behandlung der stillen Selbstfinanzierung nicht vor.

(2) Ablauf der Gewinnverwendung bei der OHG

Verzichten die OHG-Gesellschafter ganz oder teilweise auf die **Ausschüttung des Gewinns** und wird der Gewinn auf dem Kapitalkonto der OHG-Gesellschafter gutgeschrieben, so betreiben die OHG-Gesellschafter eine offene Selbstfinanzierung.

Merke:

- Eine **offene Selbstfinanzierung** bei der OHG liegt vor, wenn **Gewinne nicht ausgeschüttet** werden, sondern die Gewinnanteile den **Kapitalkonten der Gesellschafter** zugeführt werden.

- Die **Höhe des Selbstfinanzierungsanteils** der einzelnen Gesellschafter hängt ab von der **Höhe des Gesamtgewinns** und von der **Art der Gewinnverteilung.**

Beispiel:

Die Hauser & Meyer OHG hat im abgelaufenen Geschäftsjahr einen Gewinn von 240000,00 EUR erwirtschaftet.

Der Kapitalanteil von Hauser betrug zu Beginn des Geschäftsjahres 700000,00 EUR, der von Meyer 500000,00 EUR. Hauser hat am 30. März 96000,00 EUR entnommen. Meyer hat seine Einlage am 30. Juli um 60000,00 EUR erhöht.

Eine vertragliche Vereinbarung zur Gewinnverwendung besteht nicht.

Aufgaben:

1. Berechnen Sie für jeden Gesellschafter

    1.1 die 4 %ige Verzinsung des Kapitalanteils sowie

    1.2 den Pro-Kopf-Anteil am Restgewinn!

2. Stellen Sie die Gewinnverwendung (einschließlich der Privatentnahmen und der neuen Eigenkapitalbeträge) in einer tabellarischen Übersicht (Gewinnverwendungstabelle) dar!

3. Wie viel EUR beträgt die Selbstfinanzierung der Hauser & Meyer OHG?

Lösungen:

Zu 1.1: **Berechnung der Kapitalverzinsung**

Hauser:	4 % von 700000,00 EUR für 90 Tage	=	7000,00 EUR
	+ 4 % von 604000,00 EUR für 270 Tage	=	18120,00 EUR
	Zinsanteil (Vordividende)		25120,00 EUR

Meyer:	4 % von 500000,00 EUR für 210 Tage	=	11666,67 EUR
	+ 4 % von 560000,00 EUR für 150 Tage	=	9333,33 EUR
	Zinsanteil (Vordividende)		21000,00 EUR

Zu 1.2: **Berechnung des Pro-Kopf-Anteils**

Jahresgewinn	240000,00 EUR	
− Verzinsung Kapital Hauser	25120,00 EUR	
− Verzinsung Kapital Meyer	21000,00 EUR	
= Restgewinn	193880,00 EUR : 2 = 96940,00 EUR (Pro-Kopf-Anteil)	

Zu 2.: **Gewinnverwendungstabelle**

Gesell-schafter	Anfangs-kapital	4 % Vor-dividende	Restgewinn 1 : 1	Gesamter Gewinnanteil	Entnahmen/Einlagen		End-kapital
Hauser	700 000,00 EUR	25 120,00 EUR	96 940,00 EUR	122 060,00 EUR	–	96 000,00 EUR	726 060,00 EUR
Meyer	500 000,00 EUR	21 000,00 EUR	96 940,00 EUR	117 940,00 EUR	+	60 000,00 EUR	677 940,00 EUR
OHG insgesamt	1 200 000,00 EUR	46 120,00 EUR	193 880,00 EUR	240 000,00 EUR	–	36 000,00 EUR	1 404 000,00 EUR

Zu 3.: **Höhe der Selbstfinanzierung:**

Eigenkapital am Ende des Geschäftsjahres	1 404 000,00 EUR
– Eigenkapital zu Beginn des Geschäftsjahres	1 200 000,00 EUR
– Einlage Meyer	60 000,00 EUR
= Höhe der Selbstfinanzierung	144 000,00 EUR

10.2.3 Gewinnverwendung (offene Selbstfinanzierung) bei der KG

(1) Gesetzliche Regelungen zur Gewinnverwendung bei der KG

Bei der Verteilung von Gewinn und Verlust bei der KG verweist der Gesetzgeber nach § 168 I HGB auf die für die OHG geltenden Vorschriften. Ohne eine vertraglich anderslautende Regelung erhält demnach im Falle eines ausreichenden Gewinnes jeder Gesellschafter 4 % seiner Einlage. Aufgrund der andersartigen Rechtsverhältnisse ist der danach noch verbleibende Gewinn bei der KG nicht nach Köpfen, sondern nach § 168 II HGB in einem den Umständen nach angemessenen Verhältnis der Kapitalanteile aufzuteilen. Wegen dieser ungenauen Aussage des Gesetzgebers wird deutlich, dass zur Vermeidung von Streitigkeiten eine konkrete vertragliche Regelung der Gewinn- und Verlustverteilung wichtig ist.

Die Höhe des Kapitalanteils des Kommanditisten ist ins Handelsregister einzutragen. Daraus folgt, dass der Kommanditist nicht zu Privatentnahmen berechtigt ist und sein Gewinnanteil bis zur Ausschüttung eine Verbindlichkeit der Gesellschaft darstellt. Sofern der Kommanditist seinen Kapitalanteil noch nicht voll eingezahlt hat, besteht in Höhe der ausstehenden Einlage eine Forderung der Gesellschaft gegenüber dem Kommanditisten. Dem Kommanditisten zustehende Gewinnanteile werden in diesem Fall zunächst zur Auffüllung seines Kapitalanteils verwendet. Nur der danach verbleibende Restbetrag stellt bis zur Ausschüttung eine Verbindlichkeit der KG gegenüber dem Kommanditisten dar.

Ist eine Verlustbeteiligung des Kommanditisten vertraglich nicht ausgeschlossen, entsteht in Höhe des Verlustanteils eine Forderung der Gesellschaft gegenüber dem Kommanditisten, die praktisch einen Korrekturposten zur Kommanditeinlage darstellt. Im Falle eines späteren Gewinnes kann der Kommanditist eine Gewinnauszahlung nur verlangen, insoweit der ihm zustehende Gewinnanteil den wegen des früheren Verlustes gebildeten Korrekturposten übersteigt (vgl. § 169 I HGB).

(2) Ablauf der Gewinnverwendung bei der KG

Verzichten die Komplementäre auf die Ausschüttung des Gewinnes und wird der Gewinn auf dem Kapitalkonto der Komplementäre gutgeschrieben, so betreiben die Komplementäre eine offene Selbstfinanzierung. Ist der Kapitalanteil der Kommanditisten voll eingezahlt und lassen die Kommanditisten ihren Gewinn in der KG, so stellt dies eine Verbindlichkeit der KG gegenüber den Kommanditisten dar. Es handelt sich damit um eine Form der Fremdfinanzierung.

Merke:

Eine offene Selbstfinanzierung liegt bei der KG vor, wenn der Gewinn (Teile des Gewinnes) der Komplementäre (des Komplementärs) nicht ausgeschüttet wird, sondern auf dem Kapitalkonto der Komplementäre (des Komplementärs) stehen bleibt.

Beispiel:

An der Wagner KG ist Fritz Wagner als Komplementär mit 400 000,00 EUR und Elisabeth Vollmar als Kommanditistin mit 100 000,00 EUR beteiligt. Von der Kommanditeinlage der Frau Vollmar sind 8 000,00 EUR noch nicht eingezahlt. Im abgelaufenen Geschäftsjahr, das mit dem Kalenderjahr übereinstimmt, wurde ein Gewinn in Höhe von 82 000,00 EUR erzielt. Der Komplementär F. Wagner entnahm am 30. September für private Zwecke 55 000,00 EUR.

Der Gesellschaftsvertrag enthält unter anderem folgende Regelungen:

§ 4 Vom erzielten Jahresgewinn erhält jeder Gesellschafter 6 % auf das eingezahlte Kapital. Rückständige Einlagen sind mit 6 % zu verzinsen. Ein danach verbleibender Restgewinn wird im Verhältnis 4 : 1 verteilt.

§ 5 Ein Verlust wird im Verhältnis 2 : 1 getragen.

Aufgaben:

1. Berechnen Sie für jeden Gesellschafter
   1.1 die 6 %ige Verzinsung des Kapitalanteils sowie
   1.2 den Anteil am Restgewinn!
2. Stellen Sie eine Gewinnverwendungstabelle auf (mit Angabe der Kapitalbeträge am Ende des Geschäftsjahres sowie des an Frau Vollmar auszuzahlenden Gewinnanteils)!
3. Wie viel EUR beträgt die Selbstfinanzierung der Wagner KG?

Lösungen:

Zu 1.1: Berechnung der Kapitalverzinsung

Wagner:	6 % von 400 000,00 EUR für 270 Tage	=	18 000,00 EUR
	+ 6 % von 345 000,00 EUR für 90 Tage	=	5 175,00 EUR
	Zinsanteil (Vordividende)		23 175,00 EUR
Vollmar:	6 % Habenzinsen von 92 000,00 EUR für 360 Tage	=	5 520,00 EUR
	− 6 % Sollzinsen von 8 000,00 EUR für 360 Tage	=	480,00 EUR
	Zinsanteil (Vordividende)		5 040,00 EUR

Zu 1.2: **Berechnung des Anteils am Restgewinn**

Jahresgewinn	82 000,00 EUR
– Verzinsung Komplementär Wagner 23 175,00 EUR	
– Verzinsung Kommanditistin Vollmar 5 040,00 EUR	28 215,00 EUR
= Restgewinn	53 785,00 EUR : 5 = 10 757,00 EUR
Anteil am Restgewinn Wagner 4 · 10 757,00 =	43 028,00 EUR
Anteil am Restgewinn Vollmar 1 · 10 757,00 =	10 757,00 EUR

Zu 2.: **Vereinfachte Gewinnverwendungstabelle**

Gesell-schafter	Anfangs-kapital	6 % Vor-dividende	Restgewinn 4 : 1	Gesamter Gewinnanteil	Privatent-nahmen	End-kapital	Auszuzahl. Gewinn
Komplem. Wagner	400 000,00	23 175,00	43 028,00	66 203,00	55 000,00	411 203,00	–
Komman. Vollmar	100 000,00 (92 000,00)	5 040,00	10 757,00	15 797,00	–	100 000,00	7 797,00
KG insgesamt	500 000,00 (492 000,00)	28 215,00	53 785,00	82 000,00	55 000,00	511 203,00	7 797,00

Zu 3.: **Höhe der Selbstfinanzierung**

Eigenkapital am Ende des Geschäftsjahres		
Komplementär Wagner	411 203,00 EUR	
Kommanditistin Vollmar	100 000,00 EUR	511 203,00 EUR
– Eigenkapital zu Beginn des Geschäftsjahres		
Komplementär Wagner	400 000,00 EUR	
Kommanditistin Vollmar	100 000,00 EUR	500 000,00 EUR
Höhe der Selbstfinanzierung		11 203,00 EUR

Merke:

- Die Kommanditeinlage erscheint mit dem vereinbarten Nennbetrag auf der Passivseite der Bilanz der KG.

- Sofern die Kommanditeinlage noch nicht voll eingezahlt ist, entsteht in Höhe des noch nicht eingezahlten Betrags auf der Aktivseite der Bilanz ein Korrekturposten („Ausstehende Kommanditeinlage").

- Bei einer noch ausstehenden Kommanditeinlage werden Gewinnansprüche des Kommanditisten zunächst mit der noch ausstehenden Einlage verrechnet. Erst den danach verbleibenden Gewinnanteil kann der Kommanditist beanspruchen.

- Bis zur Auszahlung des dem Kommanditisten zustehenden Gewinnanteils besteht für die KG eine Verbindlichkeit gegenüber dem Kommanditisten.

76 Auszug aus dem OHG-Gesellschaftsvertrag zwischen Bernhard Kern und Jürgen Engel vom 15. Dezember 20..

II. Pflichten der Gesellschafter

1. Bernhard Kern bringt zum Gesellschaftsbeginn sein Einzelunternehmen ein:

Maschinen	1 200 000,00 EUR
Betriebs- u. Geschäftsausstattung	210 000,00 EUR
Barmittel	60 000,00 EUR
Schulden	520 000,00 EUR

2. Jürgen Engel bringt zum Gesellschaftsbeginn ein:

Grundstück mit Gebäude	430 000,00 EUR

3. Kern wird als Geschäftsführer der Gesellschaft bestellt.

III. Rechte der Gesellschafter

1. Kern erhält vom Jahresgewinn als Tätigkeitsvergütung vorab einen Betrag in Höhe von 36 000,00 EUR.

2. Gewinnverteilung

    2.1 Die Gesellschafter erhalten eine Verzinsung ihrer Einlage in Höhe von 6 %.

    2.2 Der verbleibende Rest des Jahresgewinns wird im Verhältnis von 2 (Kern) zu 1 (Engel) verteilt.

3. Gewinnanteile werden zu Beginn des neuen Geschäftsjahres ausgezahlt, sofern sich nicht beide Gesellschafter einig sind, dass sie in der Gesellschaft verbleiben sollen.

4. Privatentnahmen sind nur in gegenseitigem Einvernehmen zulässig.

Am Ende des ersten Geschäftsjahres weisen die Kapitalkonten der Gesellschafter nach Buchung der Gewinnanteile und Privatentnahmen folgende Endbestände auf:

Kern 1 034 940,00 EUR, Engel 448 770,00 EUR.

Privatentnahmen von Engel: 30 000,00 EUR am 15. März,
Privatentnahmen von Kern: 18 000,00 EUR am 30. Juni.

Die Anfangskapitalien der Gesellschafter entsprachen den Einlagen laut Gesellschaftsvertrag.

Aufgaben:

1. Berechnen Sie den Reingewinn des ersten Geschäftsjahres!

2. Stellen Sie eine Gewinnverwendungstabelle auf!

3. Wie viel EUR beträgt die Selbstfinanzierung im ersten Geschäftsjahr?

77 Die Kurz & Klein KG hatte folgende Entwicklung:

	Kapitalanteil in EUR	Entnahmen in EUR
Komplementär Fritz Kurz	400 000,00 zum 1. Jan. 20..	32 500,00 am 20. Juli
Komplementär Paul Klein	390 000,00 zum 1. Jan. 20..	35 000,00 am 10. Oktober
Kommanditist Martin Enderle	330 000,00 zum 1. Jan. 20..	

Der Gewinn des Geschäftsjahres beträgt 297 600,00 EUR.

Der Gesellschaftsvertrag regelt in § 8 Folgendes zur Gewinnverteilung:

– Die Komplementäre erhalten vorab eine Arbeitsvergütung von je 4000,00 EUR monatlich.

– Das Jahresanfangskapital der Gesellschafter wird mit 5 % verzinst.

– Der Restgewinn wird nach dem Verhältnis der Kapitalkontostände zum Jahresanfang verteilt.

Aufgaben:

1. Stellen Sie eine Gewinnverwendungstabelle auf!

2. Berechnen Sie die Höhe der Selbstfinanzierung!

78 Die Burger OHG wurde vor Jahren von den Brüdern Alfred und Karl Burger gegründet. Für das Jahr 12 stehen Erweiterungsinvestitionen an.

Gegen Ende des Jahres 10 wurde deshalb Friedhelm Weis als Kommanditist in das Unternehmen aufgenommen. Der Gesellschaftsvertrag wurde am 1. Dezember 10 geändert. Die Eintragung ins Handelsregister erfolgte am 15. Dezember 10. Die Firmenbezeichnung lautet Burger KG.

Die Bilanz der Burger KG zum 31. Dezember 10 weist folgende Zahlen aus.

Aktiva	Zusammengefasste Bilanz Burger KG (in EUR)		Passiva
Ausstehende Kommandit-einlage Weis	10 000,00	Kapital Alfred Burger	260 000,00
Anlagevermögen	730 000,00	Kapital Karl Burger	350 000,00
Umlaufvermögen	630 000,00	Kommanditkapital Weis	110 000,00
		Verbindlichkeiten	650 000,00
	1 370 000,00		1 370 000,00

Aufgaben:

1. Erläutern Sie zwei Gründe für die Umwandlung der Burger OHG in eine KG.

2. Im § 9 des Gesellschaftsvertrags der Burger KG wurden in Ergänzung zum HGB folgende Vereinbarungen zur Gewinn- und Verlustbeteiligung getroffen:

– Die Komplementäre Alfred und Karl Burger erhalten für ihre Tätigkeit jährlich eine gewinnabhängige Vorausvergütung von je 15 000,00 EUR.

– Die Kapitalien der Gesellschafter werden nach ihrem Stand zu Beginn des Geschäftsjahres mit 5 % verzinst. Ausstehende Einlagen sind mit 5 % zu verzinsen.

– Ein Restgewinn wird auf die Gesellschafter im Verhältnis 2 : 2 : 1 verteilt.

– Ein Verlust wird auf die Gesellschafter im Verhältnis 2 : 2 : 1 verteilt.

Privatentnahmen im Jahr 11:   Alfred Burger   22 000,00 EUR am 15. August

                                 Karl Burger   14 000,00 EUR am 10. September

Kommanditist Weis zahlte seine ausstehende Einlage am 15. Juli 11 ein.

Der Reingewinn des Geschäftsjahres 11 beträgt 353 098,61 EUR.

2.1 Stellen Sie eine Gewinnverwendungstabelle auf!

2.2 Berechnen Sie die Höhe der Selbstfinanzierung im Geschäftsjahr 11!

3. Angenommen, die KG hätte im Jahr 11 keinen Gewinn, sondern einen Verlust von 55 725,00 EUR erzielt.

Wie viel EUR würde dann der Verlustanteil des Kommanditisten Weis betragen?

10.3 Gewinnverwendung (offene Selbstfinanzierung) am Beispiel der AG

10.3.1 Bilanzierung des Eigenkapitals im handelsrechtlichen Jahresabschluss von Kapitalgesellschaften

Für Kapitalgesellschaften ist der Ausweis des Eigenkapitals im § 266 III HGB, ergänzt durch § 272 HGB geregelt. Danach müssen große und mittelgroße Kapitalgesellschaften folgende Posten als Untergliederung des Eigenkapitals in die Bilanz aufnehmen:

Aktiva	Ausschnitt aus der Bilanz nach § 266 II, III HGB	Passiva
	A. Eigenkapital:	
	I. Gezeichnetes Kapital	
	II. Kapitalrücklage	
	III. Gewinnrücklagen	
	1. Gesetzliche Rücklage	
	2. Rücklage für Anteile an einem herrschenden oder mehrheitlich beteiligten Unternehmen	
	3. Satzungsmäßige Rücklagen	
	4. Andere Gewinnrücklagen	
	IV. Gewinnvortrag/Verlustvortrag	
	V. Jahresüberschuss/Jahresfehlbetrag	

Erläuterungen zur Gliederung des Eigenkapitals bei einer AG

■ **Gezeichnetes Kapital**

Der Begriff **gezeichnetes Kapital** wird bei allen Kapitalgesellschaften zum Ausweis des in der Satzung festgelegten Kapitals verwendet (z. B. des Grundkapitals bei der AG). Das gezeichnete Kapital ist stets zum Nennwert auszuweisen **(Nominalkapital)**. Das gezeichnete Kapital bleibt so lange in der Bilanz unverändert, bis z. B. die Hauptversammlung bei einer AG eine Kapitalerhöhung oder eine Kapitalherabsetzung beschließt.

Das Grundkapital einer AG ist die Summe der Nennwerte der ausgegebenen (emittierten) Aktien. Der Mindestnennbetrag des Grundkapitals ist 50 000,00 EUR. Der Mindestnennbetrag einer Aktie beträgt einen Euro.

■ **Rücklagen[1]**

Rücklagen stellen das variable Eigenkapital der Aktiengesellschaft dar. Sie dienen insbesondere zwei Zwecken: Zum einen wird die Eigenkapitalbasis der AG erhöht und zum anderen erhöht sich durch ihre Bildung die Haftungsmasse der AG gegenüber ihren Gläubigern. Die in der Bilanz ausgewiesenen Rücklagen gliedern sich in Kapital- und Gewinnrücklagen.

■ In die **Kapitalrücklage** werden Beträge eingestellt, die nicht aus Gewinnen der Gesellschaft stammen. Sie gehen auf Zuzahlungen der Kapitalgeber von außen zurück (z. B. Agio bei der Ausgabe von Aktien, Zuzahlungen für Vorzugsrechte).

---

[1] Da diese Rücklagen in der Bilanz ausgewiesen werden, bezeichnet man diese auch als **offene Rücklagen**.

■ Als **Gewinnrücklagen** dürfen nur Beträge ausgewiesen werden, die im Geschäftsjahr oder in einem früheren Geschäftsjahr aus dem Ergebnis gebildet worden sind [§ 272 III HGB]. Bei den Gewinnrücklagen handelt es sich somit um Mittel, die im Unternehmen durch die Einbehaltung eines Teils des Jahresergebnisses gebildet werden, wohingegen es sich bei den Kapitalrücklagen um von außen zugeflossene Mittel handelt. Nach dem Gliederungsschema des § 266 III HGB sind die Gewinnrücklagen in **gesetzliche Rücklage, Rücklage für Anteile an einem herrschenden oder mehrheitlich beteiligten Unternehmen,**[1] **satzungsmäßige Rücklagen**[1] und **andere Gewinnrücklagen** zu untergliedern.

■ **Gesetzliche Rücklage**

Aktiengesellschaften sind nach § 150 I AktG zur Bildung einer gesetzlichen Rücklage verpflichtet **(gesetzlich erzwungene Selbstfinanzierung)**. Der zwanzigste Teil (das sind 5 %) vom Jahresüberschuss (vermindert um einen Verlustvortrag aus dem Vorjahr) ist so lange in die gesetzliche Rücklage einzustellen, bis diese zusammen mit der Kapitalrücklage nach § 272 II HGB den zehnten (oder den in der Satzung bestimmten höheren) Teil des Grundkapitals erreicht hat [§ 150 II AktG].

■ **Andere Gewinnrücklagen**

Die Einstellung von Teilen des Jahresüberschusses in die anderen Gewinnrücklagen ist im § 58 AktG festgelegt.

Stellen **Vorstand und Aufsichtsrat** den Jahresabschluss fest (Normalfall), dann können sie bis zur Hälfte des um den Verlustvortrag und um die Einstellung in die gesetzliche Rücklage verminderten Teils des Jahresüberschusses in die anderen Gewinnrücklagen einstellen [§ 58 II, S. 1, 4 AktG]. Ein Gewinnvortrag aus dem Vorjahr bleibt unberücksichtigt. Eine Einstellung in die anderen Gewinnrücklagen ist unabhängig von der bereits erreichten Höhe der anderen Gewinnrücklagen. Die Hauptversammlung kann im Beschluss über die Verwendung des Bilanzgewinnes weitere Beträge in andere Gewinnrücklagen einstellen [§ 58 III AktG].

Bei der Einstellung in die **anderen Gewinnrücklagen** handelt es sich um eine freiwillige Rücklagenbildung **(freiwillig vorgenommene Selbstfinanzierung)**.

Merke:

■ Die **Bildung von Gewinnrücklagen** ist eine **Form der Selbstfinanzierung.**

■ Die **Bildung von Kapitalrücklagen** ist eine **Form der Beteiligungsfinanzierung.**

---

1 Auf die Behandlung der Rücklage für Anteile an einem herrschenden oder mehrheitlich beteiligten Unternehmen und der satzungsmäßigen Rücklage wird aus Vereinfachungsgründen nicht eingegangen.

10.3.2 Überblick über die Gewinnverwendung bei der AG

Für die Verwendung des Jahresüberschusses[1] bestimmt das Gesetz [§ 158 AktG] nachstehende Reihenfolge:

> Jahresüberschuss
> – Verlustvortrag aus dem Vorjahr
>
> bereinigter Jahresüberschuss
> – Einstellung in die gesetzliche Rücklage
>
> Zwischensumme
> – Einstellung in andere Gewinnrücklagen
>
> Restlicher Jahresüberschuss
> + Gewinnvortrag aus dem Vorjahr
> + Entnahmen aus Gewinnrücklagen oder aus der Kapitalrücklage
>
> Bilanzgewinn (bzw. Bilanzverlust)[2]
> – Dividendenausschüttung
>
> Gewinnvortrag des laufenden Geschäftsjahres

10.3.3 Rechnerischer Ablauf der Gewinnverwendung

Beispiel:

Die Baustoffe Sigmaringen AG hat ein Grundkapital in Höhe von 6 000 000,00 EUR. Der Jahresüberschuss des laufenden Geschäftsjahres beträgt 2 500 000,00 EUR. Aus dem Vorjahr wurde ein Verlust in Höhe von 100 000,00 EUR vorgetragen. Am Ende des laufenden Geschäftsjahres ergaben sich folgende Rücklagen:

Kapitalrücklage	100 000,00 EUR
Gesetzliche Rücklage	400 000,00 EUR
Andere Gewinnrücklagen	2 400 000,00 EUR

Die Baustoffe Sigmaringen AG hat 120 000 Stückaktien ausgegeben.

Die Hauptversammlung beschließt, dass eine Dividende in Höhe von 18 % ausgeschüttet werden soll und der Restbetrag als Gewinnvortrag verbleibt.

Aufgaben:

1. Welche Beträge sind in die gesetzliche Rücklage einzustellen?

2. Wie viel EUR können in die anderen Gewinnrücklagen eingestellt werden, wenn der Vorstand und der Aufsichtsrat den Jahresabschluss nach § 58 II AktG feststellen?

3. Berechnen Sie den EUR-Betrag der Dividendenausschüttung und den Gewinnvortrag!

4. Stellen Sie den rechnerischen Ablauf der Gewinnverwendung in einer Übersicht dar!

---

1 Wir gehen im Folgenden davon aus, dass es sich um den Jahresüberschuss nach Steuern handelt.
2 Die Hauptversammlung kann im Beschluss über die Verwendung des Bilanzgewinnes weitere Beträge in die Rücklagen einstellen.

Lösungen:

Zu 1. Berechnung der gesetzlichen Rücklage:

Erforderliche Rücklagenbildung:

10 % von 6 000 000,00 EUR =	600 000,00 EUR
bisher gebildet	500 000,00 EUR
noch zu bilden	100 000,00 EUR

Rücklagenbildung im laufenden Geschäftsjahr:

Jahresüberschuss	2 500 000,00 EUR
− Verlustvortrag	100 000,00 EUR
Bereinigter Jahresüberschuss	2 400 000,00 EUR : 20 = 120 000,00 EUR

Ergebnis: Es sind 100 000,00 EUR in die gesetzliche Rücklage einzustellen.

Zu 2. Berechnung der anderen Gewinnrücklagen:

Jahresüberschuss	2 500 000,00 EUR
− Verlustvortrag aus dem Vorjahr	100 000,00 EUR
Bereinigter Jahresüberschuss	2 400 000,00 EUR
− Einstellung in gesetzliche Rücklagen	100 000,00 EUR
Zwischensumme	2 300 000,00 EUR

Einstellung in die anderen Gewinnrücklagen 50 % = 1 150 000,00 EUR

Zu 3. Berechnung der Dividende und des Gewinnvortrags:

6 000 000,00 EUR Grundkapital: 120 000 Aktien = 50,00 EUR Grundkapital/Aktie

18 % von 50,00 EUR = 9,00 EUR Dividende/Aktie

120 000 Aktien · 9,00 EUR = 1 080 000,00 EUR Gesamtdividende

Bilanzgewinn	1 150 000,00 EUR
− Dividendenausschüttung	1 080 000,00 EUR
Gewinnvortrag aus dem Berichtsjahr	70 000,00 EUR

Zu 4. Zusammenfassende Übersicht:

Jahresüberschuss	2 500 000,00 EUR
− Verlustvortrag aus dem Vorjahr	100 000,00 EUR
Bereinigter Jahresüberschuss	2 400 000,00 EUR
− Einstellung in gesetzliche Rücklagen	100 000,00 EUR
Zwischensumme	2 300 000,00 EUR
− Einstellung in andere Gewinnrücklagen	1 150 000,00 EUR
Bilanzgewinn	1 150 000,00 EUR
− Dividendenausschüttung	1 080 000,00 EUR
Gewinnvortrag	70 000,00 EUR

Merke:

- Da das Grundkapital der AG eine (relativ) konstante Größe darstellt, werden zurückbehaltene Gewinnteile in der Bilanz der AG unter der besonderen Position **„Gewinnrücklagen"** ausgewiesen.

- Neben der speziellen Rücklage für eigene Aktien sind im Allgemeinen **zwei Arten von Gewinnrücklagen** zu unterscheiden:

  - **gesetzliche Rücklage** (die **gesetzlich erzwungene Selbstfinanzierung** [gesetzliche Rücklagenzuweisung nach § 150 AktG]) und

  - **andere Gewinnrücklagen** (die **freiwillig vorgenommene Selbstfinanzierung** nach § 58 AktG [z. B. Zuweisung in die anderen Gewinnrücklagen]).

Übungsaufgabe

79   Bei den nachfolgenden Übungsaufgaben 1. und 2. ist jeweils die Einstellung in die gesetzliche Rücklage und in die anderen Gewinnrücklagen zu ermitteln.

1. | | | | |
    |---|---|---|---|
    | Grundkapital | 18,75 Mio. EUR | Gewinnvortrag | 8,145 Mio. EUR |
    | Kapitalrücklage | 0,375 Mio. EUR | Andere Gewinnrücklagen | 0,105 Mio. EUR |
    | Gesetzliche Rücklage | 1,305 Mio. EUR | Jahresüberschuss | 2,25 Mio. EUR |

    Einstellung in die gesetzliche Rücklage nach § 150 AktG, in die anderen Gewinnrücklagen nach § 58 II AktG.

2. | | | | |
    |---|---|---|---|
    | Grundkapital | 12,0 Mio. EUR | Gewinnvortrag | 0,5 Mio. EUR |
    | Gesetzliche Rücklage | 0,4 Mio. EUR | Jahresüberschuss | 1,8 Mio. EUR |
    | Kapitalrücklage | 0,72 Mio. EUR | | |

    Einstellung in die gesetzliche Rücklage nach § 150 AktG, in die anderen Gewinnrücklagen 50 % des Jahresüberschusses nach Einstellung in die gesetzliche Rücklage. Die Einstellung erfolgt durch Vorstand und Aufsichtsrat.

3. | | | | |
    |---|---|---|---|
    | Grundkapital | 80,0 Mio. EUR | Verlustvortrag | 0,5 Mio. EUR |
    | Gesetzliche Rücklage | 4,5 Mio. EUR | Jahresüberschuss | 6,5 Mio. EUR |
    | Kapitalrücklage | 1,2 Mio. EUR | | |
    | Andere Gewinnrücklagen | 38,2 Mio. EUR | | |

    Einstellung in die gesetzliche Rücklage nach § 150 AktG. Einstellung in die anderen Gewinnrücklagen: Höchstbetrag nach § 58 II AktG.

    Ausgegebene Stückaktien: 1 600 000

    Aufgaben:

    3.1 Ermitteln Sie die gesetzliche Rücklage und die anderen Gewinnrücklagen!

    3.2 Berechnen Sie die höchstmögliche Dividendenzahlung (auf 5 Cent gerundet)!

    3.3 Stellen Sie den rechnerischen Ablauf der Gewinnverwendung in einer Übersicht dar!

10.3.4 Ausweis der Gewinnverwendung in der Bilanz

(1) Aufstellung der Bilanz ohne Berücksichtigung der Ergebnisverwendung

Der Ausweis der Bilanzposten ist ohne Berücksichtigung der Ergebnisverwendung geregelt (vgl. § 266 III HGB). Daher erscheint in dem durch § 266 HGB vorgeschriebenen Gliederungsschema für Bilanzen von Kapitalgesellschaften im Abs. III unter V der Posten „Jahresüberschuss/Jahresfehlbetrag".

Jahresüberschuss/Jahresfehlbetrag des laufenden Geschäftsjahres

Anmerkung: Die Ergebnisverwendung wird außerhalb der Bilanz im Anhang ausgewiesen.

(2) Aufstellung der Bilanz unter teilweiser Berücksichtigung der Ergebnisverwendung

Üblicherweise erfolgt die Bilanzaufstellung bei der AG unter Berücksichtigung der teilweisen Gewinnverwendung. Unter der Voraussetzung, dass aus dem Vorjahr ein Gewinnvortrag übernommen wurde und während des laufenden Geschäftsjahrs keine Entnahmen aus bereits gebildeten Rücklagen vorgenommen wurden, errechnet sich der Bilanzgewinn wie folgt:

Jahresüberschuss
− neue Gewinnrücklagen
+ alter Gewinnvortrag
Bilanzgewinn

Anmerkung: Im Fall eines Verlustvortrags ist für die Berechnung des Anteils der gesetzlichen Rücklage der Jahresüberschuss um den Verlustvortrag zu korrigieren (vgl. § 150 II AktG).

Beispiel 1:

Die Württembergische Autowerke AG (WAW AG) kann nach einem schlechten Vorjahr für das Berichtsjahr wieder einen Jahresüberschuss ausweisen. Hier ein Ausschnitt aus der vorläufigen Bilanz:

Aktiva   Ausschnitt a. d. Bilanz d. WAW AG vor d. Gewinnverwendungsrechnung   Passiva

A.	**Eigenkapital**	
I.	Gezeichnetes Kapital*	492 000 000,00
II.	Kapitalrücklage	16 000 000,00
III.	Gewinnrücklage	
	1. Gesetzliche Rücklage	28 000 000,00
	2. And. Gewinnrücklagen	61 000 000,00
IV.	Verlustvortrag	− 3 000 000,00
V.	Jahresüberschuss	68 000 000,00

*Die WAW AG hat 98,4 Mio. Stückaktien ausgegeben.

Aufgaben:
1. Ermitteln Sie den Bilanzgewinn! Die Einstellung in die gesetzliche Rücklage erfolgt nach § 150 AktG. In die anderen Gewinnrücklagen werden 30 875 000,00 EUR eingestellt.
2. Gliedern Sie das Eigenkapital der WAW AG unter Berücksichtigung der teilweisen Verwendung des Jahresüberschusses!

21 Speth u.a. - ISBN 978-3-8120-0572-2

Lösungen:

Zu 1.: Ermittlung des Bilanzgewinnes durch Vorstand und Aufsichtsrat

	Jahresüberschuss	68 000 000,00 EUR
−	Verlustvortrag aus dem Vorjahr	3 000 000,00 EUR
=	Bereinigter Jahresüberschuss	65 000 000,00 EUR
−	Einstellung in die gesetzliche Rücklage	3 250 000,00 EUR
=	Zwischensumme	61 750 000,00 EUR
−	Andere Gewinnrücklagen	30 875 000,00 EUR
=	Bilanzgewinn	30 875 000,00 EUR

Zu 2.: Bilanz nach der teilweisen Verwendung des Jahresüberschusses

Aktiva   Gliederung d. Eigenkapitals d. WAW AG vor der Verwendung des Bilanzgewinns   Passiva

A.	**Eigenkapital**	
I.	Gezeichnetes Kapital	492 000 000,00
II.	Kapitalrücklage	16 000 000,00
III.	Gewinnrücklage	
	1. Gesetzliche Rücklage	31 250 000,00
	2. Andere Gewinnrücklagen	91 875 000,00
IV.	Bilanzgewinn	30 875 000,00

(3) Aufstellung der Bilanz unter vollständiger Berücksichtigung der Ergebnisverwendung

Die Aktionäre haben nach § 58 IV AktG Anspruch auf den Bilanzgewinn, soweit er nicht nach Gesetz, Satzung oder aufgrund eines Beschlusses der Hauptversammlung von der Verteilung an die Aktionäre ausgeschlossen ist. Die Hauptversammlung kann z.B. nach § 58 III, S. 1 AktG beschließen, dass weitere Beträge in die Gewinnrücklagen eingestellt werden oder dass ein Teil des Bilanzgewinnes als Gewinnvortrag in der Gesellschaft verbleibt.

Unter der Annahme, dass ein Teil des Bilanzgewinnes als Gewinnvortrag auf das folgende Geschäftsjahr übertragen wird und dass weitere Beträge in die Gewinnrücklagen eingestellt werden sollen, ergibt sich folgende weitere Berechnung:

	Bilanzgewinn
−	weitere Gewinnrücklagen
−	Dividende
=	neuer Gewinnvortrag

Anmerkung: Bis zur Auszahlung stellt der für die Ausschüttung vorgesehene Dividendenbetrag eine Verbindlichkeit der Aktiengesellschaft gegenüber den Aktionären dar.

Beispiel 2:

Wir erweitern das Beispiel 1 von S. 321 in der folgenden Weise:

Die Hauptversammlung genehmigt die Rücklagenbildung und beschließt, dass eine Dividende in Höhe von 6 % ausgeschüttet werden soll und der Restbetrag als Gewinnvortrag verbleibt.

1. Berechnen Sie den EUR-Betrag der Dividendenausschüttung und den Gewinnvortrag!

2. Gliedern Sie das Eigenkapital der WAW AG nach der vollständigen Verwendung des Jahresüberschusses, wobei unterstellt werden soll, dass die Dividende bereits ausgezahlt wurde!

3. Wie viel EUR beträgt die Selbstfinanzierung?

Lösungen:

Zu 1.: Berechnung der Dividende und des Gewinnvortrags

492 000 000,00 EUR Grundkapital : 98 400 000 Aktien = 5,00 EUR Grundkapital/Aktie

6 % von 5,00 EUR = 0,30 EUR Dividende/Aktie

98 400 000 Aktien · 0,30 EUR = 29 520 000,00 EUR Dividende

Bilanzgewinn	30 875 000,00 EUR
– Dividendenausschüttung	29 520 000,00 EUR
= Gewinnvortrag aus dem Berichtsjahr	1 355 000,00 EUR

Zu 2.: Gliederung des Eigenkapitals nach der vollständigen Verwendung des Bilanzgewinnes

Aktiva   Gliederung d. Eigenkapitals d. WAW AG nach vollständ. Verw. d. Bilanzgewinnes   Passiva

A.	**Eigenkapital**		
I.	Gezeichnetes Kapital		492 000 000,00
II.	Kapitalrücklage		16 000 000,00
III.	Gewinnrücklage		
	1. Gesetzliche Rücklage		31 250 000,00
	2. Andere Gewinnrücklagen		91 875 000,00
IV.	Gewinnvortrag		1 355 000,00

Zu 3.: Berechnung der Selbstfinanzierung[1]

Ausgleich des Verlustvortrags	3 000 000,00 EUR
+ Einstellung in die gesetzliche Rücklage	3 250 000,00 EUR
+ Andere Gewinnrücklagen	30 875 000,00 EUR
+ Gewinnvortrag aus dem Berichtsjahr	1 355 000,00 EUR
= Höhe der Selbstfinanzierung	38 480 000,00 EUR

Übungsaufgabe

80

1. Welche Bilanzposten gehören zum Eigenkapital einer Aktiengesellschaft?

2. Welche Bilanzposten einer Aktiengesellschaft zeigen die offene Selbstfinanzierung?

3. Stellen Sie ein allgemein gültiges Berechnungsschema für die Ermittlung der gesetzlichen Gewinnrücklagen (ohne satzungsmäßige Änderungen) auf!

---

1 Die Höhe der Selbstfinanzierung kann auch als Differenz zwischen dem Jahresüberschuss (68 000 000,00 EUR) und der Dividendenausschüttung (29 520 000,00 EUR) berechnet werden.

4. Stellen Sie unter der Annahme, dass ein Verlustvortrag vorliegt, ein allgemein gültiges Berechnungsschema für die Ermittlung des Bilanzgewinnes auf!

5. Welchem Zweck dienen Rücklagen?

6. Die Triberger Uhren AG weist vor dem Beschluss über die Verwendung des Jahresüberschusses in Höhe von 10 300 000,00 EUR folgende Rücklagen aus:

Kapitalrücklage   550 000,00 EUR,
Gewinnrücklagen:
1. Gesetzliche Rücklage   3 200 000,00 EUR,
2. Andere Gewinnrücklagen   11 650 000,00 EUR.

Außerdem lag ein Gewinnvortrag aus dem Vorjahr in Höhe von 500 000,00 EUR vor.

Aufgaben:

6.1 Berechnen Sie den Bilanzgewinn aufgrund folgender Angaben:
Nach Einstellung des erforderlichen Betrags in die gesetzliche Gewinnrücklage sollen 3 000 000,00 EUR in andere Gewinnrücklagen eingestellt werden.

6.2 Gliedern Sie das Eigenkapital unter Berücksichtigung der teilweisen Verwendung des Jahresüberschusses!

6.3 Berechnen Sie die höchstmögliche Dividende! Die Triberger Uhren AG hat 50 000 000 Stückaktien ausgegeben.

6.4 Gliedern Sie das Eigenkapital nach der vollständigen Verwendung des Jahresüberschusses, wobei unterstellt werden soll, dass die Stückdividende bereits ausbezahlt wurde!

6.5 Wie viel EUR beträgt
6.5.1 die gesetzlich erzwungene Selbstfinanzierung,
6.5.2 die freiwillig vorgenommene Selbstfinanzierung,
6.5.3 die offene Selbstfinanzierung insgesamt?

10.4 Beurteilung der Selbstfinanzierung

Wichtige Vor- und Nachteile der Selbstfinanzierung sind in der nachfolgenden Tabelle einander gegenübergestellt.

Vorteile	Nachteile
■ Die Mittel stehen dem Unternehmen ohne zeitliche Begrenzung zur Verfügung, da es sich um Eigenkapitalbestandteile handelt. ■ Kein Zinsaufwand, weil kurzfristig auf eine Verzinsung des Eigenkapitals verzichtet werden kann. ■ Keine Tilgung und somit keine Belastung der Liquidität. ■ Unabhängigkeit (kein Einfluss von Gläubigern auf das Unternehmen). ■ Erhöhung der Kreditwürdigkeit. ■ Keine Kapitalbeschaffungskosten.	■ Besonders bei der verdeckten Selbstfinanzierung muss die Geschäftsleitung über die Mittelverwendung keine Rechenschaft ablegen; daher besteht die Gefahr, zu risikoreiche Investitionen vorzunehmen. ■ Unerwünschte Einkommensumverteilung zugunsten der Unternehmen, wenn die Selbstfinanzierung über ungerechtfertigt hohe Preise vorgenommen wird.

81 1. Das Eigenkapital der Tübinger Reifen AG wurde im Jahresabschluss für das Berichtsjahr wie folgt ausgewiesen:

Gezeichnetes Kapital	12,00 Mio. EUR	Andere Gewinnrücklagen	0,60 Mio. EUR
Kapitalrücklage	16,80 Mio. EUR	Gewinnvortrag aus dem Vorjahr	0,06 Mio. EUR

Für das Berichtsjahr wurden Aufwendungen von 83,6 Mio. EUR und Erträge von 87,9 Mio. EUR ermittelt. Vorstand und Aufsichtsrat stellten den Jahresabschluss fest, wobei sich die Gewinnverwendung ausschließlich nach den Vorschriften des Aktiengesetzes richtete. Es wurden 12 000 000 Stückaktien ausgegeben.

Aufgaben:

1.1 Inwieweit können die Gewinnansprüche der Aktionäre dieser AG bei der Feststellung des Jahresabschlusses durch Vorstand und Aufsichtsrat geschmälert werden?

1.2 Berechnen Sie die minimale ganzzahlige Stückdividende, die Vorstand und Aufsichtsrat der AG den Aktionären für das Berichtsjahr anbieten müssen!

Ermitteln Sie dabei auch in übersichtlicher Form den Bilanzgewinn und den Gewinnvortrag für das Berichtsjahr!

1.3 Errechnen Sie den Betrag der Selbstfinanzierung! Wie viel EUR beträgt dabei die gesetzlich erzwungene Selbstfinanzierung?

2. Der Jahresabschluss der IMMO AG für 20.. wurde durch Vorstand und Aufsichtsrat festgestellt. Folgende Werte sind der Schlussbilanz entnommen:

Grundkapital	8 000 000,00 EUR		
Kapitalrücklage	1 100 000,00 EUR	Andere Gewinnrücklagen	240 000,00 EUR
Gesetzliche Rücklage	140 000,00 EUR	Verlustvortrag	28 000,00 EUR

Der Jahresüberschuss beträgt 1 025 000,00 EUR. Die Einstellung in die gesetzliche Rücklage erfolgt nach § 150 II AktG; den anderen Gewinnrücklagen wollen Vorstand und Aufsichtsrat 200 000,00 EUR zuführen. Der auf eine Stückaktie entfallende anteilige Wert am Grundkapital beträgt 1,00 EUR.

Aufgaben:

2.1 Berechnen Sie die höchstmögliche Stückdividende!

2.2 Stellen Sie in einer Übersicht die Posten des Eigenkapitals dar

- vor Gewinnverwendung,
- nach teilweiser Gewinnverwendung und
- nach vollständiger Gewinnverwendung!

3. Die BIOTEX AG hat für ihre vorläufige Bilanz folgende Zahlen ermittelt:

Gezeichnetes Kapital	5 000 000,00 EUR	Andere Gewinnrücklagen	400 000,00 EUR
Kapitalrücklagen	300 000,00 EUR	Gewinnvortrag	20 000,00 EUR
Gesetzliche Rücklagen	250 000,00 EUR	Jahresfehlbetrag	170 000,00 EUR

Der Aktiennennwert beträgt 1,00 EUR.

Die AG möchte für das abgelaufene Geschäftsjahr dennoch möglichst viel Dividende ausschütten, da das neue Geschäftsjahr sehr Erfolg versprechend angelaufen ist. Die Satzung enthält keine besonderen Vorschriften.

Aufgaben:

Ermitteln Sie den Bilanzgewinn, der für die Ausschüttung bereitgestellt werden kann, und den Dividendensatz (in EUR und in Prozent)!

82 Die Betonwerke Rainer Ott AG weisen u. a. folgende Bilanzdaten aus:

Gezeichnetes Kapital:	105,00 Mio. EUR
Kapitalrücklage:	496,86 Mio. EUR
Jahresüberschuss:	55,44 Mio. EUR

Der Mindestnennwert der Aktien beträgt 5,00 EUR. Der Börsenkurs für eine 5-EUR-Aktie liegt derzeit bei 36,00 EUR.

Vorstand und Aufsichtsrat stellen den Jahresabschluss fest. Angestrebt wird eine höchstmögliche Selbstfinanzierung.

Aufgaben:

1. Führen Sie die Gewinnverwendung in Staffelform durch!

2. Berechnen Sie die maximale Dividende je Aktie (auf volle 10 Cent runden)!

3. Wie viel EUR beträgt die offene Selbstfinanzierung?

11 Beteiligungsfinanzierung als Möglichkeit der Beschaffung finanzieller Mittel

11.1 Begriff Beteiligungsfinanzierung

Merke:

Der Begriff der **Beteiligungsfinanzierung** betrifft die **Rechtsstellung des Kapitalgebers**. Sie ist durch folgende **Merkmale** gekennzeichnet:

- Die Kapitalgeber (Gesellschafter) erwerben in Höhe ihrer Einlage **Anteilsrechte** (Beteiligungsrechte) **am Eigenkapital** der Unternehmen.

- Die Kapitalgeber (Gesellschafter) erhalten eine **gewinnabhängige Vergütung**.

- Die Kapitalgeber (Gesellschafter) erwerben **Mitwirkungsrechte** (z. B. Geschäftsführungs- und Vertretungsrechte).

Die aus der Beteiligungsfinanzierung (Eigenfinanzierung) stammenden Mittel bezeichnet man bilanzrechtlich als Eigenkapital. Unter dem **Gesichtspunkt der Kapitalherkunft** zählt die Eigenfinanzierung durch Einlagen bzw. Beteiligungen zur Außenfinanzierung, weil dem Unternehmen Finanzmittel von außen zugeführt werden.

11.2 Beteiligungsfinanzierung bei Personengesellschaften

11.2.1 Beteiligungsfinanzierung bei der OHG

Bei der **offenen Handelsgesellschaft (OHG)** werden die Möglichkeiten der Beteiligungsfinanzierung im Wesentlichen durch das (Privat-)Vermögen der Gesellschafter begrenzt.
Die Zuführungen und Entnahmen von Beteiligungskapital können durch den Gesellschaftsvertrag frei geregelt werden. Bei der OHG besitzen **alle** Gesellschafter ein **variables
Kapitalkonto**.

Beispiel:

Die Hauser und Meyer OHG hat ein Anlagevermögen in Höhe von 1 800 000,00 EUR und ein Umlaufvermögen in Höhe von 900 000,00 EUR. Die voll eingezahlten Einlagen betragen bei Hauser
600 000,00 EUR und bei Meyer 500 000,00 EUR. Das Restkapital wird durch Fremdmittel finanziert.

Der Gesellschafter Hauser tätigt eine Privateinlage in Höhe von 100 000,00 EUR durch Banküberweisung.

Aufgaben:

1. Stellen Sie aufgrund der Angaben eine verkürzte Bilanz vor der Einlage von Hauser auf!
2. Stellen Sie der Bilanz vor der Einlage die Bilanz nach der Einlage gegenüber!
3. Wie viel EUR beträgt die Beteiligungsfinanzierung?

Lösung:

Zu 1.:

Aktiva	Bilanz **vor** der Einlage		Passiva
Anlagevermögen	1 800 000,00	**Eigenkapital**	
Umlaufvermögen	900 000,00	Kapitalkonto Hauser	600 000,00
		Kapitalkonto Meyer	500 000,00
		Fremdkapital	1 600 000,00
	2 700 000,00		2 700 000,00

Zu 2.:

Aktiva	Bilanz **nach** der Einlage		Passiva
Anlagevermögen	1 800 000,00	**Eigenkapital**	
Umlaufvermögen	1 000 000,00	Kapitakonto Hauser	700 000,00
		Kapitalkonto Meyer	500 000,00
		Fremdkapital	1 600 000,00
	2 800 000,00		2 800 000,00

Zu 3.: Die Beteiligungsfinanzierung beträgt 100 000,00 EUR.

Die persönliche Haftung und Mitarbeit aller Gesellschafter erfordert gegenseitiges Ver-
trauen. Deshalb sind der Aufnahme von weiteren Gesellschaftern schnell Grenzen
gesetzt. Im Falle der Aufnahme eines neuen Gesellschafters ist außerdem eine Änderung
des Gesellschaftsvertrages, die Erstellung einer Sonderbilanz und die Anmeldung beim
Registergericht erforderlich.

11.2.2 Beteiligungsfinanzierung am Beispiel der Kommanditgesellschaft (KG)

Bei der KG erfolgt die Beteiligungsfinanzierung dadurch, dass der aufzunehmende Komplementär (Vollhafter) bzw. Kommanditist (Teilhafter) Einlagen in die KG einbringt. Dabei können die Einlagen aus Geldkapital (Geldmittelfinanzierung) oder aus Sachkapital (Sacheinlagenfinanzierung) bestehen. Da die Kommanditisten nur in Höhe ihrer Einlage haften und auch gesetzlich nicht zur Geschäftsführung und Vertretung verpflichtet und berechtigt sind, ist die Aufnahme neuer Kommanditisten relativ problemlos. Daher ist die KG bezüglich der Möglichkeit der Eigenfinanzierung (Beteiligungsfinanzierung) weit besser gestellt als die OHG.

Beispiel:

In der Huber KG mit Huber als Komplementär und Sauter als Kommanditist ergeben sich folgende Bilanzpositionen:

Anlagevermögen 2500000,00 EUR, Umlaufvermögen 1900000,00 EUR, Kapital Huber 600000,00 EUR, Kapital Sauter 300000,00 EUR. Die Restsumme auf der Passivseite betrifft Verbindlichkeiten (Fremdkapital) der KG. Die KG plant eine Erweiterungsinvestition, die durch Aufnahme eines weiteren Kommanditisten finanziert werden soll. Alex Teich ist bereit,

sich mit 300000,00 EUR als Kommanditist zu beteiligen. Nach Erledigung der Formalitäten zahlt Teich zunächst die Hälfte seiner Beteiligung durch Banküberweisung ein.

Aufgaben:

1. Stellen Sie die Bilanz vor Aufnahme des Kommanditisten Teich auf!
2. Stellen Sie die Bilanz nach Einzahlung der Hälfte der Kommanditbeteiligung auf!
3. Wie viel EUR beträgt die zusätzliche Eigenfinanzierung?

Lösungen:

Zu 1.:

Aktiva	Bilanz der Huber KG **vor** der Einlage		Passiva
Anlagevermögen	2500000,00	**Eigenkapital**	
Umlaufvermögen	1900000,00	Komplementärkapital Huber	600000,00
		Kommanditkapital Sauter	300000,00
		Verbindlichkeiten	3500000,00
	4400000,00		4400000,00

Zu 2.:

Aktiva	Bilanz der Huber KG **nach** der Einlage		Passiva
Ausstehende Einlagen	150000,00	**Eigenkapital**	
Anlagevermögen	2500000,00	Komplementärkapital Huber	600000,00
Umlaufvermögen	2050000,00	Kommanditkapital Sauter	300000,00
		Kommanditkapital Teich	300000,00
		Verbindlichkeiten	3500000,00
	4700000,00		4700000,00

Erläuterungen:

Unabhängig von der Höhe des eingezahlten Betrags erscheint die vereinbarte Kapitaleinlage des Kommanditisten unter der entsprechenden Bezeichnung in voller Höhe auf der Passivseite der Bilanz. Die noch nicht eingezahlten Beträge erscheinen vor dem Anlagevermögen unter „Ausstehende Einlagen" auf der Aktivseite der Bilanz.

Zu 3.: Die Höhe der zusätzlichen Eigenfinanzierung beträgt nach Einzahlung der gesamten Kommanditeinlage durch Teich 300 000,00 EUR.

Merke:

■ Die Kapitalbeträge der Kapitalkonten der Komplementäre einer KG sind variabel.

■ Die Kapitalbeträge der Kapitalkonten der Kommanditisten einer KG sind dagegen konstante Größen.

Übungsaufgaben

83 Walter Grün und Fritz Keller gründen eine offene Handelsgesellschaft zur Herstellung von Jägerbedarf. Der Gesellschafter Grün beteiligt sich laut Gesellschaftsvertrag mit 150 000,00 EUR, wobei er 100 000,00 EUR in Form einer kleinen Fabrikhalle sofort einbringt. Der Gesellschafter Keller beteiligt sich mit 120 000,00 EUR. Er zahlt bei Gründung 90 000,00 EUR ein.

Aufgaben:

1. Erstellen Sie die Gründungsbilanz!

2. Beide Gesellschafter zahlen nach Aufstellung der Gründungsbilanz den Rest ihrer Anteile durch Banküberweisung ein.
   Erstellen Sie die geänderte Bilanz!

3. Wie viel EUR beträgt die Beteiligungsfinanzierung insgesamt?

84 Die Kirch KG mit Kirch als Komplementär und Braun als Kommanditist weist folgende vorläufige Bilanzposten auf:

Anlagevermögen 1 500 000,00 EUR, Umlaufvermögen 1 250 000,00 EUR, Kapital Komplementär Kirch 500 000,00 EUR, Kapital Kommanditist Braun 350 000,00 EUR. Der Restbetrag der Passivseite betrifft Verbindlichkeiten der KG.

Zur Beschaffung der erforderlichen Finanzmittel für ein größeres Investitionsvorhaben soll Anton Klein als weiterer Kommanditist mit einer Beteiligung von 200 000,00 EUR in die Gesellschaft aufgenommen werden. Nach Abwicklung der Aufnahmeformalitäten zahlt Klein $3/5$ seiner Kommanditbeteiligung durch Banküberweisung ein. Der Restbetrag soll vereinbarungsgemäß zu einem späteren Zeitpunkt durch eine Sacheinlage in Form eines Lkw geleistet werden, dessen Wert auf 80 000,00 EUR festgesetzt ist.

Aufgaben:

1. Stellen Sie jeweils die Bilanz vor und nach der Aufnahme von Klein auf!

2. Wie viel EUR beträgt die zusätzliche Eigenfinanzierung durch die Aufnahme des Kommanditisten Klein?

11.3 Beteiligungsfinanzierung bei Kapitalgesellschaften am Beispiel der AG

Das Aktiengesetz sieht für die Beteiligungsfinanzierung der Aktiengesellschaft folgende Formen der Kapitalerhöhung (Kapitalbeschaffung) vor: (1) **ordentliche Kapitalerhöhung** (Kapitalerhöhung gegen Einlagen), (2) **genehmigte Kapitalerhöhung** und (3) **bedingte Kapitalerhöhung**. Die Kapitalerhöhung bedarf einer Satzungsänderung, wozu ein **Beschluss der Hauptversammlung mit qualifizierter Mehrheit** (drei Viertel des bei der Beschlussfassung vertretenen Grundkapitals) notwendig ist.

11.3.1 Ordentliche Kapitalerhöhung (Kapitalerhöhung gegen Einlagen)
[§§ 182 bis 191 AktG]

(1) Grundbegriffe und Ablauf der ordentlichen Kapitalerhöhung

Bei der Kapitalerhöhung gegen Einlagen (ordentliche Kapitalerhöhung nach §§ 182 ff. AktG) erfolgt die Beschaffung der liquiden Mittel gegen Ausgabe junger (neuer) Aktien. Der **Emissionskurs** (Ausgabekurs, Bezugskurs) **der jungen Aktien** darf bei Nennwertaktien **nicht unter dem Nennwert (unter pari)** liegen. Bei **Stückaktien** darf der Emissionskurs **nicht unter dem Beteiligungswert einer Aktie** (dem „fiktiven Nennwert") liegen. Eine Überpari-Emission ist zulässig. Sie hat zur Folge, dass der Nennwert der Kapitalerhöhung wesentlich geringer sein kann als der erforderliche Kapitalbedarf der AG.

Bei einer Kapitalerhöhung gegen Geldeinlagen fließen der Aktiengesellschaft entsprechende Geldmittel, bei einer Kapitalerhöhung gegen Sachmittel (z.B. Einbringung von Grundstücken) entsprechende Sachmittel zu (siehe § 183 AktG). In **Höhe des Nennbetrags der gezeichneten Aktien** erhöht sich das **gezeichnete Kapital (Grundkapital)** der Gesellschaft. Bei einer AG mit Stückaktien muss sich die Zahl der Aktien in demselben Verhältnis wie das Grundkapital erhöhen [§ 182 I, S. 5 AktG]. Der über den Nennbetrag hinausgehende Mittelzufluss, das sogenannte **Agio**, wird als **Kapitalrücklage ausgewiesen** [§ 272 II, Nr. 1 HGB]. In Höhe des gesamten Mittelzuflusses erhöht sich das **bilanzierte Eigenkapital** der AG.

Damit die bisherigen Aktionäre bei der Ausgabe junger (neuer) Aktien nicht benachteiligt werden, muss nach § 186 I AktG jedem Altaktionär auf sein Verlangen ein seinem Anteil an dem bisherigen Grundkapital entsprechender Teil der neuen Aktien zugeteilt werden.

(2) Berechnung des Bezugsverhältnisses

Das Bezugsverhältnis drückt das Verhältnis zwischen dem Nennwert des bisherigen Grundkapitals und dem Nennwert der Kapitalerhöhung aus.

Beispiel:	
Die Maschinenfabrik Franz Baier AG mit einem Grundkapital in Höhe von 6 000 000,00 EUR beschließt eine Kapitalerhöhung auf 8 000 000,00 EUR. Sie gibt hierzu Aktien im Nennwert von 2 000 000,00 EUR aus.	**Aufgabe:** Berechnen Sie das Bezugsverhältnis!

Lösung:

$$\text{Bezugsverhältnis} = \frac{6\,000\,000\ \text{EUR}}{2\,000\,000\ \text{EUR}} = \frac{3}{1}$$

Ergebnis: Das Bezugsverhältnis beträgt 3 : 1 und besagt, dass drei Altaktien (Bezugsrechte) erforderlich sind, um eine junge Aktie erwerben zu können.

Merke:

$$\text{Bezugsverhältnis} = \frac{\text{Nennwert des bisherigen Grundkapitals}}{\text{Nennwert der Kapitalerhöhung}}$$

(3) Begriff und Bedeutung des Bezugsrechts

Merke:

Bezugsrecht ist das dem Aktionär zustehende Recht, bei einer Kapitalerhöhung einen seinem Anteil am bisherigen Grundkapital entsprechenden Teil der jungen (neuen) Aktien zu beziehen.

Das **Bezugsrecht** hat für die Altaktionäre zwei wichtige Bedeutungen:

- Durch die Wahrnehmung des Bezugsrechts bleibt der **Anteil des Altaktionärs am Grundkapital der AG erhalten,** da er im Verhältnis zur Kapitalerhöhung junge Aktien erwerben kann.
- Ein **Vermögensnachteil des Altaktionärs** infolge des zu erwartenden Rückgangs des Börsenkurses der Aktien nach der Grundkapitalerhöhung kann durch den **Wert des Bezugsrechts ausgeglichen** werden.

■ **Zu 1.: Veränderung der bisherigen Stimmrechtsanteile der Altaktionäre**

Beispiel:

Die Karlsruher Chemie AG mit einem Grundkapital in Höhe von 4 000 000,00 EUR beschließt eine ordentliche Kapitalerhöhung auf 6 000 000,00 EUR. Sie gibt hierzu Aktien im Nennwert von 2 000 000,00 EUR aus. Der Altaktionär Franz Wohlhaben besitzt ein Aktienpaket im Nennwert von 1 000 000,00 EUR an dieser AG. Der Mindestnennwert der Aktie beträgt 5,00 EUR.

Aufgaben:

1. Berechnen Sie das Bezugsverhältnis!
2. Mit wie viel Prozent ist Herr Wohlhaben am Grundkapital vor der Grundkapitalerhöhung beteiligt?
3. Auf wie viel Prozent könnte der Anteil von Herrn Wohlhaben am Grundkapital absinken, wenn kein Bezugsrecht besteht?
4. Wie viel junge Aktien muss Herr Wohlhaben erwerben, um nach der Grundkapitalerhöhung den gleichen Anteil am erhöhten Grundkapital der Karlsruher Chemie AG zu haben wie vor der Grundkapitalerhöhung?

Lösungen:

Zu 1.: Bezugsverhältnis $= \dfrac{4\,000\,000 \text{ EUR}}{2\,000\,000 \text{ EUR}} = \dfrac{2}{1}$

Zu 2.: Herr Wohlhaben ist mit $^1/_4$ (1 Mio. EUR : 4 Mio. EUR), das sind 25 %, an der AG beteiligt.

Zu 3.: Ohne die Einräumung eines Bezugsrechts sinkt der Anteil von Herrn Wohlhaben am Grundkapital der AG auf $^1/_6$ (1 Mio. EUR : 6 Mio. EUR), das sind 16 $^2/_3$ %, ab.

Zu 4.: Das Aktienpaket von Herrn Wohlhaben muss nach der Kapitalerhöhung $^1/_4$ des neuen Grundkapitals (6 Mio. EUR : 4), also 1,5 Mio. EUR betragen, d.h., er müsste 100 000 junge Aktien erwerben.

> **Probe:** Herr Wohlhaben besitzt 200 000 Aktien (Bezugsrechte) und kann damit 100 000 junge Aktien (100 000 Aktien · 5,00 EUR = 500 000,00 EUR Nennwert) kaufen.

■ Zu 2.: Vermögensnachteile infolge der Kurssenkung

Die Ausgabe junger Aktien[1] findet nur dann das Interesse von Kapitalanlegern, wenn der Ausgabekurs unter dem bisherigen Börsenkurs der Aktien der betreffenden Gesellschaft liegt.

Die richtige Wahl des **Emissionskurses** der jungen Aktien ist ein wesentlicher Faktor für das Gelingen einer Kapitalerhöhung. Niedrige Emissionskurse erleichtern zwar die Emission, haben für das Unternehmen jedoch den Nachteil, dass ihr weniger Mittel zufließen. Ein hoher Börsenkurs der alten Aktien ermöglicht auch einen hohen Emissionskurs der jungen Aktien.

Nach der Emission der jungen Aktien sinkt der Börsenkurs meist auf den „Mittelkurs". Rechnerisch ist das der gewogene Durchschnitt des alten Börsenkurses und des Emissionskurses der jungen Aktien. Dem dabei entstehenden Wertverlust einer Altaktie entspricht rein rechnerisch der Wert des Bezugsrechts.

Für die Ermittlung des Mittelkurses (gewogener Durchschnitt) sind der Kurswert der alten Aktien (Anzahl alter Aktien · Kurs alte Aktien), der Kurswert der jungen Aktien (Anzahl junger Aktien · Emissionskurs), die Anzahl der alten Aktien und die Anzahl der jungen Aktien maßgebend. Der Mittelkurs ergibt sich daher aufgrund folgender Berechnungsformel:

$$\text{Mittelkurs} = \frac{\text{Anzahl alter Aktien} \cdot \text{Kurs alte Aktien} + \text{Anzahl junger Aktien} \cdot \text{Emissionskurs}}{\text{Anzahl alter Aktien} + \text{Anzahl junger Aktien}}$$

Beispiel: Ergänzung zum Beispiel auf S. 331f.

Der Börsenkurs der Aktien der Karlsruher Chemie AG mit einem Grundkapital von 4 000 000,00 EUR (800 000 Aktien zu je 5,00 EUR) beträgt vor der Kapitalerhöhung 25,00 EUR je Stück.

Der Emissionskurs von 400 000 Stück jungen Aktien im Nennwert von 5,00 EUR je Stück wird auf 22,00 EUR je Stück festgesetzt.

---

1 Junge Aktien sind Aktien, die bei einer Grundkapitalerhöhung [§§ 182ff. AktG] den Aktionären zum Kauf angeboten werden. Die alten Aktionäre können ihr Bezugsrecht verkaufen, sodass auch Dritte die jungen Aktien erwerben können.

Lösungen:

Zu 1.: Mittelkurs $= \dfrac{800\,000 \cdot 25 + 400\,000 \cdot 22}{800\,000 + 400\,000} = \underline{\underline{24,00\ \text{EUR}}}$

Verkürzt über das Bezugsverhältnis: $\dfrac{2 \cdot 25 + 1 \cdot 22}{3} = \underline{\underline{24,00\ \text{EUR}}}$

Ergebnis: Der Mittelkurs beträgt 24,00 EUR.

Zu 2.: Der Vermögensverlust der Altaktionäre beträgt damit 1,00 EUR je Aktie (bisheriger Börsenkurs 25,00 EUR – Mittelkurs 24,00 EUR). Da das Bezugsrecht einen marktfähigen Wert für sich darstellt, muss diesem Vermögensverlust der rechnerische Wert des Bezugsrechts entsprechen.

Zu 3.: Allgemein lässt sich der Wert des Bezugsrechts mithilfe folgender Berechnungsformel ermitteln:[1]

$$\text{Wert des Bezugsrechts} = \frac{\text{Kurs der alten Aktien} - \text{Kurs der jungen Aktien}}{\dfrac{\text{Anzahl}^2\ \text{der alten Aktien}}{\text{Anzahl}^2\ \text{der jungen Aktien}} + 1}$$

Auf die Daten unseres Beispiels angewandt, ergibt das folgenden Wert:

$$\text{Wert des Bezugsrechts} = \frac{25 - 22}{\dfrac{800\,000}{400\,000} + 1} = \frac{3}{3} = \underline{\underline{1,00\ (\text{EUR/Stück})}}$$

Der rechnerisch ermittelte Wert des Bezugsrechts entspricht damit dem Wert des Vermögensverlusts, den der Altaktionär durch die Ausgabe neuer Aktien zu einem unter dem Börsenkurs liegenden Emissionskurs erleidet. Falls der Altaktionär von seinem Bezugsrecht keinen Gebrauch macht, muss der neue Aktionär den Wert des Bezugsrechts mitbezahlen.

---

1 Bei dieser „Berechnungsmethode" wird unterstellt, dass weder „Dividendenvorteile" noch „Dividendennachteile" vorliegen. Ist dies der Fall, müssen diese bei der Ermittlung des rechnerischen Werts des Bezugsrechts berücksichtigt werden. Ein Dividendenvorteil liegt z.B. vor, wenn die neuen Aktien einen Bonus erhalten. Ein Dividendennachteil ist z.B. gegeben, wenn die neuen Aktien zunächst keine oder eine geringere Dividende erhalten.

2 Hierbei handelt es sich um das Bezugsverhältnis, d. h., der Bruch kann auch durch das Bezugsverhältnis ersetzt werden. Die Formel lautet dann:

Wert des Bezugsrechts $= \dfrac{\text{Kurs der alten Aktien} - \text{Kurs der jungen Aktien}}{\text{Bezugsverhältnis} + 1}$

Zu 4.:

Wert des Aktienpakets vor der Kapitalerhöhung	Wert des Aktienpakets nach der Kapitalerhöhung	
200 000 Aktien · 25,00 EUR = 5 000 000,00 EUR	200 000 Aktien · 24,00 EUR	= 4 800 000,00 EUR
	+ Wert des Bezugsrechts 200 000 Aktien zu je 1,00 EUR	= 200 000,00 EUR
		5 000 000,00 EUR

Da an der Börse die Nachfrage- und Angebotsverhältnisse den Wert des Bezugsrechts bestimmen, weicht der tatsächliche Wert meist etwas vom rechnerischen Wert ab.

Merke:

- **Junge Aktien** können nur zusammen mit einer bestimmten **Anzahl von Bezugsrechten** erworben werden. Die Altaktionäre erhalten diese Bezugsrechte, die in der Bezugsfrist getrennt von den Aktien an der Börse gehandelt werden.

- Bei der Emission von jungen Aktien ist das **Agio in die Kapitalrücklagen** einzustellen.

- Nach der Emission bildet sich ein **Mittelkurs,** der rechnerisch dem gewogenen Durchschnitt von bisherigem Kurs und Bezugskurs der jungen Aktien entspricht.

---

(4) Beispiel für eine ordentliche Kapitalerhöhung

Die ordentliche Hauptversammlung der Maschinenfabrik Hempel AG hat am 15. Mai 20.. beschlossen, das Grundkapital von 90 Mio. EUR auf 150 Mio. EUR durch Ausgabe von 60 Mio. EUR junger Aktien zu erhöhen. Der Emissionskurs der jungen Aktien beträgt 26,00 EUR je 5-EUR-Aktie. Der Börsenkurs der alten Aktien beträgt 32,00 EUR je 5-EUR-Aktie. Die Emissionskosten betragen 1,42 Mio. EUR.

Aufgaben:

1. Berechnen Sie den Vermögenszuwachs der Maschinenfabrik Hempel AG! Ermitteln Sie die Höhe des Agios!
2. Stellen Sie die Eigenkapitalposten nach der Kapitalerhöhung dar!
3. Ermitteln Sie das Bezugsverhältnis!
4. Berechnen Sie den Mittelkurs und den rechnerischen Wert des Bezugsrechts!
5. Wie viel EUR hat der Aktionär Sigi, der 150 Aktien besitzt, aufzubringen, wenn er an der Kapitalerhöhung teilnimmt?[1]
6. Erleidet der Aktionär Sigi einen Vermögensverlust, wenn er an der Kapitalerhöhung nicht teilnimmt?[1]

---

1 Kauf- und Verkaufsspesen bleiben unberücksichtigt.

Lösungen:

Zu 1.: Kapitalzufluss:

60 Mio. EUR : 5,00 EUR = 12 000 000 Aktien · 26,00 EUR =	312,00 Mio. EUR
− Emissionskosten:	1,42 Mio. EUR
Vermögenszuwachs	310,58 Mio. EUR
Agio: 12 000 000 Aktien · (26,00 EUR − 5,00 EUR) =	252,00 Mio. EUR

Zu 2.:

Gezeichnetes Kapital (90 Mio. EUR + 60 Mio. EUR)	150 Mio. EUR
Kapitalrücklage	252 Mio. EUR

Zu 3.: Bezugsverhältnis $= \dfrac{90}{60} = \dfrac{3}{2}$

Zu 4.: Mittelkurs $= \dfrac{18\,000\,000 \cdot 32 + 12\,000\,000 \cdot 26}{18\,000\,000 + 12\,000\,000} = \underline{\underline{29{,}60 \text{ EUR}}}$

Wert des Bezugsrechts $= \dfrac{32 - 26}{\dfrac{3}{2} + 1} = \underline{\underline{2{,}40 \text{ EUR}}}$

Zu 5.: Der Aktionär Sigi besitzt 150 Bezugsrechte, d. h., er kann 100 junge Aktien beziehen. Er muss hierzu 100 · 26,00 EUR = 2 600,00 EUR aufwenden.

Zu 6.:

Vermögensverlust des Aktionärs Sigi: 150 · (32,00 EUR − 29,60 EUR) =	360,00 EUR
Erlös aus dem Verkauf von Bezugsrechten: 150 · 2,40 EUR =	360,00 EUR

Der Vermögensverlust wird durch den Erlös aus dem Verkauf der Bezugsrechte ausgeglichen.

(5) Bilanzkurs

> **Merke:**
>
> Der **Bilanzkurs** ist das Verhältnis des bilanzierten Eigenkapitals zum Grundkapital.
>
> $$\text{Bilanzkurs} = \frac{\text{bilanziertes Eigenkapital} \cdot 100}{\text{Grundkapital}}$$

Der Bilanzkurs zeigt auf, wie viele in der Bilanz ausgewiesene Rücklagen auf eine Aktie entfallen. Da im Bilanzkurs die angenommenen stillen Rücklagen nicht berücksichtigt sind, ist der Börsenkurs in der Regel wesentlich höher als der Bilanzkurs.

> **Beispiel:**
>
> Das Grundkapital einer AG beträgt 150 Mio. EUR, die gesetzlichen Rücklagen 10 Mio. EUR, die anderen Gewinnrücklagen 120 Mio. EUR und die Kapitalrücklagen 215 Mio. EUR.
>
> $$\text{Bilanzkurs} = \frac{495 \cdot 100}{150} = \underline{\underline{330\,\%}}$$

Beträgt der Nennwert einer Aktie im angegebenen Beispiel 5,00 EUR, dann ergibt dies einen Bilanzkurs von 16,50 EUR, d. h., jede Aktie ist mit 11,50 EUR an den Rücklagen beteiligt.

85   1.   Die Ulmer Baustoffe AG gibt 500 000 Stück junge Aktien im Nennwert von 5,00 EUR je Stück zum Kurs von 180,00 EUR/Stück heraus. An Emissionskosten fallen 9 000 000,00 EUR an.

Aufgaben:

1.1   Um welchen EUR-Betrag erhöht sich das Grundkapital der AG?

1.2   Wie viel EUR beträgt der Finanzmittelzufluss bei der AG?

1.3   Um welchen Betrag erhöht sich das Eigenkapital der AG?

2.   Eine AG weist auf der Passivseite der Bilanz u.a. folgende Positionen aus:

Gezeichnetes Kapital	8 000 000,00 EUR
Kapitalrücklage	1 500 000,00 EUR
Gewinnvortrag	28 000,00 EUR
Jahresfehlbetrag	750 000,00 EUR

Aufgaben:

2.1   Wie viel EUR beträgt das bilanzierte Eigenkapital?

2.2   Wie viel EUR umfasst das Haftungskapital der AG?

2.3   Wie viel Aktien besitzen die Aktionäre, wenn die Aktien einen Nennwert von 5,00 EUR je Stück aufweisen?

2.4   Welchen Vermögenswert repräsentieren die Aktien, wenn ihr Kurs 85,00 EUR je Stück beträgt?

86   1.   Die Hauptversammlung der Kolbinger Mineral AG beschließt mit qualifizierter Mehrheit eine ordentliche Kapitalerhöhung um 36 Mio. EUR auf 96 Mio. EUR. Der Börsenkurs der Altaktien wird mit 200,00 EUR notiert. Der Emissionskurs beträgt 150,00 EUR je 10-EUR-Aktie.

Aufgaben:

1.1   Ermitteln Sie das Bezugsverhältnis und den rechnerischen Wert des Bezugsrechts!

1.2   Wie viel Mittel fließen der Kolbinger Mineral AG zu? Ermitteln Sie die Höhe des Agios und geben Sie an, wo das Agio ausgewiesen wird!

1.3   Hätte die AG auch einen höheren Emissionskurs für die jungen Aktien festlegen können?

2.   Die Wagner Tiefbau AG plant eine Investition über 27 Mio. EUR. Der erzielbare Emissionskurs je 5-EUR-Aktie liegt bei 70,00 EUR.

Aufgabe:

Wie hoch muss die Kapitalerhöhung mindestens sein, damit das Investitionsvorhaben durchgeführt werden kann? (Emissionskosten 1 Mio. EUR)

87   Die Lörracher Feintechnik AG stellt hochwertige Präzisionswerkzeuge her. Das Eigenkapital weist folgende Werte aus:

A.   Eigenkapital

I. Gezeichnetes Kapital	50 000 TEUR
II. Kapitalrücklage	25 000 TEUR

Die 10 Mio. Stückaktien der Lörracher Feintechnik AG befinden sich zu 70 % im Besitz der Gründerfamilie. Im Jahr 09 ging die AG an die Börse. Seither sind 30 % der Aktien, die früher auch im Familienbesitz waren, breit gestreut.

Aufgaben:

1.   Geben Sie zwei Gründe an, die die AG im Jahr 09 zum Schritt an die Börse veranlasst haben könnten!

2. Die Expansion des Unternehmens macht die Zuführung von weiterem Eigenkapital notwendig. Im Jahr 12 soll eine Kapitalerhöhung gegen Einlagen von 10 Mio. EUR durchgeführt werden. Die Emissionskosten betragen 750 000,00 EUR. Die Börse notiert die Lörracher Feintechnik-Aktie vor der Kapitalerhöhung mit 42,00 EUR.

   2.1 Die AG muss für die jungen Aktien den Emissionskurs festlegen. Welche Gesichtspunkte sind hierbei zu berücksichtigen? Gehen Sie dabei auch auf den höchstmöglichen und den theoretisch niedrigsten Emissionskurs ein!

   2.2 Der Börsenkurs wird nach der Kapitalerhöhung mit 39,00 EUR notiert.
   – Wie hoch war der Emissionskurs rechnerisch in EUR?
   – Geben Sie an, wie sich die entsprechenden Eigenkapitalposten verändert haben!

88 Die Göppinger Maschinenbau-AG plant, ihr Produktprogramm um den Bereich Umwelttechnologie zu erweitern. Der Vorstand rechnet mit einem Investitionsvolumen im Anlagenbereich von 250 Mio. EUR.

Gliederung des Eigenkapitals:

A. Eigenkapital

I.	Gezeichnetes Kapital	210 Mio. EUR
II	Kapitalrücklage	316 Mio. EUR
III.	Jahresüberschuss	47 Mio. EUR

Die Göppinger Maschinenbau-AG hat bisher 42 Mio. Stückaktien ausgegeben. Der Vorstand schlägt der Hauptversammlung vor, eine Kapitalerhöhung gegen Einlagen im Verhältnis 3 : 2 durchzuführen. Der gegenwärtige Kurs der Aktie beträgt 14,50 EUR.

Aufgaben:

1. Berechnen Sie, zu welchem Emissionskurs die jungen Aktien ausgegeben werden müssten, wenn der Mittelzufluss den Kapitalbedarf und die Emissionskosten von 10,4 Mio. EUR decken soll!

2. Stellen Sie die Auswirkungen der Kapitalerhöhung auf die Bilanzposten dar!

3. Aktionär Häberle, der über 10,2 Mio. Stückaktien verfügt, wendet sich in der Hauptversammlung gegen die vorgeschlagene Kapitalerhöhung. Wäre es denkbar, dass sich Häberle durchsetzt?

4. Aktionär Müller, der keine jungen Aktien kaufen will, ist über den zu erwartenden Kursrückgang seiner siebzig Altaktien als Folge der Kapitalerhöhung empört. Weisen Sie rechnerisch nach, dass er insgesamt keinen Vermögensnachteil erleidet!

89 Die FEM AG, Feinmechanik Aktiengesellschaft, gehört zu den Marktführern auf dem Gebiet der Medizintechnik. Sie erwägt die Durchführung umfangreicher Investitionen zur Erweiterung der Produktion elektromedizinischer und elektronischer Geräte. Das gezeichnete Kapital der FEM AG beträgt zurzeit 64 Mio. EUR. Sie weist zudem Kapitalrücklagen in Höhe von 15 Mio. EUR auf. Zur Investition werden 24 Mio. EUR benötigt. Die Hauptversammlung hat beschlossen, diese Mittel durch eine Kapitalerhöhung gegen Einlagen in Höhe von 8,0 Mio. EUR zu beschaffen. Die Aktien der FEM AG notieren gegenwärtig mit 22,20 EUR je 5,00 EUR Nennwert.

Aufgaben:

1. Berechnen Sie
   – das Bezugsverhältnis,
   – den Emissionskurs der neuen Aktien,
   – den rechnerischen Wert des Bezugsrechts!

2. Geben Sie zwei Gründe an, die den Gesetzgeber veranlasst haben, ein Bezugsrecht auf neue Aktien einzuführen!

337

22 Speth u.a. - ISBN 978-3-8120-0572-2

3. Wie wirkt sich die Kapitalerhöhung auf die betroffenen Bilanzposten aus und wie viel EUR beträgt das neue Eigenkapital der FEM AG?

4. Wie viele junge Aktien kann ein Aktionär beziehen, der Aktien im Nennwert von 250,00 EUR besitzt, wenn er höchstens 100,00 EUR anlegen möchte und der rechnerische Wert des Bezugsrechts zugrunde gelegt wird? Spesen bleiben unberücksichtigt.

90 Der Vorstand einer AG schlägt der Hauptversammlung zur Finanzierung von Erweiterungsinvestitionen eine Erhöhung des Grundkapitals um 50 Mio. EUR auf 550 Mio. EUR vor. Der Börsenkurs der alten Stückaktien mit einem Grundkapitalanteil von 5,00 EUR je Aktie beträgt 26,00 EUR. Die jungen Aktien sollen in Stücken mit je 5,00 EUR Grundkapitalanteil zum Emissionskurs von 18,00 EUR ausgegeben werden.

Aufgaben:

1. Wie viel EUR fließen der AG zu und wie viel EUR beträgt das Agio (ohne Berücksichtigung von Emissionskosten)?

2. Ermitteln Sie den rechnerischen Wert des Bezugsrechts in EUR!

3. Wie hoch müsste der Emissionskurs für die emittierten jungen Aktien sein, dass bei einem Bezugsverhältnis von 5 : 1 und dem bisherigen (alten) Grundkapital nicht 50 Mio. EUR, sondern 250 Mio. EUR beschafft werden können?

4. Im Zusammenhang mit der Kapitalerhöhung will ein Aktionär, der 40 alte Aktien besitzt, Auskunft darüber haben, wie viel Bezugsrechte er zum Erwerb von 9 jungen Aktien noch kaufen muss. Geben Sie Auskunft!

5. Wie viel junge Aktien kann ein anderer Aktionär, der 70 alte Aktien zu je 5,00 EUR Nennwert besitzt, kaufen, wenn er noch insgesamt 960,00 EUR anlegen will (Kosten bleiben unberücksichtigt)?

11.3.2 Genehmigte Kapitalerhöhung [§§ 202 bis 206 AktG]

> **Merke:**
>
> - Durch Beschluss der Hauptversammlung oder durch Satzung kann der Vorstand für **längstens fünf Jahre** ermächtigt werden, das **gezeichnete Kapital** (Grundkapital) durch Ausgabe junger Aktien gegen Einlagen bis zu einem **bestimmten Nennbetrag** zu erhöhen [§ 202 I, II AktG]. Dieser Nennbetrag wird als **genehmigtes Kapital** bezeichnet.
>
> - Das genehmigte Kapital darf die **Hälfte** des zur Zeit der Ermächtigung **vorhandenen Grundkapitals nicht übersteigen** [§ 202 III AktG].

Der Beschluss zur Satzungsänderung bedarf einer Mehrheit von mindestens Dreiviertel des bei der Beschlussfassung vertretenen Grundkapitals [§ 202 II, S. 2 AktG].[1] Diese Art der Kapitalerhöhung ermöglicht es dem Vorstand innerhalb von fünf Jahren einen sich ergebenden Kapitalbedarf schnell durch Ausgabe junger Aktien zu decken. Der Vorstand kann hierdurch eine günstige Kapitalmarktlage (z.B. Emission neuer Aktien zu hohen Börsen- bzw. Emissionskursen) ohne größere Formalitäten ausnutzen. Da es sich hierbei auch um eine Ausgabe von Aktien gegen Einlagen (Einzahlungen) handelt, ergeben sich rechentechnisch und buchungstechnisch keine neuen Probleme.

Das genehmigte Kapital wird entweder im Anhang oder in einer Vorspalte der Bilanz ausgewiesen.

Der folgende Prospekt (vgl. S. 340) mit den ergänzenden Angaben soll als praxisgerechte Fallstudie dienen.

> **Beispiel: Ergänzende Angaben zum Prospekt auf Seite**
>
> Die Mineralbrunnen AG wies in der letzten Bilanz vor der Durchführung der Kapitalerhöhung folgende Eigenkapitalpositionen auf: Grundkapital 37,6 Mio. EUR, Kapitalrücklagen 46,0 Mio. EUR.
>
> Am letzten Börsentag vor Beginn der Bezugsfrist wurden die Stammaktien mit 73,00 EUR und die Vorzugsaktien mit 49,00 EUR je Aktie notiert. An Emissionskosten sind 5,0 Mio. EUR angefallen.[2]
>
> **Aufgaben:**
>
> 1. Berechnen Sie den Nettozufluss (Kapitalzufluss abzüglich der Emissionskosten) an liquiden Mitteln!
>
> 2. Berechnen Sie jeweils den Wert des Bezugsrechts:
>   2.1 für die Stammaktien,
>   2.2 für die Vorzugsaktien!
>
> 3. Stellen Sie die Veränderungen der einzelnen Eigenkapitalpositionen und des Eigenkapitals insgesamt in einer tabellarischen Übersicht dar!

---

1 Die Satzung kann auch eine größere Kapitalmehrheit und weitere Erfordernisse bestimmen [§ 202 II, S. 3 AktG]. Zur Ausgabe von Aktien gegen **Sacheinlagen** siehe §§ 205 f. AktG.

2 Die Zahlen wurden zur Vereinfachung gerundet.

Praxisbeispiel einer Kapitalerhöhung im Rahmen des genehmigten Kapitals:

Mineralbrunnen Aktiengesellschaft
Bad Brunnau
– ISIN DE 0000661700, DE 0000561403 –
Bezugsangebot

Der Vorstand der Gesellschaft hat mit Zustimmung des Aufsichtsrats beschlossen, von der durch Beschluss der ordentlichen Hauptversammlung vom 1. August 10 erteilten Ermächtigung gemäß §§ 202 ff. AktG Gebrauch zu machen und das Grundkapital von 37 600 000,00 EUR um 4 700 000,00 EUR auf 42 300 000,00 EUR durch Ausgabe von 2 350 000,00 EUR neuen Stammaktien und 2 350 000,00 EUR neuen Vorzugsaktien ohne Stimmrecht zu erhöhen. Der auf die einzelnen Stückaktien entfallende anteilige Betrag am Grundkapital beträgt jeweils 5,00 EUR. Die neuen Aktien lauten auf den Namen und sind für das Geschäftsjahr 12 voll gewinnanteilberechtigt.

Ein unter Führung der Commerzbank AG stehendes Bankenkonsortium hat die neuen Aktien mit der Verpflichtung übernommen, diese den Inhabern der alten Stamm- und Vorzugsaktien jeweils im Verhältnis 16 : 1 zum Bezugspreis von 56,00 EUR je Stammaktie mit einem Anteilswert von 5,00 EUR und zum Bezugspreis von 35,00 EUR je Vorzugsaktie mit einem Anteilswert von 5,00 EUR zum Bezug anzubieten. Die neuen Vorzugsaktien ohne Stimmrecht sind mit denselben satzungsmäßig festgelegten Rechten wie die bisher ausgegebenen Vorzugsaktien ausgestattet.

Nachdem die Durchführung der Kapitalerhöhung in das Handelsregister eingetragen worden ist, fordern wir unsere Aktionäre auf, ihr Bezugsrecht auf die neuen Aktien zur Vermeidung des Ausschlusses in der Zeit

vom 9. März bis 23. März 12 einschließlich

bei einer der nachstehenden Bezugsstellen während der üblichen Schalterstunden auszuüben:

**Commerzbank Aktiengesellschaft
Reuschel & Co. KG**

Gegen Einreichung von 16 Gewinnanteilscheinen Nr. 51 zu den alten Stamm- und/oder Vorzugsaktien kann eine neue Vorzugsaktie im Anteilswert von 5,00 EUR zum Preis von 56,00 EUR sowie gegen Einreichung von Gewinnanteilscheinen Nr. 52 zu den alten Stamm- und/oder Vorzugsaktien kann eine neue Vorzugsaktie im Anteilswert von 5,00 EUR zum Preis von 35,00 EUR bezogen werden.

Die Bezugsrechte auf die neuen Stammaktien (ISIN DE 0000661408) in Gewinnanteilscheinen Nr. 51 zu den alten Stamm- und Vorzugsaktien sowie die Bezugsrechte auf die neuen Vorzugsaktien (ISIN 0000661409) in Gewinnanteilscheinen Nr. 52 zu den alten Stamm- und Vorzugsaktien werden jeweils getrennt in der Zeit vom 9. März bis 21. März 12 einschließlich an den Wertpapierbörsen in Stuttgart und Frankfurt am Main amtlich notiert. Vom Beginn der Bezugsfrist an erfolgt die Notierung der alten Aktien „ex Bezugsrecht". Die Bezugsstellen sind bereit, den An- und Verkauf von Bezugsrechten nach Möglichkeit zu vermitteln.

Der Bezugspreis ist bei der Ausübung des Bezugsrechts, spätestens jedoch am 25. März 12 zu zahlen. Für den Bezug wird die übliche Bankenprovision berechnet. Der Bezug ist provisionsfrei, sofern er während der Geschäftsstunden am Schalter einer Bezugsstelle unter Einreichung der Gewinnanteilscheine Nr. 51 bzw. 52 vorgenommen wird und ein weiterer Schriftwechsel damit nicht verbunden ist.

Die neuen Aktien werden in Globalurkunden verbrieft, die bei der Wertpapiersammelbank Baden-Württemberg Niederlassung der Deutscher Kassenverein AG, Stuttgart, hinterlegt werden und an denen die Erwerber durch Gutschrift auf Girosammeldepot beteiligt werden. Einzelurkunden liegen nach der Hauptversammlung 2012 vor; bis dahin können Ansprüche auf Auslieferung nicht geltend gemacht werden. Die neuen Stamm- und Vorzugsaktien sind mit Gewinnanteilscheinen Nr. 54 und ff. und Erneuerungsschein ausgestattet. Die neuen Aktien werden bis zur Dividendengleichheit gesondert notiert; die neuen Stammaktien erhalten die ISIN DE 0000661401, die neuen Vorzugsaktien die ISIN DE 0000661404.

Die Wertpapierbörsen in Stuttgart und Frankfurt am Main haben die neuen Stamm- und Vorzugsaktien zum Börsenhandel mit amtlicher Notierung zugelassen. Der Börsenhandel für die neuen Aktien wird voraussichtlich am 28. März 12 aufgenommen. Börsenzulassungsprospekte sind auf Anforderung bei den Bezugsstellen und bei den Zulassungsstellen der genannten Wertpapierbörsen kostenfrei erhältlich.

Bad Brunnau, im Januar 2012

Der Vorstand

Lösungen:

Zu 1.: Berechnung des Mittelzuflusses

470 000 junge Stammaktien[1] zu 56,00 EUR	=	26 320 000,00 EUR
+ 470 000 junge Vorzugsaktien zu 35,00 EUR	=	16 450 000,00 EUR
= Kapitalzufluss		42 770 000,00 EUR
− Emissionskosten		5 000 000,00 EUR
= Nettozufluss an liquiden Mitteln		37 770 000,00 EUR

Zu 2.: Rechnerischer Wert eines Bezugsrechts

Stammaktien: $\text{Bezugsrecht} = \dfrac{73,00 \text{ EUR} - 56,00 \text{ EUR}}{16/1 + 1} = 1,00 \text{ EUR}$

Vorzugsaktien $\text{Bezugsrecht} = \dfrac{49,00 \text{ EUR} - 35,00 \text{ EUR}}{16/1 + 1} = 0,82 \text{ EUR}$

Zu 3.: Veränderungen der Eigenkapitalpositionen

Bilanzposten nach § 266 III HGB	vorher (in EUR)	Zugänge (in EUR)	nachher (in EUR)
Gezeichnetes Kapital	37 600 000,00	4 700 000,00	42 300 000,00
Kapitalrücklagen	46 000 000,00	38 070 000,00	84 070 000,00
Eigenkapital gesamt	83 600 000,00	42 770 000,00	126 370 000,00

Übungsaufgabe

91 Die Steiner Apparatebau AG benötigt für geplante Neuinvestitionen 450 Mio. EUR. Die AG wies in der letzten Bilanz vor der Durchführung der Kapitalerhöhung folgende Eigenkapitalpositionen auf: Grundkapital 44 Mio. EUR, Kapitalrücklage 32 Mio. EUR. Das Grundkapital ist in Ein-Euro-Aktien gestückelt.

Die Hauptversammlung genehmigt am 25. Mai 11 die Erhöhung des Grundkapitals im Verhältnis 4 : 1. Der Börsenkurs je alte Aktie beträgt einen Tag vor Beginn des Bezugsrechtshandels 130,00 EUR je Ein-Euro-Aktie. Die jungen Aktien sollen zum Stückkurs von 45,00 EUR je Ein-Euro-Aktie ausgegeben werden.

Aufgaben:

1. Berechnen Sie, wie viel Stimmen mindestens für die Kapitalerhöhung abgegeben werden müssen, wenn in der Hauptversammlung 38 Mio. EUR vertreten sind!

2. Der Vorstand führt die Kapitalerhöhung am 15. April 12 durch. Überprüfen Sie, ob die rechtlichen Voraussetzungen für die Kapitalerhöhung erfüllt sind und nennen Sie mögliche Gründe, warum die Kapitalerhöhung erst mehrere Jahre später erfolgt!

3. Berechnen Sie, wie viel EUR der AG aus der Kapitalerhöhung zufließen! Die Emissionskosten betragen 44 695 000,00 EUR.

4. Ermitteln Sie den rechnerischen Wert des Bezugsrechts!

---

1 2 350 000,00 EUR : 5,00 EUR = 470 000 Stück.

11.3.3 Kapitalerhöhung aus Gesellschaftsmitteln

(1) Begriff

Unter einer Kapitalerhöhung aus Gesellschaftsmitteln versteht man eine **Umwandlung von Rücklagen in Grundkapital.** Sie unterscheidet sich von den zuvor besprochenen Kapitalerhöhungen dadurch, dass durch diese Art der Kapitalerhöhung der Aktiengesellschaft **kein zusätzliches Kapital** zufließt. Es findet innerhalb des bilanzierten Eigenkapitals lediglich eine Umwandlung von Rücklagen in Grundkapital statt. Bei dieser Umfinanzierung nimmt das gezeichnete Kapital zu und die entsprechenden Rücklagen nehmen in gleicher Höhe ab. Das bilanzierte Eigenkapital verändert sich also dabei in seiner Höhe nicht.

(2) Zweck

Eine solche Umfinanzierung lässt der Gesetzgeber lt. §§ 207 f. AktG zu, um die Marktgängigkeit und die Dividendenrendite zu verbessern. Bei im Verhältnis zum Grundkapital hoch dotierten Rücklagen ergibt sich ein relativ hoher Börsenkurs. Ein hoher Börsenkurs hält aber Kleinanleger vom Kauf ab. Um die Realverzinsung (Effektivverzinsung) akzeptabel zu gestalten, erfordert ein hoher Börsenkurs auch eine relativ hohe Dividende. Wird das Grundkapital durch Umwandlung von Rücklagen erhöht, wird der Börsenkurs infolge der breiteren Basis sinken. Auch die Dividende kann dann niedriger ausfallen.

(3) Voraussetzungen und Möglichkeiten der Kapitalerhöhung aus Gesellschaftsmitteln [§§ 207 f. AktG]

Nach Feststellung des Jahresabschlusses für das laufende Geschäftsjahr kann die Hauptversammlung eine Erhöhung des Grundkapitals durch Umwandlung von Rücklagen beschließen. Der Beschluss bedarf einer **Dreiviertelmehrheit** des **anwesenden Kapitals**. Er ist zur Eintragung in das Handelsregister anzumelden und wird mit dieser Anmeldung wirksam.

Die Rücklagen sind in der folgenden Höhe umwandlungsfähig:

- Die **Kapitalrücklage** und die **gesetzliche Rücklage** sowie deren Zuführungen nur, soweit sie den zehnten (oder den in der Satzung bestimmten höheren Teil) des bisherigen Grundkapitals übersteigen. Das gilt jedoch nur, wenn in der zugrunde liegenden Bilanz kein Verlust und kein Verlustvortrag ausgewiesen sind.

- **Satzungsmäßige Gewinnrücklagen** und deren Zuführungen können nur umgewandelt werden, soweit dies mit ihrer Zwecksetzung vereinbar ist.

- **Andere Gewinnrücklagen** und deren Zuführungen können in voller Höhe umgewandelt werden. Umwandlungsfähig ist auch der Gewinnvortrag, sofern er zunächst in die anderen Gewinnrücklagen überführt worden ist.

Umwandlungsfähigkeit von Rücklagen in Grundkapital:

Kapitalrücklage und gesetzliche Rücklage	Satzungsmäßige Rücklagen	Andere Gewinnrücklagen
Umwandlungsfähig ist der Teil, der über die 10%-Grenze (bzw. einer höheren Grenze lt. Satzung) des bisherigen Grundkapitals liegt. Voraussetzung ist, dass sich in der zugrunde liegenden Bilanz kein Verlust und kein Verlustvortrag ergeben.	Die zweckgebundenen Rücklagen können nur umgewandelt werden, soweit es sich mit ihrer Zwecksetzung vereinbaren lässt.	Die anderen Gewinnrücklagen sind in voller Höhe umwandlungsfähig.

(4) Auswirkungen für die Aktionäre

Damit den Aktionären durch die Erhöhung des Grundkapitals keine Nachteile entstehen, haben sie im Verhältnis ihrer Anteile ein Recht auf kostenlose **Zusatzaktien** (auch **Gratisaktien** oder **Berichtigungsaktien** genannt). Die Aktionäre haben dadurch keinen finanziellen Vorteil, denn die umgewandelten Rücklagen stellen letztlich nicht ausgeschüttete Gewinne dar. Bei dieser Umfinanzierung steigt der Nominalwert des gezeichneten Kapitals zwar an, gleichzeitig sinkt aber auch der Kurswert. Unter gleich bleibenden Bedingungen gleichen sich Werterhöhungen und Wertminderungen aus. Bezugsverhältnis, Mittelkurs und der Wert des Bezugsrechts lassen sich wie bei der Kapitalerhöhung gegen Einlagen berechnen (siehe S. 334 f.).

Beispiel:

Die Freiburger Drahtfabrik AG legt der Haupversammlung als Grundlage für den Beschluss einer Kapitalerhöhung aus Gesellschaftsmitteln folgende Zahlen vor:

A. Eigenkapital

I.	Gezeichnetes Kapital	220 000 000,00 EUR
II.	Kapitalrücklage	16 000 000,00 EUR
III.	Gewinnrücklagen	
	1. Gesetzliche Rücklage	10 000 000,00 EUR
	2. Andere Gewinnrücklagen	95 000 000,00 EUR
IV.	Gewinnvortrag	2 500 000,00 EUR

Die Hauptversammlung beschließt eine Kapitalerhöhung aus Gesellschaftsmitteln im Verhältnis 4 : 1. Der aktuelle Börsenkurs je 5-EUR-Aktie liegt bei 21,50 EUR.

Aufgaben:

1. Wie viel EUR beträgt die Kapitalerhöhung?
2. Ermitteln Sie den Umfang der umwandlungsfähigen Rücklagen!
3. Berechnen Sie den Wert des Bezugsrechts!
4. Wie viel EUR beträgt der Mittelkurs (Durchschnittskurs)?
5. Der Vorstand verwendet zur Kapitalerhöhung 4 Mio. EUR aus den gesetzlichen Rücklagen und 51 Mio. EUR aus den anderen Gewinnrücklagen.
   Gliedern Sie das Eigenkapital nach der Kapitalerhöhung!

Lösungen:

Zu 1.: Kapitalerhöhung $= \dfrac{220\,000\,000 \cdot 1}{4} = 55\,000\,000,00$ EUR

Zu 2.:

Kapitalrücklage und gesetzliche Rücklage	4 000 000,00 EUR
Andere Gewinnrücklagen einschließlich Gewinnvortrag	97 500 000,00 EUR
Umwandlungsfähige Rücklagen insgesamt	101 500 000,00 EUR

Zu 3.: Bezugsrecht $= \dfrac{21{,}50 - 0{,}00}{4/1 \; + \; 1} = 4{,}30$ EUR

Zu 4.: Mittelkurs $= \dfrac{44\,000\,000 \cdot 21{,}50 \; + \; 11\,000\,000 \cdot 0}{44\,000\,000 \; + \; 11\,000\,000} = \dfrac{946\,000\,000}{55\,000\,000} = 17{,}20$ EUR

Erkenntnisse:

Der Verlust durch den Kursverfall wird durch das Bezugsrecht pro Aktie bzw. durch den Wert der Gratisaktien ausgeglichen. Hatte z. B. ein Aktionär 1 000 Aktien, entsprach das bei einem Kurs von 21,50 EUR

vor der Umwandlung einem Wert von	21 500,00 EUR
nach der Umwandlung einem Wert von	17 200,00 EUR
+ 250 Gratisaktien zum Kurs von 17,20 EUR	4 300,00 EUR
Wert insgesamt	21 500,00 EUR

Zu 5.: **Gliederung des Eigenkapitals nach der Kapitalerhöhung aus Gesellschaftsmitteln**

A. Eigenkapital

I.	Gezeichnetes Kapital	275 000 000,00
II.	Kapitalrücklage	16 000 000,00
III.	Gewinnrücklagen	
	1. Gesetzliche Rücklage	6 000 000,00
	2. Andere Gewinnrücklagen	44 000 000,00
IV.	Gewinnvortrag	2 500 000,00

Es ändert sich nur die Zusammensetzung, nicht jedoch die Summe des Eigenkapitals. Das höhere Grundkapital hat allerdings erhebliche **Auswirkungen auf künftige Dividenden-zahlungen.** Hält die AG die Summe der Dividendenausschüttung konstant, sinkt die Dividende pro Aktie. Will die AG die Dividende pro Aktie auf bisherigem Niveau halten, so steigt der Mittelabfluss für die Dividendenausschüttung entsprechend an.

Merke:

■ Bei der **Kapitalerhöhung aus Gesellschaftsmitteln** fließen dem Unternehmen **keine neuen Mittel** zu. Es findet lediglich eine Umbuchung von Rücklagen auf das gezeichnete Kapital (Passivtausch) statt.

■ Durch die **Erhöhung des Grundkapitals sinkt der Kurs der Aktien** rechnerisch auf den Durchschnittskurs. Der dadurch eingetretene Nachteil für die Aktionäre wird durch Ausgabe von Gratisaktien im Verhältnis ihrer Kapitalanteile ausgeglichen.

11.4 Beurteilung der Beteiligungsfinanzierung

Die Vor- und Nachteile der Beteiligungsfinanzierung sind in der nachfolgenden Übersicht aufgelistet.

Vorteile	Nachteile
▪ Die Mittel stehen dem Unternehmen ohne zeitliche Begrenzung zur Verfügung. ▪ Keine Tilgung und somit keine Belastung der Liquidität. ▪ Kein Zinsaufwand, weil kurzfristig auf eine Verzinsung des Eigenkapitals verzichtet werden kann. ▪ Unabhängigkeit (kein Einfluss von Gläubigern auf das Unternehmen). ▪ Erhöhung der Kreditwürdigkeit. ▪ Keine Kapitalbeschaffungskosten bei Einzelunternehmen und Personengesellschaften. (Bei Aktiengesellschaften entstehen jedoch z. B. Verwaltungs- und Emissionskosten anlässlich der Emission von Aktien.)	▪ Bei Einzelunternehmen und Personengesellschaften ist die Finanzkraft des Inhabers bzw. der Gesellschafter i. d. R. begrenzt. ▪ Bei Personengesellschaften kann die Aufnahme weiterer Gesellschafter zu Schwierigkeiten führen, wenn diesen ebenfalls Geschäftsführungs- und Vertretungsrechte eingeräumt werden müssen. ▪ Bei Aktiengesellschaften entsteht dieses Problem nicht. Dennoch liegt eine gewisse Begrenzung der Beteiligungsfinanzierung bei Aktiengesellschaften dann vor, wenn durch eine Kapitalerhöhung bisherige gewünschte Mehrheitsverhältnisse gefährdet werden.

Übungsaufgaben

92 Nach mehreren erfolgreichen Jahren lauten die Bilanzposten der Mannheimer Papierwerke AG nach vollständiger Verwendung des Jahresüberschusses wie folgt:

– Gezeichnetes Kapital	72,0 Mio. EUR
– Kapitalrücklage	15,0 Mio. EUR
– Gesetzliche Rücklage	7,2 Mio. EUR
– Andere Gewinnrücklagen	9,0 Mio. EUR
– Gewinnvortrag	0,2 Mio. EUR

Der Börsenkurs für die 5,00-EUR-Aktie liegt bei 21,00 EUR.

In der Hauptversammlung fordern die Aktionäre, aus bilanzoptischen Gründen das gezeichnete Kapital durch Auflösung von Rücklagen um den höchstmöglichen Betrag zu erhöhen.

Aufgaben:

1. Wie wird eine derartige Erhöhung des gezeichneten Kapitals genannt? Welche gesetzlichen Bedingungen müssen dafür erfüllt sein?

2. Die Kapitalerhöhung wurde durchgeführt.

    2.1 Wie verändern sich die betroffenen Eigenkapitalposten?

    2.2 Ermitteln Sie das Bezugsverhältnis und den rechnerischen Wert des Bezugsrechts!

3. Wie wirkt sich diese Kapitalerhöhung finanziell und unternehmenspolitisch auf die Mannheimer Papierwerke AG aus? Beschreiben Sie vier Auswirkungen!

4. Wie nennt man die jungen Aktien und wer erhält sie? Begründen Sie Ihre Antwort!

93 Die Bodensee AG plant eine Kapitalerhöhung aus Gesellschaftsmitteln. In der Bilanz stehen folgende Zahlen:

- gezeichnetes Kapital   100 Mio. EUR   - gesetzliche Rücklage   14 Mio. EUR
- Kapitalrücklage   32 Mio. EUR   - andere Gewinnrücklagen   29 Mio. EUR

Die Satzung der Bodensee AG schreibt eine erhöhte gesetzliche Rücklage von 15 % vor.

Aufgaben:

1. Welchen Rücklagenbetrag kann die AG höchstens in gezeichnetes Kapital umwandeln? Begründen Sie Ihr Ergebnis!

2. Berechnen Sie das Bezugsverhältnis bei maximaler Kapitalerhöhung!

3. Wie wirkt sich diese Kapitalerhöhung auf die Höhe der Gewinnausschüttung aus, wenn der Dividendensatz von 0,6 EUR je 5-EUR-Aktie beibehalten werden soll?

94 Die Möbelwerke Bernhard AG weisen in der festgestellten Jahresbilanz vom 31. Dezember 20.. u. a. folgende Konten auf:

- Grundkapital   2 040 000,00 EUR   - satzungsmäßige Rücklage 144 500,00 EUR
- gesetzliche Rücklage   180 200,00 EUR   (für soziale Zwecke)
- Kapitalrücklage   530 400,00 EUR   - Gewinnvortrag (Vorjahr)   52 700,00 EUR
- and. Gewinnrücklagen 1 198 500,00 EUR

Das Grundkapital wird im Verhältnis 3 : 2 durch die Ausgabe von Berichtigungsaktien erhöht.

Aufgaben:

1. Ermitteln Sie den Umfang der umwandlungsfähigen Rücklagen!

2. Der Vorstand wandelt die Rücklagen in folgender Reihenfolge um: Zunächst die anderen Gewinnrücklagen einschließlich des Gewinnvortrags aus dem Vorjahr und anschließend die Kapitalrücklage. Stellen Sie den neuen Stand der Eigenkapitalposten fest!

3. Der Aktionär Böhm besaß vor der Kapitalerhöhung 60 Aktien zu 5,00 EUR Nennwert. Die Dividende betrug vor der Kapitalerhöhung 0,7 EUR je 5-EUR-Aktie. Nach der Kapitalerhöhung wurde der Dividendensatz auf 0,56 EUR je 5-EUR-Aktie abgesenkt.

   3.1 Wie viel EUR erhält Herr Böhm vor und nach der Kapitalerhöhung?

   3.2 Welche Schlussfolgerung ziehen Sie aus der Dividendenzahlung?

Stichwortverzeichnis